U0138948

學術用書

幼兒社會學

謝義勇　主編

許雅惠　李鴻章　曾火城
許文宗　鄭瓊月　謝義勇　著

五南圖書出版公司 印行

再版序

　　本書是國內第一本系統介紹幼兒社會學相關概念的大學用書。出版以來倏經十年，期間承蒙學術界先進賜教與採用，已六度印刷。由於十年來相關統計資料迭有變動，雖不影響理論層次，然亦有必要即時更新，以便讀者瞭解最新發展。

　　此次再版修正內容為第二章、第三章、第四章、第八章及第十章，主要重點則為補充最新資訊以饗讀者。感謝李鴻章教授及曾火城教授在《幼兒社會學》這塊園地耕耘不輟，希望此書再版，能引發讀者更多學習興趣，也請學術界前輩們繼續指教。

　　最後仍要感謝五南圖書出版公司陳副總編輯念祖先生的協助與督促及編輯小組的用心，讓此書能順利再版。

謝義勇

謹識

主編序

　　社會學一向被解讀為研究社會關係的一門科學。近二百年來，東西方學者對於社會學的研究熱潮與日俱增，部分學者從事幼兒社會學探討，而使幼兒社會學成為新興的一門科學。

　　幼兒社會學在我國尚無專書問世，數年來，雖然教育部幼教學分班學程中，幼兒社會學為指定開課項目，但任課老師並無固定教材，致使教師備課困難，學生學習沒有頭緒，教材組織不易，無形中減低學習意願。本人負責幼兒教育教學行政主管，基於對社會學研究的熱愛及解決學生學習困難，乃邀集許雅惠博士、鄭瓊月博士、李鴻章博士、許文宗博士及曾火城博士等人共同撰寫本書，期能提供同學上課參考。

　　由於幼兒社會學屬於新興學門，其理論基礎與研究範疇尚待確立，目前國際研究及文獻多以探討未成年階段的兒童期相關社會學課題為主，特別是理論的研究發展仍不多見針對幼兒進行專文探究的文獻；因此，本書撰寫過程中對於「兒童」及「幼兒」仍交互使用，一者避免受到「不合學術發展事實」之挑戰，再者「兒童」與「幼兒」在學術研究領域上實有部分重疊之處，其相關資料應可資借鏡。經過幾番討論，決定依幼兒相關的社會問題之主題闡述而不以社會學理論取向作為鋪陳架構。就幼兒社會學所合宜包括的內容而言，應包括幾大部分：⑴ 傳統社會學研究者有關於兒童期的研究，如兒童社會化。⑵ 兒童作為一個人口群體，受其他人口群體及社會制度與結構的影響，如社會階層與媒體對兒童的影響。⑶ 兒童作為一個人口群體，對社會結構與社會制度的影響，如少子化對

家庭甚至社會安全制度的影響。而這三個領域亦各均有理論、國際實況經驗及臺灣現象三層面。本書各篇文章，在此三領域及三層面的探討上依據作者研究專長及學術關懷呈現，尚待各界指正以利投入更多研究有助於未來呈現體系化的結構及方法。

　　本書內容共分十四個子題，其中許雅惠博士撰寫第一、第五及第十四個子題；鄭瓊月博士撰寫第六及第七個子題；李鴻章博士撰寫第二、第三及第八個子題；許文宗博士撰寫第十二及第十三個子題；曾火城博士撰寫第四及第九個子題；而第十及第十一個子題則由本人撰寫。

　　尤其感謝五南圖書出版公司安排學術審查委員進行本書各篇專著之匿名審查，各篇專著已依據二位審查人所提建議及意見，進行修正與回應。諸審查人所提詳實寶貴的建議與看法，對本書及各位作者均是獲益匪淺，特敬申謝忱。誠如審查委員們共同的評語：本書係國內第一本有關幼兒社會學的書籍，即使就外文著作而言，此一範疇的書籍亦不多見，本書具有編輯及研究的探索企圖與前瞻意義。特別在臺灣諸多大專院校均設幼教（保）科系的現況中，本書期盼能提供學生實用的教材及系統化的知識來源。

　　本書之出版，要感謝五南圖書出版公司陳副總編輯念祖盛情邀約，也要感謝五位夥伴的全心投入。但願此書的問世能給莘莘學子有所參考，更盼學者同好多所指正，作為日後修正之指南針。

　　　　　　　　　　　　　　　　　　　　　　謝義勇
　　　　　　　　　　　　　　　　於致遠管理學院幼兒教育學系

目 錄

再版序

主編序

第一章

兒童、社會學、兒童社會學：理論與觀點

許雅惠

關於「社會中的兒童」或「兒童期對一個社會的意義及影響」這個研究主題,不論在社會學研究領域、政策領域或教育研究領域中,研究投入都非常的有限。因為從歷史傳統上,人類社會長期以來,視「兒童」這個人生階段為一個沒有吸引力的階段,是一段「預備長大」的階段,是「不完美的成人」的階段。這個階段的兒童研究,主要的重點是「成人如何看待兒童」(Prout & James, 1997)。目前有關「兒童」的研究成果,主要表現在教育研究領域及心理學領域,兒童的概念是經由教育學者或心理學者的實務及推論需要加以定義的。

近二十年,「兒童」成為學術領域探索的重點,學者亞里斯(P. Aries)為「兒童」歷史研究奠下重要基礎。不過,促使研究領域開始重視兒童的根本原因,是社會、文化、經濟環境的變遷使得「兒童期」這個階段或「兒童」這個群體,成為一個新興的社會課題——在發展中國家的童工問題、已開發國家都會區雙薪家庭的幼兒照顧責任與所引發的問題、全球化趨勢下的兒童青少年同儕文化、大眾媒體不重視兒童保護所引發的「童年消逝」(提早成人化)現象……等等,這些當代社會的新興課題,使幼兒/兒童成為社會學研究的新興主題。

自從 1989 年聯合國公布「兒童權利憲章」(Convention on the Rights of the Child, 1989)之後,許多國家的社會學研究組織開始展開關於兒童的研究,並且開始逐漸形成「幼兒社會學」/「童年社會學」/「兒童社會學」(美國學術界以 sociology of childhood 稱之,北歐則稱之為 sociology of children)新近的學術領域。

本文的目的在闡介幼兒社會學/兒童社會學的理論基礎,我們將討論:一、今昔社會的童年;二、社會學理論概述與關鍵概念;三、傳統社會學理論中的兒童與;四、社會建構觀點的兒童社會學觀點;五、權利模式的兒童社會學觀點。

1

一、今昔社會的童年

　　從人類文明史上來看，兒童（children）或童年（childhood），除了少數君王歷史之外，並非歷史紀錄的一部分。不論是西方或東方的研究歷史上，有關兒童的紀錄相當缺乏而有限。「童年」的概念形成，或「童年時期必須予以特殊安排」，甚至「童年是個體生命歷程的獨特階段之一」等想法，都是相當晚近的文化發明。

　　本文開始，我們將從歷史中的童年印象出發，瞭解到今昔社會對「童年」或「兒童」概念的思想變化路徑——從長遠歷史以來，存在於事實卻不見於歷史的隱匿群體，到中世紀貴族家庭的「小一號的大人」，及至十八世紀的兒童被視為「家庭經濟的資源」，再到教育發展史中「兒童是等待長大的不完美的成人」，發展至 1930 年代的「童年神聖化」，及至當代 1980 年起的童年社會學研究開始形成而提出了許許多多關乎當代兒童的新社會現象、新社會課題、新社會問題：如「隔離的童年」、「童年的消失」、「童年的不當延長」、「受監視與無監督狀態併存的童年」、「自主與壓迫同併存童年」、「定義多元複雜的童年」、「文化差異的童年」等。這些童年概念的發展軌跡，有助於我們瞭解兒童社會學的複雜程度與探索的範圍。

㈠ 歷史中的童年印象

　　「童年」這個概念，在中世紀歐洲並不存在，直到文藝復興，上層階級的兒童才有權利可言，才開始被視為社會當中有意義的獨立存在。從歷史中來看童年，可以瞭解到從古至今，兒童的地位往往是非常不明確的。在東亞古代社會裡，兒童被當成父母附屬的財產，兒童是東方歷史中可以被家庭出售的附屬物品，可以被賣為奴為婢為妾。另一個極

端，是學者亞里斯所發現的西方上層社會對兒童的觀點。

　　亞里斯是最早以兒童為研究主題的歷史學者，他從中古世紀的繪畫及人物史料中發現一個有趣的童年印象，他指出：在中古世紀的西歐上流社會，兒童被看作是「小一號的大人」，兒童不過是穿著與大人尺寸不同的衣服。他們看來具有與成年人相近的智識能力與人格，成年人與小孩間並無明顯差異，他們一起進行休閒活動，也做一樣的工作。這樣的發現，是從一個中古世紀繪畫而來的，多少反應出當時歐陸上層貴族社會「成人對兒童（貴族兒童）的認知」。歐洲社會對兒童的概念或許如此，美國歷史也不多記錄兒童（J. Demos, 1970）。學者研究美國在普利茅斯殖民時期的文獻發現：兒童期很少為人們所記錄。他們基本上被看成是小大人：男孩是父親的小模型，而女孩是母親的小模型。簡言之，童年在中世紀歷史中並不存在，直到文藝復興時期上層階級的兒童被視為與成人一樣（有血統及地位的繼承），到此時兒童的權利才被認識，過了幾百年對兒童的概念才擴及其他階級的兒童。

　　在中古世紀，父母很少花時間與小孩相處，富裕家庭將嬰兒送到奶母家，養稍大後，返家送回給自家的僕人照顧，直到7歲起開始可以當學徒；農家兒童在5歲時開始下田工作，結果是兒童很快進入成人的角色中，所謂「快樂童年」如唱歌、遊戲、講故事、休息……並不存在於這個時代中（林瑞穗，2002：155）。

㈡ 兒童被視為家庭經濟的資源

　　不論是中古世紀或至今，兒童被視為家庭經濟的資源之一：中古世紀孩童年僅5、6歲就必須幫助父母分攤主要家務事，從十六世紀開始，9或10歲就必須離家工作，到有錢人家幫傭。

　　十八、十九世紀工業化開始，許多小孩被強迫工作，在惡劣的環境中長時間工作，目的在增加家庭的收入；甚至，由於工業革命帶來的失

業社會問題，父母失業在家反而仰賴小孩進入童工生產線所得的收入來維生，導致有些父母爲了增加收入而多生小孩。「童工」環境的惡劣及童工管理的不人道議題，使得兒童得以進入社會問題研究的議題之中。社會開始關心「兒童」的政策，小孩在超過他們年齡所能承擔的社會環境中生存，這使得人類文明及社會建構領域，開始考慮兒童的問題。英國 1883 年的工廠法就是保護童工免於被剝削的開始，也是爲兒童學的濫觴（林瑞穗，2002：156）。在 1870 年代，兒童在勞累的工廠中作業，是可以被社會所接受的做法；但是，到了 1930 年，兒童被國家所保護，而童工被視爲是違法與不道德的，「兒童」的概念與文化意義，在這六、七千年之間，經歷了鉅大轉變與重新定義。

(三)「不完美的成人」與「童年神聖化」

英國 1883 年的童工法啓開了設立「半日學校」的做法，主要的目的在解決成人世界利用童工過度剝削的問題，使兒童們可以選擇半日上學學習、半日工作。當「教育」成爲一項社會議題後，兒童則被社會及國家視爲「不完美的成人」（陳貞臻，1994），必須爲進入成人期的成熟而準備，必須社會化。

「兒童應予撫育、教導、保護，遠離成人生活嚴酷現實」這種原本屬於十八世紀歐陸上層階級家庭才有的想法，開始因爲兒童的教育議題被討論，而得以普及於一般兒童。基於「兒童是未完成的成人」或「預備中的成人」（a becoming）的假設，人類學、心理學、教育學都認爲：兒童的發展或教育是有目標的，其目標在於使兒童得以轉變爲一個「完成的」成人——即成熟自律、理性文明、知識技能足以應付生活所需的個體。傅科（Foucault）指出：主張馴化兒童正是社會主張建立公民秩序的表徵。一個無知沒有紀律的兒童就是成人的失敗，這樣有目標的兒童觀點，讓兒童進入國家的政策領域，教育兒童成爲國家的優先責任。

　　對照來看，美國在 1930 年代的童工法通過，使童工成為違法，這項法律使得兒童對家庭的意義、兒童在社會中的角色、兒童的主要功能改變了：兒童的功能，已經不再被社會國家視為家庭經濟生活的輔助者和工資賺取者，而開始成為「家庭的情緒與情感資產」（林瑞穗，2002：156）。美國在 1930 年代強力實施童工法，反映出社會對兒童態度與社會價值的變遷，這不只是經濟變遷的結果而已。

　　社會學家傑利哲（Viviana Zelizer）指出：這是一種童年的道德再定義，一種「童年神聖化」（林瑞穗，2002：156），使兒童被賦予一個新的意義：是具有情感價值的投資，是上帝託管的產業。「工作的兒童」被視為是在失職父母與貪婪的工業資本家之下的受害者。現今的兒童可以賺錢，但領的不是「工資」而是「津貼」；現今的兒童可以工作，是送報和臨時性花圃整理工作，而不是生產線的工作。工作的目的，是意圖教導兒童進入成人世界所需的紀律和金錢得來不易的價值。

㈣ 今日的兒童：隔離的童年？

　　自 1980 年代中期，童年社會學受到的關注大幅提升，社會學家嘗試重新定義兒童為研究主體，及理解童年如何被成人社會建構。恩紐（Ennew, 1986）認為今日童年的最重要特色是「隔離」，這個隔離的意義，包含二個部分：1. 兒童應遠離成人世界污染；2. 童年應是人生中快樂、天真、自由的階段，遊戲和社會化取代了過去的工作和經濟責任。

　　隔離童年並使童年與成年產生實質的區隔作用，是歷史上相對的新現象。以十九世紀中期的英國為例，當時兒童的生活方式仍然與其父母相似，以家庭經濟活動及日常生活時間為家庭主要活動，對兒童的生活時間安排及參與沒有特殊的安排。但是，自從工業化及都市化創造了新的薪資階層（這個新階層對兒童或童年期而言，正是所謂的危險階

1

層），受薪階層雙薪家庭使兒童照顧的責任從家庭轉出，兒童無法留在家庭之中，這進一步使得兒童成為關注的中心——兒童必須成為全時的學生，才有可能讓父母得以參與在工業化及都市化受薪型態的工作之中。

童年的隔離有另一個推波助瀾的力量，就是工廠法限制兒童及女性的工作時數，這也使得兒童從街上被引導，必須進入一個接受社會化（或有學者認為進入另一種社會控制）的場域；兒童被導入學校或感化院等機構。目前各先進國家正面對保護與隔離相關制度設計的種種挑戰與弊病——兒童托育、安親機構、兒童保護等。現代的兒童，從上述兩個角色看來，是被成人世界隔離的。

㈤ 今日的兒童：童年延長或消失？

今日有關兒童的另一個前所未見的討論，是有人認為「童年消失了」，卻也相反地，有人認為「童年被不當地延長」了。首先，關於「童年消失」的看法有兩種主要的歸因：其一，是童年因為隔離而導致社會控制增強，使得童年的創造性及自主性變得不可能。其二，是大眾傳播媒體不重視兒童閱聽保護，電視使孩童提早經歷成人世界，童年因而縮短或消失。

童年因為隔離而導致社會控制增強，兒童的生活變得必須依據年齡來與成人活動有所區隔，這種區隔增加了兒童的孤立和依賴。兒童花越來越多的時間在機構組織中（而非家庭之中），包括學前學校、學校、課後輔導機構（安親班）等；他們被成人保護，也同時受到控制。兒童的生活被課程化，被排滿行程，使兒童與其他兒童及成人的社會關係變得膚淺而片段化，兒童的「自由時間」概念，在家長或成人組織他們的時間時，已逐漸消失，童年變成人生歷程中越來越短的階段。

也有學者針對工業社會兒童加以研究而認為童年實際上是正在消

失，因為兒童及成人之間的界線快速被侵蝕，而電視媒體是主要原因：媒體促使兒童仿效非關乎他們年齡的事件與經驗，兒童所犯下的成人罪行，使兒童的生活似乎與成人世界類似，學校的人際互動變得與職場差不多，兒童和成人在同樣的消費文化下生活。這種兒童處境，可歸咎於媒體，尤其是電視，電視把成人世界的神祕揭露，這種「媒體自由的社會」使社會中的兒童，再也無法維持其天真的生活。

不過，童年消失的現象，對某些觀察家而言，似乎不認為是不好的現象，他們指出，當今社會雙薪家庭的重大工作壓力與離婚率高的社會事實，都使得成人可能更希望兒童趕快長大成人。有些也認為電視、電影對真實社會的描繪，有助於兒童預備進入成人期的心理準備，對自主生活是有助益。

至於「童年被不當的延長」的現象，主要是因為雖然現今兒童在10 或 11 歲進入青春期，但由於國家義務教育的向後延長，知識社會中重視高學歷的養成訓練，使得今日的兒童可能要成長到 23 歲甚至更年長時，才能完成全時間的教育，才被認為進入完成獨立的成年階段。然而，原本社會及國家法律對於 20 歲有身心成熟的成人公民這期待，卻隨著教育延後完成而延緩了。教育延長使得應該像大人的人，卻在心理狀態上因為長期的教育環境與社會區隔，而仍表現像依附孩童一樣。社會及家庭也不期待未完成教育的「成人」表現出成人的獨立，例如：25 或 30 歲的全職研究生，仍與父母同住，由父母供給生活所需，這使得童年被不當地延長，成熟負責的成人在個人的生命階段中延後出現。童年被不當延長的問題，除了個人自主成熟向後延展之外，對國家社會的意義、勞動力參與投入的年齡延後的問題，以及高學歷容易引發的摩擦性就業或低度就業問題，都有影響。

1

㈥ 今日的兒童：受監督或無監督的童年？

　　另一個關於今日兒童的討論，是現在的童年是受監督或無監督狀態的童年？恩紐描述歐洲或美國中產階級的生活，發現低收入或沒有交通工具的家庭，較少有金錢能力支付兒童的課外活動，這些兒童有較多不受監督的遊戲時間；中產階級最常利用政府或社區中的兒童照護資源，而在勞工階層，照顧兒童的工作往往依賴家庭網絡系統。兒童不再像1930年代美國所提倡，可以自由自在的在戲耍中自然發展，現今看來，不受監督的遊戲活動，表示受到較低程度的成人控制。

　　學者歐皮（Opie）的遊戲研究指出，兒童在遊樂場的遊戲、詩詞、笑話、歌曲仍然是童年很重要的部分，兒童會努力用各種方式保護自己，使大人免於入侵屬於自己的時間，有趣的是，這些孩童們認為最重要的時間，卻通常是他們告訴大人「他們什麼事都沒做」的時間。

　　有的社會或家庭，限制10歲以下兒童不能在夜間九點後外出遊戲的規定，這顯示出這樣的社會規範是一種監督，是大眾對兒童在夜間不限時間之潛在「危險」的焦慮。這種由社會認定兒童安全的做法與想法，在西方被普遍接納，但也有學者（Boyden, 1990）強烈批判：這是用西方官方對童年的觀點，在國際間散播到其他對兒童能力有不同觀點的文化及國家；西方認為兒童夜間在街上，而非在家裡或學校，就可能是家庭有問題而需要福利組織或救助機構進行介入。這種想法是西方思維對非西方文化的誤解或壓迫。舉例來說，東亞地區華人的夜市，可能就是社會允許兒童參與的家庭娛樂方式。

　　學者丹辛（Denzin, 1987）討論這種兒童監督不足或無監督狀態，他描述後現代兒童是「媒體兒童」：兒童被家中的電視機照顧長大而非母親或父親，「電視機」接續「日間照顧中心」或托育中心／學校教師的工作。兒童對於暴力和如何施展暴力、如何在社會中生活、性在生活

中的意義等文化迷思，都是從電視中學習而來。兒童一方面在行動中受監督，一方面全然被突兀無預期地放置於媒體中的成人世界，簡言之，對世界的認知發展及學習上，兒童在媒體中處於無監護狀態。

㈦ 今日的兒童：自主族群或受壓迫族群？

當兒童的生活被規律化，兒童的生活與成人生活越來越相近，有些社會學家（Frones, 1994）認為這是童年的個人化（individualisation），有些則探討兒童逐漸成為被隔離、被剝削的階層。簡單說，從權利和自主性來看今日兒童，有二個相對的現象正明顯的形成：兒童是一個新興的獨特而自主的族群（如新興消費族群）？抑或一個新興的受壓迫族群？

童年逐漸被個人化，當兒童的生活逐漸被切割，他們成為自己個人人權的獨特消費者，自主性成為一個兒童期的新形態，就算沒有自主性，孩童已經實質決定了某些市場的消費參與：他們有自己的衣服（兒童服裝專賣店）、書籍（童書市場）、遊戲（兒童娛樂）及電視節目（兒童專屬電臺）。這種情形在現代社會中透過「個體化（individuation）」（個人作為現在社會組織的最小單位）及「個人化（individualisation）」（強調個人的心理人格）而發展。

今日兒童是自主族群的看法，尤以柯沙羅（Corsaro）的研究最被接受，他研究美國和義大利的學齡前兒童友誼網絡如何形成，發現了獨特的「同儕文化」——兒童會採借成人世界的資訊，而加以自創修改或選擇，他們不是模仿而是重塑成人見解，而解決他們自身的問題。

兒童的個人化是第二次世界大戰的戰後產物，這一個過程可以從兒童人權運動而看出端倪。從權利來看兒童，一方面兒童成為消費者，另一方面好像也成為一群新的受壓迫族群。自從 1970 年代起，有些社會運動在爭取兒童應該像其他人（成人）有同樣的權力和尊嚴，包括投

票、工作、財產、監護選擇權等。相對的，另外有些人則認爲兒童沒有自我決定的能力，他們無法作出理性決定，因此成人應該爲他們作出最好的決定。婦女解放論者的兒權保護論點逐漸重要，越來越多的機構嘗試傾聽兒童的不滿，如兒童專線，以重新定義體罰，及促使兒童人權的立法。

「兒童被剝削」的說法，可以以歐德曼（Oldman, 1994）爲例，他認爲兒童經驗應該理解爲：被成人階級剝削的弱勢族群，他們的活動是爲了滿足成人的經濟利益（他們被迫上學，是爲了讓父母能無後顧之憂，父母得以不必留在家中照顧孩童，所以孩童實質上協助了父母個人的社會及經濟參與），他們在家裡及學校的「工作」並沒有比成人少。從這種觀點來看，兒童似乎是被壓迫的新族群，成人剝削兒童的兩個基本機制，就是透過不受監督的兒童活動（被隔離或設計安排好的兒童活動）及家庭外的正式監督機制。

㈧ 童年的界定

童年的定義有其困難性，我們可以確定童年開始於出生或嬰兒期結束時，然而童年何時結束邁入成年？我們可以發現年齡族群的定義和期待並非固定不變，隨時間、文化（尤其是貧窮社會與富有社會的差異）而有不同，我們對巴西或是印度街童童年生活的期待，可能與我們對居住在英國、法國或美國都會區中產階級兒童生活的期待不同。各國的法律規範，甚至是一個國家內的法律規範，對劃分童年及成年並沒有明確的界定。這種對成人或童年，在不同的事件上有不同見解的情形，可以比較不同國家的法律，來進行對照，表 1-1 顯示臺灣與英國對結婚、選舉、性行爲、買酒、開車等的法定年齡均不相同。

我們可以從表 1-1 看出：各法定年齡差異性顯示了一般社會對於童年結束的時間並沒有共識，此外，在某些領域甚至有爭議。離校年齡及

社會福利資格年齡的規定，表示了社會對童年和成年分界的期待年齡，然而同樣有認定上的困難。官方對性工作年齡的反應，也反映出社會對童年及成年界線的不確定，10 或 14 歲的兒童都可能因為性工作而被警告。然而，當事件發生的場域是在家庭，則會被認為是性虐待，若在街上，則被認定為性工作。

表 1-1　英國與臺灣之成年法定年齡之比較

年齡	英　國	臺　灣
6		接受國民教育 收看保護級錄影帶節目
7		民法之（有限制）行為能力
8	負刑事責任（蘇格蘭）	
10	負刑事責任（英格蘭及威爾斯）	
12		少年 收看輔導級錄影帶節目
13	就業最低年齡	
14	空氣槍合法持有　大眾運輸工具成人票	負刑事責任
15		就業最低年齡
16	離開學校 異性自願性行為 購買香菸 結婚（蘇格蘭） 監護人同意下結婚（英格蘭及威爾斯） 機車駕照 全職工作年齡	性行為年齡 監護人同意下之女性結婚年齡 結束國民義務教育
17	汽車駕照	

（續上表）

年齡	英　國	臺　灣
18	投票權 收看限制級影片節目 同性自願性行為年齡 無需監護人同意之結婚年齡（英格蘭及威爾斯）	機車、汽車駕照 收看限制級影片節目 購買菸酒 監護人同意下之男性結婚年齡
20		民法之成人法定年齡 無需監護人同意之結婚年齡 投票權
25	成人級之薪資保障	
26	成人級之房屋優惠	

　　國際間對童年的定義到目前為止亦是沒有共識，聯合國兒童人權宣言對兒童性剝奪做出建言，簽署國家有實踐的義務，這些建議中將童年的範圍界定至 18 歲，青年（young people）界定為 18～21 歲，但研究顯示，各國家使用成人及兒童的定義和分類，仍然與在地文化有密切關係。

　　一般而言，以特定年齡來界定童年的分類是站不住腳，實證結果發現，兒童是特定的社會、歷史之建構，其定義因階級、種族、性別及時代而不同。

㈨ 童年的跨文化差異

　　人類學文獻顯示，在有些文化下，兒童是與成人區隔，但在有些文化下，兒童在童年早期就跟成人一起從事工作相關的活動（Hill & Tisdall, 1977）。另外，照顧兒童的家庭，在有些社區並非僅限於核心家庭，而是透過許多人共同分工來達成，在這些社區中，家庭認同的價值超越個人人格。如西非的社會中，兒童在 5 歲後由親戚扶養，對歐洲

白人而言，這可能是父母的失職，但在當地，卻被認為是有益於社會連結及特殊技能學習的正向方式。

英國少數族群兒童成長的經驗及家庭對兒童的規範、期待，與歐洲白人的傳統模式有很大的不同。來自於南亞的家庭，視忠誠及相互依賴，比獨立與自由更為重要，這些家庭中的兒童被期待童年早期就參與家事或家族事業。對男孩與女孩的期待也相當不同，女孩跟女性成人親戚學習，男孩則是跟著男性成人親戚。少數種族兒童在英國雖然同樣合法地長大，但他們仍保有自己獨特的信仰及文化，而這些也通常使他們被邊緣化或被歧視；這意味著對這些兒童而言，壓迫、歧視可能是他們生活經驗的很大部分。

如果我們要探究兒童社會學，首先我們應檢視自己對童年的概念從何而來，在面對研究議題時，能關注到概念的差異性（Alanen, 1988）。過度抱持文化相對論，可能會低估潛在的負面童年經驗。電視廣告中的快樂、自由、遊戲的童年，其實是種迷思，由兒童經驗多樣性，及對兒童生活中年齡、性別、階級及種族的瞭解來著手，更可以獲得理解。以一個較全球的視野來思考童年也是有意義的，因為研究已指出從全球的比較來看，已開發國家的舒適和物質財富，可能是建立在開發中國家的童工及低工資的現實之上。

二、社會學理論概述與關鍵概念

社會學使我們取得一個理解「廣大全球議題與環繞周遭問題的關聯性」的可能。「兒童與社會」的關聯性到底應如何理解，這是我們探索兒童作為社會主體或兒童被視為一項社會問題的基礎。在本文有必要闡介社會學的關鍵概念及應用，這可以提供我們將「幼兒社會學」的學術

脈絡，與社會學研究連結，並能有焦點地指出 sociology of childhood 做為新的領域對於我們更認識幼兒與社會之關聯性理解，有怎樣的貢獻。

㈠ 古典社會學理論

「社會」自人類歷史之初就有了，「社會學」（sociology）則是十九世紀的產物。十八與十九世紀期間的歐洲，由於整個社會、政治、與經濟受到美國大革命、法國大革命、工業革命三股力量的衝擊，在學術思想界產生新的政治、社會與經濟思潮（宋鎮照，1997：38）。這個階段中，社會學興起，也是所謂的古典社會學階段，可以視為歐洲秩序在工業革命與民主革命下瓦解後，企圖建立新的社會秩序的知識界的回應。

古典社會學，主要包括了孔德、史賓賽、涂爾幹、馬克斯、韋伯等學者的社會學的概念建構，他們對社會學概念的建構，形塑了社會學成為一門重要的科學，成為社會科學最核心的一環（以下有關古典社會學理論可參見宋鎮照，1997：38 ～ 61）。

1. 孔德

法國學者孔德（Auguste Comte, 1798-1857）被稱為社會學之父，社會學（sociologie）乙詞是孔德所創始，語意是由拉丁文 socius（意為侶伴或社會中的個人），與希臘文 loeos（意為科學）而來。孔德建立社會學的目的，是企圖使社會現象可以像自然天體現象、物理現象、化學現象等，運用自然科學的實證研究科學方法來加以瞭解，孔德界定社會學研究的範圍與方法，意圖發現社會的自然原則，進而用來作為預測之用。

孔德將社會學分為靜態社會學（討論人類社會之自然秩序）及動態

社會學（討論人類社會的發展及其形塑的因素歷程等課題）。孔德的社會學建構，強調「社會法則」（social law）與「社會秩序」（social order），他認為任何社會，都存在著一些看不見或看得見的「機制」指導著社會的運作，對社會現象的理解，可以從這隻看不見的手，尋求社會的內在秩序與法則。這就是何以社會法則之下，各社會都有演進、變遷、發展、社會秩序、社會互動等現象。正因如此，孔德重視較大的社會單位分析與研究，而不是社會中的個人。

2. 史賓塞

英國學者史賓塞（Herbert Spencer, 1820-1903）對於社會學最重要的貢獻，在於他發展出兩個重要的觀點：一是社會進化論（social evolution），一是社會有機論（social organism）。史賓賽基於適者生存的發展觀念，以及個人主義的思想，發展出這兩個對社會是什麼的主要見解。史賓塞與提出「物種進化論」的達爾文（Charles Darwin），是同一時代的學者，「最適者生存」的觀點，正是先由史賓塞所提出。

在社會演化方面，史賓塞認為社會的發展有一定演化軌跡，社會結構的演化是源於結構的逐漸分化以實現社會的各種功能，社會演化（或說社會發展與進步）被視為是社會分工的結果；演化分工的成功與否，可以用來說明何以某些社會可以持續存在，而某些社會卻無法延續。

在社會有機論方面，史賓塞提出的觀點是：社會與生物一樣，有生長的過程，體積也會增大；而體積增大的社會其內在結構會日漸進化而複雜，並因複雜而開始分工；分工的結構使社會效益提高；然而結構部門化也代表著功能的特殊化，特殊化也意味著小部門的獨立，這使得各部門之間的互賴程度加深。

3. 涂爾幹

法國涂爾幹（Emile Durkheim, 1858-1917）被視為正統社會學的

創始者，他的思想受到史賓塞學說的影響，涂爾幹對社會學理論的主要貢獻，在於以「社會分工」概念提供「社會變遷」的解釋；並且是首位提出社會學方法論的學者。由於「社會分工」是工業化的一環，涂爾幹試圖以此來理解社會如何變遷。涂爾幹認為社會分工取代了宗教，而成為社會凝聚的主要基礎。社會分工一旦擴充，人與人之間越相互依賴。也由於現代世界變遷過程迅速而激烈，引起了主要的社會難題，大致上所謂的社會問題，都與變遷中的「脫序」（anomie）過程相關（Richards, 2001）。過去宗教所提供的道德控制與標準，在現代化社會發展中崩潰（Giddens, 1997）。簡言之，涂爾幹認為社會學研究的重點（宋鎮照，1997：50）在於：分析各種制度之間的關聯性，研究社會結構而非社會裡的個人。涂爾幹也指出是一種力量將人們凝聚在一起，他稱之為「社會連帶」，是一種個人與集體間的功能整合，如信仰、價值、習俗是屬於機械連帶，而現代社會的複雜分工與職業專門化也將人凝聚在一起，這是有機連帶（林瑞穗，2002：23）。一個社會的瓦解，往往是連帶關係受到破壞而脫序所致。

4. 馬克思（Karl Marx）

普魯士出生的馬克思，其思想是針對當時歐洲資本主義社會觀察而來，由於他是經濟史學家，所提出的觀點含括政治學及經濟學範疇，超越了其他前述社會學家針對社會的觀察，致使其觀點在社會學理論中凸顯重要性。馬克思認為：由於人類的歷史就是一部階級鬥爭史，「社會」應由「階級」及「階級意識」的相互關係加以理解；他的觀點建立在「唯物史觀」──也就是物質生活的生產關係模式，制約了社會政治和知識的生活，而不是人類的知識決定他們的存在（宋鎮照，1997：53），人所持有的理念和價值並不是社會變遷的主要來源。一個社會之所以發生社會變遷，主要係由經濟力作用的影響所促使的。階級間的衝突，與

經濟力作用息息相關，並為社會的歷史發展提供了變遷動力。對馬克思而言，資本主義這個生產體制內部充滿著矛盾，充滿了資本階級與無產階級的衝突與對立。社會由階級所構成，而一個社會的社會意識（上層結構），可以反映出社會的經濟生產模式與關係（下層結構）。

5. 韋伯

德國韋伯（Max Weber）受馬克思的影響，卻又反對馬克思的唯物史觀，認為理念與價值對社會變遷的衝擊是與經濟條件相當的。他對社會學的貢獻在於：提出社會學是一種對社會行動（social action）加以理解的科學，也就是社會學的主要任務在研究社會行動。為研究社會行動，他將社會行動分為四類型：理性取向的／價值取向的／情緒取向的／傳統模式的社會行動；為了理解不同社會中的集體或個人的社會行動，獲得解釋，他發展出「理想型」（ideal type）作為方法論上的概念工具，作為分析性架構，為研究社會的學者提供了一個測量或比較不同社會的標準。由於韋伯提出不同社會的「理想型」，亦發展出許多社會學研究重要的核心概念如「權威」、「資本主義精神」、「理性化」、「科層制度」、「文化」等，亦即他認為社會學研究的重心在於大規模的社會組織模式。

㈡ 當代三大社會學思想學派

古典社會學理論是指早期的社會學思想家的研究及對社會學見解的貢獻，這些思想家奠定了現代社會學的基礎；他們每一位都提供了社會生活的重要觀察面向，並都對社會學發展提供出非常關鍵的概念。在這些學者之後，許多社會學家繼續投入或修正他們的研究，一段長時間後，研究者對社會如何研究？怎樣理解一個社會？形成了三大主要觀點，這三大社會學思想學派支配了社會學研究的發展風貌：即結構功能

論／衝突論／符號互動論（林瑞穗，2002：27）。

1.結構功能論

結構功能論（structural-functionalism）的社會學觀點，強調研究社會學的主要任務與內容，在於瞭解「功能整合」和「社會結構」，美國的社會學理論家派深思（Talcott Parsons）及墨頓（R. K. Merton）是最主要的學派發展者；他們主要的立論基礎是根據涂爾幹及韋伯的精華而來。

2.衝突論

衝突論（conflict theory）社會學觀點的形成，主要是認為結構功能論對社會的理解，過於強調制度的結構性力量，然而這並不能完全解釋社會現象的成因。這個派別認為結構功能論者的社會觀點，忽視了社會中「權力」與「衝突」作為社會力的重要性，也低估了經濟不平等所帶來的問題。這個研究派別，是吸收了馬克斯及韋伯的研究而形成的。這個派別認為「衝突」是理解一個社會形構及發展的核心概念。

3.符號互動論

符號互動論（symbolic interaction）學派的形成，是在二十一世紀後社會學家大多接受韋伯所強調的社會行動及文化的重要性，但有一派學者將韋伯的大規模組織模式觀察，移轉至個人建構面對面互動的方式，認為這種個人互動模式的個別及集體理解，是認識社會形構的重要方法與途徑。他們認為人們如何建構自己的社會現實及主觀經驗，個人如何形成對社會世界的理解，是社會學家的重要工作；這個學派主要的創始者是美國芝加哥大學的米德（George H. Mead）與湯瑪斯（W. I. Thomsas）。他們認為「社會事實」的重要性不若「社會情境理解」的重要性，舉例而言，政府公布犯罪率（事實）不一定會影響人的行為，

而是個人對犯罪率的理解／感受和預期，會直接導致人採取回應性的社會行動（夜間不外出）——我們對情境的理解會成為自我實現的預言。這個派別認為社會行為就是許多人類行為的組成，是由一連串的符號與互動形塑而來。

㈢ 五個關鍵概念的社會學研究新架構：有助於從社會學進入兒童社會學

社會是什麼？怎樣形成的？怎樣改變？一個社會怎樣瓦解？對社會的形構抱持不同觀點的社會學家，有的關心社會的形成原因，想找出各種可能的理解方式；有的致力於解釋社會、理解社會為已足；有的學者意圖改正或「修正」社會的形塑；也有學者認為「認識／瞭解／詮釋」本身就是社會學的目的，反對任何以自身觀點來意圖「糾正社會發展」的作法。基於對社會學的目的不同的主張，與對知識與行動間的關係，看法不同就形成了社會學的種種風貌。

除了前述研究傳統的持續，新近的社會學家致力於如何以最佳方式，簡要地呈現社會學的關鍵概念。學者 Calhoun, Light, & Keller（林瑞穗譯，2002）認為社會學研究者應不自限於社會問題單一面向，而宜比較形形色色的社會／制度／團體／組織／互動模式等，以瞭解全面的社會生活。他們認為全球化時代社會學的新課題與新議題，使得以前述三種派別為本位的社會學研究變得並非完全恰當；而社會學也不應分為三個不相容的陣營。他們認為，研究社會學可以有一個新的架構，就是從關鍵概念切入各種社會議題的討論之中，這是最符合研究應用目的的。這五個概念，可視為瞭解與分析社會學課題的主要工具：

1. 功能整合
2. 權力
3. 社會行動
4. 社會結構

1

5. 文化

每一個社會現象或新的議題，都可以循序運用這五個概念加以理解分析。「功能整合」、「權力」、及「社會行動」，是採行結構功能論、衝突論及符號互動論的類似解釋；而「社會結構」與「文化」則可補足傳統理論未能處理的社會分析面向。他們提出的五個社會學關鍵概念，非常適合運用在社會學配合實際研究課題的學習目的。

這五個概念的理解，直接有助於將「社會學與兒童社會學」進行連結。舉例而言，要瞭解從童年到老年的生命歷程對社會的意義，傳統的社會學家主要研究的議題為年齡的社會意義、老化對社會的作用、社會的年齡結構等等課題。這些傳統研究而來的議題包括了：年齡是人們存活的歲數，而且也指涉不同社會對各年齡社會行為的要求及社會界定；老化則重在探索這個現象對個人及社會的意義；年齡結構則是以社會為分析單位的概念，是生命歷程各階段的人數，它的概念目的在於指出兒童與老人比例，會重要地形塑社會生活的風貌——世代經濟扶養負擔、國家就業機會、休閒時間的改變，都是引發的課題。

但是，我們如果從功能整合、權力、社會行動、社會結構與文化等五個關鍵概念來看生命歷程對社會學的意義，將得到更深入而不同的關注點（林瑞穗譯，2002：150）。從社會結構來看，年齡結構就是社會結構的個別元素：各年齡層的變化對會如何分配資源，個人如何作出私人選擇，所謂「個人理性選擇」的界定，也因年齡結構而改變。年齡結構的世代差異，也造成了不同的社會行動脈絡，例如：美國嬰兒潮世代造成一個特殊情境，產生當時特殊的社會行動（反越戰）。年齡結構的問題，帶出了社會功能整合的課題。而權力概念則使我們的研究眼光可以拉到：是否人口結構老化，再遇上政治制度既有設計（政見及投票制度），會使得政府偏好設計某一種政策來吸引該年齡層的方案（如老人年金或醫療照護），而這樣的方案又帶來世代間的不同社會行動（受惠

者與負擔照護義務人世代差異所導致的回應行動）。

三、傳統社會學理論中的兒童

　　嚴格說來，傳統社會學研究對「兒童」並未有太多的關注。幼兒社會學或兒童社會學這個研究議題或研究領域的發展，是近二十年的事。兒童社會學（sociology of childhood）是指研究兒童與社會之間的交互作用、相互影響及其發展的研究領域。許多學者尚不認為兒童社會學是一個完整的社會學分支學科，這一方面是由於「兒童」的社會學探討文獻量與質方面仍有待發展成長，另方面是這議題原本也是社會變遷下的新課題。以下將闡介兒童在傳統社會學中的位置，說明兒童社會學當今研究的幾種類型，並介紹傳統社會學觀點下如何研究兒童。

㈠ 幼兒在傳統社會學中的位置

　　作為一個新興研究探索的領域，兒童社會學受到傳統社會學理論學術脈絡討論的主題及概念所影響。舉例來說，維基社會百科中定義兒童社會學如下（Wikipedia, 2006；薛素珍，2006；中國大百科全書智慧藏，2006）：

　　「研究兒童與社會相互作用及發展規律的科學分支學科，它著重於探討兒童在成長過程中，怎樣受到社會制約成為社會的產物，怎樣在與他人和社會交互作用中形成個性完全社會化的過程；它根據兒童不同階段的年齡及心理特性，研究家庭／學校／社會對兒童社會化過程的影響；幫助兒童在家庭、學校及社會交互作用過程中，逐漸正確認識及評價自己，掌握認識的社會行為規範，為日後進入成人社會奠定基

1

礎。」……

　　這個定義所代表的觀點，正可以說明「兒童在傳統社會學的位置」，兒童長期以來，被社會學家認爲是「社會化」的標的，是被馴化的客體。從傳統社會學觀點而言，討論兒童的意義，就是討論人的社會化。然而，這樣的觀點使我們對童年及兒童與社會間的交互作用如何理解，受到相當的限制。

㈡ 兒童社會學研究的幾種類型

　　我們可以從研究的目的，來建構兒童在社會學研究中的意義與位置，會有更精準的觀察點，學者認爲「兒童社會學」的探究，有幾種類型（Freeman, M., 1998）：

　　1. 兒童社會學是以瞭解社會安排（因兒童而有的種種社會安排）爲目的。

　　2. 兒童社會學是爲了推論出如何以兒童作爲凝聚社會的一種策略。

　　3. 兒童社會學是在探討兒童在社會中如何及爲何發展出差異性。

　　4. 兒童社會學是藉由歷史分析，瞭解童年並非自然現象，而是一種社會建構，重新質疑評析童年的意義是必要的研究目的。

　　5. 兒童社會學著重於理解童年如何被視爲一個階層，而不是一種社會實踐，使兒童被認爲是「成爲」（becoming）的過程，相對於在測量上是毫無疑問的理性成人，兒童是不完全、缺乏經驗及不成熟。

㈢ 傳統社會學如何研究童年

　　傳統的社會學研究，將「童年」（childhood）視爲生命歷程的一個先期階段。社會學家之所以要研究「生命歷程」（life course）是因爲社會學家認爲：個人生命歷程的階段經驗和社會的歷史變遷之間有密

切的關係，這可以用來解釋世代差異、社會價值或文化變遷等社會發展議題。人類的生命，可以分爲嬰兒、兒童、青少年、青年、壯年、老年等六個主要階段，這樣的生命自然發展歷程階段，似乎是自然而可以接受的說法，但將兒童階段（即童年）視爲一個特殊的時期，卻是相當晚近的文化發明（林瑞穗譯，2002：155）。然而，我們應將童年視爲一個主體，而不是爲成年期作準備的一種未完全狀態。

㈣ 傳統觀點：規範性社會化／詮釋性社會化

傳統觀點下的兒童與社會有什麼關聯？兒童對社會的意義是什麼？就是社會成員中的每個人都從兒童至成人期逐漸「社會化」而成爲社會成員，這就是傳統社會學家對兒童的主要概念（Plaisance, 2004）。社會化被界定爲一個社會中的個人吸收該社會的價值、標準和信念之過程。主流的傳統社會學理論分成兩個派別：1.規範觀點（normative perspective）與 2.解釋觀點（interpretive perspective）。

1. 規範觀點（normative perspective）的社會化

在此學派中，社會化被認爲是我們無法或幾乎不能控制的被動過程。涂爾幹和派深思等功能論學者認爲：社會化是透過在家庭、學校、社區、職場等場域中，共同社會價值及規範的內化。馬克思主義或激進女性主義者則認爲：社會化是藉由社會規範的機制，如法院、警察、教育系統等的獎懲機制、父系制度、性別分工等，使個人遵從，社會化成爲傳遞社會共識或促進社會一致性的機制。社會力和文化力從我們出生就開始發揮作用，家庭的「初始社會化」，藉由家庭成員間的親密關係使兒童學習行爲；學校、同儕、社區內的「次級社會化」，使我們學習適應並成爲外在世界的一分子。

這種被動式的社會化概念，有的學者認爲小看了國家社會的集體意志作用，因爲社會化並非單向運作，總是有反對主流價值的文化存在（Plaisance, 2004）。例如：透過學校教育，怎樣的孩童是好孩童是被學校界定了的，中產階級的價值在無形中被勞工階層的兒童吸收，學者認爲許多兒童的反主流文化是很重要的，可彰顯勞工階層的文化。

2. 詮釋觀點（interpretive perspective）的社會化

規範觀點的論述在縮小個人對社會環境的互動及影響力，相反地，詮釋觀點則在呈現社會化的互動過程。該觀點認爲我們進入的是一個既定的社會，但個人卻不全然受社會結構的侷限，個人（兒童和成人）會常在既有的現況下，爲他們的行爲注入新的意涵和目的。

美國社會心理學家米德（George Herbert Mead, 1934）對社會化過程的互動本質有重要影響力，他認爲人在出生時沒有「自我（self）」或人格存在，「自我」是在一生歷程中與他人互動的結果，「自我」包含兩部分：(1)主我（I）：我們主導社會反應；(2)客我（Me）：我們形成對自己的印象。社會經驗是主我和客我交互作用：我們的行爲是自發性，但受他人對我們的反應所影響。社會化是學習扮演另一個角色，此過程會因社會環境改變重塑個人而持續一生。符號互動論受米德的影響，強調角色扮演：兒童主要工作即在學習於不同時間、不同場域扮演其角色。有些社會學家則批評（Connel, 1983）：詮釋觀點對角色呈現及其如何運作抱持過度決定論的想法，其實我們要扮演的角色太多，且每個角色都被賦予不同的期待，因此無法歸納出通則，雖然這些角色可解釋社會學習及人格形成，卻無法解釋反社會的情況，比方說社會化理論就不能充分解釋同性戀形成原因，亦不能有效解釋爲何公民會變成革命者。

四、社會建構觀點的兒童社會學理論

幼兒社會學理論的建構，是由美國學者所提出。目前對兒童社會學發展提出較重要觀點的學者主要有：Corsaro、James、Jenks 和 Prout、Mayall 等。

我們若比較歐陸與美國對社會學新近發展的重點，就會看出兒童社會學對當代全球化社會的意義。法國的社會學理論通常是有關於社會失靈（malfunctions），正因如此，關於新的兒童與社會發展的議題，傅科（Foucault）致力於將觀察及正常化機制引入當代社會探索中；而學者 Bourdieu 則致力於討論文化資本去神祕化；Kristeva 則強調探討建構他者的社會方式。相對於歐陸學者，美國學者柯沙羅（Bill Corsaro）在《The sociology of childhood》一書，對社會問題有深切的關注，Corsaro 的兒童社會學議題是從關心不平等議題出發，但也同時質疑所謂決定論的社會化模式，如 Bourdieu 及 Bernstein 的文化生產模式。他研究兒童在社會研究中的邊緣化現象，這個現象反映了兒童在經濟和社會參與及社會層級的邊緣化情形。

㈠ 兒童社會學的早期研究者 James, Jenks, and Prout

James、Jenks 和 Prout 其實比 Corsaro 更早提出有關社會學應重視兒童研究的主張，在三氏的研究中，他們主要關心的是「兒童的社會建構」（Morss, 2002），但由於欠缺 Corsaro 體系化處理社會學中重要理論的架構，他們的研究對兒童社會學的建構不及 Corsaro 受重視，但他們對於指出兒童社會建構的重要性則有一定貢獻。

三氏在《Constructing and Reconstruction Childhood》一書中指出：童年是被理解為一種社會建構，提供人類早年生活脈絡的解釋架

構。除了生物面的未成熟，兒童並非一群自然或普同的族群，他們在不同社會中有其獨特的結構及文化成分。1970年代，社會建構論被使用來批判普同主義者（universalist）所主張心理學有關「母親」與「兒童」的社會安排是依循自然法則而產生。社會建構有相對性，在童年歷史的討論中，亞里斯（Aries）認爲古代沒有童年概念存在，然而波洛克則說：「即使過去對童年的認知不同，並不表示他們沒有被認爲是童年。」

　　社會建構主義是一種詮釋學的產物，主要的立論基礎是：兒童具有社會建構的能力，兒童也像大人一樣，用他們所理解到的符號與認知，建構他們所覺知的社會。社會建構主義的出發點是爲了批判「普同主義」（即由於兒童與母親的生理及心理天性，社會安排兒童及母親的角色是普同而合理的），社會建構主義的出發點也是應用性的，想用它來作爲解釋兒童現象的方法之一（Morss, 2002; Corsaro, 1997; Aronsson, 1999）。但是，1990年代，社會建構論的研究問題及研究限制逐漸浮現，社會建構甚至被認爲是荒謬的文化決定論，把個人的身體（bodies）視爲是社會建構的結果尤其是理論的缺陷：社會建構主義者所主張「兒童是建構與理解社會的主體」這樣的看法被視爲可議，因爲孩童又弱又小，社會建構主義者卻認爲在這樣的弱小孩童身體內有著不可懷疑的智慧，顯然不合事實……。有批評建構論的學者甚至認爲：社會建構論的「邏輯性」有問題，童年的社會建構並不是眞正的由兒童建構，而是在「建構主義學者」的論文發表中，被社會建構。

　　其實，我們可以這麼說：三氏對有關童年研究的社會建構，已歸納出三個觀點在《*Theorizing Childhood*》一書已經呈現，兒童的社會建構研究可以分爲三大類：第一類是一般社會建構主義：研究內容大概是廣泛性的論述，認爲兒童確實在某些面向影響而成爲自主的社會建構主體，這種廣泛式的社會建構受到廣泛的贊同，是整個論述的特色。第二類是現象的社會建構主義：這種研究是針對特定的兒童社會現象，進行

兒童社會建構的觀察及描繪。第三類是推論式的社會建構主義，只進行推論，沒有科學事實的研究過程。總之，社會建構的概念，在這個階段並沒有精確的使用，尚未能使兒童社會學被廣泛接受。

(二) 柯沙羅（Corsaro）的幼兒社會學理論

Corsaro 對兒童社會學的發展有極重要的推進。他的研究，是以兒童及童年為中心，著重集體行動，而非個人單獨發展，主要的貢獻在於討論兒童的：1. 社會創造的獨特；2. 同儕文化的生產與參與；3. 成人社會的再生產（Corsaro, 1997）。

Corsaro（1997）的兒童社會學理論重點如下：他指出兒童不是成人所認為的待成長的包袱而已，兒童進入學校學習，就是對未來社會經濟發展的積極貢獻者，與參與勞動或就業市場的成人有一樣重要的經濟貢獻；兒童的遊戲也像大人的社會互動一樣是結構式的自主運作，兒童有他們的人際模式與進入人際互動的方式。Corsaro（1997）認為兒童是主動的社會建構者，他們的社會建構是透過詮釋性再生產而形成，詮釋性再生產則是透過兒童的三種集體行為而構成：1. 兒童會將成人世界的資訊與知識進行消化，並創造性地融合為兒童所用；2. 詮釋性再生產發生在兒童同儕文化的形成與參與中；3. 兒童對成人文化的擴展深化，因兒童修正而有所貢獻於社會。

Corsaro 認為長期以來社會學研究中將兒童邊陲化，就算是社會學關注或研究兒童，也將兒童指向一個負面的角色。大部分論及兒童的理論看法，大多基於兒童發展的行為主義觀點，而這樣的兒童發展觀點早已被當代發展心理學所倡議建構主義所批判。皮亞傑的認知發展理論與維高斯基的社會文化認知取向，對兒童發展的見解也就是建構學派所強調的：不論探究兒童在自身的發展階段的角色，或探究兒童如何參與回應成人世界，都應該重視兒童的主動性角色。這樣的建構模式發展心理

學，使我們得以改變對兒童的固著想法，兒童不是等待長大的過度期個體而已，兒童是一個主動的個體。但是建構模式發展心理學的缺陷也是顯而易見——這是用兒童發展的「結果」來解釋兒童是一個社會參與主體，卻沒有指出「兒童是獨立的參與主體」其實也是被限制在社會結構之下；認知發展理論也不能解釋當代確實有兒童集體行為的現象。

　　正是基於這樣的理論缺陷，Corsaro 認為傳統社會學研究兒童的核心概念「再生產」（reproduction）必須用「詮釋性」加以修正：以往社會學家看待兒童，認為兒童是一個社會進行社會化作用的對象（被教化的對象），這樣的社會再製是社會傳承運作的方式，但是卻不是如傳統社會學研究社會化的歷程，彷彿兒童只是社會複製而已；Corsaro 認為兒童的社會化再製，是一個經過兒童主體性詮釋的歷程；所以主張用「詮釋性再生產」作為理解童年的社會學理論基礎。

　　Corsaro 提倡詮釋性再生產概念作為研究方法，他對童年的討論方式是建構主義，他將兒童視為積極的主體，而非社會力的客體。在民族誌方面，他強調兒童有創造性地使用文化資源。在歷史學方面，他將兒童視為主體（agents），而非被害者。他強調兒童的正當性，以及 Goffman 所謂的次級適應（secondary adjustments）能力：即兒童在面對成人控制及其互動空間受威脅時，會自主性地創造出他們的應對方式。他研究兒童在他們文化中的成員，他稱他的方式為詮釋性再製，此法將建構主義與社會化觀點加以結合，成為他理論的特點，受到相當程度的重視。

㈢ 童年社會建構的觀察方法

　　Corsaro 研究如何從社會結構中看出「童年」對社會的意義，他認為兒童的社會建構包含兩部分：人類學研究及歷史學研究。從人類學分析的例子所獲致有關兒童社會建構的描述，是他討論奈及利亞一個高

度性別化社會的兒童流動，在該地，只有兒童被允許自由的活動。這個研究指出：社會可以提供兒童在該社會中，取得一個特別的游移地位（go-between），可以游移在孩童狀態與成人地位之間。他也從歷史學的角色論證兒童的社會建構：他根據 Barbara Hanawalt 對倫敦地區兒童的研究，指出兒童參與豐富多元的遊戲，這樣的歷史可回溯到十四世紀。而他對美國兒童奴隸的研究，也顯示社會中的兒童地位與社會如何看待兒童是與當時社會的物質條件有密切關係的。Corsaro 的社會學研究方向是以民族誌學家探討兒童的友誼和結盟，結盟與測試、爭吵有密切的關係，社會秩序由不同形式的失序所建構而成，對立和戲劇都具有其美學層面。他對此領域提供了許多重要的詞彙及觀念，如遊戲中的潤飾行為（embellishment）。Corsaro 的觀點是都市民族誌，其著作是社會學觀點，而非發展觀點。

㈣ 社會化與社會文化理論的核心議題：詮釋性再生產

詮釋性再生產，是以集體式的「生產──再生產」觀點和網絡化發展模式，取代了兒童個體的社會發展線性模式，詮釋性再生產的重點，在於將兒童視為能同時參與兒童及成人文化的主動成員（Corsaro, 1997）。

Corsaro 認為社會化這個傳統的社會學理論支配了社會學家如何看待兒童，也正因為「社會化」將孩童客體化，使得孩童在成人世界中被邊陲化，在社會學研究中也被邊緣化。因而對「社會化」他提出了許多修正。他主張社會化的歷程存在，但社會化的方法與途徑從他的研究觀察所得知，並不是傳統社會化的說法，他認為所謂的兒童社會化，是一個同儕團體的社會化，而非個人的傳統的社會學習而來。他指出線性觀兒童發展理論並不合實際，兒童的發展不是線性，而是由家庭為起點，由幼年到兒童期，再到青少年期及至成年的網狀發展模式（Orb Web

1

Model），發展的領域也不是線性的或階段性的，而是多主題同時發展：
教育領域的、家庭互動的、社區領域的、經濟活動的、文化領域的、宗
教領域的、政治領域的、職業領域的……發展主題在不同的年齡期同時
間網狀展開。

㈤ 兒童團體的進入儀式和互動空間

　　Corsaro 研究幼兒園民族誌發現：兒童之間決定性的社會行動通常
是非口語的，圍繞其他兒童，或運用其他類似形式的身體移動，是兒童
取得進入遊戲的機會。兒童每天面臨的挑戰，通常是關於他們如何取得
或如何保護其互動空間。他以歷史觀點探討社會化，著重社會行動在公
領域的情緒、社會、認知層面，他的討論常被解釋成高夫曼式概念，如
次級適應、參與、成員等。Corsaro 的重要觀點之一就是：童年是社會
檯面下生活（underlife）的組成成分。

㈥ 研究童年的社會建構有何意義？

　　Corsaro 認為研究兒童的意義，當然是關懷不同國家間的兒童貧
窮、家庭孤立、離婚率、未婚生子、家庭暴力、忽視等問題，但是他論
及現代社會的焦慮政治：各國的兒童問題研究或政策，往往將兒童視為
多愁善感的族群，兒童被認為是一種「無法控制的威脅」存在於社會之
中，彷彿社會不得不面對的苦難。他認為兒童不應該被理解成這樣。

　　他指出兒童社會學的研究者應該提倡「兒童是主動行動者」的觀
念，Corsaro 避免在方法學上極端地將兒童當作被害者，抑或是從來不
被認為是該苛責的加害者。他大膽地將傳統社會學中社會化以及參與
觀念整合到兒童議題，他主張：社會學研究應該致力於「解構童年」，
他也批判社會中影響兒童的現代家庭政治、物質不平等與社會暴力。
Corsaro 對兒童的概念及兒童作為社會行動者的研究，對社會學理論有

其貢獻，在他的兒童社會學中，兒童是符號媒介：對話、爭吵、文學、大眾形象及電影。同時，兒童的符號世界得以高度體現，兒童及童年的建構與兒童如何在社會中被整合或分離有關，亦與物質世界形塑代間及代內口語與非口語的對話關係有關。為要理解這諸多現象，總之，Corsaro 認為我們應重新將兒童定位在社會學理論的中心。

五、權利模式的幼兒社會學觀點

英國倫敦大學學者梅歐（Mayall）是權利模式的兒童社會學觀點的學者代表。她以權利作為將兒童導入社會學討論的主要概念。她指出：過去兒童福利是在婦幼議題下的一個概念，因此成人對兒童「需求」的思維很難跳脫母子關係；單獨思考兒童，更難的是把兒童納入社會脈絡中。我們需要瞭解兒童的社會處境（social conditions），將兒童作為一個社群納入社會安排中，兒童就像其他的弱勢團體一樣缺乏聲音，但他們同樣有被傾聽的權利，他們的觀點亦應該受到重視（Mayall, 2000a）。唯有透過瞭解童年的社會處境，我們才能為爭取兒童權益建立一個堅固的基礎。權利的概念，是一個好的切入點。

(一) 為什麼必須重新思考童年？如何重新思考？

分析二十世紀有關兒童介入計畫的規模與目的，兒童與童年一直是許多大型介入計畫的目標族群，健康照顧及社會工作人員一直希望改變童年，那些由專家所塑造的「兒童需求」主導著這些介入計畫，在一些西方社會，兒童可說是在公領域被排除在獨立主體之外。由兒童延伸的青少年（adolescence），在字形上是成人的意義，他們也被認為是轉化的過程（becomings），而不是一個特定族群。

1

在英國，健康及心理學家嘗試改變母親的行爲，告訴母親們該做些什麼，而這些作爲是建立在兒童學校表現有賴於父母親的參與這種觀點上，因此母親必須參加許多親職教育，參與兒童的功課，與學校合作評估兒童的表現；兒童不但在白天到學校上課，亦被鼓勵課後學習，他們開始有功課的年齡一直往下調整。

　　一位主張兒童應被重視的學者 Ellen Key 出版《兒童的世紀》（*The Century of the Child*）乙書，然而卻引發其他學者批判：「這不是一個兒童的世紀，而是一個兒童專家的世紀」，意在指出單單根據兒童認知心理發展學理而建構的一切兒童知識，是不夠的。梅歐認爲童年需要有新的觀點，原因有二（Mayall, 2002）：

　　首先，童年是一個政治議題，有關於兒童需求、兒童發展及成人提供適當資源之相關理論，都是從成人的觀點衍生而來，這些均是分析及結構成人的兒童研究，以符合特定社會中成人的社會及經濟目的。因此在概念上，我們建議兒童及童年應該在一個政治空間中操作。

　　其次，是一個連結的觀點，我們在定義兒童爲成人社會化過程所需的一個次要客體時，是把兒童去個人化；當我們說我們最知道什麼對兒童最好時，就是正在否認兒童的權利，否認兒童有參與建構他們自己童年的權利，雖然我們努力保護兒童，仍發現認眞地把兒童當作社會思考及社會政策的貢獻者是相當困難的。

　　成人社群與兒童社群是不一樣的，問一問兒童如何理解及體驗他們的童年，我們會發現他們將社會安排（social order）分爲兩種社群：兒童及成人；其中，兒童是那些被成人定義爲非成人的人。

(二) 何以重新思考童年如此困難？

　　重新思考童年及兒童是很困難的，其原因在於兒童發展及社會化概念已經有一個強大的知識體存在（Mayall, 2000b），Talcott Parsons

及 Piaget 是建立這個系統的關鍵人物。整個兒童發展的市場，是以兒童發展理論爲基礎，因爲這個理論有崇高的心理學地位，而且從兒童專家市場而言，兒童的確是一個市場，是一個學術市場，一個政治議題的市場，這些市場中關於兒童發展的討論，使得結構功能和認知發展理論地位好像更不容易動搖，整個兒童研究有被該理論獨占的危機。

其次，西方心理學提出的快樂童年觀點亦阻礙了重新思考童年。理想上兒童的時間及空間都要受到政治的保護，在政治的思維下，兒童是要被保護的。就像女性被指定在私領域及家戶中，我們也被教導兒童應該活在促進他們發展的快樂環境中，不受公共生活的干擾。兒童因此成爲前期個體（pre-person），被置於政體之外。

第三，重新思考童年的最大障礙應該在於我們所被教導對童年概念的標籤化。舉一些用在兒童的詞彙而言，兒童是無行爲能力、不穩定、易受騙、不可信任、情緒化。相對的，我們對成人的描述則具有相反的特質，有競爭力、穩定、可靠、理性等。基於以上理由，成人理所當然要保護兒童直到他們能夠推理的年紀，而沒有理由傾聽他們的想法。涂爾幹對教育的論述，讓教育工業更加依賴心理學，而非社會學知識。今日，主流社會學家毫不質疑的假設兒童應該被理解爲在家庭及學校社會化的客體，讓他們成人時能夠成功適應社會。社會科學理論亦認爲兒童只是成人的前階段。

(三) 兒童對「童年」理解的實證研究

梅歐教授以實證方法與兒童討論他們如何理解童年、母親及父親的社會地位；問他們對日常生活的反應。研究結果顯示，兒童的社會地位與社會關係、兒童的責任與休閒定義、兒童的道德行爲與成人的期望有明顯的不同。

梅歐教授指出（Mayall, 2000, 2002）：兒童對成人與兒童的責任

區分概念是他們認為家長有完全的責任，母親提供教養，父親提供家庭資源。兒童接受他們相對於成人的低地位，成人是負責教導他們道德標準。兒童在情感上把家庭擺在第一位，他們與其他代間的關係是他們快樂的關鍵。他們同時強調友誼的重要性。關於「責任與空閒時間」，兒童享受自己沒有成人責任的自由，但他們認同自己對家事、功課有責任。兒童認為他們有權利擁有遊戲時間，追求自己的興趣；他們定義「空閒時間」是沒有成人監督控制的時間。其次實證也發現：「兒童有交涉型態」，兒童依賴成人的照顧，他們必須與成人溝通他們的空閒時間、物品，與朋友的時間、金錢、交通等，他們主要的溝通對象是負責家務的母親。「兒童有主要的角色覺察」，兒童認為童年有三個重要任務：成為家庭及文化中的一位好成員、實行自己人生的計畫、與成人交涉以爭取自己的時間並抗拒成人的要求。「道德地位」的兒童主體性觀點，主要的研究發現是：兒童發現自己在成人眼中是不被信任，且經常被誣賴。兒童理解自己是不完美的個人。兒童認為自己對勞力分工、建立及維持家庭安排、學校生活及鄰居生活有所貢獻。兒童認同親子關係的優先重要性，其次是兒童與兒童間的關係；他們強調相互依賴與互惠為中心價值。兒童認為自己有權利被保護和照顧，他們亦強調自己的參與權，但其參與權通常沒有被尊重（Hood, Kelly, Mayall, 1996）。

總之，實證研究的發現是豐富而超越原來的社會學觀點的。兒童的思想邏輯是社會性的。他們將社會安排分成兩群人：成人及成人所定義的非成人——兒童。他們認為童年是關係性的，他們的童年主要是建立於他們與家長及老師的代間關係。兒童同意成人所認為童年是生命的一段期間，因他們附屬於那些更有知識和經驗的人。許多兒童認為他們在道德地位上有許多衝突，他們認為自己具有道德，但他們的道德及參與權經常被質疑。兒童強調自主與相互依賴。西方自由思想家認為自主與獨立是生命最高的形式，兒童確認「關係」是他們生命中最重要的基

石。兒童將自己定位於社會關係中，一個群體的成員，而不只是一個個人。他們理解他們與不同世代關係的重要性。很重要的是，他們學習到別人的快樂，來自於他們的付出，因此他們強調相互依賴及互惠，而非孤獨的自主性。兒童的主體性觀點，使兒童社會學更加豐富，也開展成人對兒童更深一層的理解。

㈣ 權利模式的兒童社會學觀點：兒童研究是政治議題而不是科學議題

我們需要對童年有更全面的瞭解，因為「兒童及童年的研究是政治議題，不是中性的科學議題」（Mayall, 2002; Freeman, 1998）。因此，第一步是要認知到知識與政策的交互關係，將兒童視為一個社群，童年視為一種社會現象。研究應該將童年的社會處境納入社會安排中，以及兒童對社會安排的貢獻。社會學計畫應該把兒童從家庭理論中抽出，以研究他們作為社群的社會地位。下一步則是重新定位兒童與成人的相互關係，以及童年與成人期的關係。因此，在社會學的企圖是將童年的研究置入社會的研究中。

此企圖需要重新思考社群間的勞力分化。傳統社會學將社會分為兩個相對的面向：公領域與私領域、經濟與文化。男人占據公領域、經濟生產的領域，女人自然而然的存在於私領域，及教導兒童社會所接受的規範和行為。然而，女人在私領域確實有經濟生產力，她們除了產下兒童，並且處理家事使家庭其他成員能夠出外工作；因此，私領域並非私領域（The private is not private），女性及兒童在家中受到公共理論及政策影響，發生在私領域的事亦影響著公領域。因此公私領域，以及經濟與社會的二分法在此思維下自然開始瓦解。

㈤ 社會學可以為兒童人權做些什麼？

從童年消逝現象，我們可以看見全球化科技傳播及媒體社會建構下

的童年，漸漸在階級、性別、種族、文化脈絡的思考中更加難以被理解。因此，如果我們認同「童年是一種社會建構」，那麼童年便不會是全球普同的現象；兒童世界的理解，需要社會學觀點的建構，總之，社會學有助於兒童人權的理解（Freeman, 1998; Mayall, 2002）。

　　社會學有助於瞭解兒童為社會行動者，社會學幫助我們理解兒童如何建構他們的社會世界。兒童不應只是社會結構決定因子的被動受體，童年社會學可協助兒童人權運動者處理「依賴」及「能力」的問題，「依賴」對隱私、尊重及個人選擇等基本人權無法彰顯提供了正當的理由，然而，依賴不應作為剝奪其選擇權及尊重的理由，當我們在關係中討論兒童人權，就必須誠實評估我們加在兒童身上的權力（皮藝軍，2005）。社會學有助於我們檢討過去把權利視為「財產權」之一的概念，有助於我們思考是否應改變過去「擁有」權利的觀念，轉變為權利是一種客觀存在（being）的觀念。兒童的權利如果被視為客觀存在的狀態，而不是成人界定並賦予的，則兒童的權利將獲得更近乎兒童主體性的思考，社會也才更能建構屬於兒童的世界。

小結

　　以詮釋性再生產及社會建構來理解童年，是目前較成形的兒童社會學理論基礎。其實，正如部分學者所批評的：在成人世界或學術世界中，沒有「真正的兒童」的客體。相反的，我們必須檢討自己不同論述方法的分析會產生「不同的童年」，每一種論述都是在自己設定的真相中。堅持自己的研究有「真正的童年」，這就是為什麼兒童社會學中的這些研究行動，不容易被接受。

　　但我們也要考慮「不會有真正的童年被還原」這樣的說法，因為這種立場往往也會使兒童社會學的研究倒退，站在促進兒童研究的重要性及必要性的立場，我們必須同時運用社會學研究的關鍵概念，對兒童現

象投入更多關注。社會學究竟應如何研究兒童？除了美國的 Corsaro 的詮釋性再生產、法國 Bourdieu 對社會實踐的研究，以及 Berstein 研究教育學與符號認知對社會控制及符號有深度分析，再加上家庭實踐的民族誌，這些應該都是有助於理解兒童社會學的理論基礎。

參考文獻

一、中文部分

皮藝軍（2005）。兒童權利的文化解釋。2005 年 10 月，二十一世紀兒童發展國際論壇。北京。

宋鎮照（1997）。社會學。臺北：五南。

林彥妤、郭利百加（1997）：現代生活的心理適應。V. J. Derlega, L. H. Janda 原著，臺北：桂冠。

林瑞穗譯（2002）。社會學。譯自 Craig Calhoun, Donauld Light & Auzanne Keller, *Understanding Sociology*. McGraw-Hill Companies, Inc. 臺北：雙葉。

陳貞臻（1994）。前兒童社會學典範的回顧與前瞻。教育資料與研究，第六十期，93 年 9 月，105-112。

薛素珍（2006）。兒童社會學，中國大百科全書智慧藏。

二、英文部分

Alanen L. (1988). Rethinking Childhood, *Acta Sociologica*, Vol. 31. No. 1, p.53-67.

Aronsson, K. (1999). Relocating Children in Sociology and Society. *Human Development*, 42, 55-58.

Corsaro W. A. (1997). *The Sociology of Childhood*. California: Pine Forge Press.

Freeman, M. (1998). The sociology of childhood and children's right. *The International Journal of Children's Rights*. Vol. 6, pp.433-444.

Hood S.; Kelly P. & Mayall B. (1996). Children as Research Subjects: a Risky Enterprise. *Children & Society*, Vol.10. pp.117-128.

J. Demos (1970). *A Little Commonwealth: Family Life in Plymouth Colony*,+ New York, pp.57-58.

Mayall B. (2000). Towards a sociology of child health, *Sociology of Health & Illness*, Vol. 20, No. 3, pp. 269-288.

Mayall B. (2000). The sociology of childhood in relation to children's rights. *The International Journal of Children's Right 8*, 243-259.

Mayall B. (2002). *Towards a Sociology for Childhood: Thinking Form Children's Lives*. Buckingham: Open University.

Morss J. R. (2002). The several social constructions of   James, Jenks, and Prout: A contribution to the sociological theorization of childhood. *The International Journal of Children's Rights*, Vol. 10. No.10. pp.39-54.

Plaisance E. (2004). Para Uma Sociologia Da Pequena Infancia, Educ. Soc., *Campinas*, Vol. 25, n. 86, pp.221-241.

Richards J. W. (2001). Emile Durkheim-A Reappraisal, *The Mankind Quarterly*, pp.83-106.

Turmel Andre (2004). Towards a Historical Sociology of Developmental Thinking: The Case of Genderation. *Paedagogia Historica*, Vol. 40, No.4, pp.419-433.

Witt S. D. (2000). The Influence of Television on Children's Gender Role Socialization: A Review of the Literature. In Susan Witt's Homepage, http://sociomed-iea.ibelgigue.com/influence/television/2006/02/27.

Woodhead M. (1999). Reconstructing Developmental Psychology-Some First Steps. *Children & Society*, Vol. 13. pp.3-19.

第二章

幼兒社會化

李鴻章

　　從社會學的角度看「人類行為」時，常常是將人的行為視為一種社會現象，重視的是這行為在一個特定社會文化脈絡下所顯示的意義以及相類似的現象。也因為如此，社會學在分析社會現象的行為模式時，與心理學從個體角度大相逕庭，它常從社會結構與功能作為立論的基礎，去做個體分析（如人際關係、角色行為、互動網絡等）或總體分析（如制度、社會、合作與衝突等）。

　　事實上，人類行為是受到個體與環境交互作用所形塑的。這樣的交互作用包括環境與遺傳、成熟與學習等影響。環境因素是指在人類的生存空間中，影響個體身心的一切事物，這可能包括產前環境與後天的自然與人為環境；遺傳則是父母將某些生理與心理的特徵傳遞給下一代的過程。一般而言，遺傳對某些特殊的身心特質（如身體結構）影響較大，環境則對個體的人格、社會行為發展影響較多。在成熟與學習方面，成熟乃是個體生理與心理各方面遺傳天賦的表現；而學習則是經由觀察、模仿等作用而產生行為的改變。一般而言，個體越幼小，受成熟的影響越大；個體越年長，受學習的影響則較強烈。

　　本文前半部分主要在敘述幼兒社會化的過程，後半部分則從影響幼兒社會化的主要機構加以說明，並進一步闡述幼兒教育與幼兒社會化的關係。

一、幼兒與社會：自我概念的形成與社會化

　　要讓社會有秩序、有規則，武力是一種方式，但若能把社會成員教育成按照社會所期望的方式前進，社會化倒是一個理想的方式。換句話說，個體在社會上所表現出來的言行舉止，不能因自己的喜好而為所欲為，而是要遵照社會上某些習俗、期待與規範，如此社會就會有秩序、

2

有規則。而在分析社會化與個人發展的過程中，人格與自我是重要的概念（王淑女、侯崇文、林桂碧、夏春祥、周愫嫻譯，2002）。這兩個名詞類似但仍稍有不同，人格（personality）常是一個總體的概念，它包含了心理、生理、情緒、社會與個體行為特徵的總和；而自我（self）則是關於個人與社會認同的想法、態度與傾向。因此，一般說來，心理學傾向於分析人格，強調個體發展中的遺傳與生物因素；而社會學傾向於分析自我，強調個人與組織環境和社會的互動。

㈠ 自我概念的形成

　　個體學習社會規範與期待的過程，就稱為社會化（蔡文輝，2010）。社會化也就是一個人在特定社會中，受該社會影響進而發展自我觀念與學習該社會的生活方式，使其能夠履行其社會角色的功能，這樣的歷程是持續一生的，是長久而複雜的。換言之，社會化就是讓個體從剛出生的無能力狀態轉變能履行社會角色、適應社會生活的社會人。因此，社會化除了讓個體學習社會角色有關的技巧與態度外，也能藉由不斷的灌輸幼兒思想、價值與合適的行為方式，使社會能夠繼續生存下來。

　　大部分的社會學者都不會否認，從事社會學的分析原則上也應該考慮到人的特質，也就是要承認自我因素在決定個人社會行為時所扮演的重要地位（黃瑞祺譯，1993）。因為人類所從事的職業、所取得的社會地位，或某些成就表現都會受到個人特質的影響，此種特質也會影響到個人社會運作與環境適應。

　　此外，不少的社會研究，常會把自我概念分為身分與自我評價兩個向度（張承漢譯，1994）。其中社會角色是身分的主要構成因素，就像對大多數人而言，作為父母的孩子是個人身分的重要角色。除了身分之外，個人對自己與別人都有很多的感覺與評價。

　　雖然二十世紀初仍有不少學者認為，人類行為是由上天所賦予的本

能決定，不需經過學習，例如：餓了就想吃、渴了就想喝水一樣。但近年來的行為科學家雖然無法否認本能的存在，但卻強調本能只是基礎而已，最重要的還是加諸在這個基礎上的社會文化對人格的影響，才是決定行為的主要原因（蔡文輝，2010）。因為社會文化會塑造一個社會所期待的人格，但由於每個人的生理、心理與生活環境的不同，因而造就每個人都有不同的人格特質。

　　一般而言，社會學家關心的是一個自然人是如何演變成一個可以被社會所接受的人。這樣的過程最主要的特徵是「自我」的出現，這裡的自我是社會的自我，一個經過社會規範訓練與社會文化薰陶的社會人（蔡文輝，2010）。就拿飢餓這件事來說，剛出生的嬰兒無法表達飢餓，所以只能用哭來表示他餓了，這樣的哭是為了滿足他自我的需求。但是慢慢的，父母會每隔幾個小時來餵他喝奶，縱然時間未到，聽到他的啼哭，或安慰、或以奶嘴輔藉、或以其他方式處理，即是希望他養成規律的喝奶時間，然後慢慢加長喝奶的間距，甚至最好養成在晚上不喝奶的習慣，一覺到天明。

　　這樣的一個過程，就是要求幼兒慢慢放棄與生俱來的本能，逐漸學習社會文化帶給他的生活。因此，我們可以這麼說，社會文化對幼兒的影響是無所不在的，甚至幼兒在小時候所接受到的社會化訓練，對其將來生活具有重大的影響，Freud 的肛門性格即是一個最佳的例證。以下就介紹幾個有關人格發展的相關理論，以及幼兒社會化的重要基礎：

1.Freud 的人格發展理論

　　他認為人格結構可分為三部分：本我、自我與超我，正常的人在這三部分具有平衡的交互作用。所謂本我（id）又稱為「生物我」，是與生俱來的我，為人格的原始基礎，如我們生理功能的性行為、吃吃喝喝、排泄等，初生嬰兒的人格成分完全受本我所控制。超我（superego）

為人格結構中的最高層，又稱為「理想我」，受道德原則來支配，是後天學習而來，主要作用在促使個人做出符合道德規範的行為，它扮演著法官與道德的功能。自我（ego）又稱為「現實我」，其主要作用是在自我支配下調整自己的行為以適應環境，也就是扮演著內在原始人格與外在世界的紅綠燈。譬如來說，學童肚子餓了，很想吃東西（本我），但現在在上課，吃東西是不符合規範的，對老師也不好意思（超我），因而趁老師未注意時，偷偷吃幾口（自我），如此即是根據現實環境協調本我與超我之間的衝突結果。

2.Erikson 的心理社會發展論

他認為影響人格發展的因素，除了心理層面之外，還包括社會文化因素。若以人的一生來說，他將之分為嬰兒期、幼兒期、學前期、學齡期、青春期、成年期、中年期與老人期等八個階段，每個階段都有它的發展任務與危機，若能積極解除，將有助於人格發展；反之，則有礙人格的發展。我們以未滿 6 歲的三個發展階段來說明之：

⑴ 嬰兒期：嬰兒對於外在事物的評估，主要來自於他對別人的感覺，別人對他好，他會感覺到信任；別人對他不好，他會有不信任的感覺。因此，Erikson 認為，餵哺情境與父母的細心照顧，將有助於嬰兒產生信任感。

⑵ 幼兒期：大約 2、3 歲的時候，幼兒會慢慢開始控制自己的生理需求。如果能夠控制成功，則會更有自信；如果控制失敗，則會對自己產生懷疑。因此，給予幼兒適當的自主權，多讓幼兒操作與成功的機會，將有助於培養幼兒的自信。

⑶ 學前期：大約 3～6 歲的時候，幼兒對任何事物都會有種好奇心，也會有嘗試的勇氣。如果嘗試成功，幼兒會更主動進取；如果嘗試失敗，會遭受其他同儕的嘲笑，也會讓他們更顯退縮內疚。因此鼓勵他們多參

與活動，以養成進取人格是有必要的。

3.Piaget 的道德認知發展階段

Piaget 的道德認知發展對幼兒人格發展也有相當程度的貢獻。他把道德的發展分為無律、他律與自律等三個階段。在 3、4 歲以前，幼兒還處於運思預備期，凡事以自我為中心，人我意識尚無法分清楚，因而無法以道德的觀點來評價其行為。此後，他會慢慢的意識到一些行為規範，經由與別人互動和合作中，慢慢能站在別人的觀點看問題。這種社會化的過程，是從早期的自我階段，慢慢發展到能站在別人立場思考問題。

4.Cooley 與 Mead 的自我理論

顧里（Cooley）在二十世紀初提出鏡中自我（looking-glass self）的概念。他相信人格的形成在於與外界的互動，這種互動過程會創造出一個鏡中自我，這包含了想像別人看到了我們、並對我們評價，以及我們反映了別人對我們的評價等三個概念。

美國心理學者米德（Mead）更深入的分析這樣的互動概念。他觀察到為何人們對自己的評估會與事實相差太遠。譬如有些很成功的人會將自己的成功歸因於運氣，而有些很失敗的人則會認為自己大材小用。也許這樣的評估起因於小時候的父母、家人、同儕、教師，因為這些人都會給予生長中的幼兒不斷的評估，說幼兒乖巧、可愛、聰明等等形容，幼兒也會慢慢從別人的話語中，去尋求自己的影像，也就是自己的影像是從別人的評語而來。因此，所謂鏡中自我，是指他人對自己而言都是一面鏡子，可以從別人的言行舉止中瞭解到自己所做的一切。換言之，即是由他人的評價語言中瞭解自己。

2

㈡ 幼兒社會化的基礎

幼兒要成為社會人，就必須經過社會化的過程，最主要的原因是人類不能藉由先天遺傳而獲得與他人一同生活的能力。而社會化的過程除了是幼兒不斷的學習成為該社會成員過程外，它也是一種自我發展的過程；也就是幼兒的社會化與幼兒的成熟兩者是齊頭並進的。因此，幼兒社會化必須奠基在下列三個基礎上：

1. 個人基礎

人類之所以能夠社會化，陳奎憙（2013）認為主要是下列三種特徵：

⑴ 人類與其他動物最不一樣的地方，是人類具有獨特的智慧，這種智慧是能夠創造價值與累積經驗，是能夠進行抽象思考、學習與適應的能力，而這樣的智慧都必須在出生之後才會逐漸獲得。此外，新生嬰兒在出生即開始具有學習能力，學習社會生活的種種要素。

⑵ 對他人的依賴性較長：人類的身體發展與心理發展較其他動物緩慢，在 1 歲之前必須完全仰賴大人的照顧與餵食，甚至幼稚期也較其他動物長，不像猿猴在 4、5 個月時就可以養活自己，因而要依賴成人的時間也較其他動物久，這也給予人類產生異於其他動物的親子關係和模式。

⑶ 具有異於其他動物的語言文字：語言文字對人類的重要性，讓人類文明得以記錄、流傳，也才能延續、發展。而幼兒最重要的發展任務之一就是語言的學習，大約在 3 歲左右，幼兒對於語言的使用已經非常不錯了。這是語言文字對人類最具體重要的功能，也是人類獨特具有的能力。

2. 社會方面

在大部分的社會中，養兒育女的技術、謀求生活的技能大致都是相

同的，而且這些模式會一代傳給一代，甚至不斷的修正與更新。人類不用對於每件事情都事必躬親才能學得經驗，只要透過制度與文化流傳即能生生不息，代代繁衍。

制度也是影響幼兒社會化的面向之一。不同的政治制度，對於幼兒社會化的快慢與認知有所影響；不同的經濟制度會影響到幼兒的生活水準與生產分配；不同的文化制度也是養成不同特質幼兒的主要因素之一。

人類異於其他動物，最主要的地方是人類能接受文化的陶冶。事實上，學校教育只是社會化的一個部分而已，事實上有很大的部分來自於社會文化環境。因而有人說，人類受教育的過程，可說是一種由不同社會生活方式所內化而成的；意即人格的形成是十分依賴全體社會的生活方式——文化（宋明順譯，1990），透過這樣的過程，社會也才得以自我生存與自我更新。然而每個社會都有不同的文化，幼兒社會化的方式也會隨著不同的社會文化特性而有很大的差異。

3.個人與社會的互動上

要瞭解社會化的意義，就必須先瞭解個體與社會的關係。因為社會化的歷程一定是以上天賦予的生理與心理特質，配合與社會的互動才得以完成。就像班度拉（Bandura）認為，環境因素、個人對環境的認知以及個人行為，彼此是交互影響的（張春興，2013）。Inkeles 也認為，社會結構與人格是兩個相互影響的獨立變項，都會影響到個人社會化的過程（黃瑞祺譯，1993）。

人格是生理基礎與社會互動後所決定的，因而就如陳奎憙（2013）指出，早期社會化過程中，與基本團體的親密關係對幼兒人格具有重大的影響。其次，社會化過程中除了不斷的對幼兒灌輸社會價值、抑制衝動外，對幼兒的抱負與期待也帶有社會化的功能。但就某方面來說，

幼兒的社會化並不只是一種單向的過程，個人和社會隨時都會「討價還價」（bargaining）（陳光中、秦文力、周愫嫻譯，1995）。就像有些個體不想順從大家都遵守的行為標準，即使被笑也不願改變，但這種行為發生在幼兒的機會不多。

二、幼兒社會化的方式與特性

所謂社會化（socialization）是個體與社會環境交互作用，進而對社會逐漸認識與適應的內化過程（Maccoby, 2008）。其實幼兒的社會化與青少年、青年或成年人有不少相似的地方，例如：都是在刺激與反應中去學習，都是在遵循規範與抗拒規範中慢慢改變，使個體都能符合社會的角色需求（王慶中、萬育維，1995）。但幼兒社會化最主要的任務即是在為將來生活奠定基礎，這包括了語言技能的習得、人格核心的養成，以及學習社會的規範與價值，這是和其他年紀的社會化任務有些許不同。雖然如此，但幼兒社會化的方式和其他階段的社會化，仍存在著相當程度的類似性。

(一) 幼兒社會化的方式

1. 獎賞與處罰

桑代克（Thorndike）指出，影響刺激與反應之間關係是否能夠建立，主要關鍵在於練習律（law of exercise）、準備律（law of readiness）與效果律（law of effect）（張春興，2013），其中效果率的成效最好。所謂效果率是指刺激引起的反應若能得到滿足時，則此連結會得到加強，以後碰到相類似的狀況，也容易反應；反之，若得到挫折時，則此連結就會減弱。例如：幼兒在家裡有好的表現，若能得到父

母的讚賞，以後碰到相類似的情境，他也會力求表現；反之，這樣的情境，若得到譏笑或漠視，那日後出現此行為的機會就會變少。

因此，心理學所謂的「增強」反應若運用到社會法則，即是所謂的獎賞與處罰（陳奎憙，2013）。在家庭、學校或社會等幼兒社會化機構，會利用獎勵來鼓勵幼兒做出符合社會規範的行為，用處罰來修正幼兒不符合社會期待的行為。

2. 觀察與模仿

社會學家認為，在社會情境中，個體行為的改變主要來自與別人接觸互動後的影響。然而這種影響是如何產生，Bandura 認為是來自於觀察學習和模仿（張春興，2013）。觀察是指個人以旁觀的角色，觀察別人的行為即可獲得資訊，例如：幼兒觀察到父母親刷牙的方式，他也會拿起牙刷比畫比畫；但在某些情況下，有時只要從別人的經驗，亦可間接得到學習效果。例如：幼兒因為看到其他幼兒玩水會笑嘻嘻（直接經驗），他只要觀察就學會了玩水是件快樂的事情（間接經驗）。亦即，有時幼兒不需要親自經驗某些事物，即能感受這些事物有趣與否。

另外一個概念模仿，是指幼兒在進行觀察學習時，對社會情境中的某個特定人物或某種團體產生有意識學習的過程。然而幼兒對於模仿對象產生模仿行為時，會因為幼兒當時的情境、需求與瞭解程度而產生不同的方式。譬如說，同樣暴力影片有些幼兒學習到打架解決問題，有些幼兒就學到主角性格的正義與勇敢。若從負面的角度言之，喜歡對小孩暴力相向的大人，通常小時候也被暴力相向過，這是個很殘酷的事實（Riordan, 2003）。一般而言，父母與老師是幼兒最有可能的模仿對象（陳光中、秦文力、周愫嫻譯，1995）。

3. 認同作用

認同作用是補償心理不足的一個現象。例如：幼兒覺得老師很有權

威、知識也很淵博，他會很敬佩老師，甚至把老師當做偶像。在這樣的情況下，對於偶像的言行舉止也會加以模仿，甚至把老師的人格特質加以吸收，成為自己的一部分。因此，認同作用是社會化歷程中一個普遍與正常現象，是擴展自我範圍的一個歷程，也是一種特殊且有效的學習方式，對人格發展的影響甚大。例如：父母是一位有愛心、認真負責且受學生喜愛的老師，那幼兒長大之後，非常有可能也會成為一位教育工作者。

4. 直接教導與道德規範

家庭父母或幼兒園所會利用正式的教育方式，將社會的規範傳遞給下一代。此外，在每個社會中，都有一些倫理道德或風俗習慣，這些可以用來衡量及規範一個人的行為，若違背了這樣的規範，會讓幼兒有羞恥心或罪惡感。例如：幼兒園園方規定，在某一天必須穿運動服到校，若幼兒穿錯衣服，他會有輕微丟臉的感覺。

5. 階級與文化差異所造成的潛在社會化

孔恩（Kohn）（1989）在其針對美國家庭與義大利家庭的跨文化研究中發現，階級與文化差異對社會化具有強烈的影響力與重要性。除文化差異對社會化有所影響之外，他更發現了階級的差異對社會化的影響力超越文化差異。在他的研究中發現，中產階級的父母對權威的態度較為彈性，常會教導子女責任與同理心；但勞工階級的家庭則教導子女要服從權威，強調禮貌與服從。這些都是階級與文化差異對幼兒所造成的潛在社會化。

㈡ 幼兒社會化的特性

布林（Brim）是第一個提出社會化是一生都要經歷的過程之學者（陳光中、秦文力、周愫嫻譯，1995）。他認為幼兒的社會化跟成人

的社會化不同的地方，主要有下列幾種方式：

1. 幼兒的社會化主要在規範幼兒的原始生物本能，使其表現與行為能慢慢符合社會所要求的價值，這樣的過程往往是一步一步的改變，與成人較傾向改變既有的行為有所不同。例如：大人會要求幼兒什麼事可以做，哪些事不能做，以規範他的言行舉止；而大人可能因為某種行為不符合社交禮儀（如當眾挖鼻孔），因而會改變目前的行為方式以符合大多數人可以接受的方式。

2. 幼兒對於社會的規範、文化與制度大都採取吸收的態度，但成人則會給予這些規範某種程度的評價。例如：幼兒會很遵守教師給予的規範與告誡，不能說謊、不能闖紅綠燈，但大人對於這些規範會給予某些程度的評價，以決定在什麼時間、什麼地點是否該遵守。

3. 幼兒社會化有絕對的標準，但成人對於這些標準有商量的餘地。例如：幼兒被要求對於某些規則、權威要能絕對服從，但大人則會因為其不同的角色，而有不同的服從標準。

4. 幼兒的社會化主要偏向動機的訓練，但成人的社會化則在獲得特殊的技能或職位。例如：幼兒要學習如何專心、如何應對進退、如何有規矩有禮貌，但大人的學習則傾向學習後結果，如學習後是否可以升官或加薪，是否對未來求職更有幫助。

三、幼兒的角色學習

從社會化的歷程中我們可以瞭解，任何個人要達到社會的期待，就必須扮演好自己在社會中的角色。因而也有人說，社會化的歷程也就是角色學習的歷程，因為人的一生會經過不同的階段，而每一種階段都會有不同階段的社會期待與角色任務。事實上，人們隨著年紀的增長，他

2

們必須扮演的角色越來越多，除了一些基本的角色外，他們會不時的增加新的角色，如成爲丈夫、成爲父親、成爲幫派分子。

　　一般而言，學者在探討社會化時，均認爲家庭是人類第一個社會化的場所，其次來自於學校系統，而幼兒園所又是學校系統的第一個基層組織。因此，當一個幼兒初進入幼兒園所，獲得新的地位（幼兒園小班學生）時，他就必須學習附屬於這個角色下的規範與社會期待，人類也通常經由社會化的過程而學習到種種角色。角色通常是由一個社會體系之參與者所公認並界定的，通常和期望有密切關聯（黃瑞祺譯，1993）。一旦我們知道某人的角色，我們就知道在某種社會情境中，對他的期望是什麼，這種期望是有關何種人應有何種作爲、在何種情況下應有何種程序，也就是這個社會賦予這個角色的權利與義務。

　　有些學者將角色區分爲歸屬的（ascribed）與獲致的（achieved）兩種角色（陳奎憙，2013）。歸屬的角色大致在出生後就自動獲得，與努力或智力無關，如性別、年齡、種族等；獲致的角色則必須依智力、努力、或能力而獲得，如職業、收入、教育程度等。另外一種對角色區分爲開放的與限定的等兩種，所謂開放的角色，是可以分派給任何人，例如：叫某位學童去掃地；另外一種即是限定性的，如某某律師。而這些扮演的角色會決定一個人在社會的地位。

　　此外，就如同其他類型的社會化一樣，性別角色的社會化也是在家庭、學校、同儕、大眾傳播媒體等各類機構中互動形成的（王淑女、侯崇文、林桂碧、夏春祥、周愫嫻譯，2002）。長期以來，中國傳統教育莫不要求女性要善盡賢妻良母的天職，這種「男主外，女主內」、「女子無才便是德」，以男性爲思維的觀念，一直把女人定位在相對於男性的他人，亦即一切以男性爲主體（潘慧玲，1998）。除了在社會化的過程中灌輸不同的男女價值規範外，民國以前的正式教育制度排拒女性，考科舉求功名更是男性的專利（莊明貞，2004），甚至在父

母的性別差異待遇下，女孩子得到的教育資源較少（孫清山、黃毅志，1996），家務分工主要還是以女性來承擔，且男性尚未能隨著教育程度提高，而普遍接受女性獨立就業之性別角色（李鴻章，2002）。

　　至於哪些因素會影響角色的學習呢？以下主要從個人、家庭、學校與社會環境因素分別介紹之。

㈠ 個人因素

1. 性別與性別角色認知

　　根據美國「觸媒」研究組織調查美國五百大企業研究結果指出，在1998年，女性在職場上仍呈現「性別與隔離現象」，不論在薪資、權利或者升遷上均是如此（徐富珍，1999）。劉仲冬（1999）在〈醫學裡的性別分工〉一文中認為，醫護工作是最原始簡單的社會分工，即傳統上男性為醫生、女性為護士。此外，根據陳建志（2000）依據民國73、81 與 86 年的「臺灣地區社會變遷調查資料」結果顯示：男女就業者的教育程度差別，雖然隨著女性教育程度提高而有所縮減，然而女性從事女性職業比例也有增加的趨勢，因而性別隔離程度有越來越大的趨向。莫藜藜（1997）在一項「已婚男性家庭事務分工態度之研究」發現：受訪男性對家務分工的參與上持肯定態度，甚至有三成男性認為家事不一定是女性應做的；但實際上男性從事家務的時間每週在 15 小時以下，且並非每日經常性的工作。黃朗文（1998）的研究結果指出：男性與女性在家務分工的意識形態上達到顯著水準；亦即已婚男性的性別角色或家務分工態度較已婚女性傳統，其中受到社會化的學習經驗、家庭結構以及配偶的資源條件影響最大。

2. 身心健康與外貌

　　身心健康的幼兒，精神愉快，動作發展也佳，對於角色的學習多抱

持著肯定的態度；反之，患有疾病、身體過胖、肢體障礙、動作遲緩、營養不良或個性害羞的幼兒，容易受到限制而影響到其角色的學習。有些身心健康或外貌因素並不會直接影響到幼兒學習某些角色，但若因為這些特徵而使幼兒本身成為大家或幼兒注意的對象，父母或社會大眾賦予這些對象社會價值時，它就會影響到幼兒是否學習或排斥該角色。此外，幼兒的動機和抱負較強，其對某些角色的學習能力也會較佳與較快。

3. 年齡

隨著年齡的增長，認知能力也逐漸加深加廣，對於某些角色的認知與學習也逐漸能夠體會，就像 6 歲的幼兒對於父母的認知會比 3 歲的幼兒好。此外，年齡也會影響到幼兒的成長速率與扮演的角色，在社會互動的過程中，年齡較大的幼兒通常比較容易扮演出領導者的角色（Hughes, 2009）。

除此之外，認知結構、社會結構與社會互動等均會影響到幼兒角色的認知與學習。當幼兒慢慢成長時，他會創造出新的社會結構，這樣的社會結構也促使加強他的認知發展與角色的認知。

㈡ 家庭因素

1. 父母的管教態度與教養模式

大多數的父母會根據社會化的目標，對幼兒提出種種要求與期望。例如：父母都期望幼兒能夠自己穿鞋子、襪子，能關心同學，能與周圍的幼兒建立良好的人際關係。父母要把幼兒教養成符合社會需要的社會化角色，他們必須採取一種有效的管教態度與教養模式，至於採取什麼樣的教養方式最有利於幼兒的社會化發展，這是教育學、心理學、社會學關心的課題。例如：父母要求嚴鬆、保護過度或放任，均會影響幼兒

的角色學習。

2. 父母的社經地位

家庭社經地位是衡量一個家庭物質與精神環境良窳的最佳指標，雖然所涵蓋的因素不同，學者的看法亦不盡相同，但大部分學者，均以父母教育程度、父母職業與家庭收入爲主要考慮因素。而家庭社經地位會影響子女的角色學習與行爲特徵，已普遍爲一般社會科學研究者所證實（廖淑臺，1979）。家庭中的經濟收入，父母對養兒育女的觀念、父母所從事的職業性質等，都會多多少少對幼兒角色學習帶來一定程度的影響。

3. 幼兒在家庭的出生序

幼兒的出生序也會影響到幼兒所扮演的角色與學習態度。一般而言，老大比其他出生別而言較會扮演成人的角色，也較會幫助別人。中間順序出生的子女，其特點較不明顯。而最小的子女，通常會受到爸爸媽媽或哥哥姊姊的喜愛，也有許多行爲楷模可供模仿，在此情況下，通常具有積極的特點。像這種出生序對角色學習的影響，一般常與幼兒在家中的地位、與父母的感情程度、和受家人關心或忽視程度、父母的要求管教或父母成就有關。

4. 家庭結構

家庭結構對幼兒角色學習或個性發展的關係，研究較多的是結構不全的家庭對幼兒發展與角色學習的影響。有研究指出，沒有父親或母親的家庭，不論是對男幼兒或者女幼兒，都會妨礙到幼兒對某一角色的學習。即使是核心家庭，若父親因爲職業關係而長久不在家，這類家庭的孩子其角色學習的發展狀況會類似單親家庭。

此外，不少專家認爲，家庭中因爲缺乏父愛，母親成爲教養子女的

唯一教育者，常會讓男孩往往模仿不到同性別對象而影響其男子氣概，尤其是 5 歲之前的幼兒期更明顯。不過隨著年齡的增長，幼兒會接觸家中之外的一些男性角色，上述現象會慢慢消失。至於沒有父親對女孩仍有影響，只是比男孩的影響還少一些。

㈢ 學校與社會環境因素

1. 同儕影響

幼兒的個性發展、角色學習與社會化的過程都無法脫離人與人之間的相互作用。幼兒最初幾年是在家庭中度過，但隨著年紀的增長與活動範圍的擴大，與同儕間的相互作用越來越多，社會化的程度也越來越高，互相學習與模仿的機會也越來越多，因為同儕間相互模仿、競爭與合作，會提供幼兒更多角色學習的機會。

2. 大眾傳播媒體

大眾傳播媒體進入家庭之後，對幼兒的家庭生活與成長帶來什麼樣的影響，已成為教育學、心理學與社會學家共同關心的課題。

有研究指出，幼兒會學習大眾傳播媒體中某些人物的言行舉止，尤其是電視中的某些主角或者是某些廣告人物或動作，更是幼兒學習的對象。此外，還有研究指出，大眾傳播媒體，尤其是電視會減少家庭成員、親戚朋友與鄰居同儕互相交流與溝通的機會，對發展中的幼兒影響更大。

3. 教師的人格特質與教學

教育品質的關鍵在於「教師」（饒見維，1996），而教師存在的目的與意義都是來自於學生。也因為如此，教師是幼兒認同與模仿的對象，教師的人格特質、言行舉止都會直接影響到幼兒對其角色之學習。

此外，教師對待幼兒的態度、親和性、教學的內容與教法等等，都會影響到幼兒的知覺。

4. 社會文化因素

學校是整個社會的一部分，因而政治結構的轉變、法令的修改、社會生活型態的變遷、各地的風俗習慣、道德規範與價值觀，均會影響到幼兒對其角色扮演的看法。

四、影響幼兒社會化的機構

當一位幼兒從剛出生自然人，慢慢學得社會、文化與習俗，懂得一些規矩與規範的社會人，這樣的歷程，最重要的因素來自於與「他人」的互動。這裡的他人可能包括家庭相關成員、學校教育與相關人員、同儕與鄰居，以及視聽傳播媒體等。而這期間的歷程是一直持續著，貫穿整個生命的，也就是從嬰兒離開子宮開始，一直到個體死亡為止。因此，凡是有助於社會化過程的「他人」，無論是制度、個人或團體，都可稱為社會化的機構（agents of socialization）。例如：對嬰兒而言，其社會化的機構即是家庭中的雙親，他們會傳達社會所接受與期待的行為模式給嬰兒，以下是幾個對幼兒社會化非常有影響的機構：

㈠ 家庭

對大多數的幼兒而言，影響其社會化最主要的來源是家庭，特別是傳統的幼兒社會化過程中，家庭有著最大的影響力（蔡文輝，2010）。因為家庭就好像是一個小型社會，他們（也包含學校教育相關人員等）運用直接教導、間接的身教、獎懲賞罰等方式，把社會中的風俗文化、價值規範等觀念傳遞給幼兒。因為家庭是人類最基本與最初

始的社會化機構，透過家庭的學習，人類可以學習到語言的表達與溝通、文化與社會規範等。但由於社會的變遷、雙薪家庭的成長，讓幼兒社會化逐漸由各種機構所取代。保母、鄰居、托育中心或其他社會成員參與了幼兒社會化的工作。雖然如此，家庭對幼兒社會化的影響仍然最重要。

在家庭中，父母是幼兒最主要的照顧者，因此對於幼兒社會化占有絕對的影響力。一般而言，父母對子女的教養，常根據父母自己的社會心理需要、社會階級、人格特質以及對子女的期望來決定。他們把他們自己對社會生活的態度傳給子女，這樣的態度大致上可分為是成人本位的社會化與子女本位的社會化兩種（張承漢譯，1994）。成人本位的社會化強調服從、尊重權威與外在控制，與子女本位的社會化強調溝通、互動與獎勵有所不同，而兩種的社會化方式對幼兒長大的學習與表現也有所不同。

㈡ 學校與教育相關人員

幾乎所有的心理學家、社會學家、或者是教育學家都認為，幼兒具有觀察與模仿的能力，這樣的能力有助於學校的產生。因為學校社會化的內容主要包括：說讀寫算之能力、做人處事的基本態度、人際互動技巧，以及倫理道德觀念（李芳森，2004），這些都可以在學校教育中藉由幼兒的觀察與模仿所習得。

有時候家庭的社會化和學校的社會化，在某些面向上仍有些許的不一樣。若從本質而言，學校比家庭更不講私情、依規定辦事與權威取向（Riordan, 2003），如此的差異也是幼兒進入更大社會接受社會化的一部分。至於學校教育與相關人員對幼兒社會化的影響，則在下一部分再詳細說明。

㈢ 同儕與鄰居

　　幼兒的社會化並不單單依賴重要的他人——父母等家庭成員或師長，也要依賴幼兒平常接觸的各式各樣的鄰居與同儕。因為重要他人的影響，也需要一般他人的存在，其「重要性」才得以實現。同儕團體也是另一種社會化的管道，此種社會化的方式是非預期的，幼兒的行為也容易受同儕團體的影響，甚至隨著年齡的增長，同儕的影響力有越來越強的趨勢。

㈣ 視聽傳播媒體

　　由於工業技術的進步，視聽傳播媒體的正負面影響也帶給幼兒教育領域一些新的議題。就像許多專家學者認為，視聽傳播媒體對幼兒在學習與發展上有許多正面的幫助，不論在正式或非正式的場合，可以幫助孩子社會化，或運用在教育學習上。就像電視是所有視聽傳播媒體影響力最大的一種（張承漢譯，1994），幾乎所有的家庭都會擁有電視，甚至有不少的家庭都還會擁有錄放影機或 DVD。除此之外，兒童故事書也是社會化的一個管道，甚至在不知不覺中進行著。上述的視聽傳播媒體會讓幼兒接收一些訊息經驗，但相對的也會影響親子互動機會以及某些負面的觀察與學習。不過，這些視聽傳播媒體對幼兒社會化過程是占有相當大的影響力。

　　此外，大眾傳播媒體對幼兒的影響，遠遠超過過去任何一段時間。這些大眾傳播媒體所呈現的內容，不但帶給幼兒知識的來源，也會塑造幼兒的角色學習歷程以及新的楷模，甚至對幼兒行為或價值觀的影響甚大。事實上，有些人認為電視是僅次於父母的社會化機構（陳光中、秦文力、周愫嫻譯，1995）。

　　總之，社會是由學校、家庭、社區、公司企業、制度、文化等層面

所組成，幼兒在社會化的過程中，也隨著社會的分化與多樣化而變得越複雜，因而幼兒所學習的內容與結果也可能彼此衝突或不平衡（如教師教導幼兒要遵守交通規則，但他從社會情境中發覺很多人都不遵守規則），再加上社會的變遷也使得幼兒社會化內涵逐漸改變。過去的幼兒熟悉自己社區的事物，他們可以到鄰居家找同伴玩，到社區小路嬉戲，並且以這個社區的知識作為他行動的起點。然而社會風氣的敗壞、交通事故的增加，迫使幼兒活動範圍逐漸縮小，以幼兒園所作為幼兒社會化機構的比重逐漸增強。

五、幼兒教育與幼兒社會化的關係

人格是對人、對己、對事物、或對整個環境適應時，在行為上所表現出來的獨特方式。它是在生理、心理、社會、文化等因素交互作用下，所產生的一種行為傾向（如興趣、價值觀、社會態度等）。因此，它是一個綜合性的特質，會隨著年齡的增長而逐漸穩定與發展，且每個人都有所不同。除此之外，學校與社會文化也是影響幼兒人格發展的重要機構，甚至學校教育的首要功能即是社會化（宋明順譯，1990），而幼兒教育的目標也與幼兒社會化有密切關聯。

此外，隨著社會的變遷、工業化與科技化的來臨，越來越多的家庭主婦走入職場，因為無暇照顧幼兒，使得更多的父母把幼兒送到幼兒園，或將幼兒送到保母家，或請幼兒的爺爺奶奶照料。但因為學習風氣的盛行與經濟因素的考量，有越來越多的幼兒進入幼兒園或托兒所，也就是最多將有四年幼兒的社會化是來自於幼兒園所提供給予的。所以有人說，今日的幼兒園所已成為幼兒社會化最主要的代理機構。

以下即敘述幼兒教育與幼兒社會化的關係：

㈠ 幼兒教育為社會化歷程中的一個階段

社會化的歷程是終其一生，因而從出生到老年，都是不斷的在社會化，以學習經驗，適應社會。幼兒教育是學校層級中最基礎的一個組織，而學校又是社會化的一個單位，一個國家或社會通常藉由社會化的方式，傳遞社會文化思想與價值觀，使個人遵從社會規範，這樣的過程中，藉由正式教育組織來推行，不啻是一個積極有效的方法。

此外，幼兒園的教學目的主要是以促進兒童身心健全發展為宗旨，應以健康教育、生活教育及倫理教育為主，並以家庭教育密切配合，以達到下列目標：1. 維護兒童身心健康；2. 養成兒童良好習慣；3. 充實兒童生活經驗；4. 增進兒童倫理觀念；5. 培養兒童合群習性。依上述法條來看，幼兒教育以增進兒童身心健全發展為主，以達到上述 2 到 5 項的社會化目標。而且，幼兒園具有獨特的文化與次級文化，學校中師生關係的互動作用複雜且多元，每一種關係都會對另外有所影響，也影響幼兒社會化的進行。

㈡ 幼兒社會化的過程依賴幼兒園的力量頗深

隨著社會的變遷、家庭型態的改變，以及職業婦女的增多，幼兒學齡前階段的社會化大都依賴幼兒園來進行，因而幼兒園的良窳影響幼兒社會化甚鉅，畢竟從社會學的面向而言，學校教育的主要功能是社會化（陳奎憙，2013）。

在幼兒社會化的過程中，幼兒要學習何種知識、技能或價值，會因不同的社會生活方式與文化內容而有所差異。不過社會所做的選擇，會影響到幼兒教育的內容，因為選擇或強化了某方面的內容，必然相對的會不選擇或忽視了另一方面的內容。

幼兒教育的過程中也讓幼兒有機會認識更多的同儕，學習到合群的

習性與團體合作的概念。幼兒園裡的同儕關係、師生關係，都可能是社會的一個縮影，因而他會學習到成功與失敗、挫折與容忍，甚至是畏縮與信心，這些都有可能會影響到他面對日後社會生活的態度。因此，幼兒教育對幼兒的社會化，可說是家庭社會化到日後社會化的一個重要的轉折點。

參考文獻

一、中文部分

王淑女、侯崇文、林桂碧、夏春祥、周愫嫻譯（2002）。Landis, J. R. 著。社會學的概念與特色。臺北：洪葉文化。

王慶中、萬育維（1995）。社會學：社會學與社會工作者的反省。臺北：五南。

李芳森（2004）。教育社會學。臺北：群英。

李鴻章（2002）。教育程度、性別角色認知與家務分工、家庭決策的關聯性之研究。臺灣教育社會學研究，2，35-69。

宋明順譯（1990）。友田泰正編著（1982）。教育社會學。臺北：水牛。

孫清山、黃毅志（1996）。補習教育、文化資本與教育取得。臺灣社會學刊，19，95-139。

徐富珍（1999）。職場──男女兩性的另一個「競技場」。兩性平等教育季刊，6，30-33。

張承漢譯（1994）。Broom, L., Bonjean, C. M., & Broom, D. H. 著。社會學。臺北：巨流。

張春興（2013）。教育心理學──三化取向的理論與實踐。臺北：東華。

陳光中、秦文力、周愫嫻譯（1995）。Smelser, N. J. 著。社會學。臺北：桂冠。

陳奎憙（2013）。教育社會學。臺北：三民。

陳建志（2000）。臺灣地區科系、職業性別隔離與收入性別差異之變遷。教育與心理研究，23（下冊），285-312。

莊明貞（2004）。教育與性別。載於陳奎憙主編：現代教育社會學。臺北：師大書苑。

莫藜藜（1997）。已婚男性家庭事務分工態度之研究。東吳大學社會工作學報，3，117-156。

黃朗文（1998）。已婚兩性對家務分工意識形態之研究。東吳社會學報，7，81-111。

黃瑞祺譯（1993）。Inkeles, A. 著（1964）。社會學是什麼。臺北：巨流。

劉仲冬（1999）。醫學裡的性別分工。兩性平等教育季刊，6，34-41。

潘慧玲（1998）。檢視教育中的性別議題。教育研究所集刊，41。國立臺灣師範大學出版。

廖淑臺（1979）。父母教養方式與兒童道德判斷發展之研究，臺中師專學報，8，63-91。

蔡文輝（2010）。社會學。臺北：三民。

饒見維（1996）。教師專業發展──理論與實務。臺北：五南。

二、英文部分

Hughes, F. P. (2009). *Children, play, and development*. Boston, MA: Allyn & Bacon.

Kohn, M. (1989). *Class and conformity: A study in values* (midway reprint). Chicago, IL: University of Chicago Press.

Maccoby, E. E. (2008). Historical overview of socialization research and theory. In J. E. Grusec, & P. D. Hastings (Eds,). *Handbook of Socialization: Theory and Research*. New York: Guilford Press.

Riordan, C. (2003). *Equality and achievement: An introduction to sociology of education*. Boston, MA: Addison-Wesley.

第三章

教育階層化

李鴻章

　　長期以來，社會學家常以階層化（stratification）作為研究的重心所在，這樣的研究議題，（如階層化對教育地位、教育成就的影響等）也一直是教育學家所關心的。從早期的教育社會學者，如 Dewey、Weber、Marx、Mannheim、Pareto、Davis、Parsons 等，在他們的著作中，階層化的觀念一直受到相當程度的重視，因為它幾乎影響到我們在社會生活的每一個層面。譬如它會影響到個人在學業成就、健康狀況，甚至是婚姻幸福等生活機會。大多數的人都認為有錢財是不錯的，但如果只有少部分的人家財萬貫，而多數人一貧如洗，如此的差異很容易造成階級對立或關係緊張，這樣的不平等現象與原因也是社會學家關心的議題。

一、社會階層的意涵

　　一個社會中有許多資源是大眾所努力追求，但總有許多資源是稀少且有價值的（如財富、地位等），對於這些資源，每個人所得到份量多少不一，若依照所得到各項資源多寡來給社會大眾做分層，就會構成許多高低不等的社會階層，同階層中擁有相類似的資源，相類似的生活機會（陳俊瑋、黃毅志，2011）。例如：高教育階層有類似的教育程度，大家都是大學教育程度以上等。亦即，一個社會都會將其成員按照某種價值標準來排列而做某種區分，這樣的區分可能依據任何的基礎，包括自然賦予的或自己努力而來的。尤其是在這快速變遷、專業化程度越來越高的社會，分化的範圍越來越廣，評價的基礎也就越來越多，因而社會便有許許多多的階層存在。

　　當社會有許多的平行階層系統時，一個人會在同時間裡被賦予多種不同的社會階層。例如：一位 50 多歲、籍貫為原住民的大學教授，可

3

先以種族來劃分他是屬於原住民族；之後以年紀來區分他屬於中年人，再其次可能以職業等級，接著可能是收入或居住地等，不過這樣的地位並不一定是一致的，並不一定都是位居在同一階級的。

　　個人在社會裡所擁有的權勢、地位、財富、聲望、教育、生活方式等，在社會學中稱爲社會地位（social status）。這些社會地位包含與生俱來（如性別、族群等）與努力而來（職業、教育程度等）兩種，而每一個社會在分配上述各項資源時，往往無法讓每個人都得到滿足，因而階級就會產生；而一群擁有相同或類似社會地位的人，則會形成一個社會階級（social class），通常相同的階級，在心理上會有一種歸屬之感（有相類似的階級意識和行爲模式）（陳奎憙，2013）。

　　社會階層則包含社會地位與社會階級等兩個概念，而這種社會階層的存在代表著社會存在著某種程度的不平等。那一個社會到底有多少個社會階級？Marx 是一位經濟決定論者，他描述社會有資本家階級與無產階級兩種。而美國社會學家 Warner 發現社會有六個階級（王淑女、侯崇文、林桂碧、夏春祥、周愫嫻譯，2004）。但有學者認爲，不管有幾個階級，都將扭曲階級的眞相，他們認爲階級應該是包含許多不同的等級，但彼此的劃分卻很模糊。然而，在西方世界裡，「職業」往往被視爲是社會階層高低的最佳單一指標（Blau & Duncan, 1967）。在東方社會裡，除職業外，教育程度的影響力也不容小覷。

　　而社會階層化（social stratification）是指社會大眾被分配不同階層，得到不同資源的過程（彭懷眞，2009）。在這分配的過程中，是依據個人的出身背景，而非能力與努力，則就是機會不均等；反之，如果是依據個人能力與努力所得，而非出身背景，則就符合了機會均等原則（黃毅志，1998）。在實務上，也就是以出身背景（如父母教育程度、收入、職業、族別、性別等）與本人階層（本人的教育程度、收入、職業等）的關聯性，作爲機會均等性的大小，如果關聯性越強，則教育機

會不均等性也就越大。

　　若根據功能論的看法表示，在現代社會中，不論個人出身背景如何，只要有能力、肯努力，就會在教育上或職業上頭角崢嶸，此教育階層化就相當符合教育機會均等原則，也和經濟學人力資本論相似。所謂人力資本論認為，接受教育不僅是一種消費，而且是一種投資，一個人在教育上所做的投資越大，教育程度越高，則人力資本也就越高（黃毅志，1992）。亦即與知識經濟的內涵相似，即專業知識技能越高，工作效率也越高，所帶來的經濟效益也越高。

　　然而，文化資本對社會階層化存在另一種看法。文化資本概念指的是人們對上階層文化所掌握的程度，這種上階層文化可能包含精神層面（如藝術品味、休閒嗜好等），與物質層面（如藝術品、古董字畫等）。此派理論以 Bourdieu（布迪厄）為代表，因為在學校教育體系中，上階層的文化目前仍居領導地位，若人們能掌握上階層的文化，較容易得到教師的認可，也會越有利於學業成績的提升。

　　根據蔡文輝（2000）的說法，社會階層具有：1.社會階層是社會製造出來的；2.階層制度存在每一個社會之中；3.每個社會的階層制度不可能完全一樣；4.階層的存在對社會的每一個人都有重大的影響。此外，在現代社會，階層的差異會相當程度的影響到幼兒在家庭與學校的社會化過程（宋明順譯，1990）。畢竟家庭是社會化的重要場所，會利用直接或間接社會化的過程來傳遞階層化的結果，這樣的意識形態，是一股非常強勁的延續力量，而學校教育也在人力資本與文化資本中影響幼兒的受教育過程與社會化過程。

二、社會流動與社會變遷

精英分子、中產階級或者是社會裡的成員，因權勢、地位、財富、聲望的高低而被安排在不同層次的地位或團體裡的階層都可能是相當穩固，或亙久不變的，也可能會有急劇或廣泛的變遷（黃瑞祺譯，1993）。在開放的社會階級中，各階級的成員有互相流動的機會，這樣的變動叫做社會流動（social mobility）。一個人可能從相同水平的階層中從這個職業換到另外一種職業，或者是找到相類似的工作，這叫水平流動（horizontal mobility）；也可能從這個階層流動到上一個或下一個階層，這就是所謂的垂直流動（vertical mobility），例如：從居住環境較好的社區遷移到居住環境較差的社區。

一個社會有許許多多的垂直流動與水平流動，我們稱之為開放的社會；若是都沒有任何流動的機會，我們稱之為封閉的社會。但是一般而言，任何社會都是介於這兩者之間，沒有完全的封閉與完全的開放。這樣的社會流動是造成社會階層化的主要原因（李芳森，2004）。

至於影響社會流動的因素很多，可能包括個人的才智、努力與社會環境等，茲敘述較為重要的有：

㈠ 缺乏機會

社會流動最明顯的障礙是「缺乏機會」（朱柔若譯，1999）。例如：某地區缺乏就業機會，或者是限制某些條件（如大學以上、年齡應該在幾歲之下），如此設限將會限定某些個體的流動管道。

㈡ 本身教育程度、職業與收入

教育也是一個重要因素。教育程度可以提供一個人必要的技術、價

值、態度、人際關係等等，因此它關聯到一個人向上流動或向下流動的機會。此外，職業與收入也會影響到一個人的聲望與社會地位，甚至進而影響到本身或其子女的社會流動。

㈢ 社會的變遷

父母的社經地位越高，子女可能獲得的社會階級也越高，然而可能隨著社會的變遷、生活方式的改變，導致某些階層向上或向下流動機會大增。例如：對科技技術需求日益強烈的現代社會，會逐漸增加專業人員與白領階級的需求量；相對的，會減少技術工人的需要量，進而導致例行性工作的員工地位逐漸降低。

㈣ 族群或籍貫

族群與膚色也是影響社會流動的重要因素，尤其是族群或籍貫與政治掛勾後，將會加重受影響的程度。其次，若處於一個族群歧視的國家或社會裡，弱勢族群向上流動的機會將會有所限制。不過近年來，族群或籍貫反而會受到相當程度的保護，以鼓勵或保障弱勢族群奮發向上，造成更多向上流動的機會。

㈤ 性別與婚姻

在傳統社會或父權體制的社會，女性的工作、讀書或升遷機會都可能受到性別角色不平等的對待。另外，人們通常會與他們同階級的異性結婚，但也有透過婚姻而造成的社會流動，特別是女性。

㈥ 移民

不論是從生活條件較差的地方流動到生活水準較好之處，或者是國外移民到一個新的國家，這樣的一個移動人口，往往擔負了這個國家或

3

地區較為基層的工作，而原本的人口會自然的向上流動。

㈦ 其他

升遷是一個社會流動的路徑。此外，中了樂透彩券等意外之財，也會造成社會流動；但這類的流動較為少見，因為這類型的人物雖然在錢財上進入另外一個階層，但言行舉止與生活品味仍可能停留在原來的階層中。不過由繼承得來的財富或地位，也會造成社會流動的障礙，例如：醫生的子女往往會成為醫生。另外，動機與態度也可能是社會流動的一個障礙。

這些社會流動的部分原因有可能是來自社會變遷的結果。因為在現代的社會，社會變遷的腳步越來越快，但有時我們身處其中，很難理解其快速的變化。若能與自己父母親的生活經驗相比較，就可以深刻瞭解變遷的速度非常快。舉例來說，父母親時代對於休閒娛樂的 DVD、數位影像、或者是電腦、網路等設備一無所知，但這些東西對年輕人而言，可能已經滿普及了，這即是社會變遷的部分結果。

其次，社會變遷是由許多因素所造成，例如：有許多由影響力的人所促成，如 Hitler、Napoleon、Lincoln 等人影響而產生改變；也可能是歷史的意外與偶然所促成，如傳染病的流傳、領袖的被刺身亡；也有可能是意識形態與各種技術的改進所造成，例如：汽車、飛機、電腦的發明等。

總之，社會變遷是由許多的因素交錯而成，至於這方面的探討，本書將另有子題加以說明。

三、臺灣的社會階層化對幼兒行為的影響

對於社會階層化的研究，社會學家常常依賴一些指標，例如：家庭收入、教育程度或職業等級等。這些指標是以事實為依據，且散見於政府或民間大規模的調查報告中，例如：家庭收入調查或人力資源調查將家庭收入以每 1 萬元為一個等級，來瞭解家庭每月的收入。然而，普通工人對於每個月賺 5 萬元就很滿意，但對某些年輕人而言可能無法令其滿意，因為每個人對於收入的客觀等級，有著不同的主觀觀念（張承漢譯，1994），因此個人對於身處何處，常依賴其所在的參考團體與主觀感受。所以，我們對於家庭收入、教育程度、職業等級之討論，常依賴客觀的測量，而對於職業聲望、生活滿意度的討論，則有賴主觀的感受。

至於要判斷幼兒是否會有所成就，或者是否有追求最高教育程度的可能性，社會階層普遍被認為是一個具有影響力的因素（朱柔若譯，1999）。社會學家發現，家庭社經地位的不同是影響父母管教小孩的重要因素之一（蔡文輝，2000），譬如中產階級的家庭常常以口頭稱讚與愛來鼓勵小孩的優良行為，但工人階級則常要求小孩服從和守規矩。

此外，很多的研究均顯示，社會階層化與學生學業成就或教育取得都有顯著的正相關存在，不過家庭社經背景的影響，有不少學者認為是透過中介因素所造成的，如家庭結構、家庭資源、教養方式、價值觀念、教育期望等。

(一) 臺灣社會階層中幼兒教育的意義

根據章英華、薛承泰與黃毅志（1996）的研究顯示，在臺灣社會

中教育除了對個人職業、收入具有顯著影響外，即使兩人同樣職業與收入，也會因為一方高教育而有較高的社會地位。作者認為教育本身代表著很重要的階層區分，與西方較具影響力的職業有所不同，這可歸因於臺灣地區特別重視教育的文化傳統。

處於「萬般皆下品、唯有讀書高」的文化傳統下，教育所受的重視可見一般。「不要讓孩子輸在起跑點」的社會觀念，也推波助瀾了教育的重要性。此外，由於社會的變遷、家庭結構的改變、雙薪家庭的日益增加，家長也瞭解幼兒教育的重要性，學理上人的發展受幼兒時期的影響至深且鉅，此番的論說更加重「人格的定型於嬰幼兒期」、「3 歲定終生」的說法。由於有了上述的認知，使得為人父母者越來越重視嬰幼兒的家庭教育，也逐漸確立幼兒教育在教育體制中的重要地位。

由於現代的社會重視成就，一個人能在社會階層裡往上爬升，常決定在其所受的教育上，雖然收入、家世背景亦會影響升遷，但教育仍是最重要的，其次才是職業（蔡文輝，2000），而且父母親的教育也常常會影響到子女的教育。

社會階層化對教育的影響主要是在教育機會的多寡，根據陳奎憙（2013）的資料顯示，來自不同社會階層的子女，其接受教育的機會頗不相同，一般而言，社經地位較佳的子女，有更多的機會接受教育，尤其是大學教育。此外，社會階層或社會階級之所以會發展出獨特的生活方式與價值體系，除了是因為財富、收入或家庭資源有所不同之外，家庭對幼兒社會化的過程也有所不同。例如：階級層次較高的父母對幼兒較強調思考能力、好奇心、快樂與自我引導；而階級層次較低的父母則較重視整潔、誠實、能力與順從（張承漢譯，1994）。因而不同的社會階層所教育出來的幼兒會有不同的行為表現。

(二) 不同社會階層下的幼兒行為

茲從教育程度、性別、居住地、社經地位等幾個不同階層下的幼兒，說明其行為表現有無差異。

1. 教育程度

陳彥玲（1985）、馮秋萍（1998）、楊怡婷（1995）的研究結果顯示，父親或母親的教育程度高低是影響幼兒閱讀頻率的重要因素，此外，越是經常閱讀的母親，通常幼兒每天閱讀的頻率也會越高。唐榮昌（1994）以幼兒園學童、黃齡瑩（2003）以公私立大班幼兒為研究對象，發現家長教育程度越高，幼兒的閱讀習慣與閱讀能力越佳。

Mellon（1992）指出父母親學歷的高低，會影響到兒童的閱讀行為。此外，有研究顯示，母親教育程度較高的幼兒較有規律性，對新事物有好奇的趨向、適應力強、堅持度高、觸覺的反應閾較低，但也有研究顯示，幼兒的氣質與父母親教育程度無關（劉英森，2002）。

2. 性別

Watson（1985）以私立國小學童、李寶琳（2000）以公立國小學童為研究對象的調查結果指出，男女學童的閱讀興趣是有差異的，男童較喜歡動物、暴力與科學類讀物；女童則是喜歡家庭、少女愛情故事、有趣的兒童讀物。至於在幼兒時期，男女間的氣質是有差異的。有研究顯示男孩的活動量較大、適應力較強、堅持度較高，且具有正向情緒（鄒國蘇、朱曉慧、陳美吟、黎曉鶯、徐澄清，1987）。

3. 居住地

高蓮雲（1992）以國小學童為樣本的研究結果顯示，不同地區的學生之間，其閱讀行為是有所差異的，其中市區小朋友閱讀範圍較廣泛。至於不同地區幼兒的閱讀是否有所差異，目前尚待進一步的確認。

4. 社經地位（職業等級、家庭收入）

Williams（1989）以不同種族爲研究對象，發現父母的社經地位越高，在家庭教育上常以身作則，因此子女在閱讀頻率與時間上也較高。其次，陳彥玲（1985）以國小一年級爲對象的研究結果顯示，父母職業專業化程度越高者，其子女的閱讀成就越高。

四、社會階層化下，幼兒教育機會均等的可能與偏限

教育機會是否均等，不但關係到整體社會的公平與否，也關聯到整體社會的進步與穩定，它也就成爲國內外眾多理論與實務工作者關注的焦點（楊瑩，1994）。然而，在講究學歷、重視文憑的現代社會裡，教育跟職業、聲望、收入、權力等階層有很大的關聯，教育機會的不均等，也會造成許多階層面向的不平等（黃毅志，1998）。因此，抑制階層化的負面影響與致力教育機會的均等，一直是社會學家所關心的一個議題。

二次世界大戰後，多數的國家均致力於經濟與生活水準的提升，改善各種社會不平等的現象也風起雲湧的持續在推行與改進。透過學校入學機會的擴大與教育資源的分配，讓每一位學習者都能得到相同的資源，如此將有助於教育機會均等的實現。但 60 年代後期，美國在 1966 年提出的 Coleman 報告書，以及英國在 1967 年提出的 Plowden 報告書，兩者均指出階層差異對兒童認知發展的影響，早在未入學之前就已經產生，後來的學校教育並沒有縮小來自階層差異的影響，反而有擴大的趨勢（宋明順譯，1990）。就像 Coleman 認爲，不論投資多少學校設備、教育內容與教育方法做得多平等，其學業成績或教育成就的輸出也無法變得平等。

　　其次，教育機會不均等的另一個面向，即是每一個人取得的教育程度會不會因為其出身階層的差異而有所不同；亦即不會因為學習者的性別、籍貫、社會階級等因素，影響其取得一定程度的教育程度。此外，若從教育機會應依據不同學生的能力而給予不同的發展的面向來看，個人取得不同教育程度若能解釋為是因為個人能力的不同，則教育機會就不會被認為是不平等。

　　一般而言，教育機會均等的觀念，應該包含下列兩種概念：1.每個人都有機會接受基本的教育；2.每個人都有機會接受符合其能力發展的教育（陳奎憙，2000）。雖然，階層化對社會的功能，各界看法不一，若從負面影響視之，倡導教育機會均等將是一個補救措施。因為階層化與個人的社會地位、社會流動等有關，然而這樣的階層化仍會被父母、社會結構等複製（如父母的社經地位越高，小孩子得到家庭所提供的社會資本或文化資本也越多），如此也會影響到幼兒教育機會平等。

　　不過，藉由幼兒教育培養幼兒社會互動與認知的啟發，這樣的入學機會不會因為經濟問題阻撓，若能如此，幼兒教育機會均等的理想將會在不久將來實現。

　　有關教育機會均等的探討會在下一子題詳細探討之。但就目前有關教育機會均不均等的研究，大都集中在出身背景與學業成績、教育程度的關係，或者是教育程度與社經地位之關聯性。這樣的現象就像宋明順譯（1990）所言，教育機會均不均等與「學校教育具有社會人才選拔與分配的功能」有密切相關。然而目前的研究仍顯示，教育程度與背景因素仍存在著顯著的相關性（李鴻章，1999），不過其相關程度已慢慢在縮減當中。因此，讓每一個幼兒都能平等的接受幼兒教育，以及讓每一個幼兒家長能為幼兒選擇他們想要讀的幼兒園，不會因為任何經濟因素的阻撓而改變。此外。發揮教育愛的精神，也有助於教育機會均等

的實現。

　　雖然如此，幼兒教育機會均等仍有幾個無法避免的困境：

㈠ 經濟因素

　　讓幼兒接受幼兒教育，家長對於教育費用的負擔能力，存在著階層的差異。要做到每個幼兒都能入學，不會受到經濟因素影響其抉擇，仍有一段漫長的路要走。

㈡ 家長期望說

　　家長對幼兒教育功能的期望有階層差異，家長對幼兒接受幼兒教育的期望，會影響到幼兒接受教育的面向。然而，不同的階層對幼兒仍有不同的教育期望。

㈢ 文化不同說

　　幼兒對學校的適應與認知能力會有階層差異，也就是家庭的文化環境與學校的文化環境具有相當程度的連續性，這方面又會因為不同的階層而有不同的影響。

㈣ 教師期望說

　　教師會根據學生的階層給予幼兒不同期望，影響幼兒對自我的認知與發展，這方面還是需要時間來加以弭平。

參考文獻

一、中文部分

王淑女、侯崇文、林桂碧、夏春祥、周愫嫻譯（2004）。Landis, J. R. 著。社會學的概念與特色。臺北：洪葉文化。

朱柔若譯（1999）。O'Donnell, G. 著。社會學精通。臺北：揚智。

宋明順譯（1990）。友田泰正編著（1982）。教育社會學。臺北：水牛。

李芳森（2004）。教育社會學。臺北：群英。

李鴻章（1999）。臺灣地區背景因素對子女教育的影響之變遷。政大教育與心理研究，22（下），251-266。

李寶琳（2000）。臺北市國民小學高年級學童閱讀文化調查研究。國立臺北師範學院國民教育研究所碩士論文，未出版，臺北。

高蓮雲（1992）。國小學童休閒閱讀現況之研究。初等教育學刊，1，43-96。

唐榮昌（1994）。個人變項與家庭環境變項對幼兒早期閱讀能力影響之研究。國立臺灣師範大學特殊教育研究所碩士論文，未出版，臺北。

章英華、薛承泰、黃毅志（1996）。教育分流與社會經濟地位——兼論對技職教育改革的政策意涵。臺北：行政院教育改革審議委員會。

陳彥玲（1985）。臺北市一年級國民小學學童閱讀成就與家庭變因之關係。國立臺灣大學公共衛生研究所碩士論文，未出版，臺北。

陳奎憙（2013）。教育社會學（修訂四版）。臺北：三民。

陳俊瑋、黃毅志（2011）。重探學科補習的階層化與效益：Wisconsin 模型的延伸。教育研究集刊，57(1)，101-135。

張承漢譯（1994）。Broom, L., Bonjean, C. M., & Broom, D. H. 著。社會學。臺北：

3

巨流。

黃毅志（1992）。地位取得：理論與結構分析。思與言，30（4），131-168。

黃毅志（1998）。教育與社會階層化，載於陳奎憙主編：現代教育社會學。臺北：師大書苑。

黃瑞祺譯（1993）。Inkeles, A. 著。社會學是什麼。臺北：巨流。

黃齡瑩（2003）。家庭及學校與幼兒閱讀態度之相關研究──以臺東市為例。朝陽科技大學幼兒保育系碩士論文，未出版，臺中。

彭懷真（2009）。社會學。臺北：洪葉文化。

馮秋萍（1998）。兒童閱讀行為之探討。圖書與資訊學刊，25，63-72。

楊怡婷（1995）。兒童閱讀行為之研究。國立臺灣師範大學家政研究所碩士論文，未出版，臺北。

楊瑩（1994）。教育機會均等：教育社會學的探究。臺北：師大書苑。

鄒國蘇、朱曉慧、陳美吟、黎曉鶯、徐澄清（1987）。幼兒氣質特徵之初步研究。中華精神醫學，1，123-133。

劉英森（2002）。幼兒園兒童活動量與其相關因素之研究。國立嘉義大學國民教育研究所碩士論文，未出版，嘉義。

蔡文輝（2000）。社會學。臺北：三民。

二、英文部分

Blau, P. M., & Duncan, O. D. (1967). *The American occupation structure*. New York: John Wiley & Sons.

Mellon, C. A. (1992). It's the best thing in the world: Rural children talk about reading. *School Library Journal, 76*, 221-230.

Watson, M. (1985). *Differences in book choices for reading pleasure between second through fifth grade boys and girls*. ERIC Document Reproduction Service (ED. 259304).

Williams, C. (1989). *A study of the reading interests, habits, and attitudes of third, forth, and fifth graders: A class action research project*. ERIC Document Reproduction Service (ED. 312612).

第四章

幼兒與教育機會均等

曾火城

　　前一子題第四部分曾談到社會階層化下教育機會均等的相關問題，從中我們可以理解社會階層對教育機會均等的影響概況，本章將進一步探討教育機會均等與幼兒教育的關係。

　　長久以來，有關教育機會均等的問題一直受到社會各界共同的關切，究其原因，主要與人類社會的不平等現象有關。根據教育社會學者的研究顯示，人類社會的不平等現象可謂比比皆是，例如：人們所擁有的經濟財富、社會地位、政治權力、職業聲望等都有明顯的差異，而教育則是增進或提高個人財富、地位、權力、聲望的重要途徑。基於此，個人接受教育的多寡及教育機會是否均等就顯得格外重要，也自然地成為大家爭論不休的教育課題。而教育機會均等的理想，不僅能夠促進社會的公平，其本身也是一種社會正義。（Loewen & Pollard，2010）

　　本章擬分成三部分來進行論述。首先，說明教育機會均等的基本意涵；其次，分析影響幼兒教育機會的相關因素；最後，則提出促進幼兒教育機會均等的相關措施。

一、教育機會均等的基本意涵

　　基本而言，「教育機會均等」（the equality of educational opportunity）只是一個常見而普通的教育名詞，不過它所牽涉的教育問題卻十分廣泛，所涉及的教育概念也相當複雜，例如：什麼是「教育機會」？它與哪些教育活動或教育措施有所關聯？「均等」二字又作何解釋？教育人士如何提供均等的教育機會？這些都是不易回答或屬於見仁見智的問題。有關教育機會均等的意涵為何，中外教育學者的見解並不完全一致，惟仍有其相通之處。例如：美國教育學者柯爾曼（J. Coleman）是探討教育機會均等問題的重要代表人物，他曾在 1960 年

代主持美國「教育機會均等」的調查研究，並提出五種界定教育機會均等的指標：1. 社區對學校的資源投入；2. 學生的種族分布情形；3. 學校內各種無形的教育特徵；4. 學校對相同能力學生的影響情形；5. 學校對不同能力學生的影響情形。後來柯氏於 1990 年發表了一篇〈均等與教育成就〉（equality and achievement in education）的論文，文中亦指出五種與教育機會均等有關的教育因素，不過對於自己早期的觀點已作了些微的修正，茲分別說明如下：（引自 Hallinan, 2002）

1. 教育機會均等與學校的輸入層面有關。如果學校輸入的教育資源不同，則是一種教育機會不均等的現象。

2. 教育機會均等與學校的產出層面有關，尤其是學生的學業成就。換言之，不論是校際之間或在同一所學校，如果學生的學業成就有明顯的差異，也是一種教育機會不均等的現象。

3. 教育機會均等與補償教育有關。柯氏認爲學校應針對學習障礙學生實施補償教育，以提升其學習能力及學業成就，否則也是一種教育機會不均等的現象。

4. 教育機會均等與黑白種族分校有關。傳統上，美國是種族歧視較嚴重的國家，黑白分校的各種學習資源明顯不同，且不利於黑人學生的學習，是一種教育機會不均等的現象。類此黑白種族間教育機會的不均等現象，在其他國家不一定會出現，有些國家則存在族群間的不均等現象。

5. 教育機會不均等與學校的讀書風氣（academic climate）有關。柯氏認爲學校之讀書風氣是否良好，與學生之家庭社經地位、教師特質與期望、學生次級文化等因素有關，故也是判斷教育機會是否均等的重要指標。

又如：大陸教育學者謝維和（2002）在其所著《教育社會學》一書中指出，教育機會均等問題從不同角度成爲教育政治學、教育經濟

學、教育社會學、教育哲學等不同教育學科的研究對象，其中，教育社會學係從社會公平的角度，關注教育機會均等與社會的關係。就教育社會學的研究而言，所謂教育機會均等，係指每一個社會成員，不論其種族、性別、宗教信仰、經濟地位、政治地位等方面有何不同，都能享有同等接受教育的機會，而非指接受教育的結果均等，這種觀點與前述柯爾曼強調學校產出層面的均等概念有其明顯的不同。

謝氏在書中亦曾分析義務教育（又稱國民教育）與非義務教育（又稱人才教育）之間教育機會均等所需條件的不同。就義務教育的機會均等而言，由於接受義務教育既是人民的一種權利，同時也是一種義務，因此國家不但必須提供所有適齡兒童接受義務教育的機會，並應訂定法律及強化教育行政管理進行教育資源的合理分配，以保證教育機會均等的落實。就非義務教育的機會均等而言，雖然接受非義務教育也是人民的一種權利，國家也有加以保障的責任，但這種權利係屬於爭取性的權利，每一社會成員必須透過自己的努力及能力去爭取，國家不必立法來保證人人都有接受非義務教育的機會，而是要提供一個公平競爭的環境，不要因個人的外在條件如性別、族群、宗教、膚色、經濟、政治等因素而失去接受非義務教育的機會。

另外，我國教育學者陳奎憙（2001）認為，所謂教育機會均等，不僅指入學機會的均等，還包含教育內容與教育情境的均等；學生在入學之後，應在同等的條件下接受適性的教育，且學校亦需提供學生彌補缺陷的機會，以便充分發展個人才能，促進立足點的平等。楊瑩（2004）曾綜合國內學者的研究觀點認為，國內學者對教育機會均等概念的討論，多半是以1965年國際經濟合作與發展組織（OECD）對此名詞所作的詮釋為參考依據，並以下列二個觀點作為申述的基礎：

1. 每一個體應享受相同年限的基本義務教育，這種教育是共同性的、強迫性的，不因個人家庭背景、性別或地區之差異而有不同。

2.每一個體應享有符合其能力發展的教育，這種教育雖非強迫性，但含有適性發展的意義。

由以上幾位學者對於教育機會均等概念的論述可以發現，「教育機會均等」大致含括三個教育層面的均等，茲分述如下：

㈠ 教育起點的均等

所謂教育起點的均等，意指個人進入學校接受教育之機會的均等，簡言之，即是入學機會的均等。在傳統社會裡，學校教育並不普及，許多國家也未實施義務教育制度，因此個人常因政治、經濟、性別、種族、族群、身心狀況等因素而失去入學的機會，有些國家（如英國）則實施雙軌的學校制度，致使平民和貴族進入不同類型的小學就讀，這些明顯地都是一種教育起點的不均等現象。現代國家為了消除上述教育起點的不均等現象，除積極增設學校外，亦相繼實施國民義務教育，規定每位國民都有接受教育的權利與義務，並訂定法律來保障它的實現，這些措施使得義務教育階段的入學機會均等獲得極大的改善，目前我國國民教育的入學率已達 99.7% 以上，即是最佳的明證。

至於非義務教育階段的入學機會，雖然接受非義務教育也是人民的一種權利，但誠如謝維和先生所言，這種權利係屬於爭取性的權利，個人必須仰賴自己的努力及能力去爭取，國家沒有立法保障此種入學機會的必要。美國教育學者（Fritzberg, 1998）亦認為，接受教育是個人謀求各種生活機會的自由權利（liberal ideal），但必須符應功績主義的社會理想（meritocratic ideal），因此非義務教育的入學機會和社會報酬一樣，均應由個人的成就或功績來決定，個人必須好好把握，才能獲得更高的教育成就（引自鐘紅柱等，2005）。上述必須仰賴自己的努力及能力去爭取的教育機會，由於個人的能力及學習條件不盡相同，且國家所提供的教育機會可能有限，無法符應每個人接受教育的需求，因

此終究仍會造成入學機會（教育起點）的不均等現象。目前世界各國為能保障個人的教育權益，並減少非義務教育入學機會的不均等現象，除強調入學制度的公平性與合理性外，大多朝向增設高中（職）及大學的方向而努力，我國近年來普設大學校院及空中學院、空中大學的成立，即是擴大提供高等教育機會的重要措施，若從增進教育機會均等的角度而言，這些措施都是值得肯定的。

㈡ 教育過程的均等

　　所謂教育過程的均等，係指個人在接受教育的過程中各種教育條件的均等。基本上，學校、家庭與社會環境等都是個人接受教育的場所，因此有關教育過程均等的意義，亦可解釋為「個人在接受學校教育、家庭教育及社會教育的過程中各種教育條件的均等」，其中，教育條件所含括的範圍十分廣泛，就學校教育而言，諸如課程內容、教學方式、師生比率、師生互動、圖書設備、運動設施……等，都是影響學生學習機會或接受教育機會的重要條件；就家庭教育而言，父母平時對孩子課業及生活方面的指導、管教方式、親子關係、言行身教……等，均會影響孩子在家庭中的學習機會及學習成就；就社會教育而言，社區中的社教機構、自然環境、文化建設、媒體內容……等，亦都是影響學童學習機會的重要因素。

　　上述有關學校教育、家庭教育、社會教育等之教育過程的均等，由於學校教育係屬正式教育，且近年來個人接受學校教育的年限日漸增長，因此有關學校教育過程的均等問題常受到教育學界更多的重視與討論。其中有個問題值得作進一步的思索，由於每位學生的學習基礎及學習能力各有不同，那麼強調教育內容及教育情境的均等是否適當呢？這種情況恰與個人的飲食習慣類似，例如：某甲每餐可以吃兩個饅頭，某乙每餐只能吃一個饅頭，某丙每餐只能吃半個饅頭，如果我們同時分給

4

三人一樣多的饅頭，恰當嗎？學校提供每位學生均等的教育內容及教育情境，是否就能形成同樣的內化結果？這種現象符合「因材施教」的教育原理嗎？

　　關於上述的問題，許多學者認為應有義務教育與非義務教育的區別，換言之，由於義務教育是一種國民教育，主要在培養每位國民適應社會生活的基本知能，因此學校應該提供每位學生均等的教育內容及教育情境；至於非義務教育則是一種人才教育，也是一種分化教育，因此學校不必提供每位學生均等的教育內容及教育情境，而是要按學生的性向、能力及社會發展需要提供適當的教育，目前世界各國高中、高職的分流及大專院校的分科分系，正是此種教育理念下的產物。

(三) 教育結果的均等

　　所謂教育結果的均等，意指學生學習結果或學業成就的均等。前述柯爾曼認為，教育機會均等的概念應含括教育結果的均等，如果學生的背景、能力相等而卻有教育結果不均等的現象，其原因可能來自學校教育過程中各種投入條件的不均等，學校有加以改善的必要；如果學生的背景、能力不相等，此種情況也可能是後天因素所使然，學校亦宜儘量予以克服，例如：就讀英語系學校之非英語系家庭子女，其語言表達較為貧弱，學習成效自然大受影響，此時學校宜實施補償教育，改善其語言表達能力，否則也是有違教育機會均等的精神。

　　柯氏的這種觀點，其實已經不是教育機會的提供是否均等的問題，而是教育機會的提供是否公正的問題。基本上，「均等」（equality）與「公正」（equity）的概念是不相同的，前者有相同或齊一的意涵，後者的概念則與社會正義較接近，是維持社會合理運作的重要原則。如果我們針對有學習障礙的學生實施補償教育，這些學生所獲得的教育機會將多於其他學生，就教育機會的提供而言是不均等的，但似乎符合

社會正義或公正的原則。依筆者之見，教育結果（如學業成就）的均等，它之所以會受到部分學者的研究重視，可能與各教育階段的銜接性有關，例如：國中階段的學業成就會影響個人進入高中（職）的機會，高中（職）階段的學業成就也會影響個人進入大學的機會……。以此類推，如此一來，各教育階段的教育結果，均與較高教育階段的入學機會息息相關，各教育階段教育結果的不均等，將導致學習能力差者「一路輸到底」，明顯有違社會公正的原則，這是部分學者強調學校應加強補償教育的主要原因。

另外，教育結果的均等，對於義務教育與非義務教育階段是否同等重要呢？基本上，由於先天或後天因素的影響，個人的特質、性向及學習能力均可能有所差異，因此教育結果均等的理想是不易完全實現的，不過由於義務教育是國民的權利與義務，其目的旨在使學生將來能謀求社會生存，進而繼續發展，因此除入學機會、教育過程的均等之外，強調教育結果的均等似乎也有其必要（雖然教育結果的均等不易完全實現，但學校應朝此方向努力，儘量縮小每位學生學習結果的差距，減少教育結果的不均等現象），韓國首爾大學教授 Chung-il Yun（2007）認為在基礎教育階段，教師宜藉由個別化教學或不同的教學措施，使每位學生均能精熟全部教材，若教師採行相同的教學方式來對待不同的學生，將會造成學習結果的不均等現象，這種作法是不公平，也是不適合的（equal treatment for unequal is unequal）；就非義務教育而言，由於非義務教育係屬分化教育，其教育資源宜根據不同教育類科及層級做適當的調整，因此欲謀求教育結果的均等，簡直難如登天，不過針對學習能力較弱者（尤其是後天因素造成的）適度的實施補償教育，改善其在學業成就的低落現象，則是值得鼓勵的作法。美國小布希總統之教育部長派吉（Paige）於 2001 年提出「沒有落後的孩子法案」（No Child Left Behind, NCLB），強調學校的績效責任（accountability）

及課後補習活動的提供，以改善學習落後學生在數學及閱讀方面的能力，其精神旨在減少教育結果的不均等現象，深獲當時美國社會各界的好評。（Murnane, 2007）

綜上所述，教育機會均等的概念含涉教育起點、教育過程、教育結果等三個教育層面的均等。而根據許多學者的見解，教育機會均等在義務教育（國民教育）與非義務教育（人才教育）的重要性並不相同。在義務教育階段，教育起點、過程及結果的均等都顯得相當重要，學校均有加強的必要；在非義務教育階段，教育機會的均等則是顯得較不重要，不過仍應強調入學機會的開放性及各種教育資源的合理分配，俾使每一社會成員能憑藉自己的努力及能力去爭取接受教育的機會，遇有學習缺陷或學習能力較弱者，則宜秉持社會公正的原則，實施適當的補償教育，期能改善其學業成就的低落現象，增加未來接受教育的機會。至於幼兒教育階段，雖然幼兒教育係屬於非義務教育性質，但因其並非是一種人才教育，也不是國民教育階段之後的分化教育，而是國民教育之前的預備教育（學前教育），因此在理論上，幼兒教育階段之教育機會均等的重要性，應與義務教育階段較為接近。換言之，唯有重視幼兒教育之起點、過程及結果的均等，才能使學童在接受國民教育之前擁有相近的學習基礎能力，利於國民教育的實施與發展。

二、影響幼兒教育機會的相關因素

基本而言，個人從小到大接受教育的重要場所主要包括家庭、學校及社會環境（包括媒體）等，幼兒接受教育的情況自不例外，其中家庭與學校對幼兒的影響更形重要。在分析教育機會均等的基本意涵之後，以下擬進一步從家庭、學校等二方面，來說明影響幼兒教育機會的相關

因素，作爲改善幼兒教育機會均等問題的參考依據。

㈠ 家庭方面

柯爾曼（J. Coleman）在《教育機會均等》（*Equality of educational opportunity*）一書中提到：最能預測學生學業成就的是學生的心智能力及家庭背景，而不是學校因素（引自蔡文標，1998）。誠然，家庭是影響個人成長、學習、發展的重要場所，就幼兒而言，在入學之前，大部分的時間都生活在家庭裡，進入幼兒園之後，也有相當多的時間與家人相處，其受到家庭環境的影響自不在話下。根據教育學者的研究顯示，家庭對於個人（包括幼兒）大致具有下列幾項教育功能：（鐘紅柱等，2005）

1. 生活知能的傳遞

個人有關生活方面的事項，諸如人際互動、服裝儀容、餐飲禮節、安全維護、經濟消費……等，家庭均具有傳遞相關知能的功能。就幼兒而言，由於幼兒正值學習生活知能的重要時期，且與家人相處的時間相當長，因此，家庭可以說是傳遞幼兒基本生活知能的最主要場所。

2. 心智成長的啓迪

未成年子女正處於心智成長快速期，此時父母藉由親子互動、遊戲、閱讀指導……等方式，對於子女的心智成長具有相當程度的啓迪作用，此種現象在幼兒時期更形明顯。

3. 課業學習的協助

父母對於在學子女的家庭作業、準備考試、課外研讀及如何有效學習等方面均扮演著協助者的角色。就幼兒而言，父母若能與幼兒共同完成家庭作業，或指導其如何選讀課外讀物，將能增強幼兒對學習的喜愛

與信心。

4. 心理挫折的輔導

人生起起落落，個人難免會有遭遇挫折的時候，此時父母或家人的支持與鼓勵，具有相當大的激勵作用。由於父母是影響幼兒成長的重要他人，因此幼兒若在交友、學習、生活等方面有所挫折，父母當然是最佳的輔導人員。

5. 道德規範的教導

遵行道德規範是個人參與團體生活的基本要件，父母常藉口頭指導、行為規範、獎賞懲罰等方式教導子女道德規範。根據皮亞傑（J. Piaget）的道德發展理論，幼兒時期雖屬於無律階段，惟父母仍可透過上述方式（尤其是獎賞懲罰方式）來教導幼兒遵行各種道德規範。

6. 各種言行的示範

父母的各種言行，都是子女模仿學習的重要對象，具有潛在的教育作用。就幼兒而言，模仿是其重要的學習方式，父母及家人的言行示範自有其教育意義。

7. 語言學習的場所

一般而言，家庭中所使用的語言，常是子女長大後生活應用的重要語言。幼兒主要透過聽、講等方式，學習家庭語言的語意、語調、語法等，並應用於生活之中。

以上談及家庭的教育功能，由於每個家庭所具備的教育條件不同，因此所能發揮的教育功能也不盡相同。這些條件即是影響幼兒教育機會的重要因素，主要包括家庭的經濟狀況、文化素養、人際關係等，茲分述如下：

1.家庭的經濟狀況

俗話說：「金錢並非萬能，但沒錢卻是萬萬不能」，誠然，經濟條件是個人、家庭、國家發展的重要基礎。Chambers & Duenas（1996）研究美國特殊教育問題發現，有特殊兒童的高收入家庭，比低收入家庭花費較多比率的教育經費在子女身上，致使自己的子女獲得更多的教育機會，可見家庭經濟是影響子女教育的重要因素。

就幼兒而言，經濟匱乏的家庭亦常影響幼兒的正常發展及教育機會的獲得，例如：家庭經濟狀況不佳，容易造成幼兒營養不良，甚至體弱多病，無形中阻礙了幼兒心智及學習能力的發展；又如，經濟條件欠佳的家庭，父母通常較少為幼兒購買漫畫、玩具及學習用品等，不但減少了幼兒在家庭中的學習機會，對於幼兒的心智成長、感官發展、肌肉協調、空間概念、語言學習等也有其負面的影響；另外，貧困家庭的孩子較少參加才藝訓練班，有些父母甚至未將子女送進幼兒園就讀，這些現象都是家庭經濟狀況影響幼兒接受教育機會的明顯例子。

2.家庭的文化素養

所謂家庭的文化素養，其涵蓋的範圍較為廣泛，包括父母的人格特質、語言能力、道德意識、價值觀念、宗教信仰、待人接物、教養方式……等與生活文化有關的種種特性，這些文化特性，直接影響了父母與幼兒的互動品質，間接則影響幼兒在家庭中的各種學習機會。舉例來說，如果父母的語言表達能力欠佳，平時可能較少與幼兒作言語上的溝通，如此一來，幼兒在語言方面的學習及表達機會均相對減少，如果因而造成幼兒不擅或羞於言語表達，可能連帶影響其思考能力、人際關係與自信心。

另外，如果父母採行的教養方式係屬民主領導方式，平時可能會多接近、觀察幼兒，瞭解幼兒一言一行的意義，並進行理性的互動，幼兒

4

本身也能感受到父母的善意與關愛，願意敞開心靈接受他人的教誨，無形中增加了許多學習的機會；相反的，如果父母採行的教養方式係屬獨斷嚴厲的方式，幼兒可能懾於父母權威，終日像被碰觸的蝸牛一樣，封閉心靈蜷縮在硬殼之內，日積月累將失去許多接受教育的機會。

3.家庭的人際關係

一般而言，家庭的人際關係包括家庭成員間的關係及家庭對外的社交狀況等，其中，家庭成員間的關係又包括親子關係及兄弟姊妹間的關係。

家庭成員間的關係對幼兒教育機會的影響，主要源自於三個方面。其一：關係的有無——例如：有些家庭係屬單親家庭，幼兒僅能從單親身上從事學習，或有些幼兒係屬獨生子（女），無法從兄弟姊妹那兒學到些什麼。其二：互動的頻率——指親子或兄弟姊妹間互動的數量而言，例如：有些家庭，雙親忙碌，早出晚歸，或兄弟姊妹從小分居各地，家人見面互動的時間不多，這種情況也會影響幼兒在家庭中的學習機會。其三：和諧的程度——指親子或兄弟姊妹間的關係是否和諧而言，和諧的家庭人際關係（尤其是親子關係），將使幼兒感受到家庭是溫暖的、安全的，願意與他人互動，其學習機會就自然而然地增加了；相反的，幼兒的學習機會將趨於減少。

就家庭的社交狀況而言，有些家庭的社會交際網路較為開放、寬廣，家庭成員經常參加社區或俱樂部舉辦的活動，與他人交換彼此的人生經驗，增加幼兒許多學習的機會；相對的，有些家庭的社交網路則較為封閉、狹隘，很少參加家庭以外的社交活動，這對幼兒的知識及社交能力的成長均有不利的影響。美國教育學者（Berends, 1999）認為，社會人際關係涉及責任（obligation）、信賴（trust）、規範（norm）、認可（sanction）等概念，因為個人在與他人互動時，往往會有一些承

諾或交易行為，個人必須要有責任心、信賴別人，或遵行彼此的約定，才能獲得他人的認可，進而增進與他人互動及學習的機會。據此，正常的家庭社交活動，確實可以提供幼兒許多學習、成長的機會。

㈡ 學校方面

基本上，學校是一個正式的教育機構，它有其預訂的教育目標，它所實施的各項教育活動也大多是事先計畫好的，因此學校對於個人的教育影響乃極其自然之事，所謂德智體群美五育正是學校教育的功能所在。近二、三十年來，個人接受學校教育的年限已有逐漸增長的趨勢，學校教育的重要性相對增加，學校本身的教育機會均等問題也越來越受到社會各界的重視，包括幼兒教育的機會均等。以下擬從入學機會、教育經費、班級運作等三方面來說明學校對於幼兒教育機會的影響概況。

1. 入學機會

本章第一部分談到教育起點的均等，是教育機會均等的重要意涵之一，在各國的教育制度中，幼兒教育大多非屬國民教育的範圍，因此國家沒有全面辦理幼兒教育的責任，人們也沒有接受幼兒教育的義務，在這樣的前提下，幼兒教育的入學率通常會比國民教育的入學率為低。

根據相關研究顯示，種族、族群、性別、家庭背景等都是影響幼兒進入幼兒園接受教育的重要因素，例如：美國雖然已經取消種族隔離政策，但黑人子女接受幼兒教育的機會仍比白人少；中國大陸少數民族的教育並不普及，他們的子女接受幼兒教育的機會相對減少；就性別而言，女性進入幼兒園接受教育的比率，比男性為低；而低社會階層的家庭，其子女進入幼兒園就讀的比率也比中、高社會階層的家庭為低，這些現象顯示幼兒教育的入學機會仍普遍存在著不均等現象，值得吾人重視。

4

2. 教育經費

有道是：「有錢好辦事，沒錢辦不了事」，誠然，經費是學校獲取各種教育資源的主要支援，也是學校發展的重要命脈，舉凡校地、校舍、師資、設備、教具、教材……等的添置或延聘，甚至學校中的一草一木，都與教育經費脫離不了關係。學校若有足夠的空間、師資、設備、教材等，才能提供學生充分的學習機會，例如：有些幼兒園設有球池、鞦韆、滑梯、娃娃屋、表演舞臺、音樂教室及各類綜合性器材……等，也經常辦理有益幼兒身心健康的戶外教學活動，為幼兒製造許多遊戲、學習的機會；另有些幼兒園則受限於經費不足，各項設備及器材相當匱乏或簡陋，幼兒的學習機會相對減少，兩者對照之下，明顯形成教育機會不均等的現象。Heckman（2011）長期研究美國幼兒教育經費投資與產出問題發現：⑴ 不平等的幼兒教育投資，導致幼兒學習經驗及機會的差異，也會影響幼兒的認知能力、人格發展、學業成就、身心健康及長大成人後的成功機會；⑵ 對於在遺傳、家庭教育及環境資源等方面較不利的幼兒，適當的教育投資可以改善前述因素的負面影響，繼而增進其學習能力及相關表現；⑶ 適當的幼兒教育投資，可以縮減幼兒間學習成就的差距、降低特殊教育的需求、增進健康的生活型態、降低犯罪率及整體社會成本。上述的研究發現，更加顯示幼兒教育經費投資的重要性。

目前我國幼兒教育經費的分配問題主要包括：⑴ 地區或城鄉的經費差距；⑵ 公私立幼兒園的經費不均；⑶ 特殊幼兒的經費不足等三項，茲分別說明如下：

⑴ 地區或城鄉的經費差距

我國各級教育的經費運用係採中央或地方分權的政策，其中，幼兒教育的經費，除中央政府的補助款外，主要由地方政府負責籌備辦理，

由於各縣市的財政狀況及對幼兒教育的重視程度不同，導致幼兒教育的經費及資源呈現地區性的差異，根據相關資料顯示，直轄市的教育經費比其他縣市充裕，一般縣市的教育資源也比偏遠縣市豐富，這種現象與國民教育的經費分配不均一樣，都是影響教育機會均等的一個重要因素。

⑵ 公私立幼兒園的經費不均

目前我國公立幼兒園大多附設於國民小學，其師資延聘、設備添置及經費運用等均訂有依循標準，且學校的教育經費係來自政府預算編列，因此公立幼兒園的教育經費主要受到各地方政府財政狀況的影響。至於私立幼兒園，其教育經費則主要源自於學校自籌，由於各校的辦學理念及籌款能力各有不同，故而教育經費的多寡也出現明顯的差異，有些所謂的「貴族幼兒園」，其教育經費高出公立幼兒園許多，另有些私立幼兒園的教育經費卻遠低於公立幼兒園，非但師資編制低於標準，有關設備、器材、教具等也顯得相當簡陋、不足，這種教育經費的差異，直接影響各幼兒園教育資源的充實與否，間接則造成教育機會的不均等現象。

⑶ 特殊幼兒的經費不足

所謂特殊幼兒，意指因受到先天或後天因素影響而有各種學習障礙的幼兒，諸如聽障、視障、肢障、智能不足、心理疾病、家境貧困及文化弱勢族群（如原住民、離島居民）等皆是，這些幼兒都有其特殊的學習困難，若無法獲得適當的協助，即使提供許多教育機會，可能終將無濟於事。因此政府宜針對這些幼兒的學習需求，編列足夠預算，協助他們進行有效的學習，例如：針對智能不足的幼兒宜成立幼兒啟智班，聘請受過幼兒特殊教育專業訓練的師資，並充實應有的教學設備及教材教具，進行具啟智或增能作用的補救教學；至於其他類別的特殊幼兒，亦宜按照其學習需要，給予適當的協助與關懷，增進其學習能力與機會。

　　本章第一部分提到，針對學習障礙學生實施補償教育，可以增進學習方面的立足點平等，係教育機會均等的重要意涵之一。目前我國有關幼兒補償教育經費編列尚嫌不足，致使特殊幼兒的學習障礙仍無法獲得有效的解決，這種現象明顯有違教育機會均等的精神。

3. 班級運作

　　班級是教學活動進行的重要場所，在班級裡，師生的互動十分頻繁，教師的教學態度及一言一行，均足以影響學生學習機會及成效。以下擬從教學取向、教師期望等二方面來說明班級運作對幼兒教育機會的影響概況。

⑴ 教學取向

　　傳統上，班級中的教學大多是以教師為中心，認為教師是知識的擁有者，教師在班級中的責任只是以講演方式單向地傳遞預先安排的知識內容，這樣的教學觀念或取向，非但剝奪學生發問、討論的機會，也忽略了學生心智能力、認知型態的個別差異問題。

　　教師在班級中的講述內容，學生不一定能完全理解、吸收，提供學生發問機會，一方面可釐清模糊的概念，另一方面亦可使學生獲得更多衍生性的學習；至於討論，其主要功能在於促成不同意見的交流，非但可以擴大學生的學習視野，亦能改善學生自我中心的學習思考方式。教師在班級中提供學生發問機會與採行討論方式，均有其正面的教學意義，對於學生的學習機會也有相當程度的影響。

　　就學生的心智能力及認知型態而言，學者 U. Gardner（1983）認為，個人的心智能力包括：①語言的；②邏輯或數理的；③音樂的；④空間的；⑤身體或運動知覺的；⑥人際關係的（interpersonal）；⑦個人內在調適的（intrapersonal）等七種（引自 Hallinan, 2002），後來又加入「自然觀察」等四種智能，這種見解與傳統認為個人僅有語言

與數理等二種心智能力的看法迥然有異，現代的教育學者則大多認同個人具有多元心智能力的看法。另外，Messick et al.（1976）曾歸納多位學者意見，提出多種不同的認知型態，例如：屬於觸覺型或動覺型者（kinesthetic）偏好身體動作方面的思考；視覺型者（visual）偏好形狀及空間方面的思考；聽覺型者（auditory）則偏好口語表達方面的思考。又如，場地獨立型者（field independence）對於所知覺的外在事物較能獨立判斷，進行理性的分析；場地依賴型者則較偏從社會導向，其認知常需他人的提示、指引或增強，也易受到別人批評的影響。再如，記憶敏銳度較差者，常僅記取與舊有經驗相似的事物，對於不同事物的辨識力較弱，所記憶的事物也容易變得模糊或遺忘；記憶敏銳度較佳者，非但對不同事物的辨識不會混淆，也較能找出新舊經驗的差異所在。這種認知型態的多元觀點，有益於教師對學生學習問題的瞭解。Messick 等人的研究見解，至今仍受到許多教育學者的認可。

由上述可知，發問和討論都具有增加學生學習機會的功能，而每位學生（含幼兒）的心智能力及認知型態各有不同，教師若應用相同的教材和單一式的演講教學，必然會有部分幼兒難以適應，以致直接影響其學習動機，間接則影響其學習機會及學習成效。Schmidt, Cogan, & McKnight（2010）認為少數學生的成功，其實是一種教育失敗，且與教師素質欠佳及學習機會不均等有關。Zhi-Feng Liu et al.（2013）的研究亦顯示，教師若能依據幼兒的需求、特性，提供適當的引導、支持與發問，將能提升幼兒在堆積木時的學習意願、機會與能力，例如：組合積木能力、分享彼此觀念的意願、確認及解決問題的能力等。因此教師在班級中從事教學，要能瞭解幼兒心智能力、認知型態的多元性，根據幼兒的種種特性來進行教學設計及安排課程內容，並採行適當的教學策略及方法，儘量提供幼兒發問和討論的機會，以減少教育機會的不均等現象。

4

(2) 教師期望

　　教師是接觸班級學生最多的教育工作者，也是影響學生學習的重要人物，教師在教學過程中，往往根據每位學生的特質及學習表現而持有高低不同的期望，這些期望對於學生的學習心理及學習成效均有相當大的影響。例如：根據美國教育學者 Hallinan（2002）的研究顯示，多數教師對於少數民族、低收入戶、女性、低學業成就、行為欠佳的學生持有較低的期望，由於期望不高，因此教師平日在與這些學生互動時，較少給予讚美、支持與肯定，較少提問及分配工作，對於學生的問題也較少作正面的回饋，久而久之，這些學生大多變得不敢與老師互動，較少參與團體活動，對於學習較沒信心，無形中失去許多學習的機會，這種現象在幼兒教育階段亦十分普遍，值得吾人重視。Meece & Wingate（2010）亦認為在高品質的幼兒教學活動中，教師常能給予每位幼兒正向的支持、回饋、溝通與期望，而事實上，許多教師對低社經家庭的幼兒卻有較低的期望。

　　根據自我心理學有關「鏡中自我」的理論說法，個人往往從他人對自己的期望及看法中發現自我（別人彷彿是一面鏡子），教師如果對幼兒的期望是負向的，幼兒非但能敏銳地從教師的言行中覺察出來，也會對自己失去信心，終至可能自暴自棄。相反的，如果教師對幼兒的期望是正向的，非但教師會自動給予幼兒更多的提問、讚美、指導、作業、工作等，提供幼兒更多的學習機會，幼兒本身也會因教師的鼓勵支持而更具學習信心，自己更積極努力，創造更多的學習機會。因此教師在教學過程中，不論幼兒的學業及行為表現如何，均應隨時對幼兒抱持正向或適當的期望，多加提供幼兒各種學習機會（尤其是弱勢族群者），避免讓幼兒失去信心，以符應教育機會均等的精神。

三、促進幼兒教育機會均等的相關作法

由前述可知，教育機會均等的意涵包括教育起點、過程與結果的均等，而教育機會均等在義務教育階段與非義務教育階段的重要性並不盡相同，就義務教育而言，這三種不同層面的均等都顯得相當重要。雖然幼兒教育並不屬於義務教育的範疇，不過基本上，幼兒教育與高中（職）以上的教育是不一樣的，它不是一種分化教育或人才教育，而是每位幼兒進入國民小學前的預備教育，為使每位幼兒在接受國民教育之前都能擁有相近的學習基礎能力，以利國民教育的實施，因此在理論上，教育機會均等在幼兒教育階段的重要性，應與義務教育階段較為接近，宜兼重教育起點、過程與結果的均等。以下從家庭、學校、社會等三方面提出促進幼兒教育機會均等的相關作法。

㈠ 家庭方面

如前所述，家庭是個人成長的地方，也是個人學習或接受教育的場所，舉凡家庭的物質、精神條件及每個家人的一言一行，均對幼兒具有顯著或潛在的教育作用。在家庭裡，幼兒可能因為家庭條件欠佳而失去許多學習機會，因此條件欠佳的家庭宜從下列幾項進行改善，以增進幼兒在家庭的學習機會，減少教育機會的不均等現象。

1. 改善家庭經濟條件

家庭經濟較佳的幼兒，可能獲得較多的學習機會，例如：他（她）可能會有較多的玩具及學用品，或較有機會參加各類才藝班……等；相反的，家庭經濟條件較差的幼兒，無形中將減少許多學習的機會。關於家庭經濟條件的改善，除政府應設法調整國家經濟政策，縮減貧富差距，或針對貧困家庭給予適當的補助支援外，家庭本身的調適作法亦有

其必要，例如：平日宜省吃儉用，減少不必要的開銷，或更加努力工作賺錢，以開源節流來改善家庭經濟條件；另外，改變家庭消費型態，將較多比例的錢花在與幼兒學習有關的用品或活動上，亦不失為增進幼兒學習機會的可行辦法。

2. 提升家庭的文化素養

雖然家庭的經濟條件與其文化素養有所關聯，但有些家庭的經濟能力即使不錯，文化素養卻有待加強，近年來臺灣社會有些暴發戶即屬明顯的例子。一般而言，家庭的文化素養主要包括家庭成員的人格特性、語言表達、道德意識、價值觀念、待人接物……等與生活文化有關的各種特質，這些特質的優劣，將直接影響家人與幼兒的互動品質，間接則影響幼兒的學習機會。

而根據相關研究顯示，形成家庭文化素養優劣的因素，除經濟條件外，父母本身的教育程度才是最主要的原因，因此教育程度偏低的父母宜多利用在職進修機會充實自己，或參加相關教育文化活動，以提升家庭文化素養，進而增加幼兒在家庭中的學習機會。

3. 建立和諧的親子關係

一般而言，家庭成員的互動關係若是和諧的，其互動頻率及品質亦會隨之提高，幼兒往往能從家庭成員身上獲得更多的學習機會；相反的，若家庭成員的互動是嚴肅的、衝突的，則成員間的互動頻率及品質均會隨之而降，終至影響幼兒的學習。

至於家庭成員的互動關係能否和諧，其主要關鍵在於父母的教養態度，父母若能主動接近幼兒，與幼兒在一起玩遊戲、作家庭作業、或參與親子活動等，平日對幼兒多予讚美、鼓勵，相信必能因而建立和諧的親子關係，使幼兒願意親近父母，並向父母學習。

4.強化家庭的社交關係

家庭的社交活動能提供幼兒許多學習機會，例如：家庭成員共同參加社區所舉辦的聯誼活動，能使幼兒接觸更多的人、事、物，擴大自己的人生視野。有道是：經驗是最好的學習途徑，對幼兒而言更是如此，因此社會交際網路較為封閉的家庭，宜多與幼兒共同參加社交活動，讓幼兒體驗家庭之外的生活世界，從中獲得更深更廣的學習，這樣才能減少教育機會的不均等現象。

㈡ **學校方面**

除了家庭之外，學校也是幼兒進行學習活動的重要場所，學校中的相關措施或作法，對於幼兒的學習機會均有或多或少的影響。為了減少幼兒教育機會的不均等現象，學校宜從下列幾方面做起：

1.加強師資的聘任與訓練

如前所述，教師是教學活動的執行者，也是與學生互動最多的教育人員，教師本身的教育態度、教學能力、言行舉止及對學生的種種期望，均會影響學生的學習機會及學習成效。因此師資條件欠佳的學校對於教師的聘任，宜考慮其是否具備專業素養，是否能以教育愛心來面對幼兒的各種學習問題；對於現任在職教師，則宜提供進修管道，隨時加強教育專業訓練，以獲取新的教育知識，培養新的教育能力，才不致影響幼兒在學校中的各種學習機會。

2.針對特殊幼兒實施補償教育

任何教育階段的學生，其學習能力或條件，難免會有個別差異存在，因此期望每位學生學習結果的均等，可能只是一種夢想。不過勿讓學生的學習結果產生過大的落差，以致影響次級教育階段的入學機會及

學習效果，這是符合社會正義原則的，也是值得鼓勵的作法。學校宜針
對身心障礙、家庭貧困、文化不利等幼兒的特性與需求，實施各類補償
教育，以增加這些幼兒的學習機會及學習成效。

3. 課程內容勿僅限於主流文化

幼兒自出生後，大部分的時間都生活在家庭裡，進入幼兒園後，其
生活重心已有明顯的轉變，此時舉凡學校環境、教師態度及課程內容
等，均是影響幼兒是否喜愛學習的重要因素。

教育有傳遞社會主流文化的功能與責任，但主流文化並非是課程編
排的唯一選擇，非主流文化仍有參考編排的必要。基本而言，幼兒教育
是幼兒第一次進入學校就讀，其課程內容宜以鄉土教材為主（可能是主
流文化，也可能是非主流文化），以增加幼兒對課程的熟悉程度及親切
感，樂於學習，尤其是學校語言的運用，宜以母語為主，或母語、國語
並用，如此才能漸進引導幼兒對學習的喜愛，增加其學習機會。

㈢ 社會方面

雖然幼兒的學習成長，主要受到家庭因素、學校因素的影響，但社
會也有協助幼兒教育發展的責任。社會可能藉由美化社區環境、辦理各
類社教活動、或增置幼兒活動空間及設施等，直接提供幼兒更多的學習
機會，亦可透過對家庭、學校的支援，間接使幼兒獲得更佳的學習。以
下說明社會促進幼兒教育機會均等的相關作法。

1. 重視社區資源及經費的合理分配

一個社區能否提供幼兒更多的活動設施，或美化社區環境，與社區
所擁有的資源及經費的多寡息息相關。陳郁心（2013）的研究顯示，
我國現行幼教補助措施，促使弱勢幼兒能夠提早入學，增加幼兒發展社
會能力與多元學習的機會，可見教育資源與經費的多寡，常是影響幼兒

學習機會的重要因素。目前我國各縣市政府的財稅收入明顯有著極大的差距，這種現象直接影響各縣市的學校經費、家庭福利措施及幼兒活動設施等，間接則造成幼兒教育機會的不均等。因此中央政府宜正視這個問題，重新檢討國家稅制，及中央對地方的減稅與補助措施，務期社會福利及教育資源能作比較合理的分配。

2. 立法保障教育機會的均等

由於教育機會均等的概念，涉及社會資源分配及社會公平問題，因此有關教育機會均等的實現，若僅止於是一種教育理想，最後恐將流於口號，不易落實；相反的，若能立法予以規定，將可保障或提高教育機會均等落實的可能性。

我國於民國 88 年通過的「教育基本法」中明言：「人民接受教育之機會一律平等」，這種立法規定使許多弱勢族群（如原住民、女性）等的教育機會受到肯定與保障。不過，在教育現實中，仍有某些因素（含括家庭、學校、社會等因素）在影響幼兒的入學機會及教育過程的各種學習機會，這種現象值得教育人士的共同關切。

3. 國民教育年限向下延伸

幼兒教育是國小教育的一種預備教育，如果幼兒接受幼兒教育的入學機會及教育過程未能符合均等原則，將為國小教育的發展帶來不利的影響。

目前我國實施十二年國民基本教育，主要包括國小及國中階段，若能向下延伸至幼兒教育階段，非但能提高幼兒教育的入學率，對於促進幼兒教育各種實施條件的均等（如師資、課程、設備、經費等條件）也有很大的幫助。前述提及，幼兒教育階段的教育機會均等，其重要性並不亞於國民義務教育，因此政府宜儘量克服困難，設法將國民教育年限向下延伸，以提升幼兒接受學校教育的均等性。

綜上所述，幼兒教育機會均等的促進，與家庭、學校、社會等均有所關聯，家庭可從經濟條件、文化素養、親子關係、社交關係等方面著手改善；學校則宜重視師資水準及教學品質、實施補償教育、編選適當課程內容等；至於社會方面，立法保障教育機會均等、社區資源及經費的合理分配、國民教育年限向下延伸等亦爲具體可行的辦法。最重要的是，家庭、學校、社會等宜共同努力，才能產生加乘效果，逐漸減少幼兒教育機會的不均等現象，爲教育界帶來光明與希望。

參考文獻

一、中文部分

王家通（1998）。論教育機會的均等與公平—以概念分析為中心。教育政策論壇，1 卷 2 期，118-131。

吳勁甫（2003）。教育機會均等—概念分析與研究取向的探究。學校行政，26 期，35-53。

許宏儒（2004）。Bourdieu 的文化資本概念及對教育機會均等之分析。教育研究資訊，12 卷 3 期，75-101。

陳郁心（2013）。幼兒園行政人員對我國現行幼兒教育補助模式之觀點探究。國立臺中教育大學幼兒教育學系碩士論文。

陳奎憙（2001）。現代教育社會學導論。臺北：師大書苑。

楊瑩（2004）。教育機會均等。輯於陳奎憙主編：現代教育社會學（269-313）。臺北：師大書苑。

蔡文標（1998）。影響教育機會均等的相關因素。教師之友，39 卷 3 期，17-21。

蔡其蓁（2000）。當前我國幼兒教育機會均等概念的初步分析。教育社會學通訊，21 期，8-15。

鄭勝耀（2000）。談教學情境中的教育機會均等。中等教育，51 卷 5 期，41-53。

謝維和（2002）。教育社會學。臺北：五南。

鐘紅柱等（2005）。教育社會學。臺北：國立空中大學。

二、英文部分

Berends, M. et al. (1999). The changing American family and student achievement trends. In A. M. Pallas (Ed.) Research in sociology of education and socialization (V12). London: JAI Press Inc.

Chambers, J. G. & Duenas, I. E. (1996). The impact of the Kentucky education reform act on special education costs and funding. Journal of Education Finance, 21, pp.387-418.

Chung-il Yun (2007). Teacher's primary role for education reform：Equalizing learning outcomes. Asia Pacific Education Review, 8(2), pp.159-165.

Hallinan, M. T. (2002). Equality in education. In D. L. Levinson, P. W. Cookson, Jr. & A. R. Sadovnik (Eds.) Education and sociology: An encyclopedia. N.Y.: Routledge falmer.

Heckman, J. (2011). The economics of inequality. American Educator, Spring, pp.31-47.

Loewen, G. & Pollard, W. (2010). The social justice perpective. Journal of Postsecondary Education and Disability, 23(1), pp.5-18.

Meece, D. & Wingate, K. O. (2009). Providing early childhood teachers with opportunities to understand diversity and the achievement gap. SRATE Journal, 19(1), pp.36-43.

Messick, S. & Associates (1976). Individuality in Learning. California: Jossey-Bass.

Murnane, R. J. (2007). Improving the education of children living in poverty. The Future Children, 17(2), pp.161-182.

Schmidt, W. H., Cogan, L. S. & McKnight, C. C. (2010). Equality of educational opportunity. American Educator, Winter, pp.12-19.

Zhi-Feng Liu et al. (2013). An analysis of teacher-student interaction patterns in a robotics course for kindergarten children: A pilot study. The Turkish Online Journal of Educational Technology, 12(1), pp.9-18.

第五章

兒童性別角色發展

許雅惠

一、兒童的性與性發展

　　由於兩性存於社會之中，兩性之間的平等一直到現在都仍然是各社會極需面對的課題；兩性不只表示生理上差異的結果，更是社會化及不平等關係的歷史性及社會建構的產物，這使得學術研究更加重視兒童的性別概念與性別角色發展。主要原因乃在於性別概念與性別角色的學習，大約在兒童期奠定，因此對兒童期的性別角色發展的關注，就顯出它的重要性。本文首先介紹與性別相關概念，再進入兒童性別概念發展與性別角色發展的說明。

　　性別的差異，首先是發生了生物性的性（biological sex）的不同。「性」是生物學語彙，一個人是男性或女性，是根據他們的性器官與基因而定，亦即指生理上的男或女，是由染色體來決定。在受精時，精子與卵子結合已經決定了個體的「性」，女性染色體為 XX，男性染色體為 XY：胎兒從母親得到的染色體為 X，從父親得到的染色體可能是 X 或 Y。如果從母親所得染色體為 X，從父親所得染色體也是 X，則形成胎兒性別為女（XX）；反之，從母親得到染色體為 X，從父親得到 Y 染色體，則胎兒性別為男（XY）。所有生理特徵都符合男性或女性特徵時，則會發展成為正常的男嬰或女嬰。生物性的「性」，可定義為男性與女性在解剖學方面基本的差異，是由染色體的差異、荷爾蒙分泌的差異、內外生殖器的差別而來的生物性不同（國家網路醫院，http://www.webhospital.org.tw/sex/）。

　　所以，從生理學而來的人類發展，接下來就討論人的「性發展」（sexual development），性發展是從生物性的性差異，發展到心理性的差異：未出生前，男性胚胎自身分泌的睪丸酮作用於下丘腦，即腦中樞雄激素化，奠定了孩子後來性心理的生物學基礎。女性胚胎也有相應

5

的過程。性的發展始於受孕時，女性的卵子攜有 X 型染色體，男性的精子則攜有 X 與 Y 型染色體，當 X 與 X 配對時就形成了女性胚胎，X 與 Y 配對時就形成了男性胚胎。所有的胚胎在生命的六週前都屬女性，到了第六週時雄性激素才刺激 XY 胎兒男性生殖器的發育（國家網路醫院 http://www.webhospital.org.tw/sex/）。人類性的發展，基本上是個人意識到自己是一個男性或女性，及個人對這種意識的感受與表達的方式。生物性成了性別的起頭，但是兒童性別概念的發展和性別認同，卻是複雜的歷史。以下分別說明相關概念。

㈠ 性與性別：生物性別／心理性別／社會性別

「性別」（gender）是心理學上與社會學的語彙，是每個人對於自己或他人所具有的、顯露的男性化與女性化特質的一種主觀感受，可視爲一種性別認同。性別包括了生物性的性別、心理性別與社會性的性別。

「生物性別」，也稱「性」（sex），是指染色體的差異、荷爾蒙分泌的差異、內外生殖器的差別而來的生物性不同；由染色體和性器官所決定的性別，其決定因素在於性染色體、胚胎的性腺、外生殖器官和內分泌腺。簡言之，爲生理上的男生與女生（male/female）。

「心理性別」是指與個人認知有關的性別，即個人對於自己男性化或女性化的認知覺察與心理感受，心理性別的決定因素主要是生命初期照顧者對性別的賦予與對待而形成。有人認爲「是男生就會長成像個男生」，這是生物決定論（biological determinism）的說法，彷彿心理性別完全由生理性別所決定，而且性別差異完全取決於遺傳因素。另外則有人認爲生物性別與心理性別並不是自然而然的生理結果，而是由社會文化所形構的，這就是所謂的性別文化決定論（cultural determinism），生理性別以及該文化中有關性別的信念，會共同決定

心理性別，性別差異由遺傳因素及環境因素共同造成。

「社會性別」（gender）是指社會文化所建構認為的男人與女人（man/woman），社會性別為二元化的男女區別。生物決定論者視性別為自然、先天的生理差異，並由此影響了她／他們行為和外觀。但是文化決定論者或部分女性主義者則指出：性別是由社會文化所建構，所謂的社會文化建構，指的是社會制度、權力結構、家庭、就業、教育等諸種制度及因素的作用而造成了社會上的男女有別，簡單的說「性是天生的，性別是被社會分別出來的」。社會性別這個概念，是用來強調或凸顯性別之間的權力關係型態（如：女男不平等）或社會既存而加重性別不平等的制度（男主外女主內的性別分工制度等）。性別有時候會相對於性（sex）而言，以凸顯前者屬於社會文化層面，後者則為生理層面。

㈡ 性發展的八個階段

性心理發展的相關研究，主要是依據佛洛伊德所提出的性心理發展理論而來，佛洛伊德將「性」界定為「任何可令人感覺愉快的身體刺激」，並且不只會在青年期後才出現，而是從出生就開始有了「令個體感覺愉悅」的「性成長」與「性行為」（與愉悅的身體刺激有關之行為）。根據這樣的階段論，人的性心理發展約可分為八期（國家網路醫院 http://www.webhospital.org.tw/sex/），兒童的性心理發展約在前四期奠定。這八個性心理發展的階段分別為：嬰兒期（0～18個月）、幼兒期（18個月～3歲）、學齡前期（3～6歲）、學齡期（6～12歲）、青年期（12～20歲）、年輕成人期（20～45歲）、中年期（45～65歲）、成人晚期（65歲以後）。每個不同階段，有該期的性成長及主要性行為（表5-1各期性成長及性行為說明，資料來源見國家網路醫院 http://www.webhospital.org.tw/sex/）。

5

　　根據學者何志培指出：兒童從 3 ～ 4 歲起即明瞭自己的性別，此一時期稱爲「性自認期」，唯性心理本身於出生後即漸趨明朗化。出生後周遭人士根據外在的解剖性別來看待孩子，從而形成了幼兒的性別認同，並且在以後的生活中固定下來，不再改變。這種性觀念乃由生物學因素及環境因素共同作用所形成的，是基於孩子如何被看待及他們對刺激如何反應而形成（何志培，2005）。

表 5-1　性心理發展階段

嬰兒期 （0 ～ 18 個月）	(1) 性成長 　對溫暖及充滿愛的環境很敏感；男性有勃起的潛能，男女皆有高潮潛能；對身體的部位與功能能感覺好或壞；可區分自我與別人，強調性別認同。 (2) 性行爲 　摟抱、緊抱、親吻；自己刺激生殖器或受刺激時，男性會勃起，爲原始的高潮；會根據父母的價值觀、聲音的音調變化，來標示身體部位。
幼兒期 （18 個月～ 3 歲）	(1) 性成長 　開始學習控制大腸與膀胱（肛門期）；此階段是性別認同核心的發展期；學習區別男性與女性身體的差別，建立身體心像感覺的觀念；對生殖器敏感，有勃起及高潮潛能。 (2) 性行爲 　排泄後會得到快感；會模仿同性父母親的行爲；對其他兒童的身體感興趣，能說出身體的部位及發問；會有自得其樂的手淫形態發展。
學齡前期 3 ～ 6 歲	(1) 性成長 　對異性的父母親有愛戀的親密感，學習異性父母親的行爲，學習性角色的扮演；對性感到好奇，陰莖與陰蒂成爲快感的主要部位，能感受性的氣味。 (2) 性行爲 　對父母親的身體有興趣，對父母產生幻想，可能會去穿父母親的衣服；自我遊戲的次數增加，藉扮演醫師的遊戲來觸摸其他小孩子的身體，會詢問有關生殖器及生殖的問題。

（續上表）

學齡期 （6～12歲）	(1) 性成長 與同性的同輩朋友有親密的接觸，形成友誼；對性感到好奇，有些女孩開始來第一次月經；自我察覺增加，會注意自己身體的成長；會學習內在的性價值系統，學習自我控制；瞭解所謂男性與女性的概念。 (2) 性行為 同性間的同性戀經驗，與異性間作性遊戲也很常見；與同輩討論性，互相手淫，自我刺激；與同輩比較身體的成長；學習祕密行動，對於令人震驚的價值觀，可能以俚語表示。
青年期 （12～20歲）	(1) 性成長 女性有初經，乳房開始發育，脂肪分布在臀部與大腿，子宮增大，出陰毛；男性有射精，睪丸增大，長出陰毛與鬍鬚，聲音改變且有夜晚遺精現象；男女皆會學習與異性發展出親密關係，由友誼演變成愛情；對於自我的性感覺認知度增加；會表達自己對性的感覺。 (2) 性行為 與同性的同輩比較身體的變化，產生與身體有關的性幻想；與異性會有接吻、愛撫、互相手淫等行為，約半數的未成年男女會發生性行為；男性團體成群參加戶外活動，女性團體則聚在一起。
年輕成人期 （20～45歲）	(1) 性成長 對性有成熟的概念，性別角色隨年齡而改變，會建立性導向與性生活的形態；會學習給予並接受快樂；決定是否生小孩；發展性價值系統。 (2) 性行為 會有雙性戀、同性戀、異性戀、獨身生活、手淫、同居、結婚、未婚的性關係；會嘗試各種不同的性表達方式；其行為反應出個人的價值觀、態度與信念。
中年期 （45～65歲）	(1) 性成長 荷爾蒙的分泌減少，有停經現象，外生殖器與乳房發生變化，男性會有勃起時間較慢，持續時間縮短，射精的力量減弱的現象。 (2) 性行為 在性愛方面，重質不重量，性愛次數減少，會以性交表達彼此的愛與信任；會花時間重新建立原始的關係，發展並培養新的聯誼活動，放棄對孩子的控制。

（續上表）

成人晚期 （65歲以後）	(1) 性成長 可以接受變緩慢的性反應週期，以其他方法來獲得性滿足；學習新的社交形態；維持人際關係發展的控制。 (2) 性行為 會調整性生活，用口或手刺激，或者用幻想的方式，強調肉體的觸摸、接吻、擁抱；會有同居、同性戀、再婚等關係發生。

資料來源：2006，國家網路醫院 http://www.webhospital.org.tw/sex/

(三) 幼兒期及學齡兒童的性發展特性

　　何志培指出（2005）根據研究：嬰兒在快速眼動睡眠期出現勃起和陰道滑潤現象，這些反應有不自主性。而人類自幼兒即已出現對性需求的本能活動，如嬰兒在吸奶、被擁抱或洗澡時也會有生殖器反應和喜悅的表現。這種「體驗」對後來青少年和青年期與周圍人士建立感情交流和親密的關係非常重要。當嬰兒可以控制手部動作後，他們會探索自己的身體，且無意中發現撫弄生殖器比吸吮手指或玩玩具更好。2歲孩子會對周圍和其他人感到好奇且試圖去探索。幼兒期的孩子常相互抱緊、親吻及爬在對方身上，觀察彼此的生殖器，其實兒童是在探索身體的差異，但是這些行為對幼小兒童雖屬正常，卻往往受到父母的阻止。

　　學齡前期的孩子，也就是到了4、5歲時，兒童對性更加好奇，他們可能會出現一些撫摸自體的行為，撫摸自己的生殖器（或被視為兒童自慰行為），也可能開始與其他孩子玩「性遊戲」（與身體刺激所造成的愉悅感有關的遊戲）。6～10歲兒童大部分時間，是以同性集體的形式進行與性有關的嬉戲，孩子們向他人暴露生殖器以為玩樂，並彼此以性或性差為主題聊天互動與遊戲，並會意圖撫觸他人或玩逗他人的生殖器。這種性遊戲在男孩較多見，惟此並不意味此後會發生同性戀。

　　事實上，兒童期同性玩伴間的性遊戲，其本質是性探索，是對自己性感受及與他人的性異同的學習，是完全正常的，而且也不能透過這些行為預測其未來的性取向。同性間性遊戲的發生率各地報告不一（何志培，2005），根據對父母的調查，6～7歲男孩同性間的性遊戲較多，女孩同性間的性遊戲與男孩和女孩間的性遊戲大致相當。8～9歲性腺開始變化，揭開青少年期的序幕。孩子們已知性興奮是性愛感受的重要組成部分，且會去尋求這些愉快的過程，帶有性愛成分在內的各種不同想法、自慰的念頭和行為開始形成（何志培，2005）。

二、兒童性別概念與性別角色的發展

　　關於兒童的性別概念形成與兒童性別的發展，主要有四個部分的知識必須加以理解（雷庚玲，2003）：第一部分是兒童的性別認同（gender identity）與性別保留概念（gender conservation）的形成歷程；第二部分是兒童的性別角色（gender-role）習得過程，及性別角色刻板印象（gender-role stereotypes）的形成過程；第三部分是必須瞭解兒童的性別配合行為（gender-typed behaviors）的產生及歷程；第四部分則是兒童期性別的社會建構如何配合兒童個人的發展而產生形塑力。

㈠ 性別認同與性別保留概念

　　首先，談到兒童的性別認同習得過程及性別角色刻板印象的形成。「性別認同」（gender identity），是指個體對自我所歸屬性別的自我知覺，這種認知程度受到文化背景的影響很大（邱維珍譯，1999；何志培，2005；湯金樹，2002）。幼年期的性別認同核心，得在出生後18個月才能建立，到了青春期由於荷爾蒙對於體型、性慾亢進及身體

5

心像（body image）的影響，而形成了成人的性別認同，到了青春期結束，性別認同就不會再改變。

「性別保留」（gender conservation）是兒童期的性別發展重要步驟，兒童的性別認同在 18 個月大的時候開始建立，一直到青春期結束性別認同大致成形。但在這個性別概念發展的歷程之中，兒童會知道自己屬於某種性別而開始認同這樣的類別（性別認同），並且性別認同的完成是因為兒童具有一種能力——知道性別屬性是永遠不會改變的能力，這個能力就叫性別保留。在性別概念的發展歷程中，兒童剛開始完全是以外在的特質來建構性別（雷庚玲，2003），例如：以裙子／褲子、長頭髮／短頭髮、高跟鞋／平底鞋來分別一個人是男生還是女生。到了學齡前期，兒童對於自己身體器官的瞭解與差異的認識，則是性別概念發展進入穩定的一個重要因素。

㈡ **性別角色的習得**

「性別角色」（gender-role），是個人表現他們性別認同的方式，是指一個人明白自己性別，且知道這樣的性別在社會位置上所擔任的任務與主要從事的活動，瞭解他人對這個性別的「性別角色期待」，也知道自己應有的「角色表現」行為與方式。性別角色，是透過社會文化形塑建構，而透過社會化歷程被兒童漸漸內化的，社會文化會根據不同性別，為它的社會成員訂定許多文化規範，成為支配個人選擇或社會參與的行為範本，個人生存在社會之中，必然受到性別角色以及性別角色期待的影響，個人也多會依循這樣被安排的性別角色來回應行動，例如：傳統社會「男主外女主內」就是性別角色期待下的性別分工方式，也實質地支配了許多女性的職業選擇。

性別角色與性別特質有關，兩著之間的過度連結或固著，形成性別角色刻板印象。如女性化特質（feminine traits）主要包括：謙讓、

害羞、感性、富同情心、善解人意、溫和、容易受騙、像小孩般、愛小孩；男性化特質（masculine traits）主要包括：獨立自主、決斷、有運動細胞、理性、有領導力、願冒險、個人主義、有企圖心、競爭性強。這些特質，原是性別多數現象，但被社會及文化認可，而被形塑成為社會的性別角色，這些原本中立的人格特質，變成有社會價值的特質，被社會用來形塑成為「女性或母性角色」與「男性或父性角色」，供作兒童性別社會化的參照標準。女性角色主要任務為感情性角色（expressive role）、家務與照顧者、一定要結婚，並成為母親等；男性角色的特性在於是一種工具性角色（instrumental role）；擔任生產工作與權威決策之角色、反女性化、要有成就、攻擊性、主導「性」、獨立自主等（劉惠琴，2006）。

性別角色是習得的，尤以兒童期的學習，對於性別角色建構最具重要性，對兒童而言，性別角色的習得，是指漸漸形成，或具有一定的認知可以理解男生女生誰做什麼事？誰玩娃娃？誰當爸爸？誰打架？誰愛哭？誰穿什麼顏色衣服？等問題。

性別角色是一個學習模仿習得的學習過程，角色的內容不斷地因著年齡的不同而調整，對兒童而言，兒童期的性別角色是經由模仿同性的父親或母親，加上得到異性父母親的讚賞所學習到的行為。在整個生命週期中，性別角色常不斷地被定義而更新、調整或修正（見國家網路醫院 http://www.webhospital.org.tw/sex/ 性心理發展）。學齡期兒童對於男生的特質及女生的特質覺知，有助於形成性別角色的認知，也同時是性別角色刻板印象的開始。如四、五年級的兒童，覺得女性是軟弱的、愛哭的、情緒化的、心軟的、複雜的、熱心的、有同情心的；而男生是勇敢的、有野心的、有主張的、攻擊性強的、好競爭的等等（雷庚玲，2003）。

透過社會化歷程，社會性別角色漸漸的被形成，性別角色的觀念是

拉在性／生理性別（sex）與性別／社會性別（gender）的區分。透過
兒童的家庭、主要照顧者、學校及照顧機構的教導，兒童開始在性別
角色這個發展向度上被社會化；社會教化女性需負上具陰性特質的社會
責任和角色，而男性則負上陽性特質的社會責任和角色。性別角色與社
會的性別分工制度設計有關，性別角色這個概念曾被女性主義者用來挑
戰社會上許多因為生理性別（sex）而產生的不平等——女性在現代職
場常因懷孕生產而離職，這個由生理而來的社會分工（子宮長在女人身
上，女人生子理所當然，女主內也比男主內更合理的）就是性別角色與
性別分工的例子，但女性主義者指出：既然婦女要負擔生育這個社會責
任，便應為受僱的女性提供有薪分娩假，以履行照顧丈夫和孩子的責
任。性別角色這個概念，對於新建構合理的分工方式，提供了一個思考
基礎。

三 性別角色刻板印象

　　「性別刻板印象」（gender-role stereotypes），是指對於男生女
生會有什麼樣的人格特質，會有怎樣的學習能力及教育養成，甚或應該
適合於從事何種工作或職業，有固著的性別角色期待與想法，這樣的固
著進而主觀地影響了對不同性別個體的判斷。性別刻板印象同時具有生
理性與社會文化建構的特性，它的形成，與男性女性的生理特性有密切
關係。例如：男性化特質／女性化特質這兩個詞常被相提並論，而且具
體內涵往往是兩者相對而言，前者指由社會文化所建構的女性形象特質
（如：被動、依賴、柔弱等），這些特質包括了對男性的性吸引。女性
主義者認為陰性氣質的追求，助長了把女性視為男性附屬品的意識形
態，使男性獲取了兩性權力中的主導地位（張晉芬，2003）。社會關
係的結構，也會影響個人的心理發展。

　　性別刻板印象的形成大致依循以下變化：原本只是統計上的多數現

象（如男生的男性化特質或女生的女性化特質），經過傳播媒體表現或文化語言傳播及教育社會化歷程，而被概化為多數男性或女性都有或應當如此的印象，這種印象的形成，不知不覺中固著了，形成不可變動的想法，認為凡男生就應如何如何，凡女生就應如何如何，這種性別印象的固著，形成了性別刻板印象。性別刻板印象不但會影響兩性互動，更會妨礙自我在兩性關係中的創造能力與適應能力。

㈣ 兒童的性別配合行為

「性別配合行為」（gender-typed behaviors）是指兒童逐漸習得和自己性別角色相配合的行為，並且對於表現出這種行為有所認同（雷庚玲，2003）。早在學齡前階段，孩子們便顯露出對性別配合行為（或有學者稱為性別刻板化行為）及相關活動的強烈偏好。男孩子玩著槍、曳引機與消防車時，女孩子們則玩串珠鍊、縫紉和扮家家酒，這一方面是性別認同的作用，一方面是習得的行為，也是社會化的歷程。兒童期的性別角色配合行為，可以從以下幾個階段加以觀察（雷庚玲，2003）：

1. 0 至 30 個月

開始操作與性別角色配合的玩具或活動，開始喜歡同性玩伴（gender segregation）。

2. 3 至 7 歲

強烈地產生並形成性別配合行為，比方在一個幼童團體中，自動尋找同性幼童玩耍的次數明顯較尋找異性幼童的次數多，會主動想念同性的小友伴。

3. 8 至 12 歲

性別配合行為持續強化，重視女生與男生的差別；但這一時期的女

生開始發展男性化活動，企圖瞭解男性化活動的歷程。

4. 12至20歲青少年期

是所謂的性別角色白熱化（gender intensification）階段，性別配合行為顯著，不喜歡被認為具有異性特質，尋求建立自己的性別特質，如男生開始喜歡酷裝扮，女生趨向更女性化，開始學習整理頭髮、指甲、服裝，讓自己體會當個真正的女生。早期的性別區隔（gender segregation）如不與男生或不與女生玩的趨向，已經不顯著。

三、性別發展理論

性別發展理論，或有學者以性別角色理論稱之，主要是指用來解釋從兒童期至成人期的性別概念及性別角色是如何被發展建構，受到什麼力量作用而形成的這個性別發展事實。目前主要有四個理論（雷庚玲，2003），這些理論對於我們瞭解兒童期至成人期性別發展過程，有非常重要的見解及助益，即：㈠ 心理分析理論；㈡ 社會學習理論；㈢ 性別發展認知理論；㈣ 性別基模理論。

㈠ 心理分析理論

佛洛伊德（Freud）的心理分析理論（psychoanalytic theory），主要是個體人格發展理論，其中與性別角色的發展密切相關的有三個基本思想（邱維珍譯，1999）：第一是指出兒童與嬰兒期對人格的重要性；第二是心理的潛意識中，有許多動機對個體的行為產生影響；第三是個體對內在焦慮的防衛機制若運作不當，則會造成異常行為。

佛洛伊德認為性別角色的形成，是透過幼兒期認同（identify）同性父母而形成的。佛洛伊德所提出的性心理發展理論將「性」界定為

「任何可令人感覺愉快的身體刺激」，並且不只會在青年期後才出現，因此他將人類的性心理發展分爲「口腔期」、「肛慾期」（或譯做「肛門期」）、「性器期」、「潛伏期」和「生殖期」五階段。「口腔期」、「肛慾期」、「性器期」是幼兒的範圍，「潛伏期」和「生殖期」是學齡期兒童的性心理發展階段。

1. 口腔期（The oral stage，0～1歲）階段

口腔的吸吮和啃咬是孩子所有快樂與舒適的泉源，因此孩子會將所有身邊抓得到的東西往嘴裡塞，刺激嘴、唇和舌以獲得快感。佛洛伊德認爲成人期之後，如面對壓力就以大吃大喝方式來緩解緊張的人，可能與個人在口腔期的心理發展挫折或不能獲得滿足有關。

2. 肛慾期（The anal stage，1～3歲）階段

此階段的心理發展起因是因爲父母會在此一階段開始訓練孩子自己大小便，經歷解便快感，但因控制能力未成熟，孩童就出現了不該解便時解便或是該解便時不解便的反抗行爲。佛洛伊德認爲肛門期所帶來的快感較口腔期強烈，幼童在排便過程中開始注意並接觸自己的生殖器官，形成了較明確的性感覺——亦即肛門期的解便經驗成爲主要的令人感覺愉快的身體刺激。此時期對日後性心理的影響主要爲：當孩童對自己或他人的探索行爲不斷被禁止或斥責時，可能會產生焦慮與不安心理，進一步可能對性器官及性機能產生「不乾淨」的印象，影響到成人日後對性生活的排斥及性活動的負面感受。

3. 性器期（The phallic stage，3～6歲）階段

是佛洛伊德認爲性別認同最重要的時期，就是生殖器官概念形成與性別認同的重要奠基時期。幼兒的身體滿足感已從口腔、肛門移轉到自己的生殖器官並產生高度興趣。佛洛伊德認爲此一階段的幼兒將發現撫

弄自己生殖器官所帶來的快感，因此產生自慰行爲，有時甚至會將興趣轉移到自己的異性父母身上。

一個男孩的性別角色發展，佛洛伊德認爲小男孩的心理具有所謂的戀母情結（Oedipus complex），愛戀自己的母親卻又擔心父親懲罰他，因生理特性而有被閹割的心理恐懼，這種心理狀態的存在，使得男孩因此必須藉由「認同父親」，來解決心理的矛盾與焦慮問題。至於女孩的性別角色發展，也是由幼童的心理而來的，小女孩與男孩相反，具有戀父情結（Electra complex），認爲母親是爭取父親愛的競爭者，這種競爭心理及焦慮心理也必須經由「認同母親」來解決。但小女孩由於生理特徵，沒有被閹割的恐懼，所以性別認同的壓力較小，性別分化情形也就較晚才完成。

佛洛伊德將「性」界定爲「任何可令人感覺愉快的身體刺激」，對這種刺激的追求與自體行爲稱之爲「性慾」。性及性慾的發展，不只會在青年期後才出現，而是從出生就開始有了「令個體感覺愉悅」的「性成長」與「性行爲」（與愉悅的身體刺激有關之行爲）；佛洛伊德界定的「性慾」他認爲是性別角色發展的驅力基礎，再經由從其同性的父親或母親之一方的人格特徵，包括性別角色的認知過程，融入自己的行爲中。簡言之，性別配合行爲的產生，是透過兒童在「性器期」心理的內在焦慮防衛機轉選擇了「認同」與自己同性別的父親或母親而產生，性別角色的發展透過這樣的性別配合行爲而漸漸發展成形（林燕卿，2005）。

㈡ 社會學習理論

社會學習理論（social learning theory）主要爲班度拉（Bandura, 1989）首倡，此派學者認爲：性別認同、性別角色的刻板印象、以及性別配合行爲的產生，與刺激反應的增強心理有關，並且透過二種途徑

而習得（邱維珍譯，1999）：其一是透過兒童四周的父母、照顧者、學校教師的直接獎賞（或增強）和直接懲罰而習得；其二是經由孩童觀察和模仿與自己相關性別的父母、老師、兄姐，甚至是不認識的媒體人物等二個過程，而學習到的。

1.直接獎賞（或增強）、懲罰的作用

Fagot（1978）執行的研究中，他觀察二十四個家庭中，父母和子女的互動，發現父母會讚賞子女玩「適性」（父母認為合於該性別）的活動，如女兒玩娃娃、兒子玩卡車；而透過口語或肢體互動「懲罰」幼童玩不適性的活動（邱維珍譯，1999）。父母或主要照顧者心中的性別行為準則，成為獎賞或懲罰的標準，小女孩學穿高跟鞋，會受到愉悅的認可；小男孩畫口紅，會被阻止。父母或主要的照顧者則直接提供孩子符合其性別的玩具和角色訓練，如玩具刀槍給男孩、娃娃梳子給女孩，或要求女兒幫母親料理家內事務，而鼓勵男孩與父親外出進行體力活動如除草搬物等，父母會將孩童的活動及注意力直接引入屬於其性別的特定事物。

除了在家庭中進行性別角色社會化之外，學校更是社會學習主要場域：老師鼓勵男孩子從事運動、數學、科學等方面的活動；相對的，鼓勵女孩子發展語文或體操方面的能力。孩子與同儕，也會透過口頭上的贊成與否來傳遞性別角色規範。

2.觀察、模仿的作用

Bandura（1977）認為孩子會經由觀察、模仿同樣性別的人，來學到很多性別特性，經由觀察並模仿成人或其他示範者（models）的行為，是孩童習得性別刻板行為的方式。如女孩子待在母親身旁時，經由耳濡目染，習得母親的「女性化」行為；男孩子們則為了學習「男性化」行為，而模仿父親的行為。藉由觀察及模仿的過程，實質的參與發生了

認同作用：女孩子因為看到母親照顧其他孩童，而對玩洋娃娃發生興趣；男孩子們則可能經由觀察父親忙著做木工、操弄工具以及從事運動等活動，而對這些活動產生興趣（邱維珍譯，1999）。

因為孩子們感覺到和自己同性別的成人與自己較相似，因此會學著去模仿同一性別的成年人。在家裡，女孩模仿母親，男孩模仿父親；在學校，女孩模仿家事老師，男孩模仿體育老師，而同學們也互相模仿應該玩什麼遊戲、買什麼玩具、穿什麼衣服，而大眾傳播媒體提供許多的楷模讓孩子模仿。孩子會模仿同性他人的主要原因，是因為他們被鼓勵、獎賞去模仿。因此社會學習論者認為，孩子們經由模仿與獎懲二個過程的交互作用而學到性別角色。

㈢ 性別認知發展理論

認知發展理論（cognitive development theory）主要是基於皮亞傑（Jean Piaget）的研究成果，以及柯伯格（Kohlberg）的性別發展認知理論（cognitive development theory）而來。首先，皮亞傑認為兒童的心智思維及認知能力，與成人有很大的差異（邱維珍譯，1999）：每個人的認知發展，都經歷了幾個連續的階段，在不同的階段，有不同的思考方式在主導著該時間的認知活動。根據這樣的階段論，柯伯格進一步提供一個觀點：就是性別角色的發展與兒童的認知發展程度有關；兒童必須先發展出「性別認同」以及「性別保留概念」，接著才會以選擇性的方式，專門集中去模仿兒童所認同的性別相同的行為典範。

性別發展認知理論主要的基礎是：性別認同是由孩童建構的，孩童透過個體所存在的物理環境及社會文化環境來建構自己的性別認同，性別認同是一個結果，不是原因。柯伯格認為兒童的性別認同及性別保留的概念發展，可以分三層次六階段（邱維珍譯，1999；雷庚玲，

2003）：

1.基本性別認同階段（basic gender indentity）

約 2 歲半到 3 歲之間，對於男女性別的區分，主要以穿著、口紅及頭髮長度這種外表要件來分別，對性別角色的服從，取決於行為被賞罰而來，感受到只要遵守性別規範就不會受罰，或服從性別規範可以獲得獎勵，透過這樣的心理期待而形成性別角色的基本認同。

2.性別穩定階段（gender stability）

約在 3 到 6 歲之間，隨著語言與認知能力的進步，兒童大量接收與自身性別有關的訊息，孩童可以從周遭的人物對他的期望，或從其他兒童身上開始學習扮演自身的性別角色；性別角色是建構於後天的訊息告知與學習。4 歲左右，大部分的孩子就開始有性別穩定的理解，知道性別是穩定的，所謂的穩定是指小男孩以後會變成男人，做爸爸；小女孩以後會變成女人，做媽媽。但是這時穩定不是恆定，此階段孩童以為，一個人可經由改變髮型或穿著而改變性別。

3.性別恆定階段（gender constancy）

約在 6、7 歲左右以後，孩子的性別認同開始恆定完全。兒童知道「性別不會改變」，性別在不同場合、時間點或進行外表改變之下都是一樣不會變動的，不會因外型、穿著或活動，而變成另一個性別。也就是，開始明白性別是「身體生殖器官」決定的。這時的孩童就已經具有「性別保留概念」的能力，即事物的本身不會因為外表改變而改變。性別恆定的另一個現象，是孩童開始出現「堅持性別角色」的現象。Richardson 與 Simpson（1982）研究發現，5 到 9 歲的孩子，會主動要求的玩具，多半符合自己的性別，因為認為男孩不該玩洋娃娃，那是女孩的東西，開始重視自己的性別與該性別的社會價值，產生性別認

同，再進一步發展出性別角色。

㈣ 性別基模理論（gender schema theory）

　　性別基模理論，整合了社會學習理論及認知發展理論，並強調文化因素的重要性。此派理論認爲：大部分的性別認同發展，是在性別基模的處理過程中產生的。性別基模理論指出，在柯伯格的基本性別認同階段有另一個重要的作用才是性別認同的核心，即「性別基模」。這個階段起，兒童會主動學習與其性別配合的行爲、主動對所屬性別的價值觀有興趣、對該性別的行爲及角色產生興趣。隨著認知能力的發展，與他對性別配合行爲學習的經驗累積，兒童產生了自己的「性別基模」。這個性別基模的作用，就是會協助兒童在不知不覺中，將與基模不符合或不一致的訊息，也扭曲成與基模相符合的訊息，以方便儲存。性別基模作用，是指藉由觀察文化中所呈現的兩性差異，因而產生的認知結構：如男生是……，女生是……，而在性別基模產生的過程中，個人會學習去評估一個人的適任程度，並進而產生性別認同。

四、兒童性別的社會建構

　　性別的發展，除了隨著幼兒個體的心理及認知過程而形成之外，更與社會力的形塑有關。性別不只是生理決定，更是由社會建構出來的，這個社會建構歷程終其一生伴隨個體的發展而持續的進行著。以下所關心強調的，是童年可以被視爲一種社會結構，兒童性別的社會建構幫助我們看見社會對兒童性別的形塑力。以下將特別討論兒童期性別的社會建構，究竟透過哪些方式？那些主要的場域在進行。兒童期性別的社會建構，主要是透過家庭（父母）、媒體、學校教育而形塑。對父母而言，

從新生兒起父母就負擔了幼兒性別社會化的教化責任，努力教養幼童成為一個男孩或女孩；媒體則是當今性別角色社會建構的主力軍，學校則是被法制化賦予責任的社會化機制所在。

㈠ 性別社會化

社會化應被視為是地圖而不是藍圖；性別社會化不是單一、全然的過程。生活中有許多領域尚未建立規範和期待，我們必須個別予以評估這樣的規範或期待是不是要被個人所接受運用。尤其性別社會化，更是必須重新檢視的歷程。性別的社會化歷程中，彷彿個人有選擇和作決定的自由，好像可以決定自己要不要依隨社會所建構的性別角色期待來演出，但這些選擇和決定受到一些限制，社會結構的力量是非常大的，性別又與其他社會化形塑力例如遊戲規則設定者、資格與個人資源、階級、性別、種族等變項有關，所以性別的社會化歷程需要再檢視（Aronsson, 1999; Neale & Flowerdew, 2003）。當我們成為性別的一員，同時享有一些自由和限制，因此我們應瞭解維持階級、性別、種族的不平等，是符合那些人的利益，我們需要對社會中權力運作及現況如何形成作適當的分析。社會學者對於性別社會化的基本問題已經從「社會如何將個人的性別社會化」轉變為「誰將性別社會化了」，也就是開始問：在性別社會化的歷程中，現況是滿足了那些人的利益。

性別社會化歷程的主要作用，Mackie（1987）認為性別、年齡、性向在兩性間生物及心理的差異不大，性別社會化的主要目的是維持男女間的不平等。性別社會化是具有文化獨特性的，不同文化之下的社會成員，對女性及男性的角色期待是不同的。男性並非永遠是獵人，女性也不必然和養育子女連上關係。人類學研究發現，不同文化對「像個男人」的行為詮釋不同，義大利男性被允許情緒化及多愁善感，而英國男性則被期待不表達情感和冷漠。

5

(二) 童年與性別──都是一種社會建構

　　丹麥兒童社會學家 Jens Qvortrup（1994）認為童年（childhood）是一個可辨識的社會結構，認識童年結構在社會建構中的位置，有助於理解童年的社會特性，他提出三個觀點：首先，童年有一個特殊的結構型態；其次，童年一如成人期一樣，被置於在各種社會力的運作當中；第三，兒童會自己建構他們的童年，兒童是主動地參與在自己的童年中，也是社會建構者之一。童年不是個人的一個人生時期而已，也是社會鉅視觀點中的一個結構，就像社會階層一樣可以被觀察析出；兒童參與社會的經濟生產與組織化的活動，兒童對社會運作的貢獻與成人一樣重要可以析出。Corsaro（1997）指出：兒童不是成人所認為的待成長的包袱而已，兒童進入學校學習，就是對未來社會經濟發展的積極貢獻者，與參與勞動或就業市場的成人有一樣重要的經濟貢獻；兒童的遊戲也像大人的社會互動一樣是結構式的自主運作，兒童有他們的人際模式與進入人際互動的方式。Corsaro（1997）認為兒童是主動的社會建構者，他們的社會建構是透過詮釋性再生產而形成，詮釋性再生產則是透過兒童的三種集體行為而構成：1.兒童會將成人世界的資訊與知識進行消化，並創造性地融合為兒童所用；2.詮釋性再生產發生在兒童同儕文化的形成與參與中；3.兒童對成人文化的擴展深化因兒童修正而有所貢獻於社會。從這樣的觀點中來探討兒童的性別形成可以這麼說：兒童的性別是被社會結構所安排的，兒童性別的社會建構，與社會既有的結構及制度有密切的關係。

　　從跨文化比較的角度來看，不同文化對於什麼是屬於男性或女性的角色和特質有很不同的考量。性別在社會參與角色上的差異與生理上的差異無內在必然之關聯。簡單說，性別是一種社會建構（social construction），這種建構反映社會中的權力與文化上的差異與評價，

兒童期的性別建構，更是構成進入成人後社會階層化結構的一個基本要素。透過家庭、學校、媒體、同儕互動，兒童的性別建構在這些場域形成，主要的目標在整合性別特質與性別角色習得。

兒童性別社會建構與其他社會結構共同交互作用的例子，可以以童話名著的全球傳播過程為例，來加以理解。舉例而言，白雪公主、灰姑娘等童話，隨著媒體傳播、經濟活動全球化而成為全球兒童商品與性別角色參照腳本，全球化建構父權傳統的社會性別，並且傳播著好女孩等待著王子的「男性救贖女性」的神話，是兒童性別社會結構結合經濟全球化的社會結構的深刻例子。這樣的父權結構與不平等的性別腳本，仍在世界各地數以千萬計的兒童性別角色發展過程中，複製刻板的性別印象。

㈢ 家庭作為兒童的性別社會建構第一場域

性別角色的形成大都在幼兒時期；從佛洛伊德心理分析觀點來看，性別角色的發展是由於性別角色認同的結果；而班度拉的社會學習論則指出性別角色乃藉觀察及模仿父母或主要照顧者而形成；皮亞傑認知發展論則認為幼兒性別概念的形成是性別社會化過程中最重要的部分，而性別化會隨著幼兒認知程度而發展。

這些性別角色形成的說法，都指向一個事實，就是家庭是幼兒第一個性別教養環境，家庭是性別角色態度形成、發展的第一場域，在家庭中兩性觀念關鍵在於父母或兒童照顧者本身的性別角色態度。父母是孩童第一個極具影響力的社會化代理人，是影響幼兒性別角色初期發展的關鍵所在。

父母教養態度與幼兒性別角色，有密切的關係，尤以母親的性別角色期待作用和母親對幼童的性別配合行為獎勵影響幼兒發展最大。性別認同有障礙的孩童之母親往往有以下特色（湯金樹，2002）：具有強

5

烈的雙性別人格特質（即男性化特質與女性化特質兼具）、擔任孩童主要照顧者、展現對孩童的共生狀態（視孩童為丈夫的取代）、孩童的父親不在身邊、不讓孩童遭受挫敗等。

　　有學者認為：性別的社會建構首先從父母的標籤行為（labeling）開始。初生嬰兒的父母們會因為嬰兒的性別不同而給予不同的標籤。有一項研究針對新生兒父母如何描述自己的孩子（V. J. Derlega & L. H. Janda）：父親們在嬰兒出生的最初二十四小時之內不被允許撫弄嬰兒，但可以在醫院育嬰房觀看嬰兒。母親們則可以摟抱、餵養嬰兒。這項研究要求這些父母以向親友描述的方式評量自己的嬰兒。研究結果顯示：父親或母親都描述女嬰比男嬰來得柔軟、脆弱、嬌小、輪廓美好、笨拙、注意不集中、漂亮、細緻；男嬰則比女嬰堅硬、協調、警覺、倔強以及強壯。但是，對照護理專業人員對於這些初生嬰兒在許多生理特徵（諸如體重、平均身高、心跳速率、肌肉協調性、皮膚色澤或反射能力等等）的記錄，則是看不出性別所致的差異（如沒有男嬰強壯／女嬰柔弱的事實）。這樣的研究結果指出：父母親眼中男女嬰孩的不同，純粹是貼「標籤」造成的（林彥妤、郭利百加，1997）。

　　從出生起父母開始以性別二分的方式對待／教養男女孩，具體而微表現在生活細節中，從顏色的使用、模樣的打扮、玩具的選擇、食量的設定、哄玩的方式區隔出教養方式，期待「男生樣的兒子」和「女孩樣的女兒」；隨著兒童成長，教養上的性別區隔事實越顯明，男孩玩電動遊戲與運動競爭；女兒學習家事扮演未來可能的妻子母親女性角色，漸漸地，教養方式形成了男性特質與女性特質，藉孩童表現出來。

　　性別化（sex typing）是教養男與女（或男孩與女孩）成為公認適合他們性別行為的過程。性別化無疑的會限制了個人的成長，並可能會造成性別歧視（sexism），然而，仍有許多人深信：社會本來就需要分工，並且由於生理差異的決定性，性別角色分工是有必要的，既然性別

角色分工的需要是事實，那麼，性別化的過程，或甚至性別社會化歷程所產生的性別刻板化，都成為必要而合宜的歷程。但是，深入瞭解性別刻板化的過程就會發現社會建構作用力量之大，而且這些性別建構並不是真的都這樣有價值或有意義。例如：人們認為女性就應該是被動、依賴的，而男性則應該主動並且獨立，而這兩種特性都是正常、健全的。根據這樣的信念，父母們會影響孩童根據他們合適的性別角色來思考、行動。家中兄弟姊妹的人數及互動情形也都會影響個體的性別角色發展，哥哥姊姊對弟弟妹妹在性別角色行為的學習產生一定的示範與學習參照的作用。

㈣ 媒體的性別建構

由於大眾媒體扮演社會建構的主力軍角色（羅燦煐，2005），大眾媒體的性別建構，就成為亟需被檢視及批判的課題。

絕大多數男人（家長）在幼童活動時間內多半不在幼童的身邊，男童受母親教養，不易從母親身上習得男生的性別角色，男孩子的模仿學習常常是從看電視或閱讀中學習（Witt, 2000）。因此，在男孩子的性別角色學習中，實際的男人（尤其是他們的父親）對他們的影響反而不如其他由媒體而來的示範者來得深刻。男孩子的性別角色學習，由於是異性照顧者居多，這種相異性別示範下的角色學習常常是強調不能做什麼，例如：不能模仿母親或其他女人的行為。相對的，女孩子由於常常待在母親或母親代替者（通常也是女性）的身邊，她們的性別角色學習則傾向於學到應該做些什麼。觀看媒體（電視與書本）中的人物而習得性別刻板化行為，是現代兒童的普遍經驗。由於媒體的性別刻板化，人物均以性別刻板化的姿態出現，媒體的性別建構力量至為鉅大（Witt, 2000）。

研究文獻大多指出，大眾媒體呈現性別刻板印象，並強調女性的性

別腳本，大眾媒體對女性的文化建構，多傾向複製傳統父權體制（Witt, 2000）。

媒體的性別論述大致呈現下列建構（羅燦煐，2005）：女性及女性相關議題出現的比例偏低；強化性別刻板印象複製傳統男女角色。

在黃金時段的電視節目中，男人出現的次數十倍於女性；在兒童節目中，男女出現的比率為2：1；在新聞節目中，女性播報員只占16%，而且有關男性的新聞是十倍於女性新聞。在性別角色的呈現上，大眾媒體多強調兩性刻板印象，如：女性依賴而男性獨立，女性無能而男性權威，女性是照顧者而男性是供應者，女性是受害者而男性是加害者等。再者，在性別刻板印象的呈現中，女性經常被二分化：在「好女孩」或「處女」的建構中，女性通常是純潔的、服從的、犧牲的及主內的；在「壞女孩」或「妓女」類目中，女性則是放蕩、縱慾、冷酷、陽剛。此外，大眾媒體也進行性別規範的建構：女性被動、依賴及優柔寡斷的特質，通常受到獎勵；而獨立、果決、堅毅等特質，則受到懲罰（羅燦英，2005）。電視廣告中的女性角色歸納為三類：1. 父權家庭結構中「無我」的女性角色；2. 空間有限的職業婦女；3. 男性慾望的性對象，包括「清純玉女」及「性感尤物」兩種。臺灣廣告中的性論述，發現廣告形塑男性為積極主動的征服者，女性為消極被動的臣服者。總之，性別社會建構，隨著「電視兒童」的時代，使兒童性別社會化受到媒體作用影響至為鉅大（Witt, 2000; Hood, Kelly, Mayall, 1996）。

㈤ 學校場域的性別社會建構

家庭雖是每個人最初生活與接受教養的所在，但就性別發展而言，學校是另一個重要的場域。學校教育是制度化、系統化的社會化機制，一般而言，我們可以從就學機會、教科書所呈現性別觀點、學系科比率、課程設計、師生互動、空間設計等理解學校作為性別角色社會建構

作用。特別是教材或孩童學習材料的性別觀點，影響孩童性別建構最鉅（謝小芩，1998）。

根據一項針對美國十四家出版商所發行的一百三十四本小學教科書的深入調查指出（林彥妤、郭利百加，1997）：

1. 書中男孩與男人出現的頻率超過女孩與女人甚多。

2. 男性成人通常以父親同時有職業者的身分出現。女性成人或者以母親身分出現，或者是以有職業者的身分出現，但不會同時以兩種身分出現。女人則被建構為：因為家庭有需要才去工作，而並非由於她們的技術或才能。

3. 教科書中所描述具有職業的婦女所從事的工作，是典型的「女性」職業，例如：教師、護士、秘書等。

4. 婦女出現在教科書中，常被描述為「眼光狹窄的、無光彩的、心思簡單的人」；男性則被描述為家庭中的「老傢伙」。

5. 女孩子被描述為被動的、無助的、無原創性的、缺乏好奇心的；男孩子則是活躍的、花樣多的、好冒險的、創造性的、勇敢的。

臺灣的實證研究也有一致的結果，低年級兒童的性別角色刻板印象形成與圖畫書的性別建構傳遞有密切的關係，透過圖畫故事書所呈現性別刻板觀點因故事講說而建構複製，主要表現在幾方面（蕭蕙心，2002）：1. 職業類別的刻板印象，如女性專屬的護士、老師；男性專屬的消防員、醫生、郵差等。2. 人格特質的刻板印象，如屬於女性特質的善良、體貼、依賴、溫柔、細心等；屬於男性特質的強壯、冒險、勇敢等。3. 家事分工也有刻板印象，如女性專屬的家事類型為煮飯、教養小孩、洗衣等；男性專屬家事類型為洗車、修理家電、搬運東西等。4. 休閒活動參與的性別被圖書文本建構為女性專屬的活動如芭蕾、烹飪、插花等；男性專屬的休閒如打棒球、足球、滑水、射擊等。低年級兒童正處於性別角色發展期，而性別角色被印象刻板化，這個現象不是

5

個別的兒童個人經驗所致，而是與形成圖畫書的性別建構傳遞有密切的關係，性別的社會建構，是透過圖畫故事書所呈現性別刻板觀點因故事講說而建構複製。

　　至於在臺灣「豬不肥，肥到狗」這句俗語，常見於對女生學童與男生學童的成績表現評價，意思是女生的成績好，最終不如男生成績好對家庭或家長有價值。男女孩童被教師及父母引導而漸漸展現成為學習興趣的差異；一項針對臺灣教科書內容的研究發現（蘇千苓，2003）：以兩性觀點檢視教科書的結果，發現不管就人物出現的次數、樣態、文選作者、內容以及插圖而言，都存在著極嚴重的男女不平衡比例、性別刻板印象以及男尊女卑的價值觀。後來國立編譯館據此做了一些小幅的修正。1996 年開始，各級學校教科書開放民間審定版，新版呈現雖已有明顯的進步，需要努力與改進的空間當然還是不少。

參考文獻

一、中文部分

何志培（2006）。談兒童青少年性心理。杏林天地。見 http://www.young.gov. tw，性福 e 學園。

宋鎮照（1997）。社會學。臺北：五南。

林彥妤、郭利百加（1997）。現代生活的心理適應。V. J. Derlega, L. H. Janda 原著，臺北：桂冠。

林瑞穗譯（2002）。社會學。譯自 Craig Calhoun, Donauld Light & Auzanne Keller, Understanding Sociology. McGraw-Hill Companies, Inc. 臺北：雙葉書廊。

林燕卿（2005）。幼兒性教育。臺北：幼獅文化。

邱維珍譯（1999）。兒童發展導論。譯自原 John Oates（Ed.）編著 The Foundation of Child Development, Open University. 臺北：五南。

國家網路醫院（2006）。性心理發展，見 http://www.webhospital.org.tw/sex/ 2006/ 02/28.

張晉芬（2003）。性與性別社會學。

陳貞臻（1994）。前兒童社會學典範的回顧與前瞻。教育資料與研究，第六十期，93 年 9 月。105-112。

湯金樹（2002）。變男變女變變變 —— 兒童性別認同障礙。中國時報。2006.06.01。

雷庚玲（2003）。發展心理學中的性別研究。見 http://www.psy.ntu.edu.tw/new.

劉惠琴（2006）。女性主義觀點看夫妻衝突與影響歷程，臺北市生命線協會

（http://www.sos.org.tw）。

蕭蕙心（2002）。國小兒童性別平等教育之探討——以圖畫故事書應用於低年級為
　　例。臺東：臺東縣立豐國民小學。

羅燦焜（2000）。從媒體的性別到性別的媒體，兩性平等教育季刊，第十一期，
　　26。臺北：教育部。

謝小芩（1998）。性別與教育期望。婦女與兩性學刊，9，205-231。

蘇千苓（2003）。教師兩性觀的自我檢視。教育部高中兩性平等教育。教務部。

二、英文部分

Aronsson, K. (1999). Relocating Children in Sociology and Society. *Human Development*, 42, 55-58.

Corsaro W. A. (1997). *The Sociology of Childhood*. California: Pine Forge Press.

Freeman, M. (1998). The sociology of childhood and children's right. *The International Journal of Children's Rights*, Vol. 6, pp.433-444.

Haddad Lenira (2002). *An integrated approach to early childhood education and care: A preliminary study*. Childcare Resource and Reseach Unit, Center for Urban and Community Studies, University of Toronto.

Hood S.; Kelly P. & Mayall B. (1996). Children as Research Subjects: A Risky Enterprise. *Children & Society*, Vol.10. pp.117-128.

Neale B. & Flowerdew J. (2003). Time, Texture and Childhood: The contours of longitudinal qualitative research. *International Journal of Social Research Methodology*, Vol. 6, No. 3, pp.189-199.

Plaisance E. (2004). Para Uma Sociologia Da Pequena Infancia, Educ. Soc., Campinas, Vol. 25, No. 86, pp.221-241.

Pole, C; Mizen P. & Bolton A. (1999). Realising children's agency in research : Partners and participants? International Journal of Social Research Methodology. Vol. 2, No. 1, pp.39-54.

Richards J. W. (2001). Emile Durkheim- A Reappraisal, The Mankind Quarterly, pp.83-106.

Turmel Andre (2004). Towards a Historical Sociology of Developmental Thinking: The Case of Genderation. Paedagogia Historica, Vol. 40, No.4, pp.419-433.

Witt S. D. (2000). The Influence of Television on Children's Gender Role Sociolization: A Review of the Literature. In Susan Witt's Homepage, http://sociomediea.ibelgigue.com/influence/television/2006/02/27.

Woodhead M. (1999). Reconstructing Developmental Psychology-Some First Steps. Children & Society, Vol. 13, pp.3-19.

第六章

幼兒人際關係發展

鄭瓊月

一、前言——幼兒人際關係發展的分析觀點

幼兒人際關係發展，其實就是幼兒的社會化歷程，這個歷程相當廣大與深遠，同時也深刻地影響幼兒進入成人世界的系統。良好的人際關係，不僅讓幼兒在家庭生活與學校生活享受到立即的快樂，並且有助幼兒在身體上、認知上、情意上與社會技能上的發展。基於幼兒發展與適應的需要，本文將探討幼兒人際關係發展的現象，以建構幼兒人際關係發展的諸多概念，例如：幼兒人際關係發展的定義與功能、互動內涵、階段與類型、相關理論以及影響因素等。

然而人際關係的觀點眾多，涉及的範圍也涵蓋甚廣，目前有關本土幼兒發展文獻，大多從心理學的角度切入，較缺乏社會學的觀點；因此研究者將以社會學的觀點來分析，大抵從功能論、衝突論、文化再製論、象徵互動論以及批判理論的觀點來加以闡釋。

二、幼兒人際關係發展的定義與功能

從幼兒的行為發展來說，幼兒人際關係的發展，就是幼兒學習與他人社會互動的最基本技巧。如果幼兒一直無法與團體的成員好好相處，就可能被整個團體中所引導的主流社會生活所孤立。因此有關整個幼兒期的人際關係發展內容與項目，就成了幼兒社會化發展的重點，也就是幼兒經過這些發展內涵的學習，將完整地適應幼兒階段的人際互動。下文將界定幼兒人際關係的意義，並探討幼兒期人際關係發展的重要內涵。

㈠ 幼兒人際關係發展的定義

所謂的人際關係（interpersonal relationship）是指人與人之間相互交往、相互影響的一種心理性連結，同時也是一種社會影響的歷程。因此幼兒人際關係，即指幼兒與其他人之間的相互影響與相互依賴的互動情形。如果幼兒期未能與同儕或父母發展良好關係者，可能是將來適應困難的主因，因此幼兒期人際關係的發展，理當受到更多的重視。所謂的人際關係，則是指人與人之間的相處關係，所以也可稱之為「人我的關係」。幼兒與同伴間良好的人際互動，及正面積極的社會化發展，將有助幼兒未來在更大的社會中生存（呂翠夏譯，1994）。

㈡ 幼兒人際關係發展的功能

幼兒人際關係發展對幼兒的發展具有重要的影響性，其良好的人際關係對幼兒的功能如下：

1. 促進身心健康

幼兒與同儕間若有良好的互動關係，就可能增進彼此的身心健康，不好的互動關係則為幼兒帶來苦惱。王怡云、林育瑋（1997），研究一位幼兒園中班幼兒的同儕互動，在研究過程中就發現，這位中班幼兒和其他同儕關係良好，因而常保有愉快的神情，進而常做出利社會的行為。可見良好的人際關係，除了促進幼兒的身心健康，更有助幼兒建立良好的互動行為。

2. 改變自我中心認知

幼兒通常會以自我中心的方式描述周遭的世界，因為他們無法同時處理好幾個訊息，而且很難同時理解自己與他人社會化觀點的差異。幼兒藉由與同儕的互動，彼此意識到個人以外的外在世界，良好的人際關

係，可以讓幼兒與同儕建立較好的互動模式，從中改變原有的認知，增廣經驗的範圍。

3.建立良好友誼關係與適應能力

在一個團體裡，各成員間有良好的互動關係，才能發揮個人及團體的最大潛能。陳雅文、李雅芬（1995）就發現，良好的同儕關係，確實可以增進兒童的社會適應能力，並建議教師善用同儕合作的力量，讓團體表現更出色，為兒童建構一個良好的友誼關係。

4.提高學習成效

良好的人際互動，可以激勵幼兒發揮更大的學習成效（謝美慧譯，2001）。尤其是幼兒的學習常常需要他人的引導與合作，並且也需要在快樂的氣氛中學習良好的人際關係，更能達成學習的目標與效果。

三、幼兒人際關係發展的互動內涵

在幼兒早期發展階段，幼兒從第一次開始接觸父母、兄弟姊妹、同儕到維持長期的互動關係，都需要學會各種不同的社會技巧，也要面對不同情境的問題。其學習發展的互動內涵包含：分享與獨占、合作與衝突、受歡迎與受拒絕、順從與抗拒等。以下將一一分析。

㈠ 分享與獨占

在日常的生活過程中，幼兒獨占行為是一種十分普遍的現象，而往往這些獨占傾向強烈的幼兒大多不太會與同伴相處，處處表現以自我為中心，缺乏最基本的人際交往能力。當幼兒第一次接觸團體時，雖然沒有明顯地表現進入團體的意願，但他已經藉由和團體幼兒作相同的工作

的方式，靜靜地加入團體進行的活動；可見「分享」的行為，是幼兒首要發展的正面社會技巧，並進而減弱「獨占」的負面技巧。分享與獨占行為同時也包含玩具、工具、食物、故事書以及其他實物的處理。

㈡ 合作與衝突

　　幼兒和同儕的互動，是從間接接觸到直接接觸到彼此產生合作的互動關係。最常表現合作關係的場域是在遊戲中，同時也在遊戲中最容易產生衝突。幼兒社會關係發展時，會產生對人己的控制感與權力感，進而選擇合作或衝突競爭來獲得。其合作與競爭的六種情況如下：1.個人主義；2.非競爭合作；3.合作性幫助；4.合作性競爭；5.角逐性競爭；6.競爭性對抗。當幼兒受同儕攻擊時，常見之反應形式有：

　　1.A 攻擊— B 報復— A 再攻擊— B 再報復

　　2.A 攻擊— B 報復— A 放鬆攻擊— B 接受

　　3.A 攻擊— B 報復— A 道歉— B 接受或道歉

　　隨著年齡增長，幼兒之間競爭的變化，也受到社會化的影響。在經過身體攻擊與語言攻擊後，逐漸察覺競爭者與利益的存在，因此開始選擇無利益關係時採取合作，但有利益關係時，則採競爭或衝突的手段。

　　幼兒衝突的本質，來自於權力的操控，當孩子出現「什麼事都要聽他的」行為時，自然就容易與同儕發生衝突。然而父母或家中成員的教養與相處模式，也會影響孩子衝突行為的發展。如果父母常常以爭吵、暴力的方式來處理事情，這類行為會對幼兒產生「潛移默化」的作用，並提供了暴力的身教示範，致使幼兒在下次遇到相似的衝突情境時，會「複製」父母的暴力行為來解決衝突。因此父母不當的行為示範與複製，是影響孩子衝突行為的主因。

　　根據 Corsaro 和 Rizzo（1990）的研究指出，幼兒衝突的議題有：玩的本質、物體、進入同儕團體、主張、生活作息。其中不管是研究

中義大利或美國的幼兒學校，出現頻率最高的衝突議題都是與「玩（nature of paly）」有關（義大利 42.6%；美國 56.4%），平均有一半的比率都是起於在遊玩時，對別人的玩法或言行有不同的看法而產生的對立。在這類的經驗中，爭辯是幼兒同儕在活動進行當中相互理解的必要過程；也是一種較激烈的溝通或協商的過程。

㈢ 受歡迎與受拒絕

　　一般來說，幼兒在人際中的受歡迎與受拒絕情形，即表現出幼兒的社會地位。其社會地位是由同儕提名出喜歡與不喜歡的量表來獲得，所謂受歡迎幼兒是被同儕提名為最喜歡或是最好的朋友的人。因此，在同儕評量上有較高的得分並且有較好的同儕接受度；比其他被拒絕幼兒，有較多的正向行為表現、較少的負向行為表現。然而，被拒絕幼兒正好相反，常被同儕提名為最不喜歡的人，在同儕評量上的得分較低，同儕接受度也較低，比其他受歡迎幼兒，有較多的負向行為表現，較少的正向行為表現（賴淑芬，2005）。被拒絕幼兒的行為特質，攻擊是最主要的原因；而社交能力通常是受歡迎兒童最主要的相關因素。

㈣ 順從與抗拒

　　順從與抗拒是幼兒社會化歷程中，自我與環境的協商過程。若要凸顯自我的人格特質，就有可能抗拒大環境結構的壓迫；若要適應大環境的規範與價值，就必須順從團體的要求，並表現利社會的行為。

　　組織既需要和諧，也需要不和諧；需要對立，也需要合作。它們之間的衝突絕非全是破壞因素。根據 Corsaro 和 Rizzo（1990）的研究，衝突抗拒經驗的積極功能是幫助幼兒溝通能力和社會知識的發展，衝突在幼兒同儕團體中的意義為「相互理解（mutual understanding）」。在活動進行中，大家共同尋找對該活動本質與重要性的共同理解。也就

是說幼兒對團體的衝突與抗拒，有時也是一種學習的過程，可以建立相互理解的歷程，進而地選擇順從或者繼續抗拒。

四、幼兒人際關係發展的階段與類型

幼兒人際關係發展的階段，亦是社會化的發展階段，從家庭到學校到社會；其中友誼觀念的產生，是最主要的影響因素，友誼的發展有一定的階段模式，使幼兒能從家人的互動關係中，進入群體的互動型態。除此幼兒的人際關係型態，也因互動的對象的改變，而產生不同的關係組合，形成多種的關係類型。不同的互動對象都需要幼兒不斷地學習社會適應的技巧。

㈠幼兒人際關係發展的階段

幼兒人際關係發展，除了父母與家人的關係之外，最重要的就是友誼的發展。其人際關係的發展階段可以分成友誼關係的發展以及社會技巧的發展兩方面來探討。

1.就友誼關係發展而言

Selman 在 1979 年曾進行研究，故將兒童建立及維持友誼的關係分成五個階段：

⑴ 階段一：暫時的玩伴（momentary playmateship）

3～7 歲：依物質、彼此的住處的遠近、身體的特徵衡量。

⑵ 階段二：單向幫助（one-way assistance）

4～9 歲：朋友是指做你希望他做的事的人。

⑶ 階段三：雙向的公平合作（two-way fair-weather cooperation）

6～12 歲：在實用上尋求互惠原則。

(4) 階段四：親密、互享的關係（intimate, mutually shared relationship）

9～15歲：彼此分享秘密、承諾等，但易產生獨占及排他情形。

(5) 階段五：自主的相互依賴

青少年至成人的階段：能尊重朋友在依賴和自主的需要。

2. 從幼兒的社會技巧發展而言

幼兒的社會人際互動，從接觸、維持、衝突的緩和、侵略的控制、社交的行為等五階段來做探討（謝美慧譯，2001）：

(1) 接觸

幼兒在第一次接觸其他幼兒或活動進行中時，會採取被動的方式、主動的方式，及要求的方式等策略去加入團體，其中幼兒最常使用的是被動方式中的「等待和徘徊」策略；過程包含接受、承認、無反應和拒絕，產生的結果可能為正面的互動關係、負面的互動關係、沒有互動關係及平行不相干擾的關係。

(2) 維持

Parten（1933）觀察學前幼兒，所歸納的六個社交參與層次：①無所事事的行為；②獨自遊玩；③旁觀的行為；④平行不互相干擾的遊玩；⑤聯合性無整合的遊玩；⑥合作而有組織的遊戲。由此可知，其互動方式的維持，是幼兒維持友誼關係的各種策略，以達成其進入團體並掌控團體的重要技巧。

(3) 衝突的緩和

幼兒的衝突則常起因於違反有關的規定，而衝突的發生則必須先有語言與非語言的舉動，進而引發對立。隨著成長，幼兒表達反對的方式，較常為有原因的反對，他們也會漸漸由武力的使用轉換為間接的方式，以獲得同儕的順從。衝突的發生常常造成幼兒間友誼的分裂，但也提供幼兒理解社交內涵的機會。

⑷ 侵略的控制

在幼兒早期階段其侵略的方式，大多訴諸武力；但隨著幼兒注意他人看法並學會自我控制情緒時，其表達侵略的方式會改變，尤其，當幼兒年齡更長時，他們將更能利用各種方式隱藏侵略的意圖。

⑸ 社交的行為

隨著發展階段的成熟，幼兒協助的行為會增加，並逐漸做到真正幫忙其他幼兒的動作。接著利他的行為會增加，同時分享的機會較多，彼此的互動較協調。

㈡ 幼兒人際關係發展的類型

幼兒從出生到就學，其有互動關係的對象包含父母、兄弟姊妹、其他家人、同學、老師、鄰居與朋友。每一組互動對象就形成一種互動的關係類型：

1. 幼兒與家人手足的關係

家庭是最先接觸的社會團體，是個人社會化最早且最重要的機構，也是人格社會化發展的主要場所。父母是最重要的社會化媒介，家庭成員互動是家庭社會化重心，幼兒透過雙親教養使其從飲食、排泄……開始去體會到人類生活的知識與經驗，然後依其社會文化去培養道德，並觀察學習規範、價值與道德，而最初供給幼兒學習模仿的最好環境就是家庭。所謂有其子必有其父，有其女必有其母，也就是子女人格行為是其父母的拷貝與複製。而親子關係的狀態，勢必影響幼兒的人際關係發展，親子關係良好有助於幼兒進入同儕團體的適應能力，親子之間有嚴重疏離與破裂的狀態，也使得幼兒在人際關係的發展上產生危機與障礙。

至於幼兒與兄弟姊妹之間的關係，最大的特性是他們來自於相同的

父母，具有血緣關係。幼兒與其兄弟姊妹一起玩耍、一起上學，因而發展出一種保護與依戀的關係。手足關係在某些方面與朋友關係類似，因為年齡相近、思想觀念與行為方式相似，並且共同參與許多活動，彼此的關係也較平等。

然而就家庭權力結構的角度來看：有些家庭建立了非常清楚的權威界線，有的家庭允許個人決定他們的影響力，伯恩斯坦（Bernstein, 1971）指出前一類家庭擁有了「定位結構」，後一類家庭具有「個人定向結構」。也就是說幼兒透過定位結構或個人定向結構，展開其人際互動的歷程，同時也決定人際關係中權力與影響力的品質。

2.幼兒與同學朋友關係

進入幼兒園，又開啟了幼兒重要的人際互動型態。展現在幼兒面前的是一個完整的社會結構，這也將奠定其一生與別人互動的基礎。幼兒的同學關係是一種複雜的互動，對幼兒發展有正面的影響。幼兒園中的玩具和遊樂設施對於幼兒同儕互動，扮演著相當重要的角色。發現大部分的幼兒有高度的選擇性，他會把互動焦點放在少數固定的玩伴，拒絕其他幼兒出現在他們既定遊戲模式，並時常恫嚇其他的玩伴不准加入其他小團體。

從社會文化的觀點來看幼兒與同學朋友的關係，以往的社會學常常低估了兒童影響社會的層面，其實兒童也參與童年與社會的建構，如同 Corsaro（1997）在《*The Sociology of Childhood*》所言，兒童在社會中是一個主動的貢獻者。成人應欣賞兒童現階段的貢獻而不是將兒童視為未來的成人。然而兒童並不是直接地對成人以及自己的童年有貢獻，兒童是從成人的世界中去製造他們自己的同儕文化；也就是在兒童詮釋與再製成人文化的過程中，兒童成為成人文化的一部分，並貢獻他們對成人文化的再製及延伸。Corsaro（1997）也強調兒童再製成人文化的

過程中，兒童不是簡單地模仿或是挪用，而是更有創意地使用或擷取來自成人世界的訊息，藉以營造屬於他們的同儕文化。

更如同 Bourdieu 在社會再製理論觀點中指出，「社會互動的主體是個戰略家（strategists）」，其中時間和空間是戰略的構成要素。因此 Bourdieu 以「策略」（strategies）代替「規則」（rules）的觀念（邱天助，2002）。換言之，人們並非按規則行為，而是運用策略。所以幼兒不僅是被動地遵守班級文化的規則，更能靈活地在不同的場域中運用各種策略與他人進行互動，包括在學校情境中使用符合社會規範的互動策略，或是更符合在同儕文化中互動的策略。

3. 幼兒與社區鄰居關係

幼兒還有一個重要活動場域，即是社區鄰里。幼兒與社區鄰居的互動類型，是幼兒進入大型社會環境的門檻，其在社區中遊戲玩耍、追逐散步，並與鄰居的大人與小孩互動。在此環境深刻地感受社區文化、社區職業以及社區規範的影響力。不僅是物質的也是非物質的融合與陶養。一位出生農村的幼兒與都市的幼兒，其在思想觀念與行為表現上，一定有所不同。幼兒與社區鄰里的互動良好，容易產生利社會的行為，同時也較具社會適應的能力。

4. 幼兒與教師關係

幼兒進入幼兒園中，最大的互動關係者就是學校教室中的教師。國內的教室管理研究指出，教師傾向常規重於教學的文化；呈現管理導向、秩序為尚的迷思（簡賢昌，1995；施慧敏，1994；張芬芬，1991）。近年針對互動的研究結果，不論教學過程或常規制定，亦與上述發現類似：教師是教室裡全然的主控者，學生只是依指示做必要的反應與回答（孫仲山、李碧娟，1997）。吳康寧（1998）亦指出，大量的研究已證明，師生互動過程的主導者，仍然是教師，教師的權威地

位使得教師以其規定的互動系統改變學生希望的互動系統。教學情境的師生交互作用，是人際關係中最複雜、最微妙的型態之一，從社會學的觀點而言，教師有其地位與權威，學生也有屬於他們自己的次級文化。Rosser 和 Harre 兩位學者曾從事學校教育俗民誌多年，他們發現師生雙方對於學校教育的「意義」有不同的詮釋（陳奎憙，民79），師生彼此之間的價值觀與行為模式，可能不一致。

　　如同 Mackay（1991）強調大人與幼兒互動中，兩種文化轉換的必要。他認為教師往往把幼兒當成文化的「陌生人」，需依賴大人的能力，所以互動中幼兒只需聽與複習，在此傳統社會化的假設下，大人與幼兒是無法溝通的。可知，傳統社會化所欲見的是大人的支配文化，我們習慣視幼兒是無能力的，忽略互動中幼兒詮釋（interpretive）與推理、說明的能力，忽略幼兒合理看世界的眼光。我們漠視了交互中兩者的自然關係，以及互為影響與同時存在的真切性與重要性。

五、幼兒人際關係發展的社會觀點理論

　　幼兒人際關係發展的理論，相當地分歧雜亂；有些在兒童發展心理學的領域中建構，有些在社會心理學的範圍中，有些則屬於教育與輔導的範疇。本文則嘗試以社會學觀點來整理其相關理論；就人際關係的範圍，可從大中小三個角度來探索，一為社會生態的系統，二為社會關係的系統，三為我們之間存在關係的系統；透過鉅觀的社會結構系統到微觀的象徵互動觀點來加以連結，使得幼兒人際關係的分析層面，能有所拓展。在鉅觀的層面上，社會生態學是強調個人與大環境中的連帶關係；在中級層面上，社會交換理論以及公平理論，是介於社會結構與個人心理之間的調適觀點；在微觀的表徵上，符號互動論是呈現人與人之

6

間存在關係的符號意涵解釋。

㈠ 社會生態系統理論

　　所謂「生態系統理論」（ecological system theory）是源自於生態學（ecology）的觀點，生態學是研究生物與環境關係的學科，以生態學觀點解釋兒童發展的學者，則視人為一開放系統（open system），認為兒童的發展是因兒童與他的生存環境互動而產生；他認為兒童的發展是受到環境中多重層面的影響。他將環境定義為：「一組層層套疊的結構，每個結構都在另一個結構內。」換言之，兒童是被嵌入在許多環境系統中，每個系統會彼此互動，也會與兒童產生互動，而以複雜的方式影響兒童的發展（張麗芬，1997）。他將這些環境中複雜的層面歸納為四個系統，這四個系統由最內層到最外層分別稱為微系統（microsystem）、中間系統（mesosystem）、外系統（exosystem）、大系統（macrosystem）。

1. 微系統

　　微系統指的是個體直接面對接觸的人或事、物，如：家庭、學校；對大多數兒童而言，微系統僅限於家庭，但稍後隨著兒童成長並進入學校或鄰近區域，微系統也會越來越複雜。

2. 中間系統

　　中間系統是指個體所直接參與之兩個或兩個以上微系統之間的關聯或互動，也就是個體所處的連結各個微系統的環境，如：學校與家庭之間的關係（廖鳳瑞，1994）。例如：學校舉辦親子園遊會，即是連結了家庭與學校這兩個系統。

3.外系統

外系統和中間系統一樣，是由兩個或兩個以上的環境所組成的，但與中間系統不同的是，在外系統中，至少有一個環境是不包含發展中的個體的，因此，外系統對兒童的影響是間接的。雖然在外系統中兒童並未直接接觸或參與這些場所、有關的人物，但是他們會直接影響父母，再間接影響到兒童，例如：父母工作的場所、社區中的醫療、福利服務、父母的朋友、其他家族成員所給予的建議、經濟援助等。雖然兒童並未直接參與外系統，但是其影響卻如同微系統、中間系統一般不容忽視。

4.大系統

大系統是生態系統理論的最外層，指的是社會、文化、價值、法律、宗教，甚至是特殊的文化風俗習慣等，它們影響著微系統、中間系統、外系統，事實上，這三個系統都包含在大系統中。例如：一個國家有較高品質的兒童照顧水準，以及對父母親友良好的工作福利政策，那麼兒童在他所直接參與的環境中，可能就會擁有較好的經驗（Berk, 2003）。所以，對兒童來說，在大系統的生態背景影響下，可能產生不同的發展成就。

(二) 符號互動論

此理論原是以微觀（micro）的方式探討人際間互動的情形。此觀點認為，在人際互動中，個體對於彼此的反應是透過思考和詮釋，然後藉由符號的媒介，符號包括語言、文字、手勢、表情、動作等，故其認為社會是動態的，其形成是來自於不斷的溝通和互動（徐西森、連廷嘉、陳仙子、劉雅瑩，2002）。象徵互動論從日常生活的體驗中指出「語言的使用就是人們最普遍的社會行為的顯現，既受社會因素的影響，同時亦具有社會層面的影響力」（周雅容，1996）。因此，瞭解

6

幼兒在同儕互動的語言內涵，便可以進一步理解幼兒對周遭事物的觀點、情感及友誼關係等社會行為的各個層面，藉以縮短兒童文化與成人文化之間的社會距離。

㈢ 社會交換理論（social-exchange theory）

此理論根源於西方社會學理論，是社會學家 Homans（1950）針對結構功能主義研究提出的，強調對人和人的心理動機研究。學者 Thibuat 及 Kelley（1959）發展出代價與報酬的關係理論，認為人際關係可以藉由互動過程中，雙方彼此付出「代價」與獲得「報酬」而建立，比其個人的人格特質對人際互動更具影響。在社會交換理論中，報酬是指任何正面有價值的成果，依個人的目標區分為特殊性（particularism），如：擁抱、溫柔等的價值；和具體性（concreteness），如：物品、金錢等；代價則是指任何負面結果，其可能包含時間、精力、衝突、焦慮等，但個人對代價的認知，有差異性（徐西森、連廷嘉、陳仙子、劉雅瑩，2002；盧蓓恩譯，1996）。在社會交換理論的人際關係中，每個人會依實際的人際互動作協調，其協調的難易與雙方的背景及態度有相關，其協調之結果會產生——對稱的獲利、對稱的吃虧、雙方的不對稱（Thibaut & Kelly, 1959）。但值得注意的是，社會交換理論將人際行為視為理性的模式，認為投資報酬率決定了人際複雜的行為，無法完全解釋複雜的互動行為（李佩怡，1999）。因此，幼兒的人際關係中，也存在著社會交換性的意義，從幼兒的遊戲間彼此玩具的交換與食物的交換，都能看出人際互動中的社會交換性。

㈣ 公平理論

瓦士德等人提出公平理論（equity theory）源自於 Homans 的社會

交換理論，其具有以下基本前提（林正福譯，2001；徐西森、連廷嘉、陳仙子、劉雅瑩，2002）：1.人際關係的發展會試圖讓彼此的利益達到最大；2.團體的互動會發展出公平的規則，使集體的報酬達到最大；3.個人會因互動的不公平產生煩惱；4.當互動不公平時，會進行回復公平的行動。幼兒的人際關係中，也不難看到公平的概念，不少的幼兒會計較父母對其兄弟姊妹的公平與否，也會計較幼兒園教師對同學的公平與否，因此公平理論也可作為解釋幼兒人際關係發展的相關理論。

六、影響幼兒人際關係發展的社會性因素

　　影響幼兒人際關係發展的因素眾多，包含心理的、社會的、個人的、團體的等。本文僅針對影響幼兒人際關係發展的社會性因素，加以整理並略作論述。期能更加掌握社會性因素對幼兒人際關係的影響程度。

㈠社會經濟差異因素

　　當幼兒間產生經濟上的差異時，幼兒並不會意識到社會階級的存在；然而，由於相似性和相鄰性因素的影響，一般人會以社經階級來區隔團體的現象，使得幼兒學習的教室更加的凸顯。幼兒的同儕互動對象和方法會隨家庭社經階級的不同而有所改變，不但反映在特定團體內的社交角色，也影響幼兒的行為目標與模仿標準。許多的研究大都探討低收入家庭幼兒缺乏社交能力的問題，其所使用的社交策略有限並有較多的攻擊性動作出現（Shure & Spivak, 1974）。貧窮和不充足的資源不但會影響幼兒的各項能力發展，同時也增加幼兒和家庭的負擔，而此種研究結果是否代表著社會階級中的偏見，倒是需要特別的注意與澄清，

並避免差別待遇對幼兒的影響。

(二) 種族差異因素

在我們的社會中，種族差異相對地會影響幼兒的成長環境，且對幼兒的人際生活有很大的影響。雖然無法很精確地預知種族組成對幼兒教室動態的影響，不過目前臺灣地區日趨嚴重的外籍配偶所形成的「新臺灣之子」之教養問題，仍然具有種族差異的影響力。從西方的角度來看，種族往往決定一個人的身分、工作機會和特權（Gibbs & Huang, 1989），當然也進而影響幼兒的社交發展。目前有很多的種族與文化包容課程，正是努力促進種族間的關係與認同。

(三) 文化差異因素

來自不同文化背景的幼兒，其人際互動的模式也有所不同。文化差異透過不同的團體溝通型態來呈現差異的程度，其人際溝通的影響因素有五點（Longstreet, 1979）：

1. 口語上溝通：說話所使用的語言和協定方式。
2. 非口語上溝通：肢體語言和手勢。
3. 互動的模式：社交上的行為方式。
4. 社會價值觀：特殊團體角色和優先順序的認定。
5. 知識模式：個別的學習風格與學習方法。

也就是說幼兒透過文化差異的社會化歷程，承襲了個別文化的特色，進而影響其與不同文化背景幼兒的人際關係以及交往能力。

(四) 同儕文化因素

幼兒一進入學校，即進入一個全新的學校文化中，從 Corsaro（1997）的論述中提及，「幼兒園同儕文化中的自律控制與分享，是

發展出來的集體認同觀點」，也就是說文化是共同、集體的表徵，也是一組穩固的活動與例行公事。幼兒所產生的當地同儕文化，將有助於其他小孩與成人的文化。所以幼兒的人際互動，其實也是幼兒同儕文化中的議題，它深切地受到學校文化與同儕文化的影響。

七、幼兒人際關係發展的社會學分析

有關幼兒人際關係的定義與功能、互動內涵、階段與類型、社會觀點理論以及影響的相關因素等，已在前文中談及。以下將從社會學的幾個重要觀點，如：功能論、衝突論、文化再製、社會階級、符號互動以及情境脈絡系統的觀點來加以分析與闡釋。

㈠ 從功能論的觀點來看幼兒的分享行為

幼兒的分享行為，基本上受到其分享認知的支持，而分享認知卻受到幼兒社會化的影響，幼兒社會化的歷程是其學得社會所認可的信念、行為以及價值觀的重要途徑，也是兒童發展社會地位與學習如何扮演符合社會行為角色的過程。從功能論的觀點來看，將文化界定是一種分享的價值與信念。也就是說幼兒的分享行為，透過了社會化，將分享的價值傳遞給下一代。如果分享行為是社會所認可並且鼓勵規範與指導的行為，它基本上形成一套穩定和諧的基礎，並且達成一種團體間的共識，以維繫與整合體系間的生存，使整個社會和諧的發展。幼兒的分享行為，藉由集體的價值、信念和情感，規範著每個孩子的行為，指導著每個孩子的表現，進而形成牢不可破的制度。尤其在教育制度上，分享的價值與行為，從幼兒園到小學，不斷地強調與實施，且視之為正向的社會性行為。從功能論的觀點，它的確造福了眾人，也給世界帶來均衡整

6

體的發展。

仁 從衝突論的觀點來看幼兒的衝突行爲

　　幼兒的人際衝突是教室中最顯而易見的社會性行爲，也是同儕互動中，教師最易迅速介入的互動型態。從衝突論的觀點來看，支配者與從屬者之間的利益無可避免地產生衝突。尤其是來自於社會優勢地位與劣勢地位者之間的鬥爭，是永無休止。發生在教室一角的幼兒衝突，似乎也是大型社會的小縮圖。教室中的幼兒衝突，從來不因老師的介入，而停止衝突事件的發生；有時也可能是教室支配者教師的干預，而使得衝突事件層出不窮。就人際衝突結構而言，Mitchell（1981）提出衝突內容解析的觀點，其指出：衝突結構應包含「衝突情境」、「衝突態度與認知」以及「衝突行爲」等三部分。不管是衝突認知、行爲或情境，其實都顯現著教室中幼兒的抗拒文化。它可能背後來自兩個社經地位不同家庭的抗拒，也可能來自不同文化資本的抗拒，或是來自不同權力結構間的抗拒。從很多的實證研究指出，家庭因素是影響孩子行爲問題的主要原因之一，例如：父母的婚姻狀況、管教方式、家庭結構、家庭氣氛……等（游福生，1993；黃淑苓，1994；修慧蘭，1999；吳承珊，2000）。這些也說明幼兒衝突行爲受到父母與家庭的影響眾多，而其中的家庭結構、家庭氣氛與管教方式等，都顯現著不同背景幼兒的文化資本差異，同時也是文化抗拒的表徵。

三 從文化再製觀點來看幼兒的友誼關係

　　幼兒的友誼關係發展，是幼兒期發展的重要議題。幼兒必須不斷地與其兄弟姊妹、同學、朋友、鄰居等建立友誼關係；但如果一直無法與同儕朋友好好相處，他就可能漸漸地被整個團體中所引導的主流社會生活所孤立。布迪爾（Bourdieu, 1973）主張的「文化再製」理論，即

認為透過階級之間的「文化資本」（cultural capital），尤其是語言、文字以及生活習性的不同，而進行的社會控制任務。也就是說，家庭是最早文化複製的關鍵，其次兄弟姊妹，也是一種「小媽媽」（little mothers）（Corsaro, 1997）的再製模式；一直到其發展的友誼關係，也深受幼兒父母對友誼觀念的影響。說明著文化再製的文化資本，才是決定幼兒的友誼交往情形，包含他與那些人做朋友、如何做朋友以及互動的型態；同時也決定他是否能被同儕團體所接受、是否受歡迎、是否被孤立等等。而劣勢文化所形成的「文化不利」之幼兒，在其進入友誼發展階段時，可能受父母社經背景、家庭狀況等因素影響，而產生人際互動上的阻礙與困境。

㈣ 從象徵互動論來看幼兒的同儕互動

幼兒園現場中的幼兒互動與師生互動，都可以從社會學解釋學派的觀點來加以分析，這也是目前教育研究中教室現場觀察研究熱潮的所在。就解釋學派中象徵互動論的觀點而言，教室中日常生活的互動所形成的意義，可由主觀性的理解來建構主體性。這個日常生活的互動，包含著幼兒的學習、遊戲、語言對話以及各項活動等等。同儕如同調查員般的行動；如同想像人物一般的行動；如同專家或是生手般的行動；同儕互動共同創造遊戲情境和創造認知衝突的情境。以幼兒語言對教室脈絡的關係來探討：Cazden 認為教室是一個社區的比喻非常精闢，思考脈絡與語言的關係時，有三個重點：其一，脈絡與話語之間存在兩種關係，一種脈絡是存在說話之前，也就是脈絡的說話規則，說話者也主動地說話改變並創新脈絡。第二，教室應該是「非常特殊的文化」，是個充滿變動的人的社區。第三，「脈絡是環環相扣的，從立即的說話行動，一直到較遙遠的教室、學校、學校系統、社區……等等」（蔡敏玲、彭海燕譯，1998）。

這樣的非實證的質性分析，透過幼兒的教育現場，詮釋著幼兒同儕文化形成的種種現象。幼兒如何與同儕交談、如何與教師互動、如何與他人遊戲以及如何形成其特殊的同儕文化。

㈤ 從批判理論來看幼兒人際發展

就批判理論的觀點來分析整個幼兒人際關係發展的歷程，不難發現幼兒的人際發展受到成人文化的「宰制」。從幼兒出生開始，父母、師長就不斷地社會化，使其具有所謂正向的社會行為，卻缺乏考量幼兒發展的「人格性」與「個別性」。設計一個適合幼兒人際發展的框框，使幼兒在其控制中，發展出符應成人文化的行為，雖然就功能論的角度而言，這樣的設計可說是最經濟實惠的模式，然而也使得眾多的幼兒無法順利的發展自我，在教室的規範中不斷地衝突抗拒、調適自我，而逐漸地內化。成人文化的宰制，非常明顯地表現在幼兒初期發展的人際互動中。甚至壓抑著一些適應困難的幼兒，逐漸被團體所孤立，而形成社會邊緣人。雖然批判理論的聲音，無法改變巨大社會化的力量，也無法抗拒成人文化所構成的龐大影響力。然而教育者仍然需要藉由批判理論的觀點來思考，減少成人文化所支撐的單一路徑，以調整「兒童個人」與「成人集體」之間的衝突。

八、結語——對幼兒教育的啓示

有關幼兒人際關係發展的定義與功能、互動內涵、階段與類型、理論基礎以及影響因素已經做過探討。本文又嘗試透過社會學中的功能論、衝突論、文化再製論、象徵互動論以及批判理論等觀點來加以分析；從分析中也獲得以下幾點啓示，希望能對幼兒教育有所裨益：

㈠ 幼兒利社會行為的建立

幼兒的人際關係發展，大抵上會透過社會化而學會分享行為、合作行為，並且以順從的方式進入團體，進而與其他幼兒合作，以及感受幼兒對其的接受與歡迎。這種正向的社會行為，容易引導幼兒在未來的利社會行為表現。以幼兒教育而言，教育制度與機構，基本上是幼兒社會化的重要媒介，幼兒的利社會與親社會行為，將是社會和諧發展的基礎。如今社會充斥著個人主義的自私自利，缺乏公德心、正義感，缺乏公眾利益觀點，都需要引導幼兒教育的基礎工作者，用心經營幼兒的人際關係發展，使幼兒從小就能擁有利社會的信念、價值與行為。

㈡ 幼兒抗拒文化的處理

幼兒的衝突行為，除了凸顯社會階級差異所形成的抗拒文化之外。其中幼兒教育工作者更需要以不同的觀點來面對教室中的幼兒衝突事件。

在 60 年代以前，衝突常被認為是破壞性且具攻擊性的，應極力避免才是，但 60 年代之後，專家學者開始正視衝突所帶來的正面功能（functionality）與不可避免（inevitability）的特性，對衝突的處理態度也逐漸由「衝突解決」（conflict resolving）轉為「衝突處理」（conflict management）（張中勇，1992）。這正說明著幼兒衝突行為在學校文化中的不可避免性。所謂的衝突處理，必須先界定教師的角色，並清晰的瞭解自我的文化地位，是否站在優勢文化的地位來指揮，以優勢者的觀點來做虛假的中立仲裁者，並且壓抑著劣勢文化兒童的聲音，沒有機會讓他們發聲。所以基於這樣的基礎，才能真正聽到來自不同社經背景孩子的聲音，也才能從不同的角度處理幼兒的衝突行為，而非一味地以優勢文化的角度來做衝突的解決。

6

㈢ 幼兒多元文化的認同

　　幼兒經由文化的再製而形成社會階級的再製，這展現在其教育文化的區隔上。因此幼兒的交友對象也有其區隔的問題，「你是我的朋友嗎？」這個疑惑存在幼兒差異的文化資本上。一位穿著、舉止、娛樂型態、消費習慣以及飲食文化不同的幼兒，不斷地離開不屬於他的團體，而進入相似的文化環境中，因此上一代的文化資本又進而地影響下一代的文化資本，也就是說上一代的人際互動型態，同時影響著下一代幼兒的交友情形。銀行家、資本家、政治家以及權貴人士，其下一代仍然繼續玩在一起，也一起建構其人際網絡。在這樣的教育現象下，從事幼兒教育的工作者，更需要有有教無類的胸襟，不能只接受家庭背景良好的小孩，而遺棄文化不利的孩子。尤其是不同的文化資本形成不同的文化系統，教師應引導幼兒尊重不同文化的價值，並且認同多元文化存在的價值。

㈣ 幼兒同儕次文化的開放

　　從象徵互動中分析幼兒的教室脈絡，同時也觀察到每一個教室現場所形成的幼兒同儕文化，這個文化系統是由師生與環境建構出來的次文化。教室中的情境脈絡應該是動態且充滿意義的複雜網絡，教室中的次文化存在不同的網絡且相互構成，包括教室中的師生不自覺地使用所屬族群文化中的意識形態與說話規則。再者，師生皆具有改變或是創新教室中的說話脈絡的潛力，老師影響學生，學生也可能會影響老師，或是同儕之間相互影響。有時，幼兒在老師主導的情境中的言談也會透露出同儕互動脈絡的影響，但是如果老師沒有將幼兒的文化納入自己的意識，往往失去體會幼兒觀看世界的機會，也顯見師生間的社會距離的遙遠，而開放教育的落實就會大打折扣。反之，從事幼兒教育的工作者，

若能以開放的心胸，看待與接納幼兒同儕互動所形成的次文化，將會使幼兒的次文化充滿創新與活力。

㈤ 幼兒人際發展的反省

　　從批判理論中所分析的幼兒人際關係的發展，雖然充滿著成人文化的意識形態，同時也觀察到社會主流文化的影響力。整個幼兒人際發展的歷程，就是最佳的社會化途徑，它從家庭到學校到鄰里形成綿密的社會結構網絡，支持著所有的互動行為與人際模式。因此在教室中幼兒必須學習適宜的社交技巧，尤其是解決人際衝突的方法，以建立良好的人際關係。然而幼兒人際關係的發展也不能全然以社會和諧的角度來思考，社會歷史的進步是存在於衝突的發生與衝突的解決間，當文化制度規範不斷地控制幼兒的人際行為時，也代表著幼兒的「個人性」與「人格性」的淪喪，團體的價值意識固然重要，但個人也具有創新價值的潛能。「個人」與「團體」的論辯、「角色」與「人格」之間的衝突、「從眾」與「從己」之間的矛盾，都需要從事幼兒教育工作者，在幼兒人際關係中加以澄清與理解，使幼兒的人際關係發展更能有自主性、多元性與開放性。

參考文獻

一、中文部分

王怡云、林育瑋（1997）。一個幼兒園中班幼兒的同儕互動。國立花蓮師範學院 86 學年度教育學術研討會論文集 (4)。

吳承珊（2000）。母親與教師的管教方式對幼兒社會行為影響之研究。國立臺灣師範大學家政研究所碩士論文。

吳康寧（1998）。教育社會學。高雄：復文。

呂翠夏譯（1994）。Charles A. Smith 著。幼兒的社會發展—策略與活動。臺北：桂冠。

李佩怡（1999）。人際關係理論。測驗與輔導，152，52-56。

周雅容（1996）。象徵互動論與語言的社會意涵。載於胡幼慧主編，質性研究—理論、方法及本土女性研究實例。頁 78-97，臺北：巨流。

林正福譯（2001）。Diana Dwyer 著。人際關係。臺北：弘智。

邱天助（2002）。布爾迪厄文化再製理論。臺北：桂冠。

施慧敏（1994）。國民小學班級常規管理之研究。國立臺灣師範大學教育研究所碩士論文。

修慧蘭（1998）。從家庭發展週期談學生行為問題。學生輔導通訊，59，62-67。

孫仲山、李碧娟（1997）。國民中學教學情境中師生語言行為的分析。教育研究資訊，5(4)，89-100。

徐西森、連廷嘉、陳仙子、劉雅瑩（2002）。人際關係的理論與實務。臺北：心理。

張中勇（1992）。衝突與衝突處理之研究——一個衝突起源、過程及其處理的

探討。警學叢刊，22：3，121-137。

張芬芬（1991）。師範生教育實習中潛在課程之人種誌研究。國立臺灣師範大學教育研究所博士論文。

張麗芬（1997）。研究兒童發展的新觀點——生態學觀點。國教天地，123，22-25。

陳奎　（1990）。學生次級文化的研究。國立師範大學教育研究所論文集刊，32，51-76。

陳雅文、李雅芬（1995）。國小學童同儕團體互動情形之研究。屏東師範學院大專學生參與專題研究計畫成果報告，499-508。

曾瑞真、曾玲民譯（1996）。Rudolph F. Verderber & Kathleen S. Verderber 著。人際關係與溝通。臺北：揚智。

游福生（1993）。如何輔導學生的問題行為。學生輔導通訊，28，47-51。

黃淑苓（1994）。幼教教師輔導幼兒行為問題的基本過程。幼教之友，35(1)，17-24。

廖鳳瑞（1994）。幼教課程研究的趨勢——生態系統理論的應用。家政教育，12(6)，22-34。

蔡敏玲、彭海燕譯（1998）。Cazden, C. B.原著，教室言談：教與學的語言。臺北：心理。

盧蓓恩譯（1996）。D. J. Canary & M. J. Cody 著（1994/1996）。人際溝通目標本位取向。臺北：五南。

賴淑芬（2005）。幼兒如何面對與處理爭議事件。國立臺北師範學院幼兒教育系碩士論文。

謝美慧譯（2001）。Patricia G. Ramsey 著。幼兒的人際關係——改善幼兒在校同儕關係。臺北：桂冠。

簡賢昌（1995）。班級文化之塑造——一個國小一年級班級的個案學生。國立臺北師範學院初等教育研究所碩士論文。

6

二、英文部分

Bernsterin, B. (1971). *Class, Codes, and Control*. London: Routledge and Kegan .

Berk, L. E. (2003). *Child Development*. Boston: Allyn and Bacon.

Bourdieu, P. (1973). Cultural reproduction and social reproduction, pp.71-112. In R. Brown (Ed.), *Knowledge, education and cultural change*. London: Tavistock.

Corsaro, W. A., & Rizzo, T. A., (1990). Disputes in the peer culture of American and Italian nursery-school children. In Grimshaw (Ed.), *Conflict talk: socio-linguistic investigations of arguments in conversations*. New York: Cambridge University Press.

Corsaro, W. A. (1997). *The sociology of childhood*. Thousand Oak: Pine Forge Press.

Gibbs, J. T. & Hunag, L. N. (1989) . *Children of color: Psychological interventions with minority youth*. San Francisco: Jossey-Bass.

Homans, G. C. (1950). *The Human Group*. New York: Harcourt, Brace & World.

Mackay, R. W. (1991).Conception of children and models of socialization. In Waksler, F. C. (Ed.). *Studying the social worlds of children* (pp. 23-35).New York: Falmer.

Mitchell, C. R. (1981). *The structure of international conflict*. Hampshire: The Macmillan Press LTD.

Longstreet, W. S. (1978). *Aspects of ethnicity*. New York: Teachers College Press.

Selman, T. et al. (1979). *The grough of interpersonal understanding*. New York: Academic Press.

Shure, M. & Spivak, G. (1974) . *Preschool interpersonal problem-solving test manual*. Philadelphia: Department of Mental Health Sciences, Hahnemann Community Mental Health/Mental Retardation Center.

Parten, M. (1993). Social play among preschool children. *Journal of Abnormal and Social Psychology, 28*, 136-147.

Thibuat, J. W., & Kelly, H. H. (1959). *The social psychology of groups*. New York: Wiley.

第七章

親子關係與幼兒行為

鄭瓊月

一、前言

在家庭系統中，親子關係是孩子成長的重要因素，也是家庭成功經營的重要關鍵。親子關係的良好與否，決定家庭的凝聚與分裂，也構成家庭教育中的核心問題。所謂親子關係是指父母與子女的關係，這包括血緣和非血緣的，這個關係是永遠不能改變的，它不但影響孩子的行為，也可能影響孩子日後的成就表現，使得這個議題受到普遍的關心與重視。

因此本文試圖從行為科學的層面先瞭解親子關係的意義與內涵，再界定幼兒行為的影響範圍，並探討親子關係對幼兒行為的影響，包含依附關係、教養方式與溝通型態，進而掌握兩者之間的研究取向，以作為進一步的分析背景；最後選擇以社會學的觀點來進行分析，並從分析結果中提出若干建議，以提供父母及幼兒教育工作者參考，期能促進親子之間良好關係的建立。

二、親子關係的特性與內涵

親子關係是指父母與子女在生活的脈絡下，經由口語與非口語的方式，情感交流的狀態。在個人發展的歷史中，親子關係是一生中最早接觸的人際關係，其發展之良好與否，非但影響個人日後健全人格的發展，且關係著日後更廣泛的社會適應之問題。以下將親子關係的特性與內涵略作敘述。

㈠ 親子關係的特性

親子關係具有以下幾個特性：

1. 親子關係具有不可替代性

親子關係是以血緣關係為基礎的關係，父母與子女任何一方都不能選擇這種關係，不能因為自己不滿意而更改。

2. 親子關係具有持久性

這種持久性是其他人際關係所不可比擬的。只要親子雙方存在，這種關係就永遠存在著。

3. 親子關係具有強迫性

親子關係具有強迫性。任何一個人無法選擇自己的孩子，相對地，孩子也不能選擇自己的父母，無論你是否同意，都必須接受這種關係。

4. 親子關係具有不平等性

在親子關係中，父母永遠處於主導地位；另一方面，親子關係的出現對父母的影響相對較小，但對孩子而言，這種關係對他們以後的個性、情感和人際關係有非常重要的影響。

5. 親子關係具有變化性

親子關係隨著孩子年齡的變化而變化。不同階段的孩子，其與父母的關係型態也會有所不同。

㈡ 親子關係的內涵

有關親子關係的內涵，即是親子之間互動的成分內容與角色。以下將從兩面向來探討：

1. 就親子互動的內容而言

⑴「親密照顧」與「干涉侵權」表現

國內研究依據 Green 和 Werner（1996）等人所提出家庭關係有二

大內涵,一個是「親密照顧」和「干涉侵權」來做分析。雖然國內與國外對親子內涵的界定不盡相同(邱慕美,2002)。但大抵而言,「親密」與「干涉」就成為親子關係的重要互動內容。而所謂「親密照顧」,是指親子在溫暖、相聚時間、撫育、肢體親密與一致性等方面的表現情形;而「干涉侵權」,則包括分離焦慮、占有、嫉妒、情緒交互作用、主觀投射秘密事件與憤怒、攻擊等方面的表現。

⑵「支持」與「衝突」表現

周玉慧和吳齊殷(2001)認為站在社會交換理論的立場,親子互動的內容不外乎正面與負面的社會交換,因此「親子間支持」與「親子間衝突」可作為代表。葉光輝(1997)亦曾針對親子互動衝突的源起,對大學生進行深度訪談,找到六個主要因素,其重要程度依序為親子間的價值觀不同;父母的非理性行為、性格或觀念;父母吵架;子女的多元角色責任衝突;父母的要求超出子女的能力;父母的行為或要求違背道德或倫常。

⑶「對話」和「行為」表現

對於親子互動的內涵,可以從對話的內容或目的及其肢體動作著手觀察分析,獲取一個綜合性的瞭解。陳淑雯(2002)進行親子共讀團體,以十組國小中高年級的家庭為對象,研究親子共讀互動狀態時,乃依據親子成員的對話內容與目的觀察,並分為知識訊息的傳遞、情緒經驗的連結、情感語言的交流、影響他人行動和干擾主題的打岔等五個項目;此外,親子成員的肢體活動、身體移動、親子空間的距離和其面部表情等四項肢體行為,也屬提供資訊的來源之一。

⑷「關愛」與「敵視」表現

莊耀嘉(1999)則是採用社會關係模式(social relations model)和人際環境(circumplex),提出家庭人際互動的六種行為:關愛、教導、霸道、敵視、卑順與敬重,並進而發現家庭成員在關愛和敵視行為

7

互動上，傾向遵循互惠回報法則，但同時也受到家庭整體性差異、關係效應以及互動者之個性、對象的影響。

⑸「自主」與「親密」表現

Minuchin（1974）認爲家庭系統理論中，所謂的界線（boundary）是「規定個體誰可以參與及如何參與該次系統的規則」，這個規則也是個體判斷如何與對方互動的依據，在這個互動歷程裡，成員間彼此試探學習，而「自主」與「親密」是主要的二大課題。假如過分鬆散（disengagement），彼此會產生疏離的關係；過度黏密（enmeshment），又會使成員間的關係容易缺乏自主性而彼此糾結。這似乎說明在親子這個次系統中，所謂的互動就是在過度黏密與過度鬆散之間，尋求一個平衡的位置。

馬傳鎭（1982）除了認同互動的二極端狀態，舉出家庭生活情境中，父母與子女之間存在的愛—憎、拒—納、支配—自主、約束—縱容等向度，還更進一步說明互動關係具有情感性、權威性與結構性。Green 和 Werner（1996）重新檢視家庭中的黏密狀態，反而與Minuchin 的看法迥異，相信互動狀態並非是對立的二端，應該同時包含雙重內涵，意味著在黏密狀態背後，其實顯示缺乏自我與他人分化的現象，同時也展現高度親密與照顧的表現。換句話說，不是極端的親密程度，造就自主性的缺乏，這二者其實是一體二面的存在。

2. 就親子互動的角色而言

親子關係是一個人一生中最早經驗到的關係，也是人際關係中最重要的一環。然而父母究竟扮演著何種角色呢？父母透過親子關係扮演以下三種角色：⑴與孩子互動的夥伴；⑵直接的教導者；⑶機會的提供者。父母不但是幼兒家庭環境的建構者，也是其社會生活的守門員，一但談到幼兒的身心發展時，就不得不將父母角色列爲重要的影

響面向之一。不過，親子關係並非單向的關聯，而是雙方雙向互動發展而建立的，親子互動是父母與子女雙方相互回應行為的循環累積關係，因此，不僅是父母回應幼兒，幼兒也會主動回應父母，親子就在這種細微的變化與回應之間逐漸形成一種相互應答的互動。

　　綜合來說，親子關係是需要學習的，在親子間藉由分享情感、意見、態度及喜好，而覺知彼此訊息的傳遞與交換（林玉慈，1998），這是外在可見的溝通互動。學者 Thompson（1992）也發現家庭成員間還有另一種互動，它牽涉雙方的重要性和彼此的依附及認同感，乃心理層面的部分（莊麗雯，2002）。不論是用身體互動和心理互動解釋，也包含離感受與行為的交互作用，父母不僅單方面的施予，也會受子女的回饋影響行為的表現；反之亦然，這個溝通歷程包含了父母與子女溝通的頻率、內容及互動的結構（Palan, 1998）。因此，親子互動關係的內涵，範圍相當地多，不同的角度切入都將有不同的分法，這正是親子關係研究的特性。

三、幼兒行為之影響範圍的界定

　　從親子關係中已深刻地瞭解幼兒行為與其的關聯性，然而是怎樣的關聯以及關聯的行為表現，卻有待行為科學研究的證實，不管是量的分析或者是質性的觀察研究等，都可作為良好親子關係時的參考。但是在建立此種連接系統時，是無法探究所有幼兒行為發展的全部面貌，也無法建構其實質的影響程度；它既沒有橫貫的幼兒行為的整體性，也不具有幼兒長期發展的縱貫性。因此本文擬界定某些幼兒行為的主題來加以分析，並設定一些研究範圍，以免有以小窺大之嫌。

　　有關幼兒的表現行為，範圍眾多，以下從發展心理學的觀點來劃

7

分，基本上分成以下幾個大範圍：㈠為幼兒的動作行為發展（包括：
1.移動行為的發展；2.手操作能力的發展；3.動作技能的發展）。㈡
為幼兒認知能力的發展。㈢為幼兒語言能力的發展（包括：語音、語
意、語法的發展）。㈣為幼兒社會行為的發展（包含：攻擊行為、社
會行為等）。㈤為幼兒道德行為的發展。㈥為社會認知的發展等。

　　發展心理學的觀點下，幼兒的行為就相當龐雜。若再細分幼兒的行
為內涵，它可包含：幼兒認知、幼兒情緒、幼兒自我概念、幼兒社會能
力、幼兒生活適應、幼兒學業成就以及幼兒性別角色等。也就是說，親
子關係對幼兒行為的影響範圍，受到認知、情緒、態度等能力的影響。
它存在著眾多的中介變項，是本研究無法詳加釐清與切割的。幼兒與父
母的親子關係，透過幼兒各方面的身心發展，進而地影響幼兒與環境接
觸的社會適應行為。所以本文將所謂的幼兒行為界定為社會能力行為。
所謂的社會能力行為，則包含幼兒的生活適應能力、社會技巧以及人際
關係等。也就是較偏向社會性、團體性的能力與生活適應。以使本研究
的範圍免流於太廣，以利於社會學觀點的分析。至於有關幼兒心理層面
與個別性的行為，如何受到親子關係的影響，則有待後續研究來完成。

四、親子關係對幼兒行為的影響

　　瞭解親子關係的特性與內涵，以及幼兒行為影響範圍的界定後，將
進入核心主題，也就是親子關係究竟如何來影響幼兒的行為。以下也從
幾個面向來加以剖析。

㈠ 依附關係與幼兒行為

　　當學者 Bowlby 在 1958 年基於失母的研究而提出依附理論後，依
附一詞在幼兒發展的研究上，便狹義的用來專指，孩子與經常互動的特

定對象間強烈而持久的感情聯繫，是一種互惠的情感關係（Ainsworth, Blenhar, Waters, 1978）。一般而言，依附關係是指幼兒與母親間強烈而持久的情感關係，使雙方緊密的連結，依附關係不但有助於嬰兒的生存，同時嬰兒將母親視為安全堡壘，使嬰兒對四周環境產生安全感，能夠毫無顧慮探索環境（蘇建文等，1991）。

發展心理學家 Ainsworth（1978）把孩子與母親的依附關係分為三類：第一種是「安全依附型」，這類嬰兒與母親在一起時，把母親當做「安全堡壘」，敢主動地去探索陌生環境；當母親離開時有哀傷的表情，但當母親回來時則露出欣喜，並尋求與母親身體上的接觸。第二種是「焦慮／抗拒型」，這類孩子常留在母親身邊，很少去探索環境；當母親離開時則有非常苦惱的反應，當母親回來時卻出現矛盾情緒，他雖然對母親很生氣，但仍想要試著接近母親，不過若母親試著與他有身體接觸，他則加以反抗。第三種則是「焦慮／逃避型」，當母親離開時，孩子只有少許不悅，母親回來後，他則掉頭不理睬，逃避與母親的接觸。這些依附關係是由照顧者與孩子共同互動所產生的，然而心理學家指出安全依附型的孩子在未來心理健康與人際關係的發展，都較其他兩種類型的孩子還要好，因此嬰兒時期的親子關係可說決定了日後孩子的發展。

國內學者蘇建文、黃迺毓（1993）在其研究中，進一步將安全型受試分為非常高安全、高安全、中安全，以及低安全四組，再加上不安全組，共為五組，並比較這五組受試社會能力表現的差異，結果發現安全型受試與不安全型受試在學前兒童社會能力、問題行為，以及情感性角色取替能力等方面均無顯著的差異。而非常高安全型與不安全型受試在幼兒人際問題解決能力方面，則具有顯著的差異。非常高安全型的受試表現出較多的流暢性、變通性，以及利社會策略。

同時，親子間的依附關係在兒童學校中的同儕關係建立上，扮演著

很重要的角色，對兒童的學校適應也有長足的影響。Connell 和 Prinz（2002）的研究中發現，當低收入的非裔父母與其子女的互動品質越高時，其子女的社交技巧、溝通理解能力就越好，越能調節低社經地位的影響，雖然此互動品質與兒童在學校中的學業成就沒有相關存在，不過對於兒童在學校的人際互動卻有實質上的幫助。

　　而在與教師的關係上，研究指出歐裔的美國兒童比起非裔兒童與教師較容易形成親密的依附關係（Burgess & Ladd, 2001），甚至教師會對其有刻板印象，過分單純化少數民族兒童的能力，給予較簡單的工作（Jacobs, 1987）；除了師生關係較差之外，Jacobs（1987）的研究也指出，由於語言的隔閡，少數民族兒童的父母較少與教師溝通，或者較容易產生溝通不良的情況。

㈡ 父母教養方式與幼兒行為

　　目前臺灣關於父母教養方式的研究，一直是受到教育界的重視，而它對子女行為的影響，也是行為科學研究者深感興趣的主題之一。在研究父母教養的相關研究中，「父母教養向度」往往為許多研究者所注目的焦點，經由分析「父母教養方式」所屬的類型，能更有效的說明與解釋父母教養與孩子的行為表現。大抵而言，從分類向度的規劃方式上，可分為單取向、雙取向及多取向（張建新，2005）。

　　所謂的單取向，是指分類的概念以單一化呈現。Baumrind（1967, 1971）利用雙親訪談評量、觀察親子互動，取得雙親教養行為及態度之資料，得到三種類型的教養方式，分別是專制威權型（authoritarian）、開明威信型（authoritative）及容許自由型（permissive）。Elder（1962）則分析出六種類型：專制型、民主型、平等型、寬容型、放任型及忽視型。

　　而所謂雙取向，是指將兩個描述父母教養方式的特質加以組合，

可以是兩個不同的特質結合而成，也可能是每一個特徵分出高低向度後，加以組合而成。如 Stafford & Bayer（1993）提出關懷與敵意（warth vs. hostility）；控制與自主（contral vs. autonomy）兩個向度。Williams（1958）則將父母教養方式的兩個獨立向度「權威」（authority）和「關懷」（love）組合為「高關懷、高權威」、「高關懷、低權威」、「低關懷、高權威」及「低關懷、低權威」等四種。

至於多取向，則是利用多於兩個概念的面向加以穿插區分出的向度，如 Becker（1964）指出，以「限制—溺愛」、「溫暖—敵意」與「焦急情緒的涉入—冷靜的分離」，依各層面的高低交織成縱容、民主、神經質焦慮、忽視、嚴格控制、權威性、有效的組織與過度保護等八種父母教養方式。

而父母教養的方式，如何影響幼兒的行為：

1. 父母教養行為與幼兒偏差行為

Howard（1996）和 White（1996）更表示父母教養行為採取民主溝通的親子互動方式，則直接影響孩子行為的優劣，正向親子互動下的孩子，透過正向溝通而容易認同父母的意見，父母的影響力使之不容易擅作決定，不但因此減少偏差行為發生的機會，相反的，還發展出種種的好行為，例如：高自尊、獨立及追求成就取向。也就是越重視民主溝通的教養方式，越能減少幼兒的偏差行為。

2. 父母教養方式與人際關係發展

Karen 和 Gary（2000）亦發現，幼兒園孩子與母親的親子互動親密良好，關係連結越高，孩子傾向越強的正向社會行為表現，而且也較容易擁有融洽的友誼關係。親子關係中父母表現出來的態度對孩子個性的發展以及未來的人際關係發展有著決定性的作用。過分奢望的父母，忽視子女天賦的能力和發展的潛力，對孩子期望過高，希望子女完全遵

照自己的要求和標準去做，這會使孩子意志消沉、冷淡、沒有活力、缺乏自信，最後造成自卑。過分溺愛的父母對子女的要求、主張、意見無條件接受，對子女過分喜愛，想盡一切辦法來迎合子女的要求，即使做了壞事也聽之任之，結果是孩子人格發展受阻，情緒發展有障礙。這種孩子缺乏自控能力，以自我為中心，與其他人不協調，社會方面的能力幼稚，缺乏創造性、缺乏忍耐力、缺乏責任感，期待別人幫助自己而自己不去幫助別人。表現在人際互動上常是不受歡迎的孩子，甚至受到團體的排擠。過分嚴厲的父母雖然愛孩子，但嚴厲、頑固，或者用禁止、命令的方式。這樣會摧殘幼兒身心健康發展，心理上造成孩子恐懼、壓抑，性格上產生兩面派，表面服從，內心不服、虛偽、野蠻。在人際互動上，不容易信賴別人、欺騙、陽奉陰違等行為都可能出現。而講究民主的父母對孩子溫暖、接納、關心，給孩子必要的幫助和鼓勵；他們會設法瞭解孩子，和孩子經常溝通，親子關係和諧；尊重孩子的人格和權利，給予適當的鼓勵和自由。孩子表現在人際互動上，也容易與人合作、和諧相處、助人有同情心，受團體歡迎，可能成為團體的領導者等，也比較容易有良好的人際關係與利社會行為。

3. 父母教養方式與幼兒生活適應

許多研究顯示，父母教養方式之親子互動狀態與孩子生活適應上的表現有關（朱崑中，1996；林玉慈，1998；陳立人，1994；Crouter et al., 1993；Howard, 1996；Karen & Gary, 2000；Peter & Bernd, 1999；White, 1996）。也就是教養方式所產生的親子互動型態，將影響孩子在生活各種適應行為表現上。

4. 父母教養方式與子女控制感

幼兒家長在教養活動中同時運用支持、懲戒和溺愛三種教養行為，不同教養方式對子女的控制感也有所不同；父母的支持教養行為與其對

子女的控制感呈正相關，而懲戒和溺愛行為則與控制感呈負相關。而對子女控制感也影響到子女的行為表現（池麗萍，2005）。

5.父母教養方式與社會行為

親子關係與兒童行為有著密切聯繫。其中，父母所採取的教育方式將直接影響孩子的行為。從親子關係的角度分析父母家庭教育方式，主要分為專制型、寬容型、民主型三類。

專制型的教育方式往往壓制孩子的創造性與獨立性，對孩子的行為過多的干預，經常採取強制手段讓孩子聽命於父母，漠視孩子的興趣和意見，甚至不允許孩子對自己的事情有發言權，不允許子女違背父母的意願與規定，有時還會施以粗暴的懲罰。在這種教育方式下成長的孩子往往會出現兩種極端現象，一種是極其軟弱的惟命是從，另一種則是反抗式的攻擊行為。一項研究認為，在 2 ～ 3 歲時，兒童的攻擊性常在家長使用權威方式反對他們的活動之後出現。

與之相反的寬容型的教育方式，主要表現為親子關係的淡漠。此類型中的父母給予孩子最大限度的自由，讓孩子不受任何約束的發展，他們往往對孩子的行為沒有具體的規定和要求；換言之，即放任自由。在這種教育方式下成長的孩子，雖然不會像前者一樣產生攻擊性行為，但他們普遍缺乏規則意識。無論在家庭還是社會中，都容易表現出為所欲為的行為特徵，可能有違法等反社會行為的產生之慮。

而民主型的教育方式是建立在平等的親子關係基礎上的。其主要表現是把孩子視為獨立的個體，注意培養孩子的主動精神、培養他們的自理、自制能力，對孩子的期望、要求及獎勵、懲罰等比較恰當，經常與孩子進行思想與價值觀的交流與溝通，尊重、聽取孩子的意見，及時糾正自己在教育孩子中的失誤。這些孩子的人生態度比較積極，他們懂得遵守規則、尊重他人。也就是說，和睦、融洽的父母教養方式的親子關

7

係，會促進兒童社會行為的發展（張建新，2005）。

㈢ 父母溝通型態與幼兒行為

　　父母的溝通型態，大抵可以自我狀態與心理地位等兩種角度來看，其與幼兒之間所形成的親子互動關係，進而地影響幼兒的行為表現。

1. 從自我狀態溝通分析來探討

　　任何一個人都是經由和別人迥然不同的人格中心（personality center）或自我狀態（ego states）來表現自己特有的行為。自我狀態並非是角色，是種真實的心態，分為：父母型自我狀態、成人型自我狀態以及兒童型自我狀態（林欽榮，2001）。自我狀態溝通分析，常以「我是誰？」「我為何會這麼做？」「我怎麼會這樣？」等為基礎，來分析個人思維、感覺和行為的方法。父母型自我狀態是教誨的；成人型自我狀態是思考的；兒童型自我狀態是感覺的。當兩種類型的人有了交往之後，他們之間所發生的一切，都會牽涉各自的自我狀態。兩人之間的溝通，常以三種型式出現：⑴ 互補式溝通：具有直來直往的開放特性。互補式溝通可說是兩人對對方期望的互補滿足，可以發生在任何兩種自我狀態之間。⑵ 交錯溝通：當一個人對另一個人有所期盼而沒有得到預期的反應，兩人之間的溝通就「交錯」了，這時人們可能退縮、逃避對方或轉換溝通方式。人際關係中的痛苦常由交錯溝通而來，我們可說交錯溝通就是人際關係發生故障的訊號。⑶ 曖昧溝通：在表面上它是以社會可以接受的方式表達意願，實際上卻另有所指，即牽涉到二種以上的自我狀態，一個是表面的，一個是暗藏的。

　　從上述的自我狀態所形成溝通分析來看，親子之間的溝通分析模式若是採用互補式的溝通模式，則孩子比較能得到滿足的心理需求，緩和了父母與孩子之間的緊張關係，從而化衝突為合作，變阻力為動力；若

是親子之間採用交錯的溝通模式，則可能增加父母與孩子之間的緊張對立，氣氛顯現衝突與不快樂；若是親子之間採用曖昧的溝通模式，則父母無法真正指導孩子的行為，孩子對父母主張的觀念也顯得一知半解，這種暗藏的溝通模式，可能使得孩子的行為無所適從，而缺乏適合得體的行為規範依據。

自我狀態的親子溝通模式，雖然有其相當穩當的理論基礎，但卻很少有研究報告證明其在親子溝通上的效果，更沒有專對幼兒行為影響層面的學術論述，然而其被廣泛地使用於親職教育上，尤其是父母的效能訓練，實有相當的成果，對於提升父母與子女的溝通能力上，也有其一定的影響力。

2.從四種心理地位來探討

所謂四種溝通的心理地位，包含了：(1)「我不好—你好」：這是全人類早期共同的感覺。因此絕大多數的孩子在此時都認為自己不好。對自己的形象主要是來自別人對他的反應。這種心態的人常有事事不如人的感覺，總覺得個人的榮辱得失是操之於人，尤其是父母等重要他人。對自己充滿壓抑與無價值感。(2)「我不好—你不好」：這是種把自己和別人看成一無是處的心態，不信賴別人也不接納自己，充滿失敗主義。(3)「你不好—我好」：小孩若遭到他本來認為好的父母長久的虐待，那麼就會轉變為第三種的基本心態。有這種心態的人會把別人看得一文不值，充滿恐懼、缺乏安全與信任感，也是一種嗔怒、忽視與貶抑的心態。(4)「我好—你也好」：一個人縱使幼年時，經過現實理智的思考歷程，決定採取我好—你也好的態度，這是健康的生活地位，一個人對自己感到滿意，對別人也能接納。

親子溝通時的心理地位，也會形成不同的親子關係，進而影響幼兒的行為表現，大抵上，撫養孩子時瞭解「我不好—你好」的態度，很有

用處。孩子自覺不好，不過只要母親是「好」的，他就有依靠的對象，倘若母親以「兒童」自我狀態對付孩子，孩子就會扭曲世界的意義，這種交流方式持續太久，孩子會發展出「我不好—你不好」，甚至是「我好—你不好」的態度。父母親應該對自己的「不好的兒童」敏感，尤其是母親，因為她最具影響力。若非如此，「不好的兒童」的態度會互相感染而變得更糟。倘使母親「不好」的感覺很強烈，輕易地就被孩子頑強的行為勾出，而孩子也是有「不好的兒童」，那麼，兩個人就會互相爭執：「我的比你大」，結果母親以「我比你大」贏得最後一回合（林欽榮，2001）。

　　綜合上述的父母溝通分析模式與幼兒的行為表現，雖然目前並沒有相關的研究來支持，其對幼兒行為的影響，然而卻能從溝通分析的自我狀態與心理地位的學理，得到親子互動模式的教育方法。根據溝通分析的觀點，孩子的行為是模仿父母（或代父母）而來，所以父母本身一定要是個健全的「成人」自我狀態，並透過社會化的歷程，讓孩子學會發展「成人型自我狀態」。並且應該加以保護和支持，適當給予幼兒愛撫，建立孩子正向的自我概念，讓孩子感受到不但父母是好的，我也是好的。

五、親子關係與幼兒行為的社會學意義

　　本文從親子關係的特性與內涵談起，首先就幼兒行為的影響範圍作一界定，並從依附關係、教養方式與溝通型態三個面向去探討親子關係如何影響幼兒行為；接著本文將進而以社會學的幾個觀點來分析親子關係與幼兒行為的社會學意義。要談社會學的意義之前，首先來界定「社會學分析」的意義，即是「透過社會學的理解來發展」或者是「與社會

現實意義符號之間有關的來進行分析」（李德顯，2000）。也就是，當我們運用社會學的方法去「理解」社會現實時，即產生了「社會學分析」的作用（鄭瓊月，2003）。因此本文將從社會階級、社會變遷、社會脈絡、社會系統以及社會控制等方向來嘗試分析：

㈠ 從父母社會階級來探討

父母的社會階級，也就是一般所謂的家庭社經地位，透過家庭的物質條件、教育態度、教養方式、價值觀念、語言型態、智力因素、成就動機、抱負水準與學習環境，影響孩子的教育成就（陳奎　，2001）。同樣地，父母的社經地位必然影響著其對子女的教養方式與親子關係的型態。中上階級的父母常能使用較為自由民主的方式，依照子女的興趣、能力與需要向子女提出合理的要求；勞工階級的父母則常失之過嚴或漠不關心。因此中上階級的教養方式較能與子女有良好的親子關係，也較能使子女由家庭順利過度到學校，有效適應學校環境；而勞工階級的子女則較易導致學校與生活適應上的困難（陳奎憙，2001）。

就社會階級的觀點來看，親子關係與幼兒行為之間的重要影響因素，可能是存在隱微的社會結構上，巨大的社會結構，透過社會階層化的因素，深入至每一個家庭系統中，進而影響著親子的互動與幼兒行為。這個大魔掌不易被察覺，也不易被質疑。一般的低下階層的父母，在經濟生存的壓迫下，容易表現在親子互動與關係上的緊張與衝突，加速地社會化其下一代的行為模式。

㈡ 從家庭社會變遷觀點來探討

社會變遷是動態的社會學觀點，就父母的依附關係對幼兒行為的影響來看，由於社會變遷的快速，女性就業人口的提高，使得雙薪家庭越

來越多，大多的職業婦女將其幼兒期的子女送進托兒所或幼兒園，母親與幼兒期階段的小孩接觸的時間變少，互動的機會也缺乏，於是幼兒期的子女相對地對父母的依附關係也較為減弱。很少有國內研究去支持社會變遷所帶來的家庭結構改變，是造成子女與父母依附關係變化的重要因素，也沒有充分實證的研究顯示其對幼兒的行為表現有重大的影響力。大部分親子依附關係研究，仍致力於幼兒心理層面與行為科學面的探究，較無法將社會變遷的因素列入重要的研究項目之一，除了社會變遷因素本身的複雜外，也是量化研究無法實質把握的緣故。就社會變遷中，家庭系統的改變與親子關係相關的變項來說：

其一，家庭角色分工的改變：過去農業時代所謂的「男主外女主內」的性別角色分工，有著明顯的變遷。在過去農業時代，所有教育子女的重責大任大多落在女性的角色中，媽媽必須負擔起親子間溝通的重要橋樑，同時也是協助子女行為養成的重要關係人。過去的幼兒期之親子關係，大抵是婦女一肩扛起。所謂幼兒行為的模式，與媽媽的依附關係有重要的關聯，但卻極少有與父親的親密互動與依附關係相連。然而時代變遷的腳步，使得女性意識抬頭，女性也投入工作場域，無法一肩扛起所有親子互動的工作，有時由男性角色來分擔，也有時由隔代的爺爺奶奶來教養，當夫妻兩人都投入工作時，更有專業保母來負責，當然這之間疏於互動與照顧等問題也因之產生。也就是說，過去親子的依附關係，常建立在母親與幼兒之間，如今卻可能是指幼兒與父親、幼兒與爺爺奶奶、幼兒與保母，或是乏人照顧的幼兒。這些變遷後的家庭教育型態，使得研究幼兒親子關係與幼兒行為，不得不更加重視幼兒親子關係的社會影響因素。

其二，家庭結構的改變，在國內離婚率逐年提高的影響下，親子關係與幼兒行為等，都將受到極大的衝擊與變化。一般的研究指向正常雙親家庭的系統結構，卻忽略了時代的變遷，所產生的單親家庭以及組合

家庭的親子互動模式。也就是說，未來探究親子關係問題的背後，必須重視社會變遷因素，多將單親家庭與組合家庭的親子關係與幼兒行為，列入研究的重點與議題中。

⑸ 從社會脈絡的互動觀點來探討

所謂從社會脈絡的互動觀點，即是以微觀的符號互動論來探索親子關係與幼兒行為。學者Schaffer（1977）曾以互動理論來解釋母子互動行為，發現幼兒在嬰兒時期會模仿母親的行為，以達到溝通的目的，而母親也常以模仿嬰兒的行為當作一種回饋。換言之，強調孩子個別差異與因時制宜的特色，成為互動論應用在父母教養態度上的最大貢獻。父母是孩子的「重要他人」，同時又是同性別子女模仿的對象。在家庭情境脈絡中，父母與幼兒進行綿密的互動與連結。以社會學習的角度思考，主要是將幼兒的行為學習取決於社會性的互動與模仿，如：增強原理、制約原理、示範與仿效學習等。除此之外，微觀的詮釋角度，也思考「互為主體性」的幼兒思維。也就是親子關係與幼兒行為的分析具有雙向性，必須同時考量父母與子女的觀點，這正說明了孩子在親子關係中扮演關鍵性的角色。

⑹ 從社會系統的觀點來探討

所謂社會系統的分析觀點，是將家庭、學校、社會文化作為一個系統整合，在系統中來探索父母的親子關係與幼兒行為。大抵上從幼兒的家庭出發，關注孩子個體發展特性的「點」，進而加入父母對孩子、孩子對父母等相互影響「線」的牽引，最後總結而成一個整體的「面」。尤其強調家庭系統對幼兒的影響力。

所謂的「家庭系統理論」，本質上仍是以一般系統理論為基礎，只是將原本抽象的一般系統理論化為抽象層次較低的命題，並以這些命

題作為觀察家庭互動的假設。Minuchin（1985）據此提出家庭系統運作的六大特徵，藉以說明一般系統理論位居家庭系統理論的核心位置，其六大特徵如下：1.家庭是個組織化的整體，該內部的元素彼此依存。2.系統運作模式乃循環而非僅是線式的牽引。3.系統有恆定的功能，以維持系統運作的穩定模式。4.演化和改變只有在開放的系統內才能進行。5.複雜的系統是由多個副系統組成。6.副系統間以界線相隔，其互動由隱藏的規則來決定。

　　學者 Olson 等人統整婚姻與家庭系統的看法，所形成的圓形模式理論，是由家庭凝聚力、家庭調適力及親子溝通三個層面共同組合而成。「家庭凝聚力」係指家庭成員間彼此情感的依附程度，由低而高分為鬆散（disengaged）、分離（separated）、連結（connected）、黏密（enmeshed）四個層次。「家庭調適力」意指家庭面對情境與發展上的壓力時，其權力結構（power structure）、角色關係（role relationship）及關係規則（relationship rules）的改變能力，由低至高依序為固著（rigid）、結構（structure）、彈性（flexible）、混亂（chaotic）四個層次。至於「親子溝通」扮演催化「家庭凝聚力」與「家庭調適力」二者運作之媒介，依技巧而言，又可細分為「開放式溝通」及「問題式溝通」二種（吳俊賢，2000）。

　　換言之，探究親子關係與幼兒行為是無法離開家庭系統的分析觀點，反而需要放入家庭系統的整合面來思考，尤其是家庭凝聚力與家庭調適力的分析，可能是影響親子關係與幼兒行為的關鍵因素。

㈤ 從支配從屬的社會控制來看

　　過去的中國倫理中，非常強調五倫也非常重視孝道，就社會控制的觀點，這也是中國社會犯罪率較低的因素所在。中國父母常以外控的方式來塑造孩子的聽話行為，在要求子女順從時，還是會強調「家

長權威」讓子女屈服，不像西方重視「自然後果的獎懲」（許桂華，
1998）。從孕育之始，父母期望一個「好帶」的孩子，而所謂的「好
帶」，不外乎乖巧與依順的表現。於是，父母在教養上常出現的溫和用
語是「這樣才乖唷！」；威脅的用語則是「再不聽話，我就要……」。
雖然許多母親對於自己使用「乖」來稱讚孩子的方式，無從解釋，只
能直覺的認為大家都是如此誇小孩，而所謂的「乖」是「好」的意思，
還是聽話守規矩的意思，感到模糊不清，但父母為求順從，繼而運用賞
罰、利他、證據、遏阻、協商、行為改變、退讓、求援、消極抵制、撤愛、
參照、情境轉換、示範及多重訊息等策略（許桂華，1998）。這些即
是在溝通領域中，採用目標導向，透過口語或非口語的訊息，傳遞父母
之「獲取順從策略」的概念。從傳統面來看，父母所期望的「順從」，
反面代表的是中國人根深蒂固的「孝順」道德（劉慈惠，1999）。然
而在社會價值的變遷下，當孝順道德不再被重視時，是否也代表親子之
間缺乏關聯的因素，並社會控制的力量減弱，而造成眾多不良的子女行
為與脫序現象。在新的時代中，如何從社會脫序中，再重新建構一個新
的價值，卻成為教育的重要議題。

六、結語──對幼兒教育的啟示

　　整體而言，親子關係與幼兒行為之間，具有綿密的關聯性，父母透
過其親子關係的型態，而形塑幼兒的行為表現。本文經過兩者之間的社
會學分析，提出以下幾點啟示，期能對未來的幼兒教育有所幫助：

㈠ **關懷弱勢團體的親子關係，提供父母親職訓練，以強化幼兒正向行為表現**

從社會階級的分析中，可以理解社會階層化無孔不入的影響力，影響教養方式、親子關係以至於幼兒行為表現。大抵而言，低下階層的父母較缺乏完整的親職訓練，教育單位必須關懷弱勢團體的親職教育，加強鼓勵父母參與效能訓練，以從良好的親子關係中，讓幼兒具有良好的行為表現。

㈡ **重視家庭福利措施，以支持性別角色變化的親子關係之轉變**

由於社會變遷所造成的雙薪家庭問題，很可能使幼兒的行為疏於教育引導，政府單位必須改變以往將幼兒照顧與教育視為私領域的觀點，而以全民福祉的角度來編列家庭福利措施，使我們的家庭系統能正常運作，親子關係也有支持系統來協助，如此才能做到所謂的「齊家治國」。

㈢ **建構彈性的家庭組合，以強化離異家庭功能的維繫**

社會的變遷，家庭父母離異的問題越趨嚴重，未來將有更多的不同家庭型態。因此建立彈性的家庭組合，藉由網絡系統來連結一個家庭支援中心，使家庭的功能有所發揮，重視單親家庭的親子權益，使他們從恐懼不安的角落走出，並促進單親家庭的親子互動關係，以使孩子具有正向的行為表現。

㈣ **親子關係的互動模式，必須同時兼顧父母與幼兒雙向的溝通系統**

從社會互動的觀點，理解父母與幼兒的「互為主體性」，因而在親子溝通上，需要兼顧兩者的聲音，也就是「你好—我也好」的互動模式。這是父權社會型態上，所必須調整與修正的。

㈤ 強調家庭系統的凝聚力與調適力，使幼兒有良好適應社會行為

親子的互動關係，並非取決於父母的單一因素，同時也受到家庭凝聚力與家庭調適力的影響。當進入親子關係與幼兒行為時，系統開放的整合因素，必須同時列入兩者關係的分析架構中，如此也才能真正掌握親子互動的重要契機。

㈥ 重新建構新的親子關係價值，以化解被解構的脫序行為

從親子關係日趨薄弱的價值系統中，如何重新建構一個親子關係的價值依據，已是當今重振家庭關係的重要因素。價值觀影響一個人的行為，當孝順不再被提及時，平權的概念與互惠原則，將是家庭權力系統重建的新方向。平等、民主、自律與互惠的價值系統是未來家庭結構的新議題，也是親子關係的連結因子，對於未來從事於幼兒教育的工作者，也必須體認，惟有在尊重民主、互利親密的溝通模式中，逐漸地建立幸福的親子關係，才能使幼兒展現最佳的行為模式。

7

參考文獻

一、中文部分

朱崑中（1996）。青少年所知覺的親子溝通與其自我概念、生活適應之相關研究。國立彰化師範大學輔導研究所碩士論文。

池麗萍（2005）。幼兒父母的教養行為與對子女控制感的關係。北京中華女子學院學前教育系學報。17(6)，100-101。

吳俊賢（2000）。臺灣省中部地區青少年親子互動模式與道德判斷之相關研究。國立臺中師範學院國民教育研究所碩士論文。

李德顯（2000）。教師課堂行為違紀行為的社會學分析，教育研究。70，87-98。

周玉慧、吳齊殷（2001）。教養方式、親子互動與青少年行為：親子知覺的相對重要性。人文及社會科學集刊，13(4)，439-476。

林玉慈（1998）。親子溝通品質與青少年生活適應、偏差行為之相關研究。國立政治大學教育研究所碩士論文。

林欽榮（2001）。人際關係與溝通。臺北：揚智。

邱慕美（2002）。大學生之家庭界域、共依附特質與人際適應之研究。國立政治大學教育研究所碩士論文。

馬傳鎮（1982）。少年犯的親子關係、家長社經背景、家庭背景及學校背景之調查研究。政治大學教育與心理研究，5，177-224。

張建新（2005）。家庭教育中的親子關係。http://www.xhby.net/xhby/content/2005-03/22/content_726708.html

莊麗雯（2002）。國小學童的家庭狀況、親子互動與依附風格之相關研究。國

立屏東師範學院心理輔導教育研究所碩士論文。

莊耀嘉（1999）。家庭中人際互動結構與運作模式。本土心理學研究，12，3-46。

許桂華（1998）。父母獲取順從策略及其影響因素之質性研究。教育心理學報，30(1)，195-220。

陳立人（1994）。國小五、六年級學童之親子關係適應、班級人際關係與自我概念之相關研究。臺南師院學生學刊，15，1-18。

陳奎憙（2001）。教育社會學導論。臺北：師大書苑。

陳淑雯（2002）。親子共讀團體輔導對健康家庭、親子關係和家庭氣氛輔導效果之研究。國立屏東師範學院教育心理與輔導學系碩士論文。

葉光輝（1997）。親子互動的困境與衝突及其因應方式。民族學研究所集刊，82，65-114。

劉慈惠（1999）。幼兒母親對中國傳統教養與現代教養的認知。新竹師院學報，12，311-345。

鄭瓊月（2003）。我國大學成人教育功能轉變的社會學分析，輯於教育部2003國際成人教育研討會論文，集中正大學成人暨繼續教育研究所印行。

蘇建文（1991）。發展心理學。臺北：心理。

蘇建文、黃迺毓（1999）。幼兒與母親間依附關係與其學校社會能力表現之研究。國立臺灣師範大學教育心理與教育心理學報，26，23-51。

二、英文部分

Ainsworth, M. D. S., Blehar, M. C., Waters, E., & Will. S. (1978). *Patterns of attachment: Observations in the strange situation and home*. Hillsdale, N.J.: Erlbaum.

Baumrind, D. (1967). Child care practices anteceding three patterns of preschool behavior. *Genetic Psychology Monographs*, 75, 43-88.

Baumrind, D. (1971). Current patterns of parental authority. *Developmental Psy-*

chology Monographs, 4(1), 2.

Becker, W. C. (1964). Consequences of different kinds of parental discipline. In M, I. Hoffman & L. W. Hoffman (Eds). *Review of child development research* (Vol. l). NY: Russel Sage Foundation.

Burgess, E. S., & Ladd, G. W. (2001). Peer rejection as an antecedent of young children's school adjustment: An examination of mediating processes. *Developmental Psychology*, 37(4), 550-560.

Connell, C. M., & Prinz, R. J. (2002). The impact of childcare and parent-child interactions on school readiness and social skills development for low-income African American children. *Journal of School Psychology,* 40(2), 177-193.

Crouter, A. C., McHale, S. M. & Bartko, W. T. (1993). Gender as an organizing feature in parent-child relationships. *Journal of Social Issues*, 49(3), 161-174.

Elder, G. H. (1962). Structual variation in the childrearing practice. *Sociometry,* 25, 241-262.

Green, R., & Werner, P. D. (1996). Intrusiveness and closeness-caregiving : Rethinking the concept of family "Enmeshment". *Family Process*, 35(2), 115-136.

Howard, B. J. (1996). Advising parents on discipline : What works. *Pediatric*, 98(2), 809-815.

Jacobs, L. (1987). *Cultural difference or disability: Redefining the experience of four hmong students*. Annual Meeting of the National Association for Bilingual Education.

Karen, E. C. & Gary, W. L. (2000). Connectedness and autonomy support in parent-child relationships : Link to children's socioemotional orientation and peer relationships. *Developmentl Psychology*, 36(4), 485-498.

Minuchin, S. (1974). *Family & family therapy*. Cambridge, MA : Harvard University Press.

Minuchin, P. (1985). Families and individual development : Provocations from the field of family therapy. *Child Development*, 56, 289-302.

Palan, K. M. (1998). Relationships between family communication and consumer activities of adolescent: An exploratory study. *Journal of Marketing Science,* 26(4), 338-349.

Peter, N. & Bernd, P. (1999). Differential trajectories of parent-child relationships and psychosocial adjustment in adolescents. *Journal of Adolescence*, 22, 795-804.

Schaffer, H. R. (1977). Early interactive development, in H. R. Schaffer (Ed), *Studies in Mother-Infant Interaction*. NY : Academic Press.

Stafford, L. & Bayer, C. L. (1993). *Interaction between parents and children*. Sage Publications.

Thompson, R. W. & Others (1992). *Multiple effects of Boys Town's parent training program: Initial result*. Eric Document Reproduction Service NO. ED 352 572.

White, F. A. (1996). Parent-adolescent communication and adolescent decision-making. *Journal of Family Studies*, 2, 41-56.

Williams, W. C. (1958). The PALS Tests: A technique for childrento evaluate both parents. *Journal of Consulting Psychology*, 22(6), 487-495.

第八章

遊戲與幼兒社會行為

李鴻章

一、遊戲的意義與內涵

㈠ 遊戲的意義

基督教教義中闡述——「人唯有在工作完成之後才能遊戲」，這樣的觀念和我國儒家傳統社會價值觀——「業精於勤而荒於嬉」的精神不謀而合。在我國歷史上，宋朝理學學派程頤、程顥與朱熹等人，對於幼兒教育主張要嚴加管教，也影響到中國教育與社會甚鉅（廖信達，2003）。因而在中國傳統文化中，「玩」、「樂」等一般語辭常被視為負面的。

若從國外的歷史來看，遊戲的理論可以溯源到柏拉圖（Plato）和亞里斯多德（Aristotle）（吳幸玲，2011）。Plato 與 Aristotle 都著重在遊戲的實用意義，視幼兒遊戲為一種學習活動，此活動將會實現成人所期望的角色。在歷史上給予遊戲較高評價的，應該始於盧梭（Rousseau），他把遊戲視為原始高貴的表現方式，兒童應該發揮這樣的特性。

早期的教育學家像康米紐斯（Comenius, 1592-1670）、培斯塔洛齊（Pestalozzi, 1782-1827）、福祿貝爾（Froebel, 1782-1852）、蒙特梭利（Montessori, 1870-1952）等學者也都強調遊戲的重要性，甚至認為遊戲就是兒童的工作。這些遊戲的重要性已被許多教育學家肯定，但學者對於遊戲的定義歧見仍大。雖然遊戲不像一些社會學的研究變項艱澀難懂，如教育期望、教育機會均等、貧窮等抽象性概念，它是較容易觀察與測量的，但檢視各學派或學者對遊戲的定義後發現，它們對遊戲定義眾說紛紜。本文的重點不在對遊戲做詳細的定義介紹與分類，而是著重在社會文化脈絡與遊戲的關係，以及遊戲對幼兒社會行

為之影響，但每一種遊戲定義即代表著不同理論的立場，而早期的遊戲理論又是現在理論的基礎。因此，對於遊戲的理論仍有必要加以簡要概述，以下就試著大略描述其主要學說與特徵。

「精力過剩說」認為，兒童不用每日參與生存的活動，因而遊戲可讓他們消耗過剩的精力，史賓塞（Spencer）即認為，個體的精力是消耗在工作與遊戲當中。但如此的解釋並無法說明兒童在精疲力竭時，仍玩得渾然忘我這樣的情境。

「複演說」認為，兒童在遊戲中像是正在練習前人的活動，重演人類行為進化的過程。例如：兒童玩積木是在建築房子；喜歡爬樹跟人類祖先類似猿猴有關。此外，霍爾（Hall）提出人類個體的發展過程，就像是由低等動物演化成高等動物的歷程，幼兒遊戲的階段性就好像人類進化一樣，留下沒有被淘汰的遊戲，如此的觀念亦好像達爾文（Darwin）的物競天擇一樣。但目前遊戲中，雷射槍與電腦遊戲等並不是古代經驗的複演，是常被批評的部分。

「本能練習說」認為，遊戲是為成人生活做準備，雖然這種本能是遺傳而來，但還是必須靠後天練習才會純熟。基於這種觀念，遊戲被視為是一種發展日後生活不可或缺的活動，甚至是一種未來生活的準備。但批評者認為，遊戲中的兒童並不會在意遊戲將來對他們有何益處。

「鬆弛說」為拉乍拉斯（Lazarus）所倡導，他認為單調的工作做太久之後，需要遊戲來調劑轉換，這種調劑與轉換的方式，可以用睡眠或遊戲來補充。此外，遊戲可讓人消除疲勞，獲得暫時的放鬆，但兒童有什麼疲勞好放鬆，這是批評者攻擊的焦點。

上述屬於傳統學派對遊戲的看法，大都視遊戲為幼兒對大人世界的模仿，以及適應社會情境的準備活動。而目前對於遊戲相關理論或研究，大都來自於人類學或心理學的研究（Rubin, Fein, & Vandenberg, 1983），現代的心理學或人類學是如何看待遊戲呢？以下進一步說明。

現代心理學派之一的「心理分析論」認為，遊戲是一種嘗試，是追求快樂的，是為了滿足欲望、解決衝突、發洩不愉快的經驗或情緒。遊戲可以讓兒童拋開現實情境所造成的不愉快，從一種被動的、不舒服的角色轉移。此外，佛洛伊德（Frued）也解釋，幼兒的遊戲主要是受唯樂主義所控制，它可以從遊戲過程中得到快樂、實現願望。例如：幼兒可以從遊戲過程中扮演自己期望的角色，就像老師、護士等等。但有學者認為，此派的觀點太過於主觀的詮釋遊戲。

「認知發展論」則認為，遊戲的類別不但可以當作認知發展指標，也是兒童藉此瞭解他們自身的經驗與發展的做法，是認識外在事物的方式之一。因此，若從心理學角度言之，遊戲是一種社會學習；若從社會學的角度論之，這是一種幼兒社會化活動，是一種社會結構與社會價值觀的展現；若從教育學的面向而言，幼兒遊戲是具有學習與適應的功能。

詹棟樑（1994）參照 Langeveld 的論述，認為兒童的世界就是學習的世界，而這種學習具有開放、無拘無束與創造的意義；亦即兒童的學習是應該在一種共同的生活下，能自由自在的嘗試各種想法，也能透過遊戲來創造遊戲。若從此觀念出發，幼兒的遊戲應該是無拘無束的、自由開放的徜徉在自己的生活世界中，從遊戲中去獲得具體的學習經驗，從遊戲中去享受遊戲的美好與滿足。所以喜歡遊戲是幼兒的天性，對幼兒來說，遊戲就是他的生活、他的活動、或者是他生活的重心。

至於遊戲的意義是什麼？其實很難回答。遊戲是工作、學習、玩樂、還是探索？其實幼兒不會在意的，他們只要自由地、無拘無束的徜徉在他們自己營造的世界、幻想的世界裡，享受與人、玩具之間的互動，從中獲得最大的滿足（吳幸玲、郭靜晃，2003），這也許就是遊戲了。而本文亦採用較為通俗的講法，只要合乎下列遊戲的特徵（例如：遊戲是發自內在動機、是一種自由選擇的、是快樂的等遊戲內涵），都

視爲是遊戲。

8

表 8-1　遊戲、工作與探索的區別

	遊　戲	工　作	探　索
動機	自發的、天生的	強調的是外在動機有計畫	可有可無
時間	發生在探索之後	固定的	先發生
情境	較爲熟悉	熟悉的情境	陌生的情境
目標	無設定、創造刺激	有目標，如賺錢、成功等	獲得精神或物質滿足
過程	愉悅的充滿想像性	不一定、強調實際的	嚴肅居多
結果	活動本身就是結果	結果是重要的	強調結果的發現
本質	週末或工作之後	辦公時間	工作之餘
行爲	富有變化	較有一定程序	固定

㈡ 遊戲的內涵

本部分主要從遊戲所具備的特徵、所表現出來的形式來說明。

1. 遊戲所具備的特徵

一個幼兒活動要稱爲遊戲，一定要涵蓋有下列五個概念（潘慧玲，1995；Rubin, Fein, & Vandenberg, 1983）：

⑴ 遊戲是內在動機所引發的行爲，歷程中會得到某些方面的滿足，也會表現出一種愉悅的狀態

遊戲是一種內在動機的展現，只要參與就會有某種程度的滿足感。他可以隨時隨地在他想玩的時候就玩自己喜歡的遊戲。換句話說，遊戲就是想要遊戲，沒有其他的目的。

⑵ 幼兒可以自由選擇，重視的是遊戲本身而不是結果

幼兒本身可以自由選擇要玩或不玩，若是被迫或者在不情願的情境

下參與，這樣的活動就可能不被稱為是遊戲。而且在遊戲過程中，可以隨時改變其原本之目的，幼兒不在乎玩出什麼結果或者學到什麼。

⑶ 遊戲一定要好玩的、有趣的

幼兒可以享受這種好玩的經驗，並且可以從他們表現出快樂與高興的神情中體會出來。就像有時玩雲霄飛車的活動時，幼兒會表現出不安與恐懼，但這是對刺激當時的立即反應，幼兒在看待這些遊戲活動時，仍覺得相當有趣。

⑷ 重視行為而非文字的，不受外在規範的限制

遊戲雖然有許多規則，但遊戲過程可以包含某些規則的調整，讓遊戲者更加有興致；也就是外在的規範可以依當時的情境加以修改，讓過程更好玩，更符合遊戲者的意思。

⑸ 幼兒是主動的

遊戲者在心理上或生理上，都應該是主動參與的、全心全力。幼兒可以自由自在的選擇，這與成人要求幼兒完成的工作是有所不同。

換言之，遊戲是讓幼兒理解這個大千世界的管道之一。幼兒認識這個世界，是從其感官經驗開始，無論是從其所接觸的各種事物，或者是來自於其想像的世界。我們可以這麼說，遊戲是重視過程、方式而輕忽目的與結果；遊戲的目的不是一成不變，它的玩法可隨時改變。其次，遊戲是具有正向的情感，它通常代表著歡笑、有趣、好玩的，而且遊戲是主動參與的，其他如被動的、消極的旁觀行為，或者是無所事事的行為都不能算是遊戲。此外，幼兒遊戲著重在自我，是製造刺激與有趣，而不是著重在獲得訊息或取得某些資訊。最後，遊戲的本質是內發的、自我產生的，是不受某些需求所控制（例如：飢餓或口渴），也較不會受到財富等外在因素來引發。

8

2. 遊戲的形式

幼兒遊戲是可以隨時隨地產生的，它可能在自家的客廳、臥房、庭院、大樹下，或者在巷道、公園、學校、田野等各式各樣的地方（廖信達，2003）。在人數方面，它可以單獨玩耍、互相取悅、三三兩兩、三五成群、或者是呼朋結黨的玩在一起，可以不拘形式、不限人數。在遊戲的取材方面，它可能來自於泥土、黏土、積木、樹葉、紙牌、彈珠，或者是鐵罐、捉迷藏、盪鞦韆等。

除了遊戲所具備的特徵外，接下來我們來說明各類遊戲的形式。皮亞傑（Piaget）依認知發展，將兒童遊戲分為三個階段：第一階段為「功能性遊戲」，是屬於無目的、無主題的自發性活動，通常又稱為「感覺遊戲」、「練習遊戲」。第二階段為「象徵性遊戲」，是一種虛構性的、想像性的遊戲，又稱為「戲劇性遊戲」或「想像遊戲」，例如：扮家家酒。第三個階段為「規則性遊戲」，此階段的遊戲是具有規則性的、共同合作的，例如：下棋、打球等。後來，史密蘭斯基（Smilansky）根據 Piaget 的遊戲發展分期，將象徵性遊戲又分為「建構遊戲」與「戲劇遊戲」，因而其遊戲分為「功能性遊戲」、「建構遊戲」、「戲劇遊戲」與「規則遊戲」等四大類。

所謂「功能性遊戲」是一種自發性的練習活動，一般來講大約發生在 0～2 歲左右，在 2 歲時達到高峰，然後會逐漸減少，例如：幼兒的跑、跳活動均屬之。

「建構遊戲」則是透過組織物品或創造而獲得快樂的遊戲，通常與畫畫、積木及黏土等有關。畫畫除了可以讓幼兒抒發感情外，綜合視覺、觸覺、肢體動作等刺激，是一種不錯的創造性遊戲；積木遊戲是幼兒常見的遊戲形式，它提供給幼兒觀察、創造與學習的機會，甚至從遊戲過程中體會到成就感與滿足感；黏土則是最有觸感的遊戲材料，不只

提供幼兒發洩的管道，也提供幼兒創造的題材。

「戲劇遊戲」則會隨著遊戲者的年齡不同而產生變化，而且幼兒會在遊戲當中扮演不同的角色，也可能會因為模仿他人動作、語言而感到快樂，這類型的遊戲以辦家家酒為代表。

至於「規則遊戲」是指遊戲過程必須遵守一些規則，且必須相互合作才能完成。一般而言，玩跳棋、打棒球是規則遊戲的主要型態，大致在5、6歲時開始出現。整個遊戲發展順序大致依「功能性遊戲」到「建構遊戲」到「戲劇遊戲」到「規則遊戲」。

二、遊戲與幼兒社會認知的歷程

幼兒成長過程中，一定會面臨到三種不同的經驗。一種是幼兒對自然界的經驗（如太陽升起來、鳥兒在天上飛）、一種是人際互動的經驗（如互相幫忙、覺得別人很不錯）、另一種是自己的經驗世界（如發現自己的優缺點）。家庭與學校可以提供幼兒認識這三種經驗的機會，而遊戲也是能讓幼兒經驗這三種機會的活動。幼兒透過與他人互動過程中，逐漸瞭解自己與這個世界，以及他們在這個世界中所應該扮演的角色。例如：幼兒與他人在遊戲過程中，會從其他幼兒對自己評論中逐漸建立自我，如「笨死了，連這個也不會」、「好厲害哦！好聰明哦！」這樣的自我概念，也會無形影響其在遊戲互動過程中的表現方式與其社會認知。

其次，社會認知即是幼兒的角色取代（role-taking）能力或觀點取代（perspective-taking）能力。這種社會認知，當然包括瞭解他人感受、期望、想法等能力。Piaget即認為，角色扮演遊戲能幫助幼兒去中心化，因而能增加兒童對角色的認知。根據有關研究發現，經常從事單

獨遊戲的幼兒，在進入國小低年級時，經常被教師評定為社會能力不佳的幼兒。因此，多數研究指出，遊戲（尤其是社會扮演遊戲）與幼兒角色取代能力有顯著的正相關存在（廖信達，2003）。

事實上，幼兒遊戲也反應了文化價值觀。就如同我們看到 5、60年代兒童玩的彈珠與紙牌，現代幼兒玩的電腦遊戲一樣，反映了我國文化脈絡演進架構，特別是社會變遷過程中，華人父母的教養觀，以及社會經濟因素所呈現的脈絡。現代對遊戲的研究，也大多肯定遊戲對幼兒社會認知的正面影響。以下分別就各學派的遊戲觀點對幼兒社會認知的影響加以敘述。

㈠ 心理分析學派

著名的心理學家佛洛伊德（Freud, 1856-1939）認為，遊戲給小孩子一種擁有權力的幻覺，讓幼兒減少某種程度的焦慮。例如：藉由玩積木的過程中，提供幼兒自主操控與支配的權力感；或者玩扮家家酒遊戲，藉由處罰洋娃娃的過程，可以減低被父母處罰的焦慮感，達到幼兒角色互換的目的。

艾里克森（Erikson, 1902-1994）的論點也反映了心理分析學派對遊戲的看法。他認為幼兒在遊戲過程中，也發展出幼兒的社交技巧，同時亦讓幼兒建立了自我功能。幼兒在每個階段中，都會融入一些新的、複雜的遊戲意義在裡面。因此，心理分析學派認為遊戲是幼兒內在或情感生活的投射。

總而言之，心理分析學派認為遊戲的功能是要維持與建立自我平衡，而娛樂原則扮演這重要的心理功能。

㈡ 認知發展學派

認知發展學派大師皮亞傑（Jean Piaget, 1896-1980）認為，人類

生存的首要本務即是適應環境；亦即個體爲了適應環境與生存，必須不斷的改變自己的心智結構，而這樣的改變，包含了同化與調適兩種。若根據 Piaget 的理論，遊戲應該是同化大於調適的活動，是加強之前所獲得的技巧，而不是以學習新的知識爲目的。雖然如此，它仍能強化幼兒面對這世界所需要的經驗。但 Piaget 對遊戲則採取較爲消極的觀點，認爲成人不宜主動介入幼兒的遊戲，這點受到不少人的批評，不過如此也提醒我們儘量考慮到幼兒能力，降低成人對幼兒的權威與指使。

維高斯基（Vygotsky, 1896-1934）認爲，要瞭解一個小孩子的發展，就必須在一個特定社會、歷史文化脈絡下去做完整的理解。Vygotsky 指出，除了內在的生理發展外，外在環境對心理的影響隨著年紀而逐漸具有影響力，可能發展區（zones of proximal development）這理論，即是再一次證明社會文化脈絡的重要。此理論認爲兒童獨自發展之能力與經過社會文化脈絡下的協助所表現的能力，這之間差異的區域即是可能發展區。

若從認知發展學派的觀點言之，遊戲與智力、保留概念、問題索解、或創造力之間具有重大的影響（潘慧玲，1995），甚至會在情緒調解中扮演重要的角色。首先，Vygotsky 的研究指出，象徵性的遊戲可以幫助幼兒抽象思考的能力，Piaget 也認爲遊戲可以幫助幼兒磨練其心智能力（郭靜晃，1994）。其次，Rubin、Fein 與 Vandenberg（1983）認爲幼兒在戲劇性的遊戲中，可以去除幼兒自我中心，強化其可逆性（revesibility）的思考。而布魯納（Bruner）也認爲，遊戲可以增加幼兒的選擇能力，進而能促進對於其解決問題的能力。

總而言之，遊戲的確可以促進幼兒社會認知發展能力，而這種有意義的影響，通常很少直接從過程瞭解，而是從與同伴遊戲過程中，透過觀察與學習而來。

三、遊戲與幼兒社會能力的發展

　　幼兒最早的社會場所是家庭，其次才是學校。在生長過程中，幼兒社會能力的發展是一直持續著，但只有在幼兒期，遊戲所扮演的重要性才會讓他人所重視。此外，隨著幼兒年齡的增長，其身體運動機能也逐漸成長，他需要有機會去練習這些能力，才能夠掌控這些技能（郭靜晃，1997）。

　　這種社會能力，即是一個人在社會，能有效的處理人際間問題的能力與技巧。在這樣的前提下，幼兒社會能力的研究通常都集中在如何發展其社會能力，以及在社會能力的發展過程中，遊戲所扮演的角色為何？一般而言，幼兒的社會能力會隨著年齡的增長而逐漸成熟。因此，就某個年齡層來說，互助合作行為也許還不具備，但對另一個年齡層而言，這樣的行為已經是正常的、大家都具備的。

　　有些學者把遊戲的發展分為多種階段，如 Piaget 把認知遊戲分為功能遊戲、象徵遊戲和規則遊戲等三類；Smilansky 把認知遊戲分為功能性遊戲、建構性遊戲、戲劇性遊戲與規則性遊戲等四種，Parten 把社會性遊戲分為無所事事行為、旁觀行為、單獨遊戲、平行遊戲、協同遊戲及合作遊戲等。但這些階段是人為的分法，並不是絕對的，而且有些遊戲可能包含多種階段，或者有些階段可能存在多種遊戲，甚至會因為個別差異而有所不同。

　　一般來說，遊戲提供了與年齡相近的同儕大量且長時間接觸機會，穩固的同儕關係較有助於發展出成熟的社會能力，甚至受到認同與互相合作的能力（Hughes, 2009）。幼兒時期的同伴關係會發展出重要的社會能力，因為同伴的關係基本上是平行的、雙向互動的，幼兒會彼此建立起自己的互動規則，發展出某些承諾與互相尊重。此外，幼兒社會

能力的發展並非獨立的,而是與其他發展(如認知發展、身體發展、道德發展等)皆有關聯。在有關遊戲與發展關係的研究結果中,獲得最為一致的認同即是遊戲與社會能力的關係(廖信達,2003)。以下即分別敘述不同年紀的幼兒,其遊戲與社會能力發展之關係。

㈠ 幼兒在 1 歲前的嬰兒期

嬰兒時期的探索和遊戲之間已經有不少文獻記載,事實上也是如此,嬰兒的行為是無法加以詳細區分,兩者可能相互影響。有研究已經發現,嬰兒與母親的互動已出現某些社會行為,如輪流、遵守規則、信任等。事實上,遊戲與社會能力或社會化之間的關係已經被肯定了。

其次,父母和幼兒間的身體遊戲可能在出生幾個月後就已經開始,然後慢慢在幼兒園階段達到高峰。有些學者的研究結果顯示,較受學校教師歡迎的小孩,其在家中常會與父母從事身體上的遊戲,尤其是幼兒的父親。因為親子間的身體遊戲,教導幼兒的不只是身體的控制,同時也教導幼兒去察覺別人的情緒,從別人面部表情與身體動作去理解別人的情緒狀態(Rubin, Fein, & Vandenberg, 1983)。畢竟,去解讀別人的情緒狀態,對於幼兒未來的社會互動是有幫助的。

此階段幼兒遊戲的重點集中在對身體上的探索。隨著自己身體上的發展與各種器官逐漸成熟,開始對自己有更深一層的認識。父母若能鼓勵幼兒從事創造性的探索或遊戲,將是幼兒健全發展的基礎,因為早期嬰兒遊戲對日後遊戲的社會性發展是非常重要的,是有助於其日後的運用。此外,這個時期最早的社會互動是微笑,父母對幼兒高興時的微笑回應,是喚起幼兒微笑互動的有效行為(吳幸玲,2011)。

㈡ 幼兒在 1 到 3 歲的自我遊戲期

此階段的幼兒開始會去探索其未知的世界,這包括玩具的使用。幼

8

兒會向其他同伴展示他所拿的玩具，邀請他們一起參與遊戲，或者對其他幼兒行為發表喜惡的簡單看法。他會慢慢從玩具中瞭解自己，從玩具操作中發覺樂趣，甚至與同儕互動上更具社會化，更具有社會技巧。

這階段的幼兒，在玩具的選擇上較為多樣，也更富想像能力，反映了幼兒心智功能逐漸增加。在與同儕的互動上也漸漸的頻繁，這當然慢慢包括一些不熟識的幼兒。這個階段的小朋友，也許會和諧的玩在一起，但有時候還是不會互相干擾對方（Klugman & Smilansky, 1994）。亦即幼兒會獨自在他的世界玩耍，或者偶有交集，即使旁邊有其他幼兒，但大部分的時間還是各玩各的，之後才慢慢在一起玩象徵性遊戲。

這個階段的幼兒也慢慢開始發展建構性遊戲，他們開始使用各種可塑性的物質如黏土、積木、沙土、水來完成他們想要達到的目的，並且隨著年齡越加成熟，其塑造技巧越熟練，其塑造的物體也越有創意。

一般而言，認知結構、社會結構與社會互動等均會影響到幼兒的發展，當幼兒慢慢成長時，他會創造出新的社會結構，這樣的社會結構也促進了他的認知發展。玩具的介入，使幼兒的社會結構變得複雜，如此也更提升其認知結構，因而，在選購玩具上就應更符合幼兒發展與能力，以提升其社會能力的發展。

㈢ 幼兒在幼兒園階段的人際互動期

此階段的幼兒，慢慢從身體上的遊戲、玩具上的遊戲，逐漸轉移到人際之間的遊戲活動。與同儕之間扮家家酒遊戲，扮演社會性角色，或者藉由彼此的互動與嬉鬧，瞭解到自己的存在，也明白自己在這社會上的重要地位，甚至認識所處社會的文化環境。

功能遊戲與個人扮演遊戲是 1 到 3 歲幼兒主要的遊戲方式，到了幼兒園階段會增加到社會群體的扮演遊戲，也就是我們所稱之的社會戲劇

遊戲。因為進入幼兒園後，幼兒在語言上的精進程度，很讓人驚奇，這些能力的發展對孩子社交能力的幫助很有助益，因為它能讓溝通更有效率。

除此之外，這個階段的幼兒，對戲劇性遊戲非常有興趣，他們有機會可以在角色扮演中去模仿成人中的角色。此外，因為需要與他人扮演好彼此角色，因此需要與其他幼兒互助合作，也因為如此，漸漸懂得與他人分享、不在那麼自我中心，甚至願意與其他同儕合作或退讓。在這過程中，戲劇性遊戲不但可以讓幼兒在角色扮演過程中，理解他人的角色，也可藉由觀察、溝通與合作，促進幼兒認知的發展，甚至藉由戲劇活動，讓幼兒經歷不同的角色，使幼兒對不同角色有更進一步的認識，讓遊戲擁有社會化的價值（Kostelnik, Whiren, Soderman, Gregory, & Stein, 2005）。因此，戲劇類的遊戲活動是最能幫助幼兒認知發展的幾個遊戲之一（Rubin, Fein, & Vandenberg, 1983）。

「合作」是這個時期慢慢學會的能力，幼兒在遊戲中已漸漸學習到成人世界的規則（Hughes, 2009）。幼兒不只在此類的活動中表現出合作的態度，甚至可以類化到其他的社會互動行為。而且，遊戲和語言發展一樣，幼兒參與社會戲劇的遊戲活動，他們可以學習輪流、分享、溝通等社會技巧，這樣的學習機會，若按社會學的面向論之，也是社會化的方式之一。此外，此種社會戲劇遊戲，幼兒可藉由角色扮演的活動，去除自我中心觀念，學習站在別人的立場去思考問題，也就是培養幼童角色取代的能力。

總而言之，幼兒年紀越大，其遊戲越社會化，就像 Klugman 與 Smilansky（1994）認為幼兒玩模仿或扮演遊戲，非常有可能提供他們獨一無二的豐富成長機會，以及為他們打下學業成就的基礎。遊戲可以提升幼兒的智力發展與社交能力，甚至被認為是一種主要管道之一。它可以讓幼兒實際去接觸多種刺激，藉由這種活動讓幼兒在分類、歸納、

概念等能力上獲得發展（Klugman & Smilansky, 1994）。縱然是幼兒間不同意見的衝突，也會促使孩子去思考別人的看法，迫使幼兒自己瞭解不能任何事都以自我為中心。

四、社會文化脈絡下的幼兒遊戲

從教育人類學的觀點看待遊戲，則可發現遊戲是幼兒成長過程中的一種生活教育，就像人類學家 Fortes（1970）的一篇兒童遊戲觀察研究中所顯示的：西非洲 Taleland 部落中，它是個沒有正式學校組織的傳統部落，兒童在日常生活透過各種狩獵、祭祀、耕種、婚姻、扮家家酒等遊戲，很自然的傳承未來的性別角色、生活職責、宗教儀式與社會生活。因此，在 Taleland 地區，遊戲是一種部落傳承文化與習俗的重要管道。

就如同認知發展一樣，遊戲的發展也遵循一種順序而沒有改變。一個幼兒其遊戲內容與在遊戲的發展速度，多少受到他所處的特定社會文化脈絡所影響（江麗莉等譯，1997）。雖然遊戲是世界性的，但幼兒遊戲類型與遊戲規則，可能因不同文化而有不同的玩法。例如：較原始的社會也許用不到計謀遊戲，但複雜的社會，常常可見這種型態的遊戲。所謂計謀遊戲，是輸贏由許多選擇方案中正確抉擇所決定，例如：走迷宮即是一種計謀遊戲。

一般而言，同樣的地區，在不同時空背景下的幼兒，其遊戲也會有所不同。例如：4、50 年代的幼兒，其遊戲材料以自然取材居多，奶粉罐裡的咚咚聲、木麻黃針狀樹葉的公母抽籤遊戲即為代表；90 年代玩具，大都由塑膠製品所取代，聲光科技類的玩具越來越多。此外，同一時間，在不同地區文化下，其遊戲型態也有所不同，例如：日本幼兒喜

歡「魔法 DoReMi」中的三位小女孩，而美國幼兒喜歡芭比娃娃。

其次，人類學家與其他研究不同文化遊戲的學者發現，遊戲類型與社會規範、社會價值觀不同而呈現出差異（江麗莉等譯，1997）；亦即，遊戲具有文化差異與社會階層差異。例如：Smilansky 在 1968 年針對以色列中社經地位與低社經地位的 3～6 歲幼兒，在遊戲類別的研究結果顯示，低社經地位下的幼兒較少從事社會戲劇性的遊戲，作者認為社會階層的差異比文化差異更是影響幼兒從事想像性遊戲的主要原因（江麗莉等譯，1997）。而且在 Smilansky 的研究結果顯示，高社經地位與低社經地位的幼兒其遊戲型態間有顯著的不同（Klugman & Smilansky, 1994）。高社經地位的幼兒，其參與度較高、多採用共同參與的方式，對於玩具較不依賴，偏重沒有組織的材料，甚至遊戲的持續度與語言的溝通均顯著高於低社經地位的幼兒。

而在所有背景變項中，父母的教育程度是唯一重要且變化不定的背景因素，它關係到兒童遊戲的層次（Klugman & Smilansky, 1994）。如果父母教育程度不高，幼兒從事想像力遊戲的機會就比較不多，然而這類遊戲卻是幼兒較喜歡的遊戲。

此外，幼兒遊戲中性別角色的議題也是一個有趣的面向。例如：有學者認為，早在 1 歲多時，即可看出幼兒在玩玩具的性別角色差異（Ollhoff & Ollhoff, 2004）。1 歲多的女幼兒，較依賴、也較少出現冒險的行為，她們的遊戲型態也較為安靜；男幼童則是較獨立、較冒險，在遊戲過程中較傾向跑與跳（江麗莉等譯，1997）。幼兒園階段的男幼兒，較喜歡交通工具或操作性的玩具；而女幼童則喜歡廚房用具、裝扮工具。雖然我們沒有很多證據證明，大部分幼兒遊戲行為的性別差異是來自社會化的結果，而不是出自於生物性或者其他面向，但父母親的確會因為其性別刻板的不同，而給予不同性別幼兒不同的玩具，甚至在言語上以較多的強化或增強，如此的選擇性，的確會強化性別刻板角色。

8

　　而由於社會的變遷、工業技術的進步，直接或間接的影響到社會，也帶給幼兒教育領域一些新的議題，例如：視聽傳播媒體的正負面影響。就像許多專家學者認為，視聽傳播媒體對幼兒在學習與發展上有許多正面的幫助，不論在正式或非正式的場合，可以幫助孩子社會化，或運用在教育學習上。但若讓孩子過度使用視聽傳播媒體，或讓視聽傳播媒體來代替幼兒遊戲，反而會對幼兒造成不良影響。電視就是所有視聽傳播媒體影響力最大的一種，幾乎所有的家庭都會擁有電視，甚至有不少的家庭都會擁有錄放影機或 DVD。這樣的視聽傳播媒體會讓幼兒被動的接受娛樂，如此不但會對幼兒視力造成影響，甚至會剝奪幼兒遊戲時間、親子互動機會，或者學習電視情節中有關暴力與色情行為。

　　也由於社會的變遷、科學技術的進步、教育的普及與婦女教育程度的提升，婦女投入職場的比率越來越高，父母雙方均外出工作，使得大部分的幼兒都被送到幼兒園或托兒所接受學前教育，幼兒園與托兒所已經成為當今幼兒度過童年的一個重要場所。這些原本可能在家裡、庭院、田間嬉戲的幼兒，被送到幼兒園或托兒所接受半天或全天的團體生活，和教師以及其他幼兒度過人生初期的童年生活（黃瑞琴，2002）。

　　最後，社會的變遷導致幼兒對於遊戲及同儕關係形成重大的影響。人口的增多導致建築物不斷的擴建，剝奪過去作為幼兒遊戲的場所，而汽車的普及與車輛的增加，也使得過去以馬路作為遊戲場所的幼兒喪失某些遊戲場。房屋與車輛的快速增加，意味著嬉鬧追逐的活動空間逐漸減少，現在父母將幼兒侷限在某些固定與狹窄的領域遊戲。同儕關係也因社會變遷之後產生顯著的變化，過去社會的幼兒遊戲團體可能包括不同年齡、不同大小的幼兒與兒童，現在的玩伴大部分都是家中不多的兄弟姊妹，或者是比較要好的同班同學，減少了先前遊戲團體那種主動參與與自主的成分。

五、遊戲與幼兒教育的關係

教育的功能在促使人類行為產生改變，而改變的過程可以在有壓力的情況下進行，也可以在無壓力的遊戲中改變。如果要達到教育遊戲化、遊戲教育化的目標，我們就有必要瞭解「遊戲」，以配合幼兒的發展與需要，如此才能達到教育目的，也能讓幼兒獲得最大的滿足。

通常，在一個特定的社會文化脈絡下，教育不僅可以提供幼兒發展的各種材料，而且可以幫助幼兒達到他們應該可以發展的潛能，這樣的論點，亦可說明幼兒教育的重要性，因為一個幼兒教育工作者，可以在一個特定的社會文化脈絡下，對幼兒產生不同的影響，幫助他們發展社會認知與能力。就像有學者指出，遊戲早已是幼兒教育的重心所在，遊戲能夠提升幼兒在語言、數學、科學、藝術等領域的學習成效（Van Hoorn, Nourat, Scales, & Alward, 2010）。例如：有研究證實，遊戲與閱讀能力有關聯，在戲劇遊戲中可以透過聲音、閱讀與對話中，傳達出幼兒的表達、溝通能力與抽象思考的能力。

此外，研究結果也發現，教導幼兒如何遊戲是可以提升幼兒遊戲的品質，以及問題解決能力（江麗莉等譯，1997），也就是成人的介入會影響幼兒的遊戲，且正面的改變幼兒的各種發展。因此，教育工作者若能在準備遊戲時考慮到幼兒的年齡、考慮到遊戲參與者是哪些人，以及自己介入的角色是什麼，如此將提升幼兒遊戲的品質。

遊戲與教育的定義雖然不同，甚至是相對的，但兩者的目標應該是相輔相成的，都是期望幫助幼兒有所成長與發展。也許教育的過程可以像遊戲一樣是愉悅的，可以讓幼兒發自內心的主動參與，或者是用遊戲的方式達到教育的目的，如此，即是一個理想的境界，所謂「寓教於樂」即是如此。

8

　　不過遊戲雖然有太多令人滿意豐富過程與學習效果，但還是需要有大人充分的準備才會促成高教育性或社會性遊戲的產生。因此，幼教專業工作者應該注意到什麼遊戲適合怎樣的年齡、什麼年齡的幼兒喜歡怎樣的活動，如此才會讓遊戲更具建設性的效果。畢竟，自發性的遊戲若有教師的指導，那遊戲對幼兒整體發展將會有所幫助。

　　雖然幼兒會因為年齡的增長，對喜好的遊戲類型有所改變，但喜歡遊戲是幼兒的天性，甚至是人類的天性。這樣的遊戲是幼兒發自內心的選擇、主動參與的、沒有固定模式的行為。我們要思考的是如何幫助幼兒從遊戲中獲得最佳的幫助？要做到如此，就必須瞭解幼兒生理與心理的發展，以及遊戲的類型、功能與影響，也唯有如此，才能提升幼兒的遊戲行為。

　　以下是幾個對幼兒教育與遊戲要彼此相得益彰、相輔相成的幾個建議，茲分述如下：

㈠ 對幼兒來說，遊戲具有重要功能的觀念必須推廣

　　在實際的生活情境中，成人對孩子的未來感到憂心，因而會為幼兒精心安排一連串的學習計畫。因為如此，當成人生活壓力或價值觀逐漸入侵幼兒遊戲世界時，縮短幼兒「遊戲」時間將是必要的選擇。其次，多數家長並不看重他們自己或孩子們生活當中的遊戲，甚至以工作世界中的標準來看待孩子，處心積慮的為孩子的將來做準備。幼兒教育工作者也因應家長的需求，常要求幼兒不准在「課堂」中玩，常用紙筆的作業或知識的啟迪取代遊戲，係因父母所感興趣的是為幼兒下一個階段做好準備、奠定基礎。要說服幼兒家長說遊戲是兒童最重要的工作，或者是遊戲能幫助孩童各方面的發展這樣的觀念，可能還需要一些時日。

　　「不要讓孩子輸在起跑點」這樣的論調，往往犧牲的活動就是幼兒的遊戲。在現今的概念中，遊戲並非是最好的選擇，因為幼兒有無限的

吸收能力，若能加速幼兒腦力的開發，將奠定幼兒未來發展的基礎；但另一派學者認為，「孩子的童年只有一次」，不要等到幼兒長大成人，才發現他的童年一片空白，要社會化容易，但要反璞歸真較困難。

因此，我們有必要瞭解的是，成人的參與就是對幼兒遊戲無形的贊同（廖信達，2003）。因為幼兒察覺到成人對遊戲也有興趣時，他會無形中肯定遊戲的價值，也會覺得自己的重要性。幼兒應該被允許去玩他們喜歡玩的遊戲，如此，他們會覺得玩這樣的遊戲很有成就感，也許他們無法表達出他們的感覺，但他們可以從過程中去享受這樣的快感。

㈡ 遊戲時間、空間與其他問題必須受到注意

吳幸玲（2011）認為，若是遊戲可以被安排，那幼教專業工作者就必須扮演布置環境、指導方向等角色。布置安全與簡單的教室情境，以及隨時補充新教材，會讓幼兒很容易的喜歡遊戲。或者簡單的改變教室設備的位置，鼓勵幼兒之間的互動。教師或大人在確定遊戲環境安全的情況下，儘量讓幼兒去探索與遊戲，以便增加幼兒的社會性技巧。

其次，幼兒與教師的比例，或者是空間的大小也關乎遊戲品質的重要考量。一個教師要照顧多少幼兒？一個教室能容納多少幼兒？顯然時間問題是需要注意的、教室空間是需要規劃的。在教室中，有固定的作息活動，遊戲時間可能會被中途打擾或干涉。此外，若是課桌椅占據太多的空間的話，這樣的空間即會妨礙到幼兒自由活動與小團體活動。

一般而言，在幼兒教育過程中實施遊戲是輕而易舉的事情，而且有越來越多的實徵研究指出，遊戲對幼兒發展的重要性，舉凡促進手眼協調等感覺動作能力、語言學習等認知發展能力，或者是人際關係等社會互動能力。此外，幾乎幼教人員在其專業養成的過程中，或者在職訓練課程，均把遊戲視為課程的基礎（Klugman & Smilansky, 1994）。不過事實上，實務情境沒有理論上所發生的狀況，遊戲課程的實施仍然只

是一種「美麗的憧憬」，這方面還有待我們多努力。

(三) 幼兒師資培育機構必須謹慎看待遊戲課程

　　Bennett、Wood 與 Rogers（1997）等人發現，最成功的遊戲活動必須要有教師的介入，因為教師的介入可能會減少幼兒從事某些遊戲時的限制，進而有助於幼兒的學習。當老師具有對遊戲的正確期望，以及配合幼兒遊戲時，教師提供必要鷹架作用與必要資源，對幼兒的學習與遊戲將更有裨益。

　　這即是在說明幼教教師在幼兒遊戲過程的重要性。其次，幼教教師在幼兒課程中，不應再強調片段與結構化的說讀寫算等基礎技巧性的訓練，也不要以權威的角色要幼兒去配合某些常規或按表操課（廖信達，2003）。幼教教師應該四處走動觀察幼兒的遊戲過程，注意哪些幼兒在做哪些課程，哪些幼兒需要幫助，以及哪些幼兒需要指導。

　　其次，師資培育機構應加強幼教師對遊戲的認知。大部分時候，對於遊戲的選擇與規定都是由大人所決定，但有時候也可試著鬆手，讓幼兒選擇他們所要玩的遊戲。因為分享權力是一種很微妙的感覺，藉由專心聆聽、認真回答與解釋，會讓幼兒感覺到自己的重要性格與懂得尊重別人。

　　此外，幼兒會經過觀察與模仿來學習事物，幼兒會與他們的父母、老師、同儕，或者不認識的人遊戲，並從中觀察與學習。這些人也許是在公園裡遊戲，也許是在幼兒園中玩耍的人。有研究指出，幼兒最可能會去模仿他們認為最欣賞、最值得稱讚、最有權威、最尊敬、或被同儕接受的人，甚至是他們的行為（Dowd & Tierney, 2011）。因此，塑造優良幼教教師的典型就有其必要性。

㈣ 幼教專業工作者必須受到鼓勵與支持

雖然大多數的幼教教師肯定遊戲在課程中所扮演的重要地位，但是幼教教師採用最多的是督導與指導的活動，其次才是讓孩子自由的選擇遊戲（吳幸玲，2011）。其實幼教工作者的角色也是矛盾的，一方面他們認為遊戲對幼兒發展是重要的，一方面他們要配合家長的需求，多做一些紙筆性的練習與評量。從另一個角度而言，幼教工作者一方面認為讓兒童自由自在的遊戲是自然的、有益處的；但一方面，他又必須做好監督、管理、分配、指導的角色。亦即，他常會在兒童自主選擇與教師專業和權威中擺盪。他們是辛苦的，是需要家長適當的鼓勵，以及社會大眾對幼兒遊戲重要性的正確認知。

此外，私立幼兒園比例在我國幾乎占了七成左右，但幼教教師的流動率高也是棘手的問題。幼教教師有時受限於本身知能、有時受限於園方或家長需求，常會放棄遊戲課程而選擇「比較輕鬆」且容易控制的活動（Klugman & Smilansky, 1994），因而桌面上的活動即是教師常做的教室活動。鼓勵幼兒遊戲應該是一種讓家長都能接受的觀念，除了幼教老師之外，家長、社會大眾也都有其義務與責任。

參考文獻

一、中文部分

江麗莉等譯（1997）/Frost, J. L. （1992）。兒童遊戲與遊戲環境。臺北：五南。

吳幸玲（2011）。兒童遊戲與發展（第二版）。臺北：揚智。

吳幸玲、郭靜晃（2003）。兒童遊戲——遊戲發展的理論與實務。臺北：揚智。

郭靜晃（1994）。兒童遊戲發展。載於張欣戊等著，發展心理學（頁390-397）。臺北：空中大學。

郭靜晃（1997）。遊戲與教育。教育研究，58，7-23。

黃瑞琴（2002）。幼兒遊戲課程。臺北：心理。

詹棟樑（1994）。兒童人類學——兒童發展。臺北：五南。

廖信達（2003）。幼兒遊戲。臺北：啓英文化。

潘慧玲（1995）。幼兒發展與教育。臺北：師大書苑。

二、英文部分

Bennett, N., Wood, L., & Rogers, S. (1997). Teaching through play: A cross-sectional study of infant free play behavior. *Developmental Psychology*, *17*, 630-639.

Dowd, T. & Tierney, J. (2011). *Teaching social skills to youth* (2nd). Boystown, NE: Boys Town.

Fortes, M. (1970). Social and psychological aspects of education in Taleland. In J. Middleton (Ed.). *From child to adult: Studies in the anthropology of education* (pp.14-74). Austin, TX: University of Texas Press.

Hughes, F. P. (2009). *Children, play, and development*. Boston, MA: Allyn & Bacon.

Klugman, E. & Smilansky, S. (1994). *Children's play and learning: Perspectives and policy implications*. MA: Columbia University Press.

Kostelnik, M., Whiren, A., Soderman, A. K., Gregory, K., & Stein, L. C. (2005). *Guiding children's social development*. Albany, NY: Delmar.

Ollhoff, J. & Ollhoff, L. (2004). *Getting along: Teaching social skills to children and youth*. Eden Prairie, Minnesota: Sparrow.

Rubin, K. H., Fein, G. G., & Vandenberg, B. (1983). Play. In P. H. Mussen (Ed.), *Handbook of child psychology: Socialization, personality and social development* (4th ed.). (pp.695-774). New York: Wiley.

Van Hoorn, J., Nourat, P., Scales, B. & Alward, K. (2010). *Play at the center of the early childhood curriculum*. New York: Macmillan.

第九章

家庭型態與幼兒行為

曾火城

　　臺灣社會自 1987 年政治解嚴後，開始朝向民主、開放、多元、競爭的方向發展，加以資訊科技的發達，加速了各種知識與資訊的傳播，因此臺灣近年來的社會變遷可謂相當快速。而在臺灣社會變遷的過程中，家庭明顯地受到極大的衝擊，致使原有的家庭教育功能也產生極大的變化，例如：婦女投入職場，減少母子互動機會，也造成隔代教養的現象，影響親職教育的功效；又如，兩性平等、人權、性自主等觀念的普及，造成外遇、分居、離婚的比率大為增加，這種現象對家庭教育功能的發揮也帶來負面的影響……等，其他類似的情況尚多，不一而足。

　　根據許多研究顯示，家庭是影響個人成長、發展的重要場所，對幼兒而言更是如此，因為幼兒的可塑性大，且大部分時間都生活在家庭裡。本文旨在探討家庭型態與幼兒行為的關係，因限於篇幅，僅以單親與隔代家庭為探究對象，共分成四部分，其中，第一部分：單親家庭對幼兒的影響；第二部分：單親家庭的問題與調適策略；第三部分：隔代教養的意義、成因與相關問題；第四部分：隔代教養對幼兒的影響與補救之道。

一、單親家庭對幼兒的影響

　　隨著時代的變遷，單親家庭似有越來越形普遍的趨勢，雖然東方社會的單親家庭比例並不比西方社會高，但也有逐漸增加的現象，就我國的情況而言，根據行政院 1992 年的戶口普查資料顯示，臺灣地區單親戶數共有 53 萬 5 千餘戶，占總戶數的 10.85%，這樣的比例已比三十年前的傳統農業社會高出許多。

　　在現代的開放社會裡，家庭可能因為各種因素如離婚、分居、棄養、死亡、未婚懷孕等而造成單親現象，這些家庭由於成員結構的改

變，致使原來的家庭生活受到衝擊，也連帶影響家庭中的幼兒行為發展，值得吾人重視。以下首先論述單親家庭為何會影響幼兒發展，其次說明單親家庭對幼兒身心發展的影響概況。

㈠ 單親家庭為何會影響幼兒發展

一般而言，個人的身心發展主要受到遺傳、環境、成熟、學習等因素的影響，而家庭則是影響個人發展的重要環境，尤其父母更是影響子女發展的關鍵人物。在這樣的前提下，單親幼兒由於缺乏父親或母親的照顧、互動與指導，其身心發展難免受到或多或少的影響。有關這個問題，國內外學者大都持肯定的看法，至於其原因大致有下列幾項：（吳永裕，1996）

1. 家庭社經地位的影響

有關社會階層化（social stratification）的理論指出，低社經地位家庭的物質條件、家庭文化及家庭歷程均處於不利的情況，容易造成居住環境、語言運用及幼兒健康狀況、學習環境的不良問題，亦無法滿足幼兒成長、發展的基本需求。

單親家庭由於少了一位家長賺錢，或家長職業變動，需要重新另起爐灶，因此家庭的收入銳減，這對原屬中上社經地位的家庭而言，可能因為單親事件而變成低社經地位家庭，繼而影響幼兒的身心發展；對原屬低社經地位的家庭而言，則更是雪上加霜，非但家長會更為辛苦，對幼兒身心發展的影響亦將更為嚴重。

2. 性別角色的認同障礙

所謂認同，意指個人在社會情境中，模仿、內化他人行為方式、態度觀念、價值標準等的一種心理歷程。在家庭中，父母的各種觀念及言行，均是幼兒模仿、內化的主要對象，尤其是與幼兒同性別的父母，對

於幼兒的個性及行為發展更具有決定性的影響。

單親幼兒由於缺乏父或母，在性別角色的認同上可能會產生某種程度的障礙，這種立論已得到許多實證研究上的支持。不過亦有部分學者認為，單親幼兒缺乏一位認同楷模，並不一定會導致認同障礙，因為有些父母兼具男性化及女性化特質，一旦形成單親，仍可提供兩性化的認同楷模；另外，幼兒認同的對象，除了父母之外，尚包括其他家人、老師、公眾人物等，可彌補缺父或缺母在性別認同上的不足。

3.家庭承受壓力的增加

家庭壓力理論認為，壓力來源、家庭成員對壓力的解釋與調適能力，是構成家庭真正壓力的主要因素。單親家庭由於各種原因造成家庭結構改變、親子關係中斷、經濟收入銳減等，這對幼兒及其他家人都是一種極具壓力的經驗。

就幼兒而言，由於幼兒正處於依戀雙親的人生時期，形成單親之後，一方面就失去了安全的依附關係（attachment relation），尤其是失去母親，容易產生所謂分離的焦慮（separation anxiety）；另一方面，幼兒在與家人互動過程中由於家人在單親事件發生後，可能導致情緒轉變或疏於對幼兒的關懷，故亦從家人身上承受了比單親前更多的壓力，這些來自家庭內在壓力的增加，對幼兒的心理及社會發展均可能帶來負面的影響。值得注意的是，McLanahan（1985）的研究指出，形成單親時間的長或短、單親的不同原因如離婚、死亡、分居、未婚懷孕等，對於家人及幼兒所造成的壓力並不盡相同，足見家庭壓力對於幼兒身心發展的影響亦受到某些中介變項的影響。

4.家庭成員的適應不良

幼兒長期與家人生活在一起，如果家人對於單親事件的適應不佳，必然連帶影響幼兒的身心發展；而家庭成員對於單親事件的適應是否良

好，則主要與成員的心理特質、社會支持程度、家庭重組歷程等因素有關。

就家庭成員的心理特質而言，諸如成員的價值觀、挫折容忍力、情緒表達及對生活改變的知覺等，均會影響家庭成員對單親事件的適應情形。就社會支持而言，諸如社區對單親家庭的輔導措施、幼兒托育服務、及鄰居、親戚、朋友在經濟及情感上的支持等，亦為決定單親家庭成員能否適應的重要變項。就家庭重組歷程而言，包括親子溝通的強化、幼兒監護權的歸屬、離異家長衝突的處理、及繼親家庭的建立等，亦足以影響家庭成員的適應情形及幼兒的身心發展。

綜上可知，單親家庭的社經地位較為低落、幼兒缺乏適當的認同楷模、家庭承受較多的壓力、家庭成員的適應不良等因素、均可能使單親幼兒的身心發展受到負面的影響。不過這種負面影響並非是絕對的，「所謂危機可能也是一種轉機」，只要吾人能以正面的態度來看待單親家庭，並給予適當的社會支持，相信單親家庭對幼兒的負面影響將會降至最低，甚至可能因而養成幼兒獨立進取的處事態度，為自己創造了更美好的人生。

㈡ 單親家庭對幼兒身心發展的影響

如上所述，單親家庭由於家庭結構及發展條件的改變，致使家庭功能隨之改變，進而影響幼兒的身心發展。以下分別從認知、人格、情緒、生理等四方面，說明單親家庭對幼兒身心發展的影響概況。

1. 認知發展

個人的認知發展，主要包括智力與創造力等二方面，就智力而言，許多研究均證實，家庭的低社經地位、單親後的經濟收入減少、及缺少一位家長的關愛與文化刺激等，均可能阻礙幼兒的智力發展。不過仍有

些學者持不同的看法，認爲有許多天才在小時候都經歷單親事件。

至於創造力方面，多數的研究均認爲單親事件有利於幼兒的創造力發展，因爲幼兒可能經常想像失去父親或母親的形象，激發其高度的想像力；另外，單親幼兒面對單親事件的各種困擾或危機，亦可能激發其內在潛能。

2.人格發展

所謂人格（personality），係指個人在適應外在環境或事物時所顯示的獨特個性或身心特質。如前所述，單親家庭本身即已存在許多內在問題，加以社會外界常投以異樣眼光，因此單親幼兒容易產生挫折感及自我貶值，對自己失去信心，在團體生活中，時常擔心自己的表現無法符合團隊的需求。許多研究均指出，單親家庭對於幼兒自我觀念、生活適應等方面有其負面的影響；但也有部分研究卻得到不一樣的結論，例如：林美吟（1989）的研究表示，單親兒童的人格適應狀況並未明顯居於劣勢。

3.情緒發展

情緒是指個體受到某種刺激所產生的一種心理狀態，情緒對個體的行爲常產生干擾或促動作用，甚至會導致生理上的變化。單親幼兒受到家庭及社會壓力，容易引起情緒問題，諸如：焦慮、沮喪、冷漠、自卑、易怒、寂寞、悲傷、罪惡感等。

Spigelman et al.（1994）針對學前幼兒進行研究發現，父母離異的幼兒比完整家庭的幼兒有更多的情緒問題，因爲單親幼兒必須面對新的家庭結構、人際互動和忙碌、沮喪的父親或母親，甚至要與新的父親或母親生活在一起，導致幼兒容易失眠作惡夢、食慾減退，繼而產生各種情緒問題。

4.生理發展

　　心理健康與生理健康的關係極為密切，心理不健康的人，其社會適應力往往較差，無法進行正常的家庭和社會生活，終至影響其身體的健康。前述提及，單親幼兒由於缺乏適當的認同楷模，或家庭壓力的增加，容易產生人格適應、情緒發展等問題，這種現象直接影響幼兒的心理健康，間接則影響其生理發展。

　　另外，單親家庭的經濟條件、居家環境、衛生習慣等均可能比一般完整家庭為差，導致幼兒營養不良或容易生病，而損及身體健康。例如：許多實證研究指出，離婚家庭幼兒在 5 歲以後仍有多尿症或遺尿症的比率，比一般家庭的幼兒高出兩倍以上。

二、單親家庭的問題與調適策略

　　單親家庭主要由離婚、死亡、分居、未婚懷孕等因素所造成，不論原因為何，單親家庭都存在許多的內在問題，其中離婚則帶給家庭最大的衝擊。面對單親家庭的各種問題，除了單親家庭本身需作適當調適外，社會也有給予支援的必要。以下分成：㈠ 單親家庭中的內在問題；㈡ 單親家庭的調適與支援等二部分來做說明。

㈠ 單親家庭中的內在問題

　　單親家庭形成之後，其內在問題主要包括：1. 心理反應；2. 經濟支持；3. 親子關係；4. 子女照顧；5. 人際關係等五個方面，茲分別說明如下：

1. 心理反應方面

⑴ 單親家長的心理反應

通常離婚和死亡對於單親家長都會造成相當大的打擊，其中，離婚往往導因於不和諧的婚姻生活，因此單親家長容易被認爲是社會適應的失敗者，以致產生沮喪、自卑、焦慮、恐懼、內疚、寂寞、不幸福等心理反應，也可能有憂鬱症的傾向，或使用藥物及酒精自我麻痺，若壓力過大有時也會有輕生的念頭。至於因死亡而成爲鰥寡的單親家長，雖然不會有離婚者的失敗感，但仍會有悲傷、孤獨、頹喪、憂鬱等心理反應，如果是女性單親，有時容易被貼上「剋夫」的標籤，其情緒反應往往比男性單親更爲強烈，其對未來的恐懼也大於喪偶的男性。

⑵ 單親幼兒的心理反應

父母發生死亡、離婚等事件，子女亦容易產生強烈的心理反應，通常不同年齡的幼兒會有不同的反應狀況，例如：傅安求和史莉芳（1995）的研究指出，2歲半至3歲3個月的幼兒表現出如尿床、哭鬧等之退化行爲；3歲8個月至4歲8個月的幼兒表現出易怒、攻擊行爲、自我責備、迷惑等；5至6歲的幼兒表現出焦慮上升和攻擊行爲等。

另外，亦有學者認爲，幼兒面對父母離異的事實，會有排斥、難過、沮喪、憂鬱及對自己失望的心理反應。

2. 經濟支持方面

國內外的研究均顯示，單親家庭普遍存在著經濟上的問題，其中又以女性單親家庭較爲嚴重。單親家庭由於減少一個人賺錢及分攤家務，致使家庭的收入銳減，原屬小康家庭可能因而變成貧困家庭，原來的貧困家庭可能變得更加一貧如洗，單親獨立維持家庭經濟，通常都顯得相當吃力。

至於女性單親家庭，傳統上「男主外、女主內」，許多女性缺乏謀

生能力及經濟自主權，因此在缺乏配偶的經濟支持下，容易導致貧窮；在現代社會，雖然婦女就業率已大幅提高，惟薪資待遇仍普遍比男性為低，加以女性單親往往為了照顧子女而縮短工作時間，在離婚贍養費及公共補助費用不足的情況下，女性單親家庭的經濟問題通常會比男性單親家庭來得拮据。

3. 親子關係方面

單親家庭的親子關係，在家庭結構及經濟條件變動的情況下，通常親子間的互動及親密程度亦會隨之而有所變化。例如：單親家長可能忙於工作，無暇照顧子女，親子間的互動、溝通減少，彼此關係轉趨冷淡；又如，單親父親或母親可能帶著對離去者的怨恨，拒絕配偶探望子女，子女成為父母發洩情緒的對象；再如，單親家長在經歷單親事件之後，對失去親人的痛苦難以忘懷，因此可能為了保護子女的安全，過度限制子女的行動，以致親子關係趨於緊張；另外，子女可能與單親父母感受相同的情緒焦慮與恐懼，使得親子間形成強烈的依附關係。

4. 子女照顧方面

單親家長必須兼顧家庭與事業，平日生活可能經常感到筋疲力盡，因此有關子女的照顧或教養，遂成為單親家長相當困擾的問題，尤其是女性、喪偶、低所得者更感吃力。

單親家庭在忙於工作的情況下，其照顧幼兒的方式大致有下列四種方式：

⑴ 忽略式的照顧

意指單親家長對幼兒疏於照顧，親子互動少，電視節目可能是幼兒的良伴。這種幼兒較不會與別人有良好互動，較不知如何表達自己意見，也較不會與人分享或妥協。

⑵ **由家傭照顧**

即請本國或外國籍傭人到家裡照顧幼兒。這種幼兒雖然可以滿足生理的需要，但往往得不到心理上的照顧，若由外籍傭人照顧，幼兒的語言發展亦會有較遲緩的現象。

⑶ **由祖父母照顧**

即所謂的「隔代教養」，這類的幼兒可能由於祖父母的溺愛而顯得驕縱，若回到父母身邊，常因教養方式落差太大而無法適應。

⑷ **由保母或托兒所照顧**

由於坊間的托育機構及保母素質良莠不齊，且常有一人照顧多人的情況，幼兒的個別需求常遭忽視。

5. 人際關係方面

因離婚、喪偶而形成的單親家庭，其原來因為婚姻關係而建立的各種親屬、朋友關係亦會隨之調整，包括：自以往夫妻雙方或一方的人際關係中疏離、因不願面對異樣眼光而自我孤立、搬離原先居住地或工作轉換等，均使許多原已建立的關係被迫改變，這種情形也出現在單親子女身上，因此整體而言，單親家庭的人際關係較不穩定。

另外，根據調查研究顯示，女性喪偶者，比女性離婚者較有人際互動和性騷擾方面的困擾；低所得的單親家長明顯比高所得者感到羞恥，而易有人際交往上的困擾；子女年紀越大或單親家長越年輕者，比較容易因單親事件而感到丟臉，影響家庭的人際關係。

綜上所述，單親家庭本身存在許多有關心理調適、經濟支持、子女照顧、及人際關係等方面的問題，這些問題對幼兒的身心發展均可能帶來不利的影響，值得吾人重視。

㈡ **單親家庭的調適與支援**

　　一個家庭在經歷單親事件後，難免會遭遇到某些問題，例如：內心的失落感、經濟收入減少、處理家務的人力不足、社會的奇異或歧視眼光、孩子缺乏適當認同楷模等，這些問題的存在可能直接或間接影響幼兒的心智及行為發展，為幼兒的未來發展埋下了不利的因子。不過，如果單親家庭本身能有一些心理及作法上的調適，社會亦能給予適當的支援，則單親事件對幼兒的不利影響將會減少許多，甚至因而促使幼兒長大後變得更加獨立、堅強而有積極的進取心，這種差別的發展，端視吾人如何看待單親家庭而定。以下扼要說明單親家庭應有的調適作法及相關的社會支援措施。

1.走出單親的陰影

　　單親家庭的家長在離婚或失去另一半時，容易產生自責的心裡，認為家庭的不幸遭遇與自己的過錯有關，自己可能不是一個好爸爸或好媽媽，對不起親友、孩子，以致失去信心及獨立養家的勇氣。另外，單親家長亦容易受社會刻板印象的影響而顯得自怨自哀，認為自己遇人不淑或命運乖舛，長期陷入失落、自憐、憂鬱的單親情境裡。以上單親家長的自責、自怨心理，均不利於單親家庭及幼兒行為的發展。

　　事實上，經過社工人員的訪談發現，仍有很多單親家長能夠跳脫單親的陰影，認為自己還有能力可以維護家庭的發展，一方面不斷充實自己，學習親職教育的相關知能，另一方面以平常心積極開拓社會人際關係，帶給家庭更多的人情溫暖，雖然家庭的失親事實仍在，但家庭的教育功能卻不受單親事件的影響，可見失親後心理建設的重要。因此單親家長宜比一般家長更為堅強，認清失去配偶的既有事實，面對陽光，遠離陰影，才不致因為單親事件而衍生更多的家庭問題。

2.對幼兒的瞭解與鼓勵

父母的離異或死亡，對幼兒可以說是一種極大的打擊，幼兒可能認為，由於自己的不乖或犯錯才會失去父親或母親的關愛，也會擔憂剩下的親人是否會再度離自己而去；另外，單親幼兒可能會遭到同學或他人的嘲笑而產生不平衡的心理，繼而影響其家庭生活及行為表現。

為能減輕破碎家庭帶給幼兒的傷害，單親家長首先宜與幼兒進行溝通，設法瞭解幼兒的感受，告訴他雙親的離異（或死亡），並非是他的錯，父母仍是愛著他的，若幼兒有情緒不穩定、作惡夢、攻擊等行為表現，單親家長可以多撫摸和擁抱幼兒，陪他吃東西、唱歌、遊戲、說故事等，在親子互動過程中，多予讚美、鼓勵，俾能紓解他的情緒，建立其信心，不致因情緒問題而產生更嚴重的偏差行為。

3.建立和諧的新親子關係

單親家長不論是否再婚，都有重新建立新親子關係的必要，尤其是夫妻離異者。離異的單親家長在未離異前，家人的互動關係（包括親子關係）可能已經欠佳，成為單親後若不設法重新建立和諧的親子關係，家庭問題將會更形嚴重，因此單親家長在工作之餘宜多花些時間參與幼兒的相關活動，與幼兒共同成長，俾能避免親子關係的惡化。

若屬再婚的家庭，由於繼父（母）的加入，幼兒對於新的親子關係可能出現適應不良的情形，因此再婚家長宜注意父母管教態度的一致性與合理性，管教態度不一致，幼兒可能難以適應，若管教態度不合理（如過度保護或嚴苛、限制太多等），將徒增親子關係的緊張，繼而衍生更多的家庭問題。另外，再婚後，單親家長往往將較多的精神花在新配偶身上，此時幼兒容易誤會爸爸或媽媽已不再疼愛自己，甚至會產生對新爸爸或媽媽的敵意，因此再婚家長宜多與幼兒接觸，藉由各種方式表達自己對幼兒的關愛，俾能增進彼此的信任，建立和諧的新親子關

9

係。

4. 尋求專業人士的協助

單親家長必須兼顧工作、家務及教養孩子，確實比一般家長來得辛苦，由於個人的時間及精力畢竟有限，因此單親家長對於孩子往往有疏於管教的情形，致使單親幼兒的心理問題及偏差行為也比一般幼兒來得多且嚴重，諸如自卑、自閉、偷竊、拒絕合作、上課吵鬧、欺負其他小朋友等。

面對幼兒的各種行為問題，單親家長除必須瞭解原因並多與關懷、輔導外，在能力不足的情況下，要能不避諱地尋求專業人士的協助，例如：與學校老師討論幼兒相關問題，或聯繫社區心理諮詢機構（如張老師、婦幼專責單位、心理衛生中心等），請求支援，共同尋找對策，在專業人士的指導及協助下，相信對幼兒問題行為的處理會有莫大的幫助。

5. 擴大社會的經濟支援

相較於一般完整家庭，單親家庭可以說是屬於弱勢族群，他們需要社會各界的關心與協助，尤其是在經濟方面。國內許多研究單親家庭的學者均指出，單親家庭除了親職教育知能尚待加強外，其他的需要主要包括：實質的津貼補助、子女的照顧服務、單親家長的就業輔導、提供住宅及醫療服務等，大多與經濟能力的不足有關。

目前我國各縣市政府均根據當地社會福利資源的條件，訂有單親家庭扶助辦法，其相關措施包括：托育補助、子女教育補助、就業及創業貸款、以工代賑、職業訓練津貼、傷病醫療及看護費用補助、心理輔導與治療費用輔助等。以上的各種措施顯示我國社會對單親家庭的關心與重視，值得讚賞，不過由於扶助對象大多以低收入戶或中低收入戶為限，係屬濟貧性質的社會救助政策，加以補助的津貼尚嫌不足，因此仍

有許多單親家庭的經濟壓力未能獲得紓解或改善。

綜觀人類社會的發展，社會問題的發生常導源於經濟問題，就個別家庭而言，其道理是一樣的，經濟狀況欠佳的單親家庭，除家長本身需要更加努力工作外，社會也有適時伸出援手的必要，而我國目前的單親家庭扶助政策則有擴大補助的檢討空間。

三、隔代教養的意義、成因與相關問題

傳統社會中，父母是子女的主要照顧者及教養者，也是子女學習成長的重要楷模，子女的語言、心智能力、行為模式等都受到父母相當大的影響。在現代社會，隨著社會的快速變遷，家庭的人口結構、功能、互動關係等均有隨之改變的現象，例如：雙薪、單親、失怙、隔代教養等不同家庭型態的應運而生，均與現代社會的變遷息息相關。

就隔代教養家庭而言，根據美國人口普查資料顯示，18 歲以下只與祖父母住在一起的孩子，從 1970 年的 3.2% 到 1997 年的 5.5%（劉恒佳，2003）；而國內在民國 92 年的家庭收支調查報告顯示，隔代教養家庭約占所有家庭的 1.08% 共 75,240 戶，約有 10 萬名以上的孫子女被迫居住在隔代家庭裡，可見隔代教養家庭已隨著社會變遷而有愈形增加的趨勢。這種家庭教育角色的轉變，對幼兒的身心發展是好是壞，是個值得吾人關切的課題。以下擬分成二部分來作說明，包括：㈠隔代教養的意義、類別與成因；㈡隔代教養家庭的相關問題。

㈠ 隔代教養的意義、類別與成因

1. 隔代教養的意義與類別

所謂「隔代教養」，顧名思義，係指家庭中的父母基於各種原因無

法親自教養子女，而將子女托給自己的父母或公婆來教養之意，基本而言，這是一種替代性的家庭教養現象。

依家庭教養子女的實際情況來看，隔代教養可以分成廣義的與狹義的兩種定義，前者意指祖父母或隔代的其他親友於任何時機對孫子女的教養與照顧，這些隔代親友不一定是孫子女的主要教養者，可能僅是扮演協助照顧的角色而已；後者則指由祖父母負責孫子女全部或大部分的教養責任，父母本身和孩子相處或教養子女的時間並不多（比祖父母少），祖父母是影響孫子女學習成長的重要他人。一般學界對於隔代教養問題的探討，大多以狹義的隔代教養家庭為對象，而其實際的教養狀況大致包括下列四種類別：

⑴ 日夜均由祖父母照顧，父母可能已經死亡或很少回家。

⑵ 白天由祖父母照顧，晚上由父母照顧。

⑶ 平常由祖父母照顧，週末由父母照顧。

⑷ 主要由祖父母照顧，父母不定時回家照顧。

2. 隔代教養家庭的成因

教養子女是父母的天職，孩子既然生了，理應由雙親好好撫養長大，期望將來成為有用之人，然而，在現實社會中仍有許多父母未能盡到教養子女的基本責任，究其原因主要與社會背景及家庭本身因素有關。

就社會背景因素而言，1950 年代以後，人類社會逐漸受到後現代思潮的衝擊，導致政治潮流趨於開放、社會朝向多元發展、兩性平權觀念興起、個人權利意識抬頭等現象，加以科技發達，資訊傳播業蓬勃發展，致使個人的社交網路變得更為複雜；這些種種社會背景因素不但使個人逐漸重視自我價值的追求，傳統家庭的夫妻關係、教育功能、家庭責任觀念、養兒防老觀念及家庭成員的角色結構、互動模式等也都因而

受到極大的影響。簡言之，社會變遷直接改變了社會運作模式，間接則改變了傳統家庭父母教養子女的觀念及條件，繼而導致更多隔代教養家庭的形成。

就家庭本身因素而言，隔代教養家庭的形成主要與家庭條件、父母教養子女的意願及能力有關，大致包括三種原因：

(1) 父母無法照顧或教養子女

例如：有些家庭父母親雙亡，或因犯罪而被監禁，或長年臥病在床，或罹患重度身心障礙等，都使父母無法親自教養子女，若未辦理寄養及托付他人養育，只好由祖父母擔負起教養孫子女的責任。這種情況並非父母無心教養子女，而是無法做到，是一種相當無奈且令人遺憾的事情。

(2) 父母能力不足或有其困難之處

例如：近代社會由於經濟結構改變及物資不斷上漲，家庭的經濟開銷可謂有增無減，許多男性已經無法獨立維持家計，加以婦女投入職場，可以增加社會接觸，建立自己的自尊心與榮譽感，因此雙薪家庭的數量大為增加，在父母均需工作的情況下，子女的照顧責任容易落於祖父母的肩上。又如，近年來因未婚生子、夫妻離異等因素而形成的單親家庭亦有日漸增多的趨勢，由於單親家長必須獨立維持家計，難以兼顧子女教養工作，只好委請父母或公婆代勞。

另外，有些家庭之經濟狀況原本就不好，加以居住地區產業蕭條，夫妻必須同時到外地工作，故將子女交由祖父母照顧，這種情況大多發生於謀生不易的偏遠地區。以上不論是雙薪家庭、單親家庭或到外地工作的父母，若要親自教養子女確有其困難之處。

(3) 父母忽視親職教育的重要

除了客觀的家庭條件外，父母本身的主觀意識，亦為造成隔代家庭的重要因素。舉例來說，有些家庭經濟條件不錯，父母可以不必同時外

出工作，但由於對親職教育的忽視，加以祖父母想要含飴弄孫的心態，乃將子女交由上一代的雙親來照顧。

上述的父母可能認為，只要能將子女撫養長大，即已盡到父母的責任，殊不知「養之容易，育之則難」的道理，親職教育的品質才是影響子女未來人生發展的最主要因素，所謂「子不教，父之過」（現代的說法應為父母之過），指出了父母教養子女乃天經地義之事，因此除非不得已，否則父母宜儘量負起教養子女的責任。

㈡ 隔代教養家庭的相關問題

隔代教養是社會變遷下的產物，雖然隔代教養仍有其優點，諸如，祖父母具有撫育孩子的實際經驗，可以彌補年輕父母在養育子女方面的知能不足；又如，老人較無工作壓力，也喜歡與孩子玩樂，隔代教養可以紓解老人家的寂寞，也比較容易建立祖孫間融洽的感情；再如，由祖父母照顧小孩，年輕父母可以專心於事業上的打拼……等，不一而足。不過隔代教養終究是一種替代性質的教養方式，它不是一般家庭的最優先選擇，它可能存在某些問題，需要吾人去瞭解與解決。而根據許多教育學者的見解，隔代教養家庭的相關問題大致如下：

1. 隔代祖孫的價值觀落差過大

一般而言，祖父母與孫子女的年齡差距平均約在 50 歲左右，在社會變遷快速的前提下，隔代祖孫可能因價值觀差距太大而無法進行有效溝通，甚至容易發生摩擦；即使幼兒時期的可塑性與服從性，均比青少年時期為高，祖孫之間較不會發生嚴重衝突情況，然而祖父母的各種價值觀可能影響幼兒觀念及個性的形成，繼而導致幼兒進入學校後無法適應學校生活的現象。

2. 祖父母的照顧可能力不從心

多數的祖父母年歲已大，幼兒則十分活潑好動，整天靜不下來，加上幼兒可能體弱多病，需要經常看醫生，因此長時間照顧幼兒是件很累人的事，此時祖父母可能出現體力不支情形，不但無法悠閒地享受晚年生活，也會影響其身體健康，對於幼兒的安全及教養品質更有不良的連帶影響。

3. 祖父母容易溺愛孩子

許多祖父母都很想含飴弄孫，且樂在其中，他們喜歡抱著幼兒的那種感覺，也樂於看到幼兒健康活潑的模樣，因此對於幼兒的要求往往過於遷就，終至形成溺愛，在這種情況下，幼兒容易養成任性、依賴的心理，其生活自理能力的低下也就不足為怪了。

4. 幼兒對教養方式的適應不佳

基本上，祖父母與父母的教養方式並不一致，例如：祖父母對於幼兒往往比較寬容、袒護和遷就，父母則在「望子成龍、望女成鳳」的心態作祟下，往往要求較多、管教較嚴。隔代教養家庭，幼兒若已習慣跟祖父母的互動方式，對於父母的管教方式將會出現適應不良的情況，以致容易形成親子間的感情隔閡，使正常的家庭教育難以進行。

5. 祖父母的愛不夠完整

每個幼兒都需要父母的關愛，有了父母的愛，幼兒的心是溫暖的、安全的，若能兼而擁有祖父母的關愛，則是錦上添花，再好不過；但若只有祖父母的愛而缺乏父母的疼愛，這樣的愛對幼兒而言是不夠的或不完整的，幼兒的內心仍會有相當程度的失落感、缺乏安全及對親情的渴望。換言之，祖父母可以代替父母養育幼兒長大成人，但卻無法完全取代父母對於幼兒的教養功能。

6. 家長與學校聯繫機會較少

　　一般而言，隔代教養的家庭，其父母或已死亡，或忙於工作，平常較少與學校保持聯繫；祖父母雖是幼兒的主要教養者，但往往疏於對幼兒學校生活的關心，加以祖父母的人際社交網路可能較為封閉，因此較少與學校老師討論幼兒的各種問題，失去許多協助幼兒成長的機會。

7. 祖父母缺乏指導幼兒課業學習的能力

　　祖父母與孫子女的所處年代大不相同，祖父母的人生經驗與所學內容，可能與幼兒在學校中的課業學習有所脫節，加以祖父母因教育程度不高，常以母語與他人進行溝通，而學校的課業學習則需使用國語，因此祖父母對於幼兒的課業指導往往是心有餘而力不足，甚至對幼兒的課業學習產生干擾現象。

　　綜上可知，隔代教養家庭，祖孫的價值觀可能落差過大，加以使用語言不同，影響彼此間的溝通成效。而祖父母的愛不夠完整、容易溺愛幼兒、體力及心力不足等，則凸顯了隔代教養的一些問題，值得社會各界共同關切。

四、隔代教養對幼兒的影響與補救之道

　　上述提及，隔代教養家庭可能產生一些問題，這些問題若無法獲得改善，將為幼兒成長帶來不利的影響。《商業週刊》第 862 期曾以同儕關係、品行、學業、情緒管理及自信心等五項指標，請國小老師評估學生的整體表現，發現有 61.9% 的國小級任老師認為，一般學生的整體表現比隔代兒童為佳，可見隔代教養對於幼兒成長確有負面的影響。以下分別說明隔代教養對幼兒的影響及其補救之道。

(一) 隔代教養對幼兒的影響

隔代教養對幼兒的影響主要包括心理特質及學習表現等二方面，茲分別說明如下：

1. 心理特質方面

每個幼兒都是一個獨立的個體，在其成長過程中，皆會受到周遭環境及照顧者的影響。隔代家庭的幼兒，由於家庭成員及情境的特殊性，故也容易養成獨特的心理特質，例如：

(1) 祖父母對於幼兒的溺愛或放任，將養成幼兒的任性及依賴心理，容易違反團體規範或與他人發生摩擦、衝突。

(2) 祖父母對幼兒的文化刺激不足，促使幼兒的學習能力減弱，在與同儕互動時，容易相互比較而產生嫉妒、自卑、孤獨感等心理現象。

(3) 幼兒從原本和父母在一起的核心家庭，變成和祖父母在一起的隔代家庭，在心理上會有被拋棄、被背叛的感覺，進而感到失落、沮喪、憤怒與害怕，若長期得不到紓解，將演變成自閉及仇視他人的心理。

(4) 祖孫的價值觀念落差大，平常較少互相溝通、討論，無形中養成幼兒不喜愛與他人溝通的心理，認為凡事自己作決定就好。

(5) 由於幼兒正值戀父或戀母的人生發展時期，缺乏父母關愛或父母照顧時間不多的幼兒，容易發展出異於常人的價值觀，在下意識裡無法擺脫戀父、戀母的幻想情結，長大後不是害怕面對婚姻，即是將長輩之愛與男女愛情混為一談，衍生出更多的問題。

2. 學習表現方面

家庭是幼兒社會化的重要場所，幼兒的語言，心智能力、行為模式大多受到父母或實際教養者的薰陶與影響。隔代教養家庭，由於祖孫互動機會較少、文化刺激不足等，致使幼兒的心智能力並未受到應有的啟

發，繼而影響其在學校中的各種學習表現。上述《商業週刊》的調查發現，「學業」是隔代兒童與一般學生差距最大的項目，有高達 62.2% 的小學一年級老師認為，隔代兒童的學業表現不如一般兒童。

　　其次，隔代家庭所使用的語言大多以母語為主，且祖父母的教育程度普通不高，其所用語言的語法、詞句均較為簡單，概念也容易模糊不清，在這樣的情況下，幼兒在家庭所學習到的語言，與在學校所需使用的語言（國語）明顯不同，其語言學習的成效自然大打折扣。而根據教育心理學者的研究顯示，幼兒有關語言的應用，與其思考的內容及流利性息息相關，也會影響幼兒的表達能力、社交技巧、人際關係及自信心等，最終則影響幼兒的各種學習表現。

　　此外，隔代幼兒在情緒上容易感到失落、害怕、憤怒等，情緒的穩定性較差，這些情緒因素容易造成幼兒對於學校生活的不適應情形，間接則導致學習表現欠佳的結果，例如：有些隔代幼兒在上課時，總是靜不下來，而在教室內走動或爬來爬去，無心聽講，這種現象可能與幼兒的情緒問題有關。

㈡ 隔代教養的補救之道

　　臺灣傳統社會有句諺語：「作豬，就要吃餿；做嬤，就要帶孫」，這句話道出了隔代教養家庭的諸多無奈與辛酸，誠然，隔代教養大多導因於夫妻的離異、雙薪、單親、死亡、外出工作、未婚生子等，是一種不得已的選擇。雖然隔代教養仍有其優點存在，但卻潛藏著許多問題，對幼兒的身心發展也有不利的影響。為能減輕隔代教養對幼兒的負面影響，以下分別從父母、教師、社會等三方面來說明隔代教養的補救之道。

1. 父母方面

⑴ 考慮父母的身心狀況及意願

基本而言，隔代教養是一種弊多於利的教養方式，因此年輕父母最好能事先考量父母（或公婆）的身心狀況及意願，若身心條件欠佳或缺乏意願，則能免則免，儘量減少隔代教養的事件發生。若幼兒仍需由祖父母照顧，則宜先行與祖父母溝通相關教養事宜，並告知幼兒原因，以減少隔代教養的諸多弊端。

⑵ 與父母討論教養方式

若年輕父母與父母的教養方式差異過大，幼兒容易產生適應不良及人格發展的偏差，此時年輕父母宜多與父母溝通、討論，尋求適當的教養方式；若父母的教養方式明顯有其不當之處，亦宜委婉說明如何調整方法，避免帶給父母過大的壓力。

⑶ 設法化解親子間的疏離

對幼兒而言，父母的愛是其成長的最佳滋潤劑，它是永遠無法被取代的，因此年輕父母將幼兒托付給自己的父母或公婆照顧時，最好晚上能帶回自己照顧，以增加親子相處互動的時間；若不得已需要較長時間的托付教養（如每週只能帶回一次），亦應儘量抽空以電話、書信與幼兒聯絡，並多參與幼兒相關活動，化解親子間的疏離。

⑷ 告知幼兒求助管道

有些隔代教養家庭，由於父母長年在外工作或基於其他原因，平時很少與幼兒見面，對幼兒的生活點滴並不瞭解。因此在托付教養之前，父母宜叮嚀幼兒如何保護自己，必要時可向老師或較信任的成人求救，或撥打「113」、「119」等求助專線，以避免遭到疏忽或虐待。

9

2. 教師方面

⑴ 訪視家庭以瞭解幼兒問題成因

家庭是影響幼兒成長的最主要場所，非但許多幼兒問題係源於家庭因素，即使幼兒問題的處理，也需要家長共同配合。因此對於隔代幼兒，教師宜多作家庭訪視，一方面瞭解幼兒行為問題的家庭因素，另一方面搭起學校與家庭的溝通橋梁，利於共同處理幼兒問題。另外，亦可藉由訪視機會，提供家長有關親職教育及心理諮商的相關知能，提升隔代教養的品質。

⑵ 與隔代幼兒保持良性互動

除了父母之外，教師也是影響幼兒成長的重要他人，所謂良師似友，教師對於隔代幼兒宜主動接近，協助他發現自己的長處，並多予讚美、鼓勵，以紓解其精神壓力。另外，亦宜鼓勵幼兒表達自己的想法及情緒，且給予積極回應，唯有師生保持良性互動，幼兒才能感受到老師對他的關愛，益於幼兒情緒的穩定。

如果隔代幼兒出現偏差行為，如說謊、偷竊、攻擊、破壞等，教師除需瞭解背景原因外，可利用獎懲原理及諮商技巧，進行輔導工作，不能因為隔代幼兒從小缺乏管教就更加放任他們。

⑶ 協助家長申請經濟援助

有些隔代家庭的經濟條件較差，影響幼兒在家庭中的文化刺激、生活飲食及就學意願，而且父母的教育程度可能不高或不識字，不知道社會對隔代家庭有那些援助措施。教師除需隨時與社會福利機構保持聯繫，掌握有關隔代家庭經濟援助訊息外，亦可協助家長申請急難救助、幼兒教育券、特殊幼兒補助及餐點、文具、書籍、學雜費的減免事宜，或透過就業輔導機構，協助家長找到理想的工作，減輕隔代家庭的經濟壓力。

⑷ 輔導幼兒課業學習

如前所述，隔代幼兒的成長歷程，可能缺乏父母的關愛、家庭經濟條件不好、家庭語言與學校語言不同、家庭文化刺激不足等，這些現象均會直接或間接影響幼兒的課業學習；有些幼兒則需經常幫忙家務（例如：「阿祖的兒子」影片中6歲的阿宏即要經常洗衣服、揹米袋、作家事……等），以致失去許多學習機會。教師可針對學業表現較不理想的隔代幼兒，親自或安排志工給予課外輔導，或安排遊戲及相關團體活動，讓隔代幼兒從中獲得成就感，激發其對學校的向心力及課業學習動機。

3.社會方面

⑴ 協助隔代教養者獲取新知

有道是：「事在人為」，誠然，教養者的教育知能，是決定隔代教養品質的主要因素。根據許多研究顯示，隔代家庭普遍存在教養知能不足的現象，唯有提升教養者的相關知能，才能獲得有效的改善。社區宜藉由辦理親子座談會，協助隔代教養者獲取諸如當前重要文化內涵、幼兒身心特質、有效管教策略等方面的知識；或成立家庭教育中心，提供有關教養問題的諮詢服務；或透過媒體廣為宣導，強化隔代教養者的教養觀念及能力。

⑵ 推動隔代幼兒的認輔制度

隔代家庭中的祖父母，多半年歲已大，其體力、心力已呈衰退現象，對於幼兒的教養工作往往顯得力不從心，因此容易採行放任政策。此時社區可以建立義工認輔制度，由有愛心及熱心的成人當任幼兒的心靈導師，定期與幼兒見面，瞭解其身心發展狀況，並給予心理上的支持，以彌補隔代教養者教養能力的不足。

9

(3) 提供社會福利及醫療資源

相較於一般完整家庭，隔代家庭與單親家庭一樣，都是屬於弱勢族群，需要社會各界的關心與扶助，尤其是在經濟、托育、醫療等方面，社區宜結合各種社會福利及醫療資源，提供隔代家庭有力的支援，以減少隔代教養的相關問題。

另外，如果幼兒遭到虐待或疏忽，社工及警政人員宜及時介入，協調親子間的緊張、衝突關係，或替幼兒安置適當家庭及教養人員，避免幼兒在惡劣的家庭環境中成長，影響其人格的正常發展。

參考文獻

一、中文部分

吳永裕（1996）。單親兒童之親子關係、行為困擾與學習適應研究。國立臺北師範學院國民教育研究所碩士論文。

吳佳蓉（2003）。隔代教養與非隔代教養學生學校生活適應之比較。花蓮師院學報，16期，109-133。

林美吟（1989）。國小單親家庭兒童自我概念與生活適應之研究。臺北：文景。

張高賓（1998）。單親兒童父母教養方式、家庭環境與情緒穩定之關係研究。國立屏東師範學院國民教育研究所碩士論文。

梁雅舒（1999）。祖父母的孩子——隔代教養家庭輔導。學生輔導，88期，34-41。

章英華（1994）。臺灣的家庭研究：從家戶組成到家人關係。社區發展季刊，68期，35-40。

傅安求、史莉芳（1995）。離異家庭與子女心理。臺北：五南。

黃啟仁（2004）。從阿祖的兒子談隔代教養問題。師友，446期，43-45。

劉恒佳（2003）。隔代教養學童學業成就之差異研究。南華大學社會研究所碩士論文。

蔡淑桂（2004）。單親家庭之幼兒教養態度與策略。康寧雜誌，22期，10-13。

二、英文部分

Adelson, M. & Hughes, H. M. (1989). Parenting attitudes and the self-esteem of young children. *Journal of Genetic Psychology*, 150(4), pp.463-465.

Deutsch, F. E. (1983). Classroom social participation Of preshoolers in single parent families. *The Journal of Social Psychology*, 119(1), pp.77-84.

McLanahan, S. (1985). Family structure and the reproduction of poverty. *American Journal of Sociology*, 90(4), pp.873-901.

Spigelman, A. et al. (1994). The effects of divorce on children: Post-divorce adaptation of Swedish children to the family breakup. *Journal of Divorce and Remarriage*, 21(3), pp.171-190.

William, A. C. (1997). *The sociology of childhood*. California: Pine Forge Press.

第十章

家庭暴力與幼兒行為

謝義勇

　　自古以來「家庭暴力」一直存在於人類社會中。但卻都被視為「家務事」。又因為家醜不外揚的心態，多數受暴者忍氣吞聲，甚至釀成更大悲劇，臺灣亦不例外。直到民國87年《家庭暴力防治法》頒布施行後，社會大眾才漸有「家庭暴力」的名詞概念，再加上近年媒體資訊的傳播，家暴事件才得以進入通報及保護程序。

　　家暴事件通常是「男暴女」「長暴幼」。而男性施暴，大致可歸納下列幾個因素：一、男尊女卑的傳統；二、暴力也可以被學習——許多施暴者本身也來自受暴家庭。近年來由於離婚率的上升、失業增高等所衍生的問題，都是造成家庭暴力逐年增加的因素。而家暴案件受害者往往是幼兒，因為幼兒本身無防衛能力，是弱者中的弱者，其中直接、間接的傷害都會影響行為發展。本章將從家庭暴力相關研究、家庭暴力概況、家庭暴力影響及家暴防治等問題逐一探討家暴對幼兒行為的影響。

第一節　家庭暴力資料與相關研究

　　社會科學研究之主要目的，在於發現並試圖解釋人類的行為。面對家庭暴力事件，學者必須建立有系統研究，然迄目前為止，各種不同類型的家暴之研究仍然是支離破碎。因為研究者不僅興趣不同，他們也必須儘量縮小研究的範圍，以便掌握因果解釋。

　　家庭暴力的研究是現代社會學重要的領域，社會科學家已發現一系列的可能成因。更重要且一致性的發現則是「無法以單一成因的解釋家庭暴力事件」（彭淑華，1999）。多數學者認為，眾多相關因素之間的交互作用，才是解釋家暴成因的較佳方法。本節將從不同面向描述家暴研究資料的基本概念。

一、政府報告或學術研究資料

家庭暴力的研究主題非常吸引研究者的興趣，但它卻是十分複雜的問題，政府報告或學術調查研究統計，是一般學者最容易取得的資料。然而這類資料卻如冰山一角，有許多資料仍潛藏在水平面之下，很難完全而正確的呈現事實眞相。當我們企圖以科學方法詮釋家庭暴力時，政府報告只提供我們有多少通報的家暴案件；學術研究則可能提供我們有許多未通報的家暴訊息。

二、描述性統計與推論性統計

當資料只是在界定或描述某些現象時，這些資料只是描述事件本身，但是並不建立變項之間的關係之統計稱爲描述性統計（descriptive statistics）。描述性統計就如一些快速形成的數據，他們描述在某時某地的各種現象。而推論統計（inferential statistics）則是以研究的樣本爲基礎，將樣本統計所得推論至群體。推論性統計的重要意義之一，是研究者將嚴謹抽樣的資料，透過精確的分析過程節省研究時間，因爲如果運用適當，推論性統計可協助研究者瞭解是否能自機率中獲得正確結果。

就如前述，家庭暴力已成爲專業團體注意的社會問題。儘管學術界已經累積了很多資料，但要瞭解家庭暴力全貌，尚有待努力。研究家庭暴力是極個人性及敏感性議題，因此加深了他的挑戰性。

目前我們所能獲得的大部分知識，主要是描述性統計或相關性資料。這兩種最普遍的資料來源一爲臨床樣本（clinical samples）──由已被認定之受害者或施虐者取得；另一則爲群體樣本（Population samples）──由一般群體取得。研究人員要將上述兩種資料加以連結非常困難，原因之一是暴力的本質是屬於秘密的，很少施暴者會主動揭

露他的暴力行為。至於受虐者通常不能認定他們所遭受到的惡待即是暴力行為，甚至於他們也耽心揭露的後果，或墨守家醜不外揚的心態，不願對外張揚。

當研究者抽取群體部分樣本，詢問受試者的孩童經驗，此種研究方法無人稱為回溯性研究（retrospective studios）。此種研究法雖然可揭露童年經驗，但因距離當下已有一段時日，意識上會較有安全感，但卻有信度問題。除了有關信度上的問題之外，「記憶」是目前有關家庭暴力研究較多爭議的問題，特別是所謂「錯誤的記憶」（false memory）或「受壓抑的記憶」（repressed memor）。和一般群體樣本不同，臨床樣本是得自接受輔導之對象，因此並不具整個群體的代表性，研究者必須謹慎推論。

三、生態模型（ecological model）

家庭暴力研究存在著一種複雜關係，一方面是嘗試瞭解並研究特定的家暴現象，例如虐待兒童或配偶虐待；而另一方面又有一新的趨勢，即認為欲瞭解家庭暴力議題是需要一個較為整合的取向。當某些研究者持續的將興趣領域置於較狹窄的部分時，越來越多的研究者開始採用更整合的方式來瞭解家庭虐待中各種互動關係。在這些人開始嘗試瞭解家庭暴力時，有些研究者稱此種取向觀點為生態模型（ecological models）。它所強調的是個人、家庭、社區、和社會之間的互動關係，對於家庭暴力均扮演一個很重要的角色。這些研究取向強調人類行為是在一個社會環境或生態中產生，包括社會環境或整個生態系統，並非由於某單一因素所造成。

四、相關性研究

當我們想發現變項間是否存在因果關係時，研究者通常會檢視幾個

10

因素之間是否互有相關。相關並不等於因果關係，相關只能解釋自變項（independent variable）與依變項（dependent variable）間的關係；例如自變項增加，依變項亦隨之增加，則我們可稱此二變項為正相關。家暴研究中，如果離婚率的上升伴隨著家庭暴力數的增加，我們可說離婚率與家庭暴力成正相關。假若自變項增加，依變項減少，我們便稱此二變項為負相關；例如當我們增加家暴受害者心理輔導次數，則其情緒困擾的現象降低。

前述相關資料僅能說明現象關係，而透過徑路分析（Path analysis）所得的徑路係數資料，則可以解釋彼此的影響。

五、系統理論

系統理論嘗試將長久深植於自然科學的原則運用於社會科學上。其中最有趣的概念是「整體大於部分的總和」（the whole is greater than the sum of the parts）。

二十世紀 40 年代以來，隨著自然科學、社會科學和哲學的變革性發展，「系統」（systems）這一概念已逐漸步入科學研究的範疇。在幾十年中，各種「系統理論」如雨後春筍般的湧現，形成了一種新興的學科群。二十世紀 40 年代誕生的信息論、控制論和一般系統理論，作為這一學科群中的先鋒，奠定了系統科學的理論基礎。1960 年代西方國家相繼出現了所謂「系統熱」和「系統運動」。到 70 年代以後「系統思想」、「系統分析」、「系統方法」等，在科學研究和實踐活動的各個領域中，也得到了極廣泛的運用。有人認為，以「系統思潮」為主要標誌的人類，已進入「系統時代」。（顏澤賢，2003）

學者認為系統理論特性源自於人們在某些特殊關係中互動的結果。例如當人們結婚時，婚姻本身由於它新產生的義務及可能性，使得整體超過兩個人生命的結合。系統理論家旨在探討個人、家庭、團體及整體

社會互動的現實。

　　系統理論要旨，在於所有的系統是目標取向，人類及其社會系統是爲了完成特定的目的而存在的。個人期望達成他們所有的基本需求，但爲了要完成他們的許多需求，只好設法取得其他人的支持與協助。在系統模型中，家庭是提供年輕人與老年人需求所必須的一個系統。家庭也是一個社會制度，在家庭制度中，成員能獲得他們所需要的愛與歸屬。社區及社會則站在較爲鉅觀的構面，但也提供類似的功能。

　　根據此模型，每個系統均有區分系統之環境以及區分彼此之界線。爲了要維持一個系統的內在整合，此種界限必須同樣能將對系統有害的物質逐出，同時允許那些對系統達成目標及維繫系統本身運作的物質進入。當界限扮演 允許所需單元進入，並逐出有害單元的功能之時，此種界 限即被稱爲選擇性滲透界限（selectively permeable boundaries）。

　　在系統理論中，生命系統是包含許多次級系統（subsystems）的複雜組織。就如人類身體即有許多生物性的次系統，包括神經、呼吸及消化等次系統。每一個次級系統均有其獨立功能，同時亦扮演維繫初級系統均衡與生存的角色。在人體內，我們同樣也能指出身體及心理的次級系統，每一個次系統與其他次系統的運作相互關聯。不僅生命系統有次級系統，他們本身同樣也是其他較大系統之部分（或次級系統）。在社會的層面，每一個人都存在於其他人類的團體之內，組成家庭、親友、班級、鄰里、社區及社會。在討論不同層面的互動情況下，我們能運用一個系統或生態觀點的想法，以協助我們探討有關家庭暴力的相關議題。

六、社會及經濟影響

　　在討論有關家庭暴力的成因時，學者 Hotaling 及 Sugarmen（1986）

10

認為低職業地位、低收入、低教育程度等為與婚姻暴力有關的危險因子。Kaufman 及 Zigler（1989）同樣也回應有關經濟狀況與家庭惡待之間具聯結性的觀點，他們認為經濟不景氣、失業、單親、貧窮及缺乏社會支持等，都對兒童身體虐待有影響。

　　一個社會的文化是包含社會成員生活的總體。若一個社會的文化代表的是整體環境，同時在此環境中蘊育人類的行為，那麼我們就可視家庭為初級關係的機構，透過家庭，兒童可以學習生活。家庭也是一種社會組織，能支援、養育兒童，同時也能教育兒童如何學習。

　　1950 年代開始，班度拉（Bandura）對於攻擊行為的學習很感興趣，因而發展出社會學習論（Social learning theory）來解釋這種現象。他們發現兒童能夠經由觀察與模仿其他人的行為而學習到攻擊性的行為。父母是小孩的最基本的楷模，但很不幸地，有些示範行為是充滿暴力的，並具攻擊性的，這些成人行為將引發兒童模仿，影響幼兒的行為發展。

　　許多研究發現，受虐兒童日後可能成為施暴者的狀況，這種狀況即為代間傳遞（intergenerational transmission）（Gelles & Cornell, 1990）。但我們不能以偏見的態度再一次地傷害這些人。因為我們必須承認，至今尚無大量資料證明，受害者會因此而必然成為施暴者。

　　另外，一個瞭解代間傳遞方法是透過家庭角色。就如一般社會學者所論述與強調的，個體總是經由經驗及觀察來學習到各種不同的角色（roles）扮演。作為一個小孩，他們學習一些社會期望行為，同時也觀察其他人所扮演的各種不同角色。所以兒童不僅學習到他們的角色，同時透過觀察，他們也可學習到在各種不同情境中，「父母」、「兄姊」及其他人有何種行為表現。不管它們喜不喜歡這些角色楷模，這些都會隨著他們成長逐漸內化（internalize）成為自我的一部分。當他們為人父母，且他們未有其他內化的楷模時，他們會傾向去呈現出自己所經歷

的方式直到長大成人，在遭逢壓力時，最容易出現他們所曾經驗的行為。

七、文化觀點

當社會事件發生之時，人們最通常的第一反應是希望瞭解為什麼會發生家暴？為什麼某些家庭暴力被社會默許。社會科學家相信，鉅觀面向的文化與社會因素，若非引發家庭暴力，即為培育家庭暴力的環境。而人類學家則認為文化是代間傳遞的一切事物，包括所有的宗教信仰、生命價值、生活態度及行為模式，它是一個人適應他所生存之世界的全部。

在早期的傳統中，婦女及兒童長久不被視為有價值的人。在羅馬時期，婦女及兒童是可以被毒打、販賣或甚至殺害。在世界的悠久歷史中，我們也可看到許多案例，對於婦女及兒童的虐待事件，迄今仍然存在。因此當我們從事一個有關兒子與其父親之間的兒童虐待案例時，應該讓父親視其兒子為「一個人」，並要求他將對待其他人的方式來對待的兒子。在性虐待的領域中，許多專家認為施虐者也許受到大眾傳播媒體及色情刊物的影響，筆者曾經訪問多位男性大專學生的意見，在回答時，他們大多認為對於女性的性態度，深受年輕時色情書刊專賣店及手淫經驗的影響。

在我們所處的社會中，至今尚有很多地區仍是充滿著暴力文化。公眾對於暴力的恐懼不斷地在各種媒體如：報紙、電視、收音機脫口秀等節目出現，所以家庭暴力的確是一個嚴重的社會問題。

為了要瞭解文化對於家庭暴力所扮演的角色，我們必須要對文化做一個比較。學者 Gelles 及 Cornell（1990）曾引述人類學家（Levinson, 1981）的作品，人類學家比較了西方與非西方文化之暴力性家庭行為，這些資料顯示家庭暴力的數量與型態，是會因文化差異而有所不同。例

如毆打妻子及對兒童施以體罰在塞爾維亞是很平常的事，但是在其他文化團體如北美印第安人部族、泰國、安得曼島國等則相當罕見。我們常會提出的問題是：「何以故？」由於目前尚缺乏嚴謹的科學驗證，因此回答類似問題的答案，通常只能是建議性與純理論性而已。儘管如此，我們還是可以檢視那些被界定較少毆妻的地區之文化特質，以發現出一些蛛絲馬跡來瞭解文化因素的影響。

第二節　臺灣家庭暴力概況與問題

在傳統家醜不可外揚的觀念下，要瞭解家庭暴力真相有其困難度。況且臺灣社會仍存有男尊女卑的偏見，受暴婦幼忍氣吞聲的現象普遍存在。根據內政部家庭暴力及性侵害防治委員會之統計，自 2001 年 1 月至 2005 年 12 月止，計有 135,191 件家暴開案數，若以每個家庭 1.2 名子女數來計算，則將近有 16 萬多名的目睹家暴兒童需要社會的關懷，這些數字尚不包含已發生而未報案者。

民國 94 年 1 月 10 日凌晨，受家暴的邱小妹腦部受到重創，需要緊急醫治的她，被臺北市仁愛醫院拒收而遠送到臺中縣進行急救，造成延誤急救，也因此讓一個小生命夭折。此一事件造成臺灣社會相當大之震撼，並引起熱烈討論。邱小妹事件所引發的，不但是醫療問題，更是家庭暴力問題。近幾年來仍有接二連三的家暴新聞，足見家庭暴力事件實在不容忽視。

內政部家庭暴力及性侵害防治委員會之統計，2012 年臺灣地區家庭暴力受害者共有 98,399 人，2013 年 9 月底止共有 82,903 人。其中男性有 2,827 人，女性有 6,920 人，不詳者有 167 人，可見家庭暴力的受害者大部分為女性（見表 10-1）。2012 年家暴總通報數為 115,203

件，兒少保護31,353件。迄2013年9月底止，總通報數共有96,500件，兒少保護28,618件（見表10-2）。件這些數字並不包括潛在、未報案的個案。

表 10-1　家庭暴力通報被害人數

單位：人

	總計	男	女	其他（不詳）
	區域別總計	區域別總計	區域別總計	區域別總計
101 年	98,399	27,418	69,543	1,438
101 年 9 月	7,758	2,169	5,458	131
101 年 10 月	8,480	2,466	5,884	130
101 年 11 月	7,616	2,310	5,178	128
101 年 12 月	7,178	2,225	4,837	116
102 年（1 月至 9 月）	82,903	23,609	57,887	1,407
102 年 1 月	9,111	2,669	6,318	124
102 年 2 月	7,759	2,254	5,385	120
102 年 3 月	8,736	2,575	6,011	150
102 年 4 月	8,929	2,631	6,169	129
102 年 5 月	10,409	2,925	7,268	216
102 年 6 月	9,797	2,790	6,813	194
102 年 7 月	9,547	2,587	6,802	158
102 年 8 月	8,701	2,351	6,201	149
102 年 9 月	9,914	2,827	6,920	167

說明：

1. 本表係按通報時狀況統計，若通報人非本人，則可能有「性別不詳」之情況發生，事後查證之資料則不再另行修正。

2. 被害人數係指該月（年）內曾受暴人數，同 1 人在同一月份（年度）中，不論通報多少次，均只計 1 人。

資料來源：內政部。

表 10-2　家庭暴力通報件數

單位：件

	總計	兒少保護
	區域別總計	區域別總計
101 年	115,203	31,353
101 年 9 月	9,467	2,658
101 年 10 月	10,387	3,065
101 年 11 月	9,517	2,809
101 年 12 月	9,059	2,885
102 年（1 月至 9 月）	96,500	28,681
102 年 1 月	9,668	2,841
102 年 2 月	8,535	2,126
102 年 3 月	9,857	2,954
102 年 4 月	10,252	2,956
102 年 5 月	12,130	4,246
102 年 6 月	11,609	3,722
102 年 7 月	11,549	3,138
102 年 8 月	10,697	2,815
102 年 9 月	12,203	3,883

說明：件數係指實際通報案件數，已扣除重複通報次數。

資料來源：內政部。

　　家暴相關的重要議題是子女目睹家暴的問題。最臺灣近社會上常有家暴之新聞報導，而且子女都目睹家暴的情景，影響幼兒人格成長甚鉅。一般而言，目睹家暴包括下列幾種類型：1.直接目睹家庭成員之間的精神、肢體暴力與性侵害等；2.間接聽見家庭成員之間的恐嚇、咒罵、打鬥的聲音；3.事後發現受暴者身上的傷痕或家中受損的物品……等。不論孩子的年齡與性別、暴力的嚴重程度、本身是否遭到暴力對待等差異，其創傷反應不一。但長期目睹家暴的兒童都會有害怕、不安及無所適從的共同感覺。

　　目前無論學校或社會，對於目睹暴力兒童未有足夠的辨識力。有些教師對於學生目睹暴力之後的反應（例如出奇的沉默不語），不能在第一時間內處理。又未能進一步關懷，當然也不會察覺有異狀，而與目睹家庭暴力有所聯想。由於這些求救訊息的被忽略，往往使得孩子無法即時獲得協助，造成莫大遺憾。因此，不論是家庭內、鄰居、學校、社政單位、檢警、醫療等社會系統，都應更重視目睹家庭暴力兒童的需求，儘早提供必要的關懷與協助途徑，避免事件重複發生，並打破家暴是個人隱私的觀念，建立一個友善的環境支援系統，讓處於家暴家庭中的兒童，能對未來懷有更多的期望。

　　總之，目睹家暴的兒童常因擔心被施暴者發現、擔心他人的偏見或未具足夠語彙表達、甚至不知求助途徑等原因，而不敢與他人提及家中的狀況。然而孩子常會用一些外顯的行為（如情緒衝動、抗拒、暴力行為或語言暴力、偏差行為；或是內隱的生理反應如：嘔吐、頭暈、頭痛、失眠、白日夢、憂鬱甚或自殺的傾向等）呈現其發展上的阻礙，而這些現象在學校中常被忽視。學校及社會各支援系統工作人員，必須敏銳的察覺，儘早發現並採取必要防範，減少悲劇的發生。

第三節　家暴下的幼兒行為

　　暴力的學習主要來自兩種社會學習的特徵：替代學習與模仿；換句話說，經由直接的模仿或單純的觀察，不僅會產生新的攻擊行為，也會誘發更多舊有的攻擊反應（http://www.sinica.edu.tw/info/edu-reform/farea3/gt1_b.html 朱瑞玲「校園暴力」：家庭？學校？社會？誰的責任？）。學者藉由觀察幼兒在玩偶遊戲中表現的攻擊行為，發現懲罰愈多的母親，其子女在玩偶遊戲中表現的攻擊行為也愈多；喜歡觀看暴力影片的兒童，在人際攻擊性上也比較強。而這些研究，更證明暴力行為可能藉由觀察及效仿而來。施暴的後果，可能助長更多的暴力，而父母或長者對兒童的不當暴力行為，會導致其具攻擊或退縮傾向。以下僅就各階段發展，並引艾里克森（Erik H. Erikson, 1902-1994）心理社會論（psychosocial theory）（見表 10-3）說明家暴對兒童與少年之可能影響。

表 10-3　艾里克森理論的心理社會期

期別	年　齡	發展危機	發展順利者的心理特徵	發展障礙者的心理特徵
1	0～1 歲	信任對不信任	對人信任，有安全感	面對新環境時會焦慮不安
2	1～3 歲	自主行動對羞怯懷疑	能按社會要求表現目的性行為	缺乏信心，行動畏首畏尾
3	3～6 歲	自動自發對退縮愧疚	主動好奇，行動有方向，開始有責任感	畏懼退縮，缺少自我價值感
4	6～青春期	勤奮進取對自貶自卑	具有求學、做事、待人的基本能力	缺乏生活基本能力，充滿失敗感

（續上表）

期別	年　齡	發展危機	發展順利者的心理特徵	發展障礙者的心理特徵
5	青年期	自我統合對角色混亂	有明確的自我觀念與自我追尋的方向	生活無目的無方向，時而感到徬徨迷失
6	成年期	友愛親密對孤癖疏離	與人相處有親密感	與社會疏離，寂寞孤獨
7	中年期	精力充沛對頹廢遲滯	熱愛家庭關懷社會，有責任心有義務感	不關心別人與社會，缺少生活意義
8	老年期	完美無缺對悲觀絕望	隨心所欲，安享餘年	悔恨舊事，徒呼負負

資料來源：採自 Erikson, 1963.

一、家暴對 0～3 歲幼兒的影響

㈠焦慮不安：容易被驚嚇、焦慮或極端恐懼，對人不信任。

㈡凸顯自己行為：無論是正面或負面行為都需要他人全部的注意力。

㈢易怒：不尋常的大發脾氣或摔玩具。

㈣過度依賴：緊抓住父親或母親衣襟，缺乏自信，顯示過度依賴。

㈤哭鬧：不停的嚎啕大哭或尖聲呼叫。

㈥發育遲緩：體重增加緩慢、手眼協調困難、口吃或語言發展遲緩。

㈦發展突然退化：例如在會走路後又恢復在地面爬行，並重新喜歡吸吮手指。

㈧健康狀況不佳：經常表示肚子痛、頭痛或身體相關部位疼痛。

㈨睡眠品質不良：作惡夢、難以入眠及睡不安穩。

㈩抗拒成人：尤其害怕與施虐者同性別的成人，因為兒童會將施虐者類化，擔心與施虐者具有相似特徵的成人會對他施暴。

二、家暴對 3 ～ 6 歲幼兒的影響

(一) 焦慮不安：容易被驚嚇、焦慮或極端恐懼，對人不信任。

(二) 凸顯自己行為：所作所為都需要他人全部的關注。

(三) 過度依賴：緊抓住父親或母親衣襟，缺乏自信，顯示過度依賴。

(四) 哭鬧：不停的嚎啕大哭或尖聲呼叫。

(五) 易怒：不尋常的大發脾氣或摔玩具。

(六) 退縮、憂鬱：有時表現木訥，若無其事，對所有事情均表現冷漠。

(七) 暴力傾向：對他人顯現出攻擊力（尤其是男童），容易惱羞成怒。

(八) 內疚：自己內心充滿罪惡感或覺得要對家中的暴力負責任。

(九) 自我虐待：不停拔頭髮、咬傷自己、剝指甲上的皮膚等自戕行為。

(十) 恐懼獨處：對於母親的分離，顯示極端焦慮不安。

(十一) 行為退化：經常尿床、語言退化、學嬰兒說話等。

三、家暴對 6 ～ 11 歲兒童的影響

(一) 焦慮不安：容易被驚嚇、焦慮或極端恐懼，對人不信任。

(二) 激烈爭吵：過度與兄弟姐妹爭吵，並彼此打傷。

(三) 凸顯自己行為：無論是正面或負面行為，都需要他人全部的注意力。

(四) 叛逆：例如在校中耍老大、不聽師長管教，行為不羈。

(五) 盲從：缺乏判斷力，很容易被影響，不管行為對錯，都遵循同儕團體。

(六) 精神渙散：白日夢、在課堂中無法專心或注意力難以集中。

(七) 好管閒事：對於受暴的反動，產生試圖調解暴力欲望。許多在 6 至 11 歲的孩子渴望家中的情況變好，但對孩子而言，這是個高難度的任務。

(八) 缺乏自我概念。兒童可能因家中的暴力而自責，他們可能覺得家中不斷的吵鬧是由自己所引起。

(九) 憂鬱或退縮：受暴的兒童因為自尊受創，開始感到灰心、憂鬱，可能開始斷絕朋友聯絡，或開始賴床，晚上則難以入眠。

(十) 成為同儕攻擊對象：由於受暴兒童產生不適應行為，可能引起其他兒童對受虐者不滿或生氣，甚至可能覺得都是受虐者的錯而影響他們的的生活，於是開始圍攻受虐者。

(土) 模仿暴力：可能過度認同施虐者，並模仿施虐者的行為，開始產生暴力行為。

四、家暴對 12 歲少年的影響

(一) 凸顯自己行為：所有行為都需要他人全部的注意力。

(二) 激烈爭吵：過度與兄弟姐妹爭吵，並彼此打傷。

(三) 精神渙散：白日夢、在課堂中無法專心或注意力難以集中。

(四) 神精緊繃：經常緊張、焦慮，擔心接下來會發生什麼事情。

(五) 性別角色混淆：可能產生困惑的性別認同或對性別角色混淆。

(六) 翹課、逃家：對課業感覺無趣並感到需要逃脫或無法再適應家中的失序。

(七) 誤入歧途：兒童可能以其特行為引起家人的注意，或是被迫離家。

(八) 自暴自棄 ：可能以過度的憤怒，自怨自艾，孤立自己。

(九) 沮喪：感覺徬徨無助，可能表現出不良行為或退縮。

第四節 家暴防治及相關措施

一、醫療系統與家庭暴力防治

《家庭暴力防治法》於民國 87 年所通過，其中第四條、第七條第及八條明文規定，中央與地方的主管機關應積極參與家庭暴力防治工作，其目的就是期望改變社會系統不願積極回應家庭暴力防治的作為。依據家庭暴力防治法，醫療系統不僅應負責被害人的醫療照顧與證據蒐證，更規定中央衛生主管機關應訂定家庭暴力加害人的處遇規範。此外，家庭暴力防治法中也明訂醫療人員有通報之責，衛生主管機關更應擬定及推廣家庭暴力、衛生教育的宣導與專職訓練。

習慣上學者將被害人保護、加害人治療與輔導，以及宣導教育列為家庭暴力防治法的三大基石。雖然家庭暴力防治法已實施多年，但臺灣社會家暴案件不但不減且年有所增，醫療系統的回應仍未達理想，有待學界與行政者的努力（黃志中、謝臥龍、吳慈恩，2003；張錦麗、顏玉如，2003）。

二、家庭暴力防治理論

㈠ 家族治療模式

此模式強調家庭暴力係由家庭內之溝通、互動、及結構所造成。因此認為促進家庭內之溝通技巧、增進良善的互動，以及改變家庭內的氣氛與結構，均可避免暴力發生。不過，此模式因無法達到刑事司法體系中對被害人迅速保護的要件，因此，美國有二十州明令禁止用家族治療為其主要治療模式。然而，實務界並不排除其為次要的治療模式（林明傑，2000），只要明瞭相關的限制與條件，亦可為治療方式之一。

(二) 心理治療模式

此模式則認為家庭暴力起因於施暴者或受暴者個人可能之人格異常、幼年經驗、依附模式，或認知行為模式所造成，因而主張應以心理治療方式加以改善。此模式又可分為認知行為治療模式、精神動力模式以及依附模式等（林明傑，2000）。

(三) 女性主義治療模式

不論是針對被害婦女或是加害人的治療理論，強調反父權意識形態的女性主義治療法在近些年來大行其道，其主張強調醫療系統的冷漠回應來自父權社會的價值與信念，根據黃志中、吳慈恩、張育華、李詩詠（1999）等人的研究，發現婚姻暴力本為社會文化所認可，因此它所衍生出來的傷害，並不被視為「疾病」，因此，自然不列為醫療體系中應照顧的對象。就因為受暴婦女的醫療需求不具備社會文化的正當性，因此長期欠缺家庭暴力醫療防治政策與相關措施，也就不足為奇。

為使加害人與被害人改變其不當的行為，針對被害婦女部分，女性主義治療模式主張透過治療的過程，讓受暴婦女「看見」並「重視」自己的女性經驗，進而達到意識提升以及激力（empower）的效果（吳慈恩，1999），而針對加害人部分，由於強調家庭暴力主因係社會文化長期縱容男性對女性施暴的結果，因此，處遇上應給予施暴者相關男女平權的心理與認知教育，以改變其不當的行為。

(四) 醫療模式

指的是使用精神病理學的分類，將發生婚姻暴力的個案予以診斷分類，尋找相關的疾病種類，以作為解釋婚姻暴力發生的原因，以成為建構治療的基礎，此一模式將施暴者視為精神病患，若無嚴重精神疾病，也可能會有酒癮、藥癮等問題，此外，此一模式也容易將不願脫離婚姻

10

暴力的受虐婦女視爲「被虐待狂」，賦予另一種疾病診斷，綜而言之，此模式將施虐者與受虐者均視有「疾病」的狀態，所以必須給予診斷與治療，而忽略社會文化因素對施暴者與受暴者的影響（黃志中、黃寶萱，2001）。

三、臺灣醫療系統防治展望

㈠防治現況與困境

雖然臺灣醫療界在少數倡導先進的努力下，已奠定某些防治的基礎，但嚴格說來，目前仍欠缺明確理念與防治政策，不過，依然可從93年度評鑑各縣市的詳細指標以及呈現內容，看出防治政策的雛形，具體而言，仍分爲被害人保護、加害人治療與輔導，以及專業訓練與一般大眾宣導等三個重要層面，但預算、人力結構以及參與防治網絡相關會議，亦是結構面可參考的重要指標，柯麗評（2005）曾根據各縣市92年度醫療院所服務指標所提報出來的內容（內政部家庭暴力及性侵害防治委員會，2004a），及相關文獻，檢視臺灣地區家暴防治概況如下：

1. 結構面

⑴ 預算

大部分的縣市仍無家暴防治獨立預算，絕大多數是仰仗社政以及中央的協助，全臺只有八個縣市獨立編列預算的情形，且大都在百萬元以下，僅臺南縣與高雄縣上達千萬，顯示衛生醫療系統仍未將防治工作視爲其分內的職責。

⑵ 人力

大部分都是兼辦人力，在詳細訪談中，發現在醫政或保健課下的人員，還是要兼任精神醫療的相關工作，並未達專責的要求，而且人員流

動性大，很難累積專業經驗。

(3) 參與網絡會議的頻率與層級

依據量化的內容統計，衛生主管參與的層級仍是以課長與承辦人員為主，又欠缺工作動力，防治工作績效自然低落。

2. 執行面

(1) 被害人保護

根據簡春安的研究認為，被害者至醫療機構最基本的期待包括：①得到更多的資訊，使受暴者能得知醫院的程序與規矩；②能儘速得到費用不高的驗傷單；③不需要在醫院中東奔西跑，茫然無緒；④驗傷時，請各科不要重複問話；⑤醫院在驗傷時應注意被害人的安全與隱密性（簡春安，2002）。然而並非所有的醫療院所都能提供上述的服務內涵，仍有許多被害婦女有負向的經驗，根據各縣市於 92 年度指標所提報出來的詳細內容（內政部家庭暴力及性侵害防治委員會，2004a），發現醫療院所目前被害人重要的服務項目包括通報、制訂相關保護流程與建立專責醫療團隊，以及驗傷採證列入醫院評鑑項目等。

根據周月清（2000）對全國二十一縣市政府家庭暴力防治中心所做的問卷調查，發現加害人處遇仍有多項缺失，其中較大者為：經費與專業人員不足、缺乏足夠的加害人處置單位與相關配套措施，其次是欠缺處遇的強制力，使得加害人可以不到相關的機構進行治療輔導等（簡春安，2002），而這些情況至民國 93 年並未獲得改善。至於目前處遇機構的收費情形，少由加害人自行負擔，大部分是由政府補助，而最常執行的認知教育輔導也大多由團體輔導進行，較少的縣市採單獨的個別治療輔導（內政部家庭暴力及性侵害防治委員會，2004a）。

(2) 教育訓練與大眾宣導

教育訓練：目前進行的方式大多採整合醫療相關研習進行，其次為

醫療系統單獨辦理或是配合防治網絡共同舉辦，不過參加專業訓練的仍以醫療社工以及承辦的行政人員爲主，其次爲護理人員，再次爲臨床心理師，最少參與的則爲專科醫師，由此可知醫院重視的情形。

大眾宣導：在家庭暴力防治法中本就明文規定，而醫療衛生單位目前仍未積極辦理，甚至認爲這是社政的責任，因此相關的宣傳資訊多由社政單位提供，不過從 92 年度衛生署匯總各縣市衛生局所提報出來的詳細內容（內政部家庭暴力及性侵害防治委員會，2004a），發現衛生醫療單位宣導的對象，不只包含上述的對象，已擴展至學校社區，其次爲一般的醫護人員。

綜而言之，加害人鑑定、處遇與訓練宣導均仍屬起步階段，未來仍有許多努力的空間。

㈡ 防治展望

我國中央部會應制訂相關的家庭暴力防治政策，以引領發展相關的措施與方案，並敦促地方執行，以下爲未來應加強的重點：

1. 對加害人的鑑定與處遇方面

不論是裁前鑑定或是後來的加害人處遇工作，均亟需仰賴與家暴防治中心以及司法單位的協調聯繫與合作，以改善目前審前鑑定與處遇報到率不高的情況，具體方式可透過建立協調聯繫的準則，以及定期與不定期辦理跨專業體系的會報或個案研討會，以解決目前的疏漏與困難（黃志中、謝臥龍、吳慈恩，2003），或是透過修法將認知輔導教育，列入加害人必須進行的事項，以避免加害人不到法院參與鑑定的情形，並在認知輔導教育課程中，再行瞭解加害人是否還需進行其他戒癮、心理或精神治療等的處遇。除此之外，還有下列幾個重要的作爲：

⑴ 建立合宜的處遇支付原則，以避免經濟問題成爲執行障礙。

⑵ 將裁前鑑定與處遇視爲醫院分內之責，爲鑑定或處遇小組的成

員。

⑶建立鑑定的督導制度，協助鑑定小組的成員提升鑑定品質，而對處遇工作應強化評估，以昭公信。

⑷加強參與鑑定與處遇的成員必備的專業訓練。（柯麗評，2005）

2.被害人保護

目前衛福部訂頒的家庭暴力驗傷診斷書，其內容均以身體所造成的傷害記錄為主，並無其他虐待型式的評估（黃志中，2001），導致醫療院所並不承認其他形式的家庭暴力傷害，如果被害人遭遇的是精神上的虐待，她（他）將無法驗傷，因此為強化對被害人的保護，應修正目前的驗傷診斷書，未來如何涵蓋相關的受傷情形描述、醫療人員對受傷可能原因的看法、相關的醫療史、檢附外傷照片，病人主述及暴力事件描述，與其他科別的會診記錄等，將是應改革的重點（丁雁琪，2004）。

⑴落實家庭暴力被害者標準化服務流程，強化團隊照顧

依上述所言，目前並非沒有標準化流程，只是落實程度令人堪憂。醫院宜將婚姻暴力視為常態篩檢的內容，若發現有家庭暴力之虞，就應進入醫院緊急處理的流程，並強化醫護人員與社工的協同處理能力，視實際需求照會其他科室，唯有落實醫療院所家庭暴力被害者標準化服務流程，被害人保護才有實踐的可能（簡春安，2002）。

⑵強化醫護人員或醫療社工與被害婦女的晤談原則與內容

包含提升對家庭暴力議題的全盤瞭解與對被害人的敏感度辨識、被害人隱私權與安全上的保障、轉介資源的認識與合作、特殊被害人應關照的注意事項等。

⑶ 提供安全且隱密的環境

目前並非所有的區域型責任醫院均設有被害人休息的溫馨室以及隱密較佳的診療室，或是曾有設置但後來卻不當使用，因此未來區域型的責任醫院必須要求有此配備且強化使用率。

3. 教育訓練與宣導

⑴ 專業訓練

政府應要求各科醫學會，將家庭暴力的醫療照顧列入進修課程範圍，以提升醫護人員參與在職訓練的誘因。而教育機構亦應將家庭暴力醫療照顧納入在職與養成教育的內涵，奠定正確觀念。

⑵ 大眾宣導

應積極製作家暴防治宣傳資訊，透過多元化的管道，如廣播電視、電腦網路、平面媒體等，向學校師生、社區民眾以及各公共場所，做計劃性系列宣導。

家庭暴力防治法強制臺灣衛生醫療單位參與家庭暴力防治工作，然而衛生醫療院所仍未將防治視為分內業務，僅被動消極「配合」社政與警政工作，因此家暴防治政策與措施均仍有待努力。

參考文獻

一、中文部分

丁雁琪（2004）。婚姻暴力實務，載於家庭暴力防治工作人員服務手冊，臺北：
　　中國時報（2003）92 年 6 月 23 日，A10 版。

中國時報（2006）。95 年 4 月 4 日 A10 版。

內政部（1999）。警察機關防治家庭暴力工作手冊，臺北：內政部警政署。

內政部（2004）。九十二年家庭暴力案件統計，臺北：內政部家庭暴力及性侵
　　害防治委員會。

內政部（2004a）。九十三年度推動家庭暴力及性侵害防治業務量化指標－社政、
　　衛生醫療、教育單位，臺北：內政部家庭暴力及性侵害防治委員會。

內政部（2013）。http://www.mohw.gov.tw/cht/DOPS/DM1.aspx?f_list_no=143&
　　fod_list_no=1372

林慧芬（2002）。婚姻暴力施暴者處遇理論及模式探討，收錄於國政研究報告。

林明傑（2000）。美加婚姻暴力犯之治療方案與技術暨其危險評估之探討，社
　　區發展季刊，第九十期，頁 197-215，臺北：內政部。

吳慈恩（1999）。邁向希望的春天——婚姻暴力受虐婦女經驗婦女之分析與防治實
　　踐，高雄：高雄家協中心。

柯麗評（2003）。美國犯罪司法系統家暴被害人服務方案介紹——以聖查爾縣
　　（St. Charle, Counly）和紐約為例。發表於民國 92 年 8 月內政部主辦之「法
　　院設置家庭暴力事件聯合服務處方案觀摩暨研討會」。

柯麗評、王珮玲、張錦麗（2005）。家庭暴力理論政策與實務，臺北：巨流。

周月清（1996）。婚姻暴力——理論分析與社會工作處置，臺北：巨流。

周月清（2000）。家庭暴力防治「法」與執行落差之探討一各縣市家暴中心防制工作問題與改善，社區發展季刊，第九十一期，頁286-301，臺北：內政部。

周月清、高鳳仙（1997）。臺北市政府婚姻暴力防治體系之研究一現況與需求之評估，臺北市政府社會局委託研究。

高鳳仙（2000）。家庭暴力防治法規專論，臺北：五南。

黃志中、吳慈恩、張育華、黃寶萱、李詩詠（1999）。婚姻暴力受虐婦女的醫療驗傷經驗，第五屆社會工作實務研討會論文集，頁1-14，臺北：中華心理衛生協會。

黃志中（2001）。婚姻婚姻暴力的暴力被忽略的一角，《第六屆全國婦女國事會議論文集》，於 hltp://taiwan.yam.org.tw/nwc/nwc6/safe/0.1.htm。

黃志中、黃寶萱（2001）。醫療化情況——以二十位住院婚姻暴力受虐者之病歷為例，家庭暴力與性侵害學術論文研討會，頁157-177，彰化：國立彰化師範大學輔導與諮商學系。

黃志中、謝臥龍、吳慈恩（2003）。家庭暴力相對人裁定前鑑定末執行困境之探討，社區發展季刊，第一○一期，頁293-309，臺北：內政部。

黃志中、謝臥龍、吳慈恩（2003）。論美國法院之家庭暴力被害人服務處。發表於民國92年8月內政部主辦之「法院設置家庭暴力事件聯合服務處方案觀摩暨研討會」。

張錦麗、顏玉如（2003）。臺灣地區家庭暴力與性侵害基礎型防治模式一個案管理的工作策略，社區發展季刊，第一○二期，頁242-260，臺北：內政部。

張錦麗、王珮玲、柯麗評（2003）。美國杜魯斯家庭暴力社區介入模式的介紹，社區發展季刊，第一○二期，頁320-330，臺北：內政部。

彭淑華、張英陣、淨淑娟、游美貴、蘇慧雯等譯（1999）/（Alan Kemp 著）。家庭暴力。臺北：洪葉。

簡春安（2002）。家庭暴力被害人保護方案之初探研究，臺北：內政部委託研究報告。

二、外文部分

Bandura, A., Walters, R. H. (1963). *Social learning and personality development*. New York: Holt, Rinehart & Winston.

Bandura, A. (1969). *Principles of behavior modification* Holt, Rinehart & Winston.

Bandura, A. (1977) *Social-learning theory*. Englewood Cliffs, NJ : Pren tice-Hall.

Bandura, A. (1978). The self-system in reciprocal determinism.*American Psychologist*, 33, 344-358.

Bandura, A. (1982). Self-efficacy mechanism in human agency. *American Psychologistt*, 37, 122-147.

Bandura, A. (1986). *Social foundations of thought and action: A social cognitive theory*. Englewood Cliffs, NJ : Pren tice-Hall.

Erikson, E. H. (1963). *Childhood and society* (2nd ed.). New York: Norton.

Gelles, R., & Cornell, C. P. (1990). *Intimate violence in families* (2nd ed.). Newbury Park, CA: Sage Publications.

Hotaling, G. T. & Sugarman, D. B. (1986). An analysis of risk markers In husband to wife violence: The current state of knowledge. *Violence and Victims* 1(2), 101-124.

Kaufman, J., & Zigler, E. (1989). The intergenerational transmission of child abuse. In D. Cicclietti and V. Carlson (Eds.), *Child maltreatment: Theory and research on the causes and consequences of child abuse and nested*. New York: Cambridge University Press.

Levinson, D. (1981). Physical punishment of children and wifeheating in ross-cultural perspective. *Child Abuse and Neglect*, 5(4), 193-196.

三、網站部分

http://www.npf.org.tw/PUBLICATION/SS/091/SS-R-091-002.htm

http://www.moi.gov.tw/violence/ 家庭暴力及性侵害防治委員會

第十一章

電視媒體與幼兒行為

謝義勇

　　學者班度拉（Bandura）由研究中獲致有關在虛構電視節目中出現暴力的結論：「分析電視節目顯示，目擊暴力的人，較傾向於認可此類行為或加入暴力行為，而非尋求替代的解決方式。暴力不僅揭示所獲得的結果，而且也被超級英雄所採用，他們以快速的、機械式的方法，處置他們的對手，好像殺人沒有多大關係一樣。」班度拉的發現，證明電視節目對個人行為的影響。雖然電視的發明帶給人類資訊傳播的方便，但一般學者也發現電視對人類行為發展有負面的影響。大多數學者都認為，電視上的暴力，的確會導致兒童及青少年產生攻擊性的行為。此依共識，是基於多項實驗及實地考察得到的結論。雖然並不是每一個看電視的兒童都會變得富攻擊性，但是這方面的關聯性確實存在，且其影響力之大，不下於其他已知的行為變數。目前在電視與暴力的研究，已經從探討電視暴力存在與否的問題，轉移到進一步發掘影響力的成因。本文將以銘印現象的社會學分析、社會學習理論、電視對幼兒行為的影響及臺灣地區兒童收視狀況等主題，探討電視媒體與幼兒行為。

一、電視與銘印現象的社會學解析

　　認知心理學在這些年各種研究報告一直顯示，人類與其他動物都有類似的銘印現象（imprinting）。銘印現象暗示了人類的身心發展過程中，有所謂的關鍵期。也就是一種生物在發育過程中，可學習某種特定行為的有限期間。幼兒時期所見所聞，對於後期行為必然產生影響。各種認知學習以及身心發展的不同關鍵期，就像只有在特定時辰才開啟的窗口，也像植物會在某一特定時段開花一樣，如果在這個階段受到阻礙或缺乏外在條件的配合，機會便可能一去不回。又如人的「安全感、自信心、事業成功」等等皆有關鍵期。研究發現，如果35歲以前未能讓

11

自己在工作領域爬上「管理階層」之職務，則成為成功經理的希望就會越來越渺小（洪英正，1991）。

銘印（imprinting）是勞倫斯（Lorenz, K., 1903-1989）最有名的行為觀察結論，主要在說明小雁鴨破殼後的第一個會動的物體，往往是牠追隨模仿的對象。「銘印」是一種特殊的學習行為，對於特定刺激訊息的學習過程發生的次數很少，甚至僅需要發生一次，就會對動物個體產生終生的行為影響，而且銘印通常有階段性的因素，也就是說，僅在某一特定發育時期能夠接受這種刺激訊號並產生記憶，超過這個時期，動物即使重複地接受到這類訊息，也不會產生與銘印同樣的記憶效果。就如母親之於子女，銘印使得幼小動物對於母親產生記憶，追隨並模仿母親的行為：勞倫斯博士成功地使一群孵化的雁鵝把他當作是母親。說明了小動物出生後的第一次學習，牠會永遠留在腦海中，不會忘記。尤其是稚幼的鳥類，有些會把牠看到的第一個會動的東西當成媽媽，還有一些雁鴨則銘印第一次聽到的聲音，把它當成媽媽的聲音。以後的行為，無不以這個第一印象為楷模。在自然的情況下，幼鳥出生後第一個見到的當然是母鳥，但是根據勞倫斯的研究結果，他研究的小鴨們，只要所見的物體有某種特殊條件，無論是人類、模型鴨，或不同種的母鴨，都會被小鴨當成是銘印的對象。無怪乎養鳥人士一定要將剛孵出的小鳥獨立豢養，並隔絕母鳥的叫聲，否則小鳥無法學習人類的聲音。其實，這種現象不但是心理行為，也是一種社會行為。

電視發明之後，被廣泛應用於教育而成為普及的教學媒體。專門研究兒童發展的專家哈倫貝克及思拉比（Albert Hollenbeck and Ronald Slaby, 1979），認為6個月大的嬰兒就開始對螢光幕上的活動發生興趣。筆者曾經以錯誤讀音的光碟給五位幼兒園小朋友觀看，之後再播放正確的讀音，其中五位全部指出後來正確的內容是錯誤的。此一情形證明兒童對第一次接觸的資訊亦有類似銘印現象，他們總認為第一次接觸

的是正確的。小孩子學寫字，也是以老師第一次教的筆順爲依據，很難加以更改。由於電視的普及，也被廣泛利用於幼兒教材教法，由於幼兒2到8歲是所謂智力發展的關鍵期，若錯誤訊息卻讓幼兒產生銘印現象，對於日後幼兒學習將產生莫大影響。

二、電視與社會學習理論

個體在社會情境中可以向其他人學習行爲。此一觀念在教育上早已存在，我國自古所謂「見賢思齊」與「以身作則」等名訓，正是此義。一般人都是認爲經由對他人行爲的模仿，就可以產生學習的觀念。不過，社會學習理論（social learning theory）之成爲一套系統的理論，則自美國斯坦福大學教授班度拉（Albert Bandua, 1925-）開始。班度拉的社會學習理論內容豐富，以下就社會學觀點介紹其中要義。

㈠ 學習的三元取向理論

班度拉認爲，僅只環境因素並不能決定人的學習行爲。除環境因素外，個人自己對環境中人、事、物的認識和看法，更是學習行爲的重要因素。換言之，在社會環境中，環境因素、個人對環境的認知以及個人行爲三者，彼此交互影響，最後才確定學到的行爲。由於班度拉的社會學習理論中包含環境、個人與行爲三項因素，故而被稱爲三元學習論（triadic theory of learning）。

㈡ 學習由觀察與模仿而得

社會學習理論強調，在社會情境中個體的行爲會受別人的影響而改變。班度拉曾採用觀察學習（observational learning）與模仿

（modeling）兩個概念說明個體何以受他人影響。觀察學習是指個體只以旁觀者的身分，觀察別人的行為表現，而獲得學習。例如：教育上經常舉辦的示範教學、觀摩教學以及教學演示等措施。觀察學習並不僅限於經由實地觀察別人行為表現方式而學到別人同樣的行為。就如幼兒看到別的幼兒因打針啼哭，於是他便會學到對打針的恐懼和啼哭。類似這種從別人的學習經驗得到新經驗的學習方式，稱之為替代學習（vicarious learning）（Bandua, 1986）。

社會學習理論中另一概念—模仿（modeling），是指個體在觀察學習時，向社會情境中某個人或團體行為學習的歷程。模仿的對象稱為楷模（model）。例如：家庭中的父母與學校中的教師、影視明星等，一向被視為兒童模仿的楷模。

(三) 模仿學習有不同的方式

根據班度拉的社會學習理論，學習者經由觀察學習對楷模人物的行為進行模仿時，因學習者當時的心理需求與學習所得的不同，而有四種不同的方式：

1. 直接模仿（direct modeling）

是一種最簡單的模仿學習方式。人類生活中的基本社會技能，都是經由直接模仿學習來的。諸如幼兒學習使用筷子吃飯與學習用筆寫字等，都是經由直接模仿學習的。

2. 綜合模仿（synthesized modeling）

是一種較複雜的模仿學習方式。學習者經模仿歷程而學得的行為，未必皆得自楷模一個人，而是綜合多次所見而形成自己的行為。例如：某兒童先是觀察到電工踩在高凳上修理電燈，後來又看到母親踩在高凳上擦窗戶，他就可能綜合所見學到踩在高凳上，取下放置書架上層的圖

書。

3. 象徵模仿（symbolic modeling）

是指學習者對楷模人物所模仿者，是其性格或其行為所代表的意義，而不是他的具體行為。例如：電影、電視、兒童故事中所描述的偶像人物，在行為背後所隱示的正義、勇敢、智慧等性格，即在引起兒童象徵模仿。

4. 抽象模仿（abstract modeling）

是指學習者觀察學習所學到的是抽象的原則，而非具體行為。幼兒看到老師的例句，於是學會造句，即為抽象模仿。

㈣ 模仿學習絕非機械式反應

依照班度拉的解釋（Bandua, 1977），學習情境中的某種刺激，對學習者而言，具有兩種不同意義；其一為名義刺激（nominal stimulus），指刺激所顯示的外觀特徵，是客觀且可以測量的，其特徵是對情境中每個人都是一樣的。其二為功能刺激（functional stimulus），指刺激足以引起個體產生內在的認知與解釋，其特徵是對情境中每個人反應未必相同。

班度拉曾以幼兒為對象從事觀察學習研究，以驗證上述中介歷程的理念。該研究的設計是先讓幼兒園幼兒觀賞影片，劇情中顯示一位憤怒成年人攻擊一個充氣娃娃。觀賞結束，將幼兒帶到另一放置充氣娃娃的實驗室，讓他們模仿攻擊動作。結果發現，不同的幼兒攻擊方式並不相同；他們並不一定直接抄襲成人的動作進行攻擊，而是各自表現其自己的攻擊行為（Bandura, 1969）。

㈤ 最能引起兒童模仿的典範

根據班度拉的實驗研究發現，幼兒模仿的特質如下：

1.幼兒們最喜歡模仿他心目中最重要的人。所謂「重要他人」是指在他生活上影響他最大的人。諸如家庭中父母、學校教師、同儕中的領袖，都是幼兒心目中的重要他人。

2.幼兒們最喜歡模仿同性。在家庭中，女兒模仿母親，兒子模仿父親；在學校中，男女學童分別模仿男女教師。

3.幼兒們最喜歡模仿獲得榮譽、出身高層社會以及富有家庭兒童的行為。

4.同儕團體內，有獨特行為甚至曾經受到懲罰的人，並非幼兒最喜歡模仿的對象。

5.同年齡、同社會階層出身的兒童，較喜歡彼此相互模仿（Bandua & Walters, 1963）。

三、電視暴力對幼兒的影響

由前文敘述可知，班度拉認為在同樣社會情境下，不同學習者未必經觀察而學到同樣的社會行為。這也就是「電視暴力鏡頭對兒童是否有害？」的問題不能獲致肯定答案的原因。因為暴力鏡頭只是情節的一部分，也只是表面動作，而鏡頭背後往往隱含著劇中人性格上的勇敢與正義。如對觀察的楷模效應，只限於表面直接模仿，而不能深入領會，暴力鏡頭自然是有害無益的。根據內政部兒童局出版《94 年兒童及少年生活狀況調查報告～兒童報告書～》（內政部，2006）統計，臺閩地區家長對兒童媒體視聽權之注重情形，6 ～ 12 歲之家長重視或極重視者平均占受訪者的 88% 以上（見表 11-1）。因此，本文僅就相關影響

提出討論，並非完全否定電視在教學上的正面意義，但卻要呼籲社會注意電視對幼兒行為的負面作用。

表 11-1　臺閩地區家長對兒童媒體視聽權之注重情形——按兒童個人狀況分

項目別	總計	媒體視聽權				
		非常注重	注重	普通	不注重	非常不注重
臺閩地區	3,000	56.36	32.72	9.97	0.61	0.33
按兒童年齡分						
0～未滿 3 歲	597	55.65	33.95	8.98	0.27	1.15
3～未滿 6 歲	737	55.63	33.33	10.32	0.51	0.21
6～未滿 12 歲	1,666	56.92	32.01	10.18	0.79	0.10

資料來源：94 年兒童及少年生活狀況調查報告～兒童報告書～，內政部兒童局，2006，頁 532。

㈠ 長期的爭議——幼兒該不該看電視

　　澳洲大學的艾莫瑞教授夫婦在〈空洞的目光〉（The Vacuous Vision）一文中指出，長時間看電視造成腦部活動力大減，對兒童的影響尤其大。因為幼兒自出生後的前八年，腦部發展與成長幾乎達 80%。美國小兒科學會（American Academy of Pediatrics）還公開主張，父母應避免讓 2 歲以下的孩子看電視，正是有鑑於幼兒在這段時間看太多電視，對腦部發育有負面影響。但在此同時，亦有學者認為電視是有效的教學媒體，不應放棄使用。

㈡ 看電視的兩大迷思

　　儘管電視對幼兒的影響，眾說紛紜，但有兩大迷思，值得注意：

1. 幼兒可觀看卡通影片

一般父母總認為，幼兒只要看卡通頻道，就可以避免不適合的節目。所以讓幼兒鎖定卡通頻道，父母就可安心無虞。但根據統計，臺灣近十年來的卡通，有三成以上是以戰士、金剛以及超人等角色為主，強化「正義對抗邪惡」，以武力打擊壞人的暴力傾向。如同前面所說，暴力鏡頭只是情節的一部分，也只是表面動作，而鏡頭背後往往隱含著劇中人性格上的勇敢與正義。如對觀察的楷模效應，只限於表面直接模仿，而不經由父母解釋，暴力鏡頭自然是有害的。況且傳播學者指出，非真人演出的暴力角色，最容易引起兒童的模仿行為，看多了被痛扁之後，還能安然無恙的卡通化施暴結果，幼兒也會產生「揍一下沒關係」的解禁作用。

2. 電視教學最有效

電視節目生動，所以常被教師、家長作為教學媒體，這固然是無可厚非。但已有學者認為「只要在電視螢光幕前連續坐上半小時，人的新陳代謝與活動力都下降，智商減少 50。」《電視對孩童心靈的傷害》（How Television Poisons Children's Mind）一書作者艾佛略特（Miles Evrett）甚至指出：「不論電視播放什麼節目，只要孩子花更多時間坐在電視機前面，對他們就是有害的。」（引自吳韻儀，2000）

很多家長喜歡用錄影帶或 DVD 當做孩子學習的工具，但專家提醒，「電視並不能教孩子很多東西，它最大的功效是引發學習興趣，但不是最佳學習工具。」（王美恩，2005）

目前電視有不少暴力的節目，會使孩童對暴力產生害怕的心理，而逐漸接受暴力就是解決問題的一種方式，藉由觀看電視來學習模仿，及認同暴力受害人或加害人的某些特色。兒童觀看暴力節目時，容易模仿他們所看到的內容，造成孩子情緒、行為和衝動控制的問題。有學者認

為電視暴力的衝擊，可能立即呈現在孩子的行為表現，甚至可能在數年之後仍然出現，即使家庭沒有暴力的氣氛，幼童仍會受到影響。在過去三十年的研究發現，電視暴力會影響觀看者的態度價值和行為。一般而言，影響層面包括三個領域：⑴攻擊：觀看電視暴力節目，會使暴力行為增加和態度改變，而習慣使用暴力來解決問題。⑵減敏化：廣泛過度觀看的暴力，會導致對暴力的敏感度降低，增加對暴力的容忍度。⑶害怕：會產生「真實世界症候群」，觀看者會過度強調受害的危險性。

　　暴露在暴力媒體和意圖使用暴力之間有直接關係。觀看摔角節目的孩童，在學校變得更暴力，傾向學習在電視所觀看的摔角節目而模仿其行為，由於孩子的認知發展尚未成熟，無法理解在競技場上的格鬥是現實或是虛幻。而學校師長也表示暴力的意外事件增加，有很多小孩是因為輕微受傷而送至保健室或骨折住院，並提及這些都和在遊戲或操場出現的暴力和高度的情緒不安有關。我國教育部於民國 60 年禁止無線電視臺撥放日本摔角節目，原因也是學童在校園中模仿摔角選手違規動作，造成同學嚴重受傷。

　　暴露在媒體的暴力之下，會增加和陌生人、同學和朋友的攻擊性互動。南非在 1975 年引進電視於人們的日常生活之後，結果十二年後，社會上發生暴力殺人事件的比例增加到 130%。由此可見，電視媒體對於報導題材的內容，確實影響到整個社會文化的各層面。

　　電視媒體對暴力的影響之研究，不可過於簡化，電視暴力的影響包括短期和長期所造成暴力行為的影響。儘管統計數據顯示，約有 5～10% 的孩童有暴力行為，但這些並非全肇因於電視，因為學校、家庭和社會對暴力亦具有深遠的影響力。娛樂節目的暴力或虛擬的呈現，通常會造成孩童的恐懼，即使是在新聞節目中播放的打鬥畫面，也會造成影響。

　　為讓兒童吸取電視的好處，減低電視的傷害，家長要注意孩童所觀

11

看的節目，最好多陪幼兒一起看電視，幼兒房間不要放電視，勿讓孩子看暴力節目，並向孩子解釋這些節目錯誤的地方，強調暴力行為並非解決問題的最佳方式。不管電視的內容如何，觀看電視的時間必須適中，以免減少孩子從事有益的活動（吳韻儀，2000）。

四、臺灣目前兒童電視節目收視概況

根據兒福聯盟基金會在 2003 年所做的調查發現。不上學的時候，小朋友最常做的事是「看電視」，上海受訪兒童中有 59.46%、臺北高達 79.65%、香港更高達 80.04%。當孩子習慣了快速影像和有聲光效果的電視後，靜態文字的吸引力就相對降低許多。無怪乎電視總成為全家人共同的休閒活動，有時甚至得擔任孩子的保母（王美恩，2005）。

現代媒體大幅改變了人的生活，傳播新知識和新觀念，使人們擁有更便利、更有智慧的生活；媒體的影響力可謂無所不在，兒童也不免受其影響。兒童福利聯盟（簡稱兒盟）92 年的「兒童生活狀況調查」發現，超過七成的臺灣兒童，其課餘的主要活動是「看電視」，顯示現代兒童長時間面對電視所放送的訊息，影響兒童身心發展。

過去研究顯示，媒體對於兒童的身心發展有顯著的影響。美國一項對學齡前的孩童收視習慣與行為模式之間的研究，發現若兒童每天看電視的時間達 3 小時，情緒方面出現較高程度的焦慮、沮喪及憤怒；每增加 1 小時，則狀況會更加嚴重；若每日看電視時間達 6 小時以上，兒童的行為模式將會受到極度扭曲。另一項研究則顯示，收視時間在適度範圍內的孩童，其在學校的各項表現，比完全不看電視的孩子來得好。研究結果進一步指出，「適度」範圍係指一週不超過 10 個小時，若收視時間超過 10 個小時，則孩童在學業上的專注力和持續力將逐漸下降；

收視時間超過 30 個小時，則產生顯著的負面影響。換言之，適當地收視，對於兒童具有正向影響，反之則有負向影響（2005 年臺灣兒童傳播權調查報告，兒童福利聯盟文教基金會）。

由上述研究可知，電視節目的內容、兒童的收視時間與習慣，都可能影響兒童的身心健康。以下就兒童福利聯盟文教基金會所進行的研究報告進行分析，瞭解臺灣兒童的收視行為、媒體識讀教育、電視對兒童的影響等與兒童傳播權發展有關的狀況，至於幼兒部分，則有待進一步研究。

㈠ 兒童看電視時數

研究顯示，目前臺灣有 28.7% 的學童，在非假日時每天看電視 1～2 小時，另外各有近五分之一的學童，每天看電視不到 1 小時（18.4%）或每天看 2～3 小時（17.2%）。而每天看電視 3 小時以上的學童占了 28.7%，甚至有 12.7% 的孩子每天花 5 小時以上看電視。進一步統計得知，臺灣學童在非假日，平均每天收視時數為 2.3 小時。

臺灣學童假日看電視的時數較平日增加，每天收視 1～2 小時者雖仍占最高比例為 22.6%；收視 2～3 小時、3～4 小時、4～5 小時分別提高至 17.6%、15.4%、10.1%；假日中每天看電視 5 小時以上的學童高達 18%。（見圖 11-1）

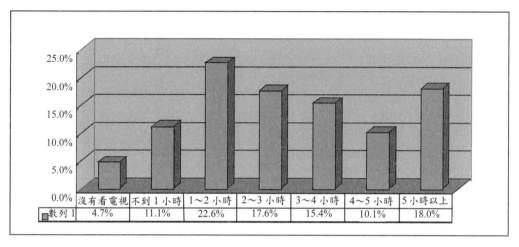

	沒有看電視	不到1小時	1~2小時	2~3小時	3~4小時	4~5小時	5小時以上
數列1	4.7%	11.1%	22.6%	17.6%	15.4%	10.1%	18.0%

圖 11-1　假日兒童每天收視時數

資料來源：兒童福利聯盟文教基金會，2005。

㈡ 兒童看電視類型

調查發現，臺灣學童接觸的電視節目以一般卡通占最多，約占 63%，觀看格鬥類卡通的比例亦將近六成。「格鬥類卡通」所呈現的暴力情節，可能對兒童造成不良影響。此外，也有超過五成的學童（54.8%）會收看當紅偶像主演的偶像劇；再其次爲國家地理頻道、動物星球頻道等知識類節目，占 26.9%；綜藝類節目也有 26.1% 的學童觀看；25% 觀看運動類節目；17.6% 觀看鄉土劇。專爲兒童製作的節目，反而僅占 13.3%；而新聞節目僅有 8.4% 會收看（見圖 11-2）。

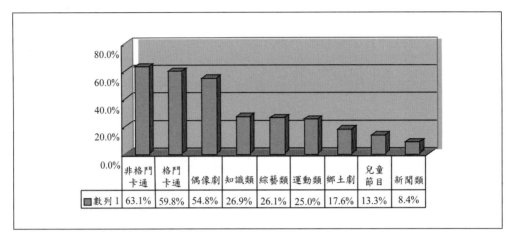

數列 1	非格鬥 卡通	格鬥 卡通	偶像劇	知識類	綜藝類	運動類	鄉土劇	兒童 節目	新聞類
	63.1%	59.8%	54.8%	26.9%	26.1%	25.0%	17.6%	13.3%	8.4%

圖 11-2　兒童看電視類型（可複選）

資料來源：兒童福利聯盟文教基金會，2005。

㈢ 兒童看電視節目內容

　　該調查發現，有 10.2% 的兒童認為自己看的節目中，「一定會」出現暴力的情節；「通常會」看到暴力情節者占 24%，「通常不會」看見者占 42.3%，只有 23.2% 的學童表示收看的節目「一定不會」出現暴力內容。據此可知，超過七成的學童認為平常收看電視節目時，可能會看到暴力的情節，其中更有三成四的學童明確表示，電視節目中通常會出現暴力的內容，亦即大多數的孩子可能透過電視觀看、甚或模仿暴力行為（見圖 11-3）。

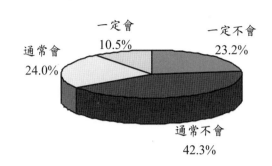

圖 11-3　兒童看電視節目是否會有暴力內容

資料來源：兒童福利聯盟文教基金會，2005。

㈣ 父母是否會陪兒童看電視

　　兒童傳播權中包含接受正確媒體教育的權利，因此都應該對兒童進行適當的媒體教育，尤其在現代社會，家長與老師教導，示範正確解讀電視的訊息，也是媒體教育中重要的一環。該調查發現「通常會」有父母陪同收視的學童約占 34.5%，父母「一定會」陪同收視者則有 10.9%，而父母「通常不會」、「一定不會」陪同收視者分占 32.7% 和 21.9%。這顯示半數以上的兒童在觀看電視的過程中，沒人陪他們檢視或解釋節目的內容，也沒人從旁為他們的收視行為把關，讓孩子可能收看不適其身心健康的節目（見圖 11-4）。

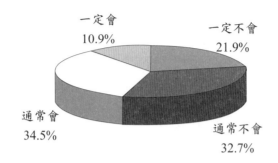

圖 11-4 父母是否陪兒童看電視

資料來源：兒童福利聯盟文教基金會，2005。

㈤ 教師是否進行媒體教育

　　針對學校媒體教育的部分，調查發現有 56.8% 的學童表示，老師「一定會」進行最基本的媒體教育，教導他們觀看電視應注意的事情，另有 25.7% 的學童表示老師「通常會」這麼做。而表示學校老師「通常不會」、「一定不會」提供媒體教育的學童，則分別有 10.7% 和 6.8%。以上結果指出，大多數的學校老師都會對學童進行基本的媒體教育，但仍有一成七左右的教師可能忽略了媒體對孩子的影響，而不重視媒體教育（見圖 11-5）。

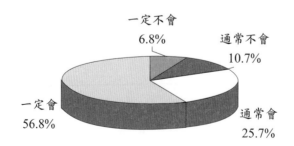

圖 11-5 老師是否進行媒體教育

資料來源：兒童福利聯盟文教基金會，2005。

㈥ 兒童看電視是否遵守分級規定

調查結果發現，「一定會」遵照規定的兒童僅占 38%，「通常會」遵照規定的學童有 24.5%。而「通常不會」遵照規定收視者占 15.5%，有 12.4% 的學童表示他們「一定不會」依照分級制度來決定自己的收視行爲。此外，該研究發現分別有將近 5% 的學童「不瞭解分級制度的規定」或「沒有注意分級的標誌」，因此這些孩子看電視時也不會遵照分級制度（見圖 11-6）。

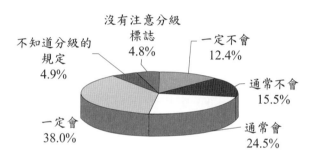

圖 11-6 兒童看電視是否遵守電視分級規定

資料來源：兒童福利聯盟文教基金會，2005。

㈦ 兒童自認適合觀看的電視節目數

該研究對兒童節目的數量進行調查，結果發現有 39.9% 兒童認爲適合觀看的節目「滿多的」，認爲「有點少」和「非常少」的學童則分別占 35.5% 與 16.3%，只有約 8.3% 的學童認爲有「非常多」適合他們收看的節目，亦即逾半數的學童覺得電視臺爲兒童製作的節目不夠多（見圖 11-7）。

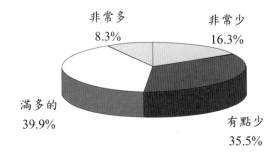

圖 11-7　兒童自認適合觀看的電視節目數量

資料來源：兒童福利聯盟文教基金會，2005。

㈧ 兒童是否因觀看電視而想購買卡通商品

　　兒童傳播權中包含兒童有免於受商業剝削的權利，英國的廣電法規甚至規範兒童節目播送期間，不可播出以節目中的角色代言的廣告，以保障兒童免受商業剝削的權益。但該調查顯示，分別有 18.2% 與 31.1% 的臺灣學童表示他們「一定會」或「通常會」因為卡通人物的廣告，而特別想要購買某種商品，顯然是受到了商業的剝削（見圖 11-8）。

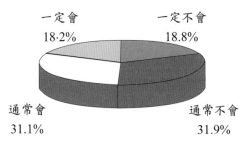

圖 11-8　兒童是否因觀看電視而想購買卡通商品

資料來源：兒童福利聯盟文教基金會，2005。

(九) **兒童認為能否在電視上學到知識**

　　調查發現，51% 的學童認為「通常會」在電視上學到有用的知識，另有 19.4% 的學童覺得「一定會」在電視上學到知識，兩者合計約七成的學童肯定電視可提供有用的知識；但也有 23.6% 的學童認為電視「通常不會」提供有用的知識，甚至有 6% 的學童覺得在電視上完全學不到有用的東西，近三成學童認為電視的教育功能薄弱（見圖 11-9）。

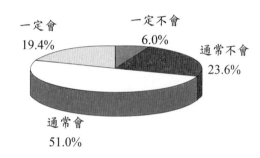

圖 11-9　兒童認為能否在電視上學到知識

資料來源：兒童福利聯盟文教基金會，2005。

(十) **兒童看過兒虐照片的感覺**

　　該次調查發現，絕大多數的學童都曾在電視上看過兒童受虐的畫面，僅有 8.7% 的孩子表示沒看過。而五成以上的學童看見兒虐照片之後，會出現難過（64.3%）、害怕（52.1%）、生氣（51.6%）等負向的情緒感受（見圖 11-10）。

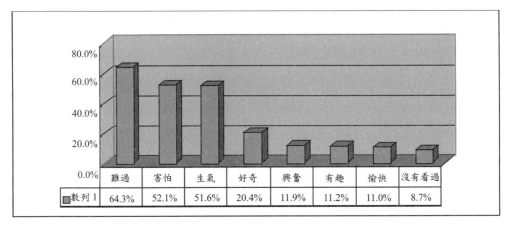

數列 1	難過	害怕	生氣	好奇	興奮	有趣	愉快	沒有看過
	64.3%	52.1%	51.6%	20.4%	11.9%	11.2%	11.0%	8.7%

圖 11-10　兒童看過兒虐照片的感覺（可以複選）

資料來源：兒童福利聯盟文教基金會，2005。

㈡ 兒童期望像電視中的人物

　　該調查結果發現學童心目中的角色模範，前幾名分別是陳詩欣、王建民等人（48.6%）、大長今（47.1%）、格鬥天王（45.2%）、消防員（39%）、證嚴法師（34.2%）。有四成五的學童表示認同偶像劇中出現「有仇必報」的觀念，可見透過媒體的傳播，無形中讓孩子學到「以牙還牙」、「冤冤相報」等宣揚暴力的價值觀（見圖 11-11）。

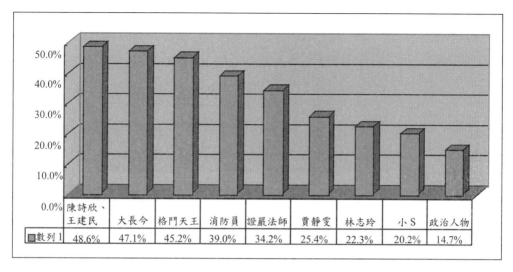

圖 11-11　兒童期望像電視中的人物（可以複選）

資料來源：兒童福利聯盟文教基金會，2005。

(土) 兒童感覺電視或新聞中的兒童形象

　　兒盟針對電視或新聞節目中所呈現的兒童形象進行調查，發現孩子所感受到的兒童媒體形象，以可愛 72.5%、聰明 68.7% 和乖巧 54.7% 為主；39.2% 的學童覺得電視上的兒童形象是頑皮的，28.6% 認為兒童很可憐、弱小，19.6% 的學童覺得電視上的小孩顯得很早熟，還有 14.3% 覺得孩子是愛欺負人的（見圖 11-12）。

　　根據該調查的結果發現，臺灣專屬兒童的電視節目，在質或量方面都不能滿足孩子的需求；尤其在各種電視節目中所傳播的觀點，可能影響兒童的價值觀，形成不正確的觀念，如對於「有仇必報、以暴制暴」觀念的認同、不尊重他人隱私等，都值得重視；而家長未能陪同指導、過濾兒童的收視行為，則使兒童置身在電視媒體可能造成的負面影響中。（2005 年臺灣兒童傳播權調查報告，兒童福利聯盟文教基金會）

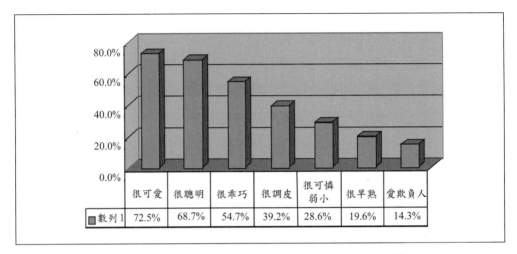

	很可愛	很聰明	很乖巧	很調皮	很可憐 弱小	很早熟	愛欺負人
■數列1	72.5%	68.7%	54.7%	39.2%	28.6%	19.6%	14.3%

圖 11-12　兒童感覺電視或新聞中的兒童形象（可以複選）

資料來源：兒童福利聯盟文教基金會，2005。

　　研究指出，觀看電視暴力節目在以下幾方面助長孩子的攻擊行為（Bandura, 1963）：

　　1.電視暴力節目使孩子習得新的攻擊方法。

　　2.觀賞暴力節目使孩子降低對於暴力行為的抑制力。

　　3.電視暴力提供感同身受的制約時機，孩子因想像參與別人的暴力經驗而獲取攻擊行為。

　　總之，電視已是幼兒不可避免的社會化工具之一，對幼兒行為發展影響甚大，社會學家正繼續評估幼兒接觸電子媒體在各個方面的影響，包括一天看多少電視、使用多久的電腦……等。假以時日，定能提供更多實證資料。

參考文獻

一、中文部分

王美恩（2005）。孩子愛看電視怎麼辦？臺北：天下雜誌，23-26。

內政部（2006）。九十四年臺閩地區兒童及少年生活狀況調查報告～兒童報告書～。
臺北：內政部兒童局。

兒童福利聯盟文教基金會（2006）。「TV 哪裡有問題？」—2005 年臺灣兒童傳
播權調查報告，臺北。

吳韻儀（2000）。電視傷害，你想不到的大，載於從零歲開始，臺北：天下雜誌。

洪英正、黃天中等著（1991）。生涯規劃與自我瞭解，生涯與生活，第三章。臺
北：桂冠。

翁秀琪（1996）。大眾傳播理論與實證，臺北：三民。

鄭明椿譯（1994）。George Cobstock 著，美國電視的源流與演變，第七章。臺北：
遠流。

二、英文部分

Bandura, A., Walters, R. H. (1963). *Social learning and personality development*.
New York: Holt, Rinehart & Winston.

Bandura, A. (1969). *Principles of behavior modification*. Holt, Rinehart & Winston.

Bandura, A. (1977). *Social-learning theory*. Englewood Cliffs, NJ: Prentice-Hall.

Bandura, A. (1978). The self-system in reciprocal determinism. *American Psychologist*, 33, 344-358.

Bandura, A. (1982). Self-efficacy mechanism in human agency. *American Psychol-*

ogistt, 37, 122-147.

Bandura, A. (1986). *Social foundations of thought and action: A social cognitive theory*. Englewood Cliffs, NJ: Prentice-Hall.

三、網站部分

http://ceiba3.cc.ntu.edu.tw/course/76dcb5/ref/ref_behavior.htm

Nobel e-museum http://www.nobel.se/

Nobel Channel http://www.nobelchannel.com

Nobel Prize Internet Archive http://nobelprizes.com/

http://brc.se.fju.edu.tw/nobelist/197x/p1973.htm

http://www.tcpsung.gov.tw/cybercrime/game/game.htm

http://www.nobel.se/laureates/medicine-1973.html

http://www.twccm.org.tw/CCM_Mag/8909/30.html

http://www.ylib.com/Search/qus_show.asp?BookNo=L9007

http://www.children.org.tw/Public/Data/F20051213942291.pdf

http://www.children.org.tw/

第十一章

當代社會問題與幼兒教育

許文宗

　　根據人口學理論，第一次「人口革命」的結果是生育率增加；而第二次的「人口革命」則是家庭與婚姻制度的變化，對現代社會所造成的不婚、不育而產生少子化的現象。歐洲與西方工業化國家所經歷的第二次人口革命，在臺灣已次第展開，將對臺灣社會的家庭與婚姻制度產生重大的變化。

　　我國自從十大建設完成以來，已步入現代化國家之林，隨著工業化、現代化的推展，臺灣社會的進步與繁榮，大眾傳播事業的發達，知識爆發、家庭計畫推展、民主生活方式等現代化現象，都與傳統社會的狀況，大異其趣。現代社會的急遽變遷，使得行為模式、價值系統、人際關係、婚姻形式等，都與傳統社會有顯著而重大的轉變，進而影響家庭結構的改變（王連生，2005）。

　　本文所探討之當代社會問題即聚焦在少子化社會與家庭結構的改變，及其對臺灣幼兒教育發展之影響。

一、少子化社會

　　臺灣在 50 年代因為高出生率與低死亡率，人口增加很快，這種現象一直延續到 60 年代初，人口成長速度因出生率的下降才明顯下滑；2000 年之後粗出生率更降至 12‰ 以下，人口自然成長率低於 8‰，2003 年粗出生率為 10‰，自然成長率只有 4.3‰。以總生育率（TFR）來說，四十年來從超過 6 人降到 1.3 人。少子化的情勢，衍生出許許多多的社會現象，包括家庭結構以及幼兒生活形態的改變等。以下就臺灣地區少子化現象、及家庭結構與現代幼兒的特徵兩部分，分別探討。

(一) 少子化現象

　　臺灣人口在二十世紀前半呈現幼年化的情形（上窄下寬的金字塔型人口結構），80 年代以後，金字塔型的底部逐漸縮小，頂部卻相對的擴大。換言之，臺灣地區經濟活動人口（15 ～ 64 歲）、老人依賴人口（65 歲及以上）和幼年依賴人口（15 歲以下）的比例已有了明顯的變化。以 2004 年來說，臺灣地區幼年（15 歲以下）人口占 20.0%、經濟勞動力人口占 71.0%、老人人口則占 9.0%，共 210 萬人。這樣的變遷趨勢，在其他條件不變之下，臺灣人口年齡結構圖不再是金字塔，而是像個保齡球桿，甚至是花瓶一般（詳見圖 12-1）。

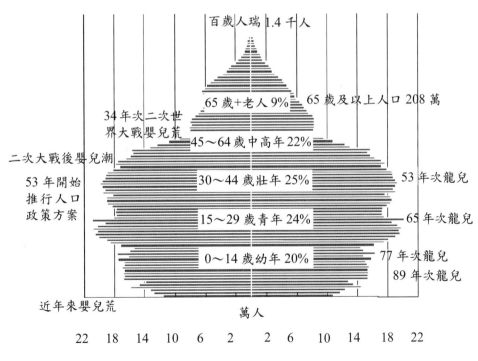

圖 12-1　臺灣地區未來人口金字塔

資料來源：內政部，臺閩地區人口統計，93 年 6 月。

　　根據內政部所發布，臺閩地區 2006 年 1 月出生數爲 16,477 人，折合年粗生率爲 8.52‰，較 2005 年 1 月減少 0.74 個千分點。2004 年出生數爲 216,419 人，較 2003 年減少 10,651 人；粗出生率爲 9.56‰，較 2003 年減少 0.50 個千分點，逐年銳減（詳見圖 12-2）。此外，婦女生育的胎次也明顯在減少，臺閩地區 2003 年總生育率爲 1.235，即指平均每一婦女一生可生育 1.23 個小孩，較 2002 年減少 0.16 個（詳見表 12-1）。

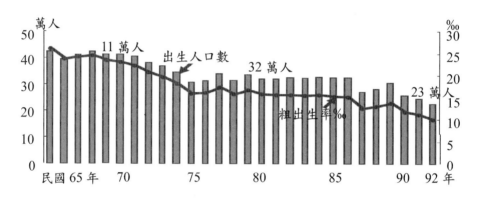

圖 12-2　臺灣出生人口及粗出生率下降趨勢

資料來源：內政部，臺閩地區人口統計，93 年 6 月。

表 12-1　臺灣婦女當年出生數之生育胎次統計

年別（民國）	第一胎平均生育年齡（歲）	出生嬰兒之胎次（%）			總生育率（人）
		第一胎者	第二胎者	第三胎以上者	
70 年	80	90	92	23.2	24.9
26.2	26.7	37.5	42.2	49.8	51.3
31.4	36.5	35.3	36.6	31.1	21.3
14.9	12.1	2.455	1.720	1.400	1.235

資料來源：內政部，臺閩地區人口統計，93 年 6 月。

　　臺灣每年生育率節節下降，即使有外籍媽媽努力生產報國，國內平均每一名育齡婦女生育數仍只有 1.2 人，再創新低。在高所得國家中，平均生育率為 1.6 人，亞洲富國中，南韓 1.3 人、新加坡 1.4 人，臺灣連年下降，屢創歷史新低。

　　生育率偏低已經成為經濟合作暨發展組織（Organisation for Economic Co-operation and Development，簡稱 OECD）國家的頭痛問題。根據 OECD 分析，生育率持續降低對經濟將造成負面影響，年輕人要扶養的老人數太多，勞動人口減少，將使經濟減緩，平均每人財富縮減，依靠工作人口繳稅所支應的社會福利與公共設施也會有財源匱乏。而下一代年輕人的負擔沉重，資源分配不公，也容易造成世代間的衝突。「少子化」代表的是人才的枯竭，能由後天教育添補者必然少數；「少子化」也代表消費之萎縮，少子化社會所需要的牛奶、糧食、衣飾、服務必然減少，使經濟成長動力受挫。

(二) 家庭結構的改變與現代幼兒的特徵

1. 家庭結構的改變

　　近幾年家庭結構因社會價值與經濟因素的影響，而有了改變，單親、多婚、同居、未婚生子、隔代教養的情況較往年為多，這些新型的家庭結構，有一部分在子女的教養上有其限制，進而未能受到妥善的照顧，學生的異質性變大，入學之後的表現常會出現令人困擾的學習與問題行為。傳統的學校教育未必能符合每一個學習者的發展與學習需求，另類教育機制的設計也就格外重要，善用各項資源，藉由課程、師資、學習方式的彈性規劃，以協助不同學習者成長。

　　雖然隨著近年來臺灣地區快速的社會變遷，這使得包括家庭組成、家庭結構、家庭功能、以及家庭內涵，均產生實質性的改變，不過，即

便如此，「家庭」仍然還是國人現實生活裡安身立命的基本架構所在，更確切地說，「家庭」依舊扮演著兒童主要的守護神角色。

2.現代幼兒的特徵

現代幼兒的心智成長，受到家庭結構改變，以及大眾文化、流行文化、網路文化等不斷的影響，似乎比過去快速發展，但因缺乏適當的教育指導，或因錯誤的教育期望，早熟發展的心智，可能有害其性格的健全發展，種下日後問題行為的禍根。因此，重視幼兒教育發展的研究，強調幼兒教育的紮根與績效，遂成為新世紀工業先進國家教育計畫的焦點，也是教育革新的主要課題，更是國民教育政策的共同趨勢（王連生，2001）。以下依學者王連生（2001）主張現代幼兒之共同特徵，分述如下，以作為推動與改進幼兒教育之參考：

(1) 活潑好動

幼兒生性原本好動，現代幼兒因父母注重營養、衛生和健康，體力精力特別旺盛，因而更加活潑好動，難得一靜。因此，現代幼兒教育的設施，需提供充分活動的機會，以滿足其好動的心理需要。

(2) 新奇好學

幼兒生來喜愛學習，現代幼兒因感官學習的管道增多，特別是受電視、錄影帶和電腦的影響，模仿性的學習尤其快捷。故現代幼兒教育的施行，需正視指導其看電視與玩電腦遊戲的方法與要領。

(3) 孤寂自樂

幼兒天性害怕孤獨，現代幼兒因與父母相處時間不多，家庭中的玩伴少，不得不自玩自樂，對於孤單寂寞之感相當敏感，所以現代幼兒教師的職責，需彌補幼兒享受父母愛的不足，減少其心理上那種孤寂的感受。

⑷ 嬌生慣養

現代幼兒因家中孩子少，多少養成嬌生慣養的習性，任性、淘氣，不易捉摸，也不易伺候。尤有甚者，現代的孩子非常自我、很自私。故現代幼兒的情意陶冶，需以慎防幼兒鬧情緒的生活花樣，故作撒野狀之發生為其重點。

⑸ 依賴疏懶

現代幼兒因父母保護過度、照顧過多，其自發性行為退縮不彰，已嚴重到連生活自理也不會做的地步，確有礙其走向獨立自主的人格成長。因此，現代幼兒教育的方針在於發揮幼兒自發性的成長動力。

⑹ 誇大吹噓

現代幼兒因資訊天地神奇震撼，螢光幕上五花八門，其好問奇想往往已非心理學所謂思考創造的想像力，可能流於無知誇大，盲目模仿。所以，現代幼兒教育方法的應用，需善用幼兒的好奇心，激勵其求知慾望，養成其好學好問的學習態度。

⑺ 有求必應

幼兒本能本應直接，現代幼兒因現代社會生活腳步的匆促，益顯缺乏耐性。故現代幼兒個性鍛鍊的要點，宜在於耐性訓練，使他學習等一等的生活觀念，養成從容有紀律的生活習慣。

⑻ 學多不樂

幼兒天生熱愛遊玩，現代幼兒因父母過早讓他密集學習多種才藝，其內心學習的焦慮、恐懼與挫折感，常為愛面子的父母所不易察覺。因此，現代幼兒教育方式，宜配合親職教育來進行，強化「遊戲即學習」的自然教育。

二、幼托教育之推動

　　家庭與社會型態轉變、雙薪核心家庭型態增多之後，家外托育成為國民必須仰賴的服務，全日制、融合教育與照顧功能的育兒園（所）應運而生，引發幼兒園與托兒所互相混淆、制度紊亂的現象；又因少子化社會，幼兒數量減少，失業率升高及貧富差距持續拉大，使有能力負擔私立幼托服務收費的家庭越來越少。因而各國紛紛展開制度整合或內容重組的工作。

　　「幼兒園」源起於一百六十年前的德國，透過美國的擴散而成為各國的學前教育模式也不過是近世紀的事；而其間，在幼兒園出現之前，各國均有不同形態的「托兒所」存在。百年來，二者各自扮演其社會功能角色，雙軌並存。在視育兒為家庭責任的近代社會裡，幼兒園是主要的學前教育模式，針對中上階層家庭兒童提供半日制、以教育功能為主的服務，兒童所需的照顧則由家庭（主要為母親）負責；托兒所則以勞工階層家庭小孩為對象，代理家庭實施生活照護工作，並為了減輕大人負擔，使其能夠專心從事家計勞動，而以極低廉的收費提供幼兒營養照護，如此，托兒所具有不同於幼兒園的社會福利功能——臺灣光復初期的農忙托兒所即為典型例子。以下分別就幼稚教育與托育服務之理論基礎與政策發展、及幼托整合規劃情形兩方面，臚列於後：

㈠ 幼兒教育與托育服務之理論基礎與政策發展

　　幼托整合之「幼托」二字代表「幼兒教育與托育服務」兩個制度，或「幼兒園與托兒所」兩個機構；幼托整合意指兩個制度或兩個機構之統整合併。依臺灣之現行法規，幼兒園為實施幼兒教育之唯一機構，收受 4 足歲滿至入國民小學前之兒童。托兒所為實施托育服務之一種機

12

構，分托嬰與托兒兩部分，托嬰收受出生滿 1 個月至 2 歲，托兒收 2 足歲至 6 歲之兒童。幼兒教育制度所指之兒童年齡範圍為 4 至 6 歲，可以完全由幼兒園涵蓋之；托育服務制度所涵蓋的兒童年齡範圍，從出生至 12 歲，除托兒所外，還包括收受學齡兒童之課後托育中心等。

幼兒園與托兒所或幼兒教育與托育服務制度，收受兒童年齡重疊部分在 4 至 6 歲。然若依實際幼教市場來看，大多數私立幼兒園收有 3 歲幼童（小班），甚至 2 歲幼童（小小班或幼幼班）；因此幼托整合所議論之年齡重疊範圍，依法是 4 至 6 歲，依實情則可能是 2 或 3 至 6 歲。又由於幼兒園和托兒所實際上亦有兼收國小學童實施課後托育者，因此，重疊年齡甚至包括 6 至 12 歲學童。

托教整合之「托教」二字代表幼兒「托育與教育」兩種服務，而幼兒托育與教育服務之整合，具體言之，同樣指向機構或制度之統整合併。教育部（2000）曾提出「幼兒托育與教育整合方案」草案，內政部（1999）亦曾發表「托兒與學前教育整合方案」草案，此二案皆簡稱為「托教整合」草案。「幼兒托育與教育整合」是臺灣當前幼兒照顧與教育制度改革的重要議題之一。這個議題，是在討論或企圖處理現行「幼兒教育」與「托育服務」體制中，6 歲以下幼兒教育與托育功能重疊所衍生的問題。依現行法規規定，幼兒園與托兒所在招收對象上年齡重疊；前者收 4 足歲至入國小前之幼兒，後者收出生滿 1 個月至 6 歲之幼兒。

依實際運作情形觀察，特別是服務學齡前兒童數占七成左右的私立幼兒園與托兒所，其收托孩子的年齡，以及孩子在幼兒園與托兒所的生活內涵，具有極高的重疊性。在雷同的收托年齡與服務性質下，幼、托卻又分別隸屬於教育與社政兩個行政部門管理；一個接受幼稚教育相關法規規範，另一則依照兒童福利相關法規辦理；並由幼教教師與保育員兩類不同訓練標準的專業人員負責執行教保工作。上述現象與相關體制

的紊亂，造成各方長年的困擾，因此二十年來持續進行著整合的努力，學界與政界通常以「幼托整合」或「托教整合」問題簡稱之。以下就幼兒托育與教育整合之學理層面，探討如後。

幼兒園與托兒所由於收受對象年齡重疊、服務功能混淆不清，於是造成了許多困擾，諸如：相同年齡的孩子，卻接受兩種不同品質的教保服務；相似功能的機構，卻事權分立；照顧同一個國家的兒童，卻接受不同規範，享受兩個主管機關不同等的支助……等不公平、不合理的結果。這些現象是因為以「兒童」及「行政管理」為中心的角度觀之，才讓問題顯得格外突出。此問題唯有透過眾人一而再的嘗試，才有機會窺見這個複雜問題的癥結所在，進一步思考有效解決之道。

1. 從兩個學術領域的觀點看幼兒園與托兒所

⑴ 幼兒教育學的觀點

幼兒教育學（early childhood education）之研究範疇與內涵依中外文獻所述，乃以出生至 6 歲或 8 歲兒童為對象，探討兒童發展（development）、照顧（care）與教育（education）有關的議題。幼兒教育在社會上的實踐是多元化的，舉凡幼兒園、托兒所、保育學校、發展學習中心、遊戲團體……等，凡具提供幼兒教育功能的各類教保機構，皆為幼兒教育實現於社會中的種種形式。由此可見，從幼兒教育這個學術領域看幼兒園與托兒所，二者只是實踐形式不同而已。

在照顧與教育孩子的基本理念上，教保合一是任何類型的幼兒教育機構，不論是托兒所或幼兒園，皆應秉持的專業信仰。「教保合一」與「幼托整合」兩個概念不可混為一談，前者是幼兒教育實踐於孩子身上的專業理念，根本沒有所謂分或合的爭議；後者是幼兒教育實現於社會上的兩種實體，可分可合，且其分合取決於制度面的設計，宜由制度的觀點來探討較為適切。

⑵ 兒童福利學的觀點

兒童托育（child care）為兒童福利服務之一環，在福利理論上屬補充性服務（supplemental service），其要義乃協助家庭解決育兒功能之不足。至於「托育」之內涵，乃從家庭育兒功能衍生而來，主要包括下列範疇：兒童人身安全的保護；身體與生理需求的照料；心理與情緒需求的支持；生活的教育與學習。對受托之幼兒而言，托育服務的本質，即是教保合一。

另一方面，托育服務在社會上的實踐亦具有多元化的特色。任何幼兒教保機構，凡具有扮演補充家庭育兒功能不足角色者，無論其名稱為托兒所或幼兒園，皆可視為托育服務機構。

2. 從兩個行政制度的功能看幼兒園與托兒所

⑴ 教育制度下的幼兒園

幼兒園是教育制度下負責執行幼兒教育的指定機構。教育制度可視為由各級各類教育措施所交織而成的一個系統，該系統透過垂直的延伸與平行的擴張，來滿足個體在不同發展階段的受教權或學習權，並以之為核心朝著提升人力素質的方向努力。而幼兒園就是教育往下延伸的一環，其上銜接國民教育，在現行體制下亦可稱之為學齡前兒童教育。

學前兒童教育的基本主張，認為孩子該「及早接受教育」，如：美國國家教育政策委員會，在 1966 年就提出「普及幼兒教育機會」（universal opportunity for early childhood education）的宣言，指出孩子到 6 歲才開始接受教育為時已晚，孩子應該享有從 4 歲起就接受教育的權利，因為 6 歲以前的發展對孩子未來的發展具有決定性的影響。1971 年，美國經濟發展委員會中的研究與政策小組亦發表他們對學前教育的看法，認為接受學前教育對所有兒童都是適宜的，對弱勢兒童（disadvantaged children）則是必須的，若不如此，教育平等就沒有

機會實現。由此經驗，政府與民間應大幅度建立公私立學前教育機構來提供幼兒及早學習的機會。

「及早學習」理論在學術上仍有諸多爭議之點，但環顧世界諸多先進國家，這個理論在教育制度上的實踐卻儼然成爲趨勢發展的主流。例如：美國的免費公辦幼兒園（free public kindergarten），提供 5 歲幼兒就學機會，在 1985 年左右就已經成爲全國性的教育制度了（每個州皆已通過立法），且幼童就學率超過 90%。如此普及的情形，加上由政府負責全部經費，美國的幼兒園雖然只服務 5 至 6 歲兒童，卻充分實踐了讓幼兒及早接受教育的基本主張。

在觀念上，讓幼兒「及早接受教育」與「普及幼兒受教機會」兩個主張，實爲一體兩面；普及幼教是爲落實幼兒及早接受教育的必要，甚至是唯一的手段。此外，讓幼兒及早接受教育又是教育系統中實踐滿足個體「受教權」，以及人力資源開發往下紮根的具體表現。因此，教育制度下的幼兒園，就制度面的理論或參考先進國家的發展經驗來看，應以教育機會平等來作爲制度設計的基本原則，包括：公共資源的公平分配；城鄉區域幼兒受教機會的可及性；對弱勢族群幼兒提供教育補救措施等。

⑵ **社會福利制度下的托兒所**

托兒所是福利制度下負責提供托育服務的機構。福利制度是由各項福利措施所交織而成的一個系統，此系統隨著社會發展而持續擴大。各項福利措施的訂定旨在保障個體的「生存與發展」；維護個體的「基本生活需要」；增進個人、家庭及社區的福祉；以及防範或解決社會問題。隨著社會變遷，家庭結構改變，職業婦女增多，「幼兒的照顧」已經成爲家庭與社會共同的問題與責任。基於社會福利的施政理念與福利系統所擔當的社會機能，完善托兒體系的建立於是就成爲當代社會的重要議題。

12

　　托育服務的主要任務是「照顧兒童」，其社會功能是協助家庭與社會解決育兒問題，托兒服務發展會隨家庭與社會需求而有所變動。例如：臺灣社會過去的農忙托兒所，近十多年來快速增加的課後托育中心；美國歷史上的戰爭托兒所（war daycare），現今的幼兒園上學前與放學後托育中心等（before and after kindergarten care）；皆為因應社會變遷與家庭需要而出現的托兒服務典型例證。

　　我們必須承認，臺灣有相當多數的家庭需仰賴托兒服務來補足其育兒功能的不足，這樣的現象也是諸多已開發國家的社會生活典型。近年來的中央公職人員選舉，候選人提出的兒童照顧政策項目與次數皆有增多的趨勢；諸如發放兒童津貼、育兒券、教育券、補助托育費用、提高育兒免稅額……等紛紛出籠。雖然這些政策未經充分辯論，但民代關心育兒問題已是不爭之實。美國雖然目前存在著各種不同的兒童托育服務方案，如家庭式托育中心，聯邦政府補助的綜合性「提前開始方案」（Project Head Start），私人、教會、學校或工商企業開設的托兒中心等，但水準卻參差不齊。大部分從事托兒工作的人員並未受社會重視，工時長、負荷雜重、薪水偏低、專業訓練不足等情形一直存在。托兒機構本身也多有環境規劃不良、空間不夠寬敞、設備器材簡陋、教保人員未給予孩子適當的關愛與學習等問題。因此，前美國第一夫人希拉蕊於 1996 年呼籲加強托兒工作人員的專業訓練，改善工作環境與薪資待遇，提升托育服務品質等，視孩子為國家未來主人翁的美國社會，應該刻不容緩採取行動積極面對的首要任務。此外，日本政府在近二十年來，亦大力投入托兒設施的提供，並以「措置」方式，一方面補助托兒機構經費，一方面給予中低收入戶兒童優先就托的機會。北歐諸國更以高品質公共托育體系的建立，來滿足多數雙薪家庭的育兒需求，並採綜合性學前教育方案，整合學前教育與托育服務，由單一行政部門統籌規劃管理。

環顧我國當前托育服務問題，與世界諸多先進國家因社會變遷所衍生的兒童照顧問題非常類似。簡而言之，解決父母親外出工作所引發的兒童照顧問題，是我國當前整個社會應該負的責任；政府應規劃整體兒童照顧政策，配合相關的家庭、婦女、勞動等政策，以協助父母善盡育兒之責。

3. 幼、托功能混淆的成因簡析

從兩個學術領域的觀點與兩個行政制度的功能看幼兒園與托兒所可得知，臺灣當前幼托功能混淆並非是理論的問題，而是實際的問題。在理論上，幼兒園與托兒所屬兩個各司其職的社會與政府系統；雖然對幼兒而言，二者同樣具有教保合一性質，但是就制度層面而言，二者卻是分工且互補的。教育制度以滿足兒童的學習權或保障兒童的受教權或學習權為前提，故必須以普及和機會均等來考量幼稚教育的制度設計；福利制度以維護兒童的生存發展及基本生活需要為核心理念，配合家庭及社會需要而提供補充性的服務，因此，托兒制度應以滿足社會需求，維護社會正義的制度設計為原則。

在實際運作上，幼兒園與托兒所卻是難以分割，不但未依制度分工、互補，而且還成為扮演相同社會功能的競爭對手。造成這種現象的主要原因包括：

⑴ 幼稚教育法遲至民國 70 年才通過立法，且至今仍未見政府有針對普及幼兒受教機會與顧及幼兒受教機會均等之政策。

⑵70 年代中期，政府鼓勵國小利用空教室附設幼兒園，至今收受幼兒仍未及幼教人口之三成，既患寡又患不均。

⑶ 國小附幼採全天制上課，形成小學低年級上半天課，幼兒園卻上全天課之不合邏輯現象，顯然有幼兒園扮演托兒所功能之實。

⑷ 在政府未開辦國小附設幼兒園之前，私立幼兒園曾占約九成之

幼教市場；為服務幼兒及其家庭，私幼同時扮演幼兒托育功能，其來有自。

(5) 托兒所為增加與幼兒園的競爭力，增設許多幼兒教育課程，此托兒所幼兒園化的取向，亦無可厚非。

在幼兒園托兒所化與托兒所幼兒園化的發展現況下，兩個主管機關、兩種專業人員資格標準與兩套設施辦法，更凸顯出「相同年齡孩子，在兩類不同機構中，接受兩種不同品質的照顧與教育」的不公平與不合理，其問題的癥結實為制度的不健全所造成。

㈡ 幼托整合規劃情形

幼兒園與托兒所理論上雖扮演不同社會功能，然而隨著社會變遷，幼托整合實為時代的需求與必然之趨勢，我國幼兒園與托兒所功能的兩相重疊，即是此種需求與趨勢的產物。因此，幼托整合之規劃情形則日趨重要。

1. 我國幼兒托育與教育的政策取向

⑴ 兒童福利方面

①我國從民國 62 年之《兒童福利法》立法至民國 82 年之修法，已逐漸從父系社會下的自由放任主義，邁入積極的國家親權主義，同時亦存有尊重雙親及家庭權利與尊重兒童權利的部分精神。

②兒童托育服務在弱勢家庭方面有托育津貼，然在一般家庭方面，政府所扮演之角色仍以放任、無為而治為施行手段。2000 年所施行的幼兒教育券有擴大國家干預兼尊重家庭及雙親權利的影子，卻欠缺整體架構；整體社會的意識形態及價值取向皆未建立，且政策本身的理論完整性也未及建立。

③社會變遷結果，家庭育兒功能已面臨嚴峻考驗；育兒責任全歸屬

家庭已無法順應社會變遷。家庭及政府的權責分工已經到面臨攤牌的臨界點，重新檢討兒童照顧及教育政策實有迫切需要。

④學前兒童及學齡兒童之托育服務需求快速上升，顯示「委外照顧及教育」的集體意識已經形成，家庭或雙親需以購買方式來滿足育兒功能。因此，對於中產階級的補助政策及提供高品質綜合性托教服務，是整體社會必須儘快面對的議題，同時政府角色的調整亦屬必要。

⑵ **幼兒教育方面**

①幼兒教育制度是學制中（民國 11 年即納入學制）的非正規教育。長久以來，政府將此責任全歸屬家庭，亦無福利制度之照顧弱勢兒童措施。民國 70 年之幼稚教育法除強調政府之監督角色外，幾乎沒有任何其他幼教政策。加上監督不力，未立案、未取締，立案後違法無力管，在在使幼教政策益加無法落實。

②民國 75 年左右，政府一方面戮力增設國小附設幼兒園，另一方面公幼政策卻有欠明確，造成幼教資源分配不公的現象。問題主因仍在於幼教發展缺乏政策導向，在「放任不作為」與「國家干預」之間搖擺不定。

③民國 89 年幼兒教育券全面發放，國家介入提供幼教補助給一般家庭就讀私立幼兒園及托兒所之 5 歲兒童，至此幼教政策取向突然明朗，政府責任擴大，兼及對於家庭及雙親的育兒選擇權之尊重。然而，由於配套不全，造成國家資源大量投入，而未必能減低家庭育兒負擔，或提升幼兒照顧與教育品質。

④國教向下延伸一年，採免費非義務教育性質的意涵是，一方面增強國家的介入，另一方面兼顧雙親及家庭對孩子的權利。換言之，目前暫定的「5 歲免費幼教」政策，即強調國教精神兼俱雙親權利。

⑤幼托整合是針對政府放任無為主義下自由發展的結果，及幼托綜合性服務的務實發展趨勢（歐美先進國家皆然），所採取的有效策略。

幼兒教育納入正規學制符合世界潮流，然正規學制的 5 歲兒童教育，不論為免費或義務，皆與國教連成一貫。由於 5 歲免費幼教之定位為國教性質，因此應採半日制，且由國家教育部門編列預算；另半日的托育服務則屬福利性質，在制度上應另行設計，而不應籠統包括於國教體系。「福利包括教育，教育卻不包括福利」，此乃制度分工理論之本質。另外，幼教券發至托兒所 5 歲組，其背後之理論依據，除「資源公平分配」外，應是「視托兒所 5 歲組為辦理幼稚教育者」，否則無法自圓其說。

　　⑥國教向下延伸一年，5 歲以下可稱學前兒童，其照顧與教育採綜合性服務設計，應屬有效策略。然而政府的角色，尤其是對學前兒童的照顧與教育，若無新的政策取向，則將回歸到「放任不作為」的原點。5 歲兒童納入國教，及其連帶議題（例如：設置幼兒學校與否），屬學制改革範疇，應另行規劃之。

2.我國幼托整合政策的推動

　　以國家幼托整合委員會（教育部，2002）所提出的幼托整合政策，該委員會分成三個工作小組，分別是「師資組」、「設備設施組」與「長程規劃組」。前兩個小組攸關當前幼托困境，長程規劃組則在於探究政策的長程方向。長程方向不僅是政策執行所要到達的終點，也是政策設計的起點。

⑴ 幼托整合長程規劃的理念與主張

　　針對時代的需求，以及我國幼托困境，幼托整合委員會提出底下的長程規劃理念及主張，以作為規劃幼托政策的原則：

　　①因應國教往下延伸的新政策，幼托整合現階段應以提供 5 歲以下兒童之綜合性（整合性）照顧與教育方案為制度設計之優先目標，同時將 5 歲以上之課後托育制度與新學制可能之變化一併考量。因此幼托整合長程規劃主張：A. 5 歲以下兒童應以綜合性（整合性）照顧與教育

方案爲制度設計之原則，其機構統稱爲「幼兒園」；B.5歲以上兒童之課後托育服務應納入幼托制度，一併設計之。

　　②爲因應社會變遷所引起之普遍性托育需求（即於家庭外集體育兒的趨勢），相關制度設計應以平等、普及、吻合兒童身心發展爲基礎，充分提供幼兒整合性托教服務方案。幼托整合制度之設計應顧及下列幾點性質：A.普及性：幼兒托教應追求平等普及，實現「人人平等互助、充分自我實現」的社會，並且養成下一代國民平等互助與充分自我實現的心性和能力；B.整合性：整合嬰幼兒、兒童、少年的需求，以及各級政府和民間的資源，尤其是地方政府及社區資源，讓所有有需要的兒童持續獲得所需的照顧；C.生產性：爲了達成經濟與福利、生產與再生產的相輔相成，幼兒托教必須跟青壯人口就業與通勤時間充分配合；以及培養下一代工作、實現自我、貢獻社會的觀念與能力，維護人口的勞動素質；D.預防性：幼兒托教措施必須能夠因應當今社會養育下一代的困境，而對於欠缺照顧及身心障礙兒童，及其原生或寄養家庭，尤應責成教育及托育機構整合醫療與心理衛生資源，達成預防、及早發現、處置發展遲緩的功效。

　　③幼托制度之設計應注重提升整體社會之成本效益，減輕家庭負擔，同時避免政府財政負擔過重。爲達此目標，除了多元化的私立托教機構之外，需要逐步建立一個互利、共決、共享的非營利托教體系。

　　④托育品質的良窳決定於工作人員之培訓、資格認定、工作品質與權益保障，因此，應著重下列事項：A.應設計妥善的培訓、資格認定、分級、編制等制度；B.應協助排除市場失靈（例如：惡性競爭、壟斷等）的干擾，使托教專業者能充分施展其專業理念與技能，提升其工作品質，並促進其自我實現；C.對於其薪資、工時、職訓、退撫等權益，應力求給予合理的保障，以促進合格專業者持續就業，提升托教品質。

⑵ **幼托整合制度架構設計**

①幼托措施或機構類型、收托幼兒年齡、主管機關

　　我國幼托制度架構（詳見圖 12-3）現狀爲：家庭托育、托兒所、國小學童課後托育、幼兒園、才藝班。根據幼托委員會的決議，幼托制度將調整爲：

　　A. 家庭托育與托嬰中心（收托 0 至 2 足歲幼兒）由社會福利部門主管。家庭托育（保母）將持續往「社區保母支持系統」的方向推動，可視社區需要發展（夜間工作之父母）課後兒童托育，或受政府委託從事家庭寄養，以因應當今社會與家庭之需求。

　　B. 將幼稚園與托兒所融合，稱爲「幼兒園」，收托 2 足歲至學齡前幼兒（5 至 6 歲半日制免費教育實施後，將爲收托 2 足歲至 5 足歲幼兒），由教育部門主管。幼兒園可提供托嬰、課後照顧等複合式之服務內涵。

　　C. 5 至 6 歲半日制免費教育實施後，該部分劃歸教育部門管轄。

　　D. 國小學童（包括 5 至 6 歲半日制免費教育實施後之該年齡層小孩）課後托教，以及才藝班、補習班由教育部門管轄；但幼兒園附設之國小學童課後托教班，以及家庭托育所收托之課後學童，由社會福利部門主管，以符合統一事權、避免雙頭馬車之制度設計原則。

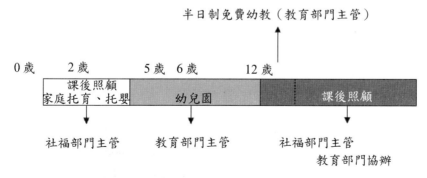

圖 12-3　幼托制度及主管機關架構圖

②幼托服務提供者

A.非營利部門

a.政府設立：以照顧弱勢兒童為優先。對於所收托之非弱勢兒童，應採分級（sliding scale）方式收費，以維護公共資源公平運用原則。

b.民間力量與政府共同設立：(a) 公私合營：由政府與民間（專業人員或非政府組織）共同提供資源共同管理經營；(b) 公辦民營：由政府提供場地、設備，委託給民間經營者。

c.民間設立：(a) 由企業、團體、社區等組織附設，以成本價提供給其員工、成員及居民使用；(b) 宗教團體或非營利組織設立，以慈善為目的。

B.私立托教機構：私人設立，提供多元、較為昂貴的托教服務，然需符合政府之設備、師資等標準規範，接受政府與民眾之監督。

非營利的托教體系，以及私立托教機構，將形成我國未來的普及托教體系，以兼顧平等與多元，其架構詳見圖 12-4。

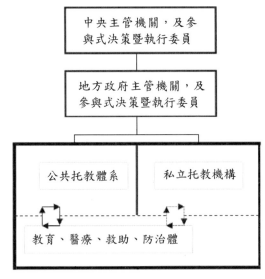

圖 12-4　公共托教體系與私立托教機構關係、及其管理架構圖

　　「公共托教體系」除了機構式托教措施之外，亦應將家庭托育納入，並與醫療、警政體系形成密切的銜接與合作關係，以達成：a.靈活安置有需要服務之兒童（尤其是經濟弱勢、身心障礙、父母夜間工作兒童）之功能；b.結合社區心理衛生、認輔及寄養支持系統，給予有需要心理及生活輔導之兒童妥善的處置；c.致力於深化專業工作人員及受托兒童及其家庭的社區認同養成，實踐公共托教體系之促進社會團結功能；d.建立對於專業工作人員之工時、薪資、退休金、職訓、專業自主權等權益的合理保障制度。

　　(3) 財源之分配

　　投注於幼托的政府經費應以充足、分配均衡，且顧及弱勢優先爲原則。其要點如下：

　　①政府經費應優先用於爲弱勢幼兒提供良好的托教服務。

　　②應善用政府經費，建立互助共享之公共托教體系；公共托教體系之建立，應以社會需要及地域／階層之均衡享用爲優先考量。

　　③應善用政府經費，積極投入幼托實驗計畫，以促進良好托教模式之發展，並提升弱勢兒童托教品質。

　　④管理輔導機制：我國幼托管理與輔導機制現況，呈現體制紊亂、與社會需求脫節、窒礙難行等弊病，亟待改善，其作法要點如下：

　　A.主管、協辦及跨部門協調合作：幼托整合之後，家庭托育、托嬰中心、幼兒園及幼兒園附設之 5 歲國教班、國小學童課後托教班歸社福部門主管，教育部門協辦；國小學童課後托教機構，以及才藝班、補習班，歸於教育部門主管，社福部門協辦。如此，主管機關能夠負起全責，托教機構也將不再莫衷一是，但是，針對相關之跨部門合作事宜，則需進一步規劃良好的協調與合作機制。

　　B.決策及運作機制：各級主管機關應設置常設性的「托教委員會」，邀請相關政府部門、學者專家、專業工作人員（組織）、家長

（組織）、在地相關公益社團等代表組成，以「參與式政府」模式推動托教政策之制定及執行。

C.輔導及評鑑：托教機構之輔導及評鑑，應由地方主管機關聘請專業人士負責執行，或以「委外」方式，委託相關專業機構或組織執行。

D.收費及財務管理：「公共托教體系」托教措施，應以一般使用者可負擔為原則，弱勢兒童由政府應給予補助，其金額由「縣市（鄉鎮）托教委員會」訂定之。「中央托教委員會」應設定托教設施、服務內容、品質、經費基準，作為各縣市托教委員會及公共托教機構編列預算與訂定收費標準之參考。至於私立托教機構之收費及財務管理，則採市場自由運作法則，政府原則上不需多作額外的干預。

⑷ 幼兒園立案及設置基準

現行幼兒園、托兒所立案及設置基準，具有以下缺點：①對於實質上收托同樣年齡層、提供同樣托教內容之幼兒園和托兒所，訂定兩套不同的標準；②跟實際社會狀況及幼托需要脫節之處甚多。針對前述缺失，幼托整合委員會決議，未來幼兒園設置基準訂定原則為：

①有關非都市土地放寬使用，應配合國家土地管理規劃，欲立案者可依據內政部訂定之「非都市土地容許使用執行要點」暨「非都市土地變更編訂執行要點」，依規定程序申請使用。

②有關放寬建物使用執照，內政部營建署為配合行政程序法之規定，業已修正建築法第七十三條，授權由直轄市、縣市主管建築機關研議於一定規模面積以下，辦理幼托設施得免辦使用執照變更（業經立法院一讀通過），未來托教機構申設可循此規定簡化相關作業事宜。

③有關規範訂定之權責，決議由中央訂定最低基準（項目如下列）後，再授權地方政府依地區特性另訂設置標準，以收因地制宜之效：

A.使用樓層：以三樓以下（含三樓）為限。

B.地下室使用：依「幼兒園設備標準」規定（即地下室可作為防

空室、儲藏室、工人用室等，如果在園舍建築時能將地下室高出地下一公尺以上，則可作較多用途，唯室內應有防水設備，且通風良好。地下室出口必須有兩個門，一個直通室外，另一個連接走廊通道）。

　　C.室內面積：每名兒童至少 1.5 平方公尺。

　　D.室外面積：每名兒童至少 1.5 平方公尺，並得以室內相同面積取代。

　　E.應獨立設置之設施設備包括：多功能活動室、廚房暨盥洗設施等三項。

　　幼兒園設備基準之訂定，應聘請相關專家依照前述原則議定之。至於托嬰中心，包括幼兒園所附設者，其設置基準訂定需顧及托嬰之需求。

　　⑸ 近程措施與預期成效

　　幼托整合之努力，已經反覆進行達二十年之久，其中，有些問題已有明確可行的結論，對於這些短程立即可行之措施與未來施行之成效，則有賴相關單位宜儘速採行之。

　　①以近程措施而言

　　A.由於目前合格幼保專業人員已供過於求，應儘速終止現行「兒童福利專業人員訓練課程」中助理保育人員、保育人員暨托兒所所長、主任之訓練。

　　B.目前保育人員普考或基層特考僅要求具有高中（職）學歷，與規劃中之教保師資格不符，應儘速停辦之，並凍結現行公立托兒所保育人員職缺。

　　C.應儘速促使幼兒園和托兒所的教保人員相互採任年資。

　　D.與幼教有關之兩個主管機關（教育部與內政部）對於幼兒園和托兒所的補助與要求，應力求合一。

　　E.關於立案及設施基準，對於幼托委員會之相關決議中不牽涉修

法、立即可行者，應由兩個主管機關逕行達成協議，儘速執行之。

②以預期成效而言

幼托整合政策預期能夠達成幼托整合委員會組成之四項政策目標，包含有以下：

A. 整合運用國家資源，健全學前幼兒教保機構

幼托整合致力於整合國家的幼托行政架構，並整合運用國家／社會資源，致力於健全學前托教機構。將學前托教機構及措施劃歸社福部門主管、教育部門協辦；學齡後之課後托教及才藝、補習教育，則由教育部門主管、社福部門協辦。前者兼辦課後托教服務者，由社福部門管轄。以上設計目的在於使事權統一，不至於產生雙頭馬車，莫衷一是的亂象，以助提升行政效能引導各類托教機構依法規行事。

「公共托教體系」與「私立托教機構」分流並存的設計，一方面能夠讓政府及民間力量充分結合，致力於健全中低收入家庭兒童就讀的教保機構，另一方面能夠讓私立托教機構充分善用自由市場機能追求多元與卓越，成為高品質教保機構。對於兩種機構，新政策的最大特點無疑在於能夠讓幼托專業人才充分施展其專業知能，確保幼托機構的長期健全發展。

B. 符應現代社會與家庭之教保需求

「公共托教體系」的設計，目的在於提供平價、近便性高、具有良好品質之托教服務給一般（含弱勢）兒童享用。在貧富差距持續拉大，婚姻不穩定，母親需要外出工作維持家計，家庭功能薄弱，中低收入城鄉移民、隔代教養及外籍配偶家庭兒童普遍有適應困難、兒童生活環境處處充滿危險因子的時代，為數越來越多的弱勢或結構薄弱的家庭兒童迫切需要平價且近便性高的托育服務。現行政策由政府給予弱勢兒童公設托教服務，然而，公立機構提供服務時間不符雙薪或單親父母之工作需求，而且有欠普及，近便性甚低，以至於弱勢家庭兒童由於接送不

易或時間無法銜接而無法使用，造成品質較高之公立機構多為優勢家庭兒童使用，以及品質較低之公立機構乏人問津之逆向分配、浪費國家資源現象。公共托教體系藉著社區化、價格合理化、托教專業主導，將大幅度增加弱勢兒童享受良好托教服務的機會；並且由於成本低於公立機構，可使面臨財政窘境的政府有能力購買較多的服務讓弱勢兒童充分使用，此外，強調專業主導的公共體系也同樣提供高品質托教機會予一般家庭兒童，造福大眾。如此，公共托教體系可以發揮普及的支持弱勢家庭、協助父母安心就業、增強弱勢兒童之能力、預防社會弊害等功效，以及提供良善的、均等的托教機會予一般家庭。

另外，在貧富差距持續拉大、中高收入家庭希望讓小孩接受較昂貴且高品質的時代趨勢下，幼托整合設計讓私立托教機構鬆綁，充分運用自由市場機制於提供多元且高品質的服務，一方面可以滿足部分家長的需求，為社會培育多元人才，另一方面也可以發揮托教實驗之功能，不斷開發更卓越的托教方案。

C. 提供幼兒享有同等良好教保品質

幼兒園與托兒所形成的二分流，是來自於中上階層對於幼兒教育的偏重，及中下階層父母為了外出工作而產生的托育需求。進而引發幼兒園要求提供教育，托兒所僅求全日托育的二分制度。在幼兒教育及托育兩種服務成為普遍的需求之後，幼兒園和托兒所迫於時代潮流，都提供混合幼兒教育與全日托育兩種服務，制度上的二分不再有實質的意義。因此，整合是為將兩者融合，稱為「幼兒園」，不再區分幼兒園與托兒所，以期將往日因為兒童上兩種不同機構而來的差別待遇泯除。

在貧富差距持續拉大的新世紀，「提供幼兒同等教保品質」的國家政策目標，有需要靠進一步的制度設計，才能達成。此次幼托整合提出的因應之道，便是「公共托教體系」的設計，希望藉著社區化、價格合理化及托教專業自主化，有效提升一般收入家庭兒童的托教比例及服務

品質。

　　而私立托教機構，現況的最大弊病之一無疑在於良莠不齊，差距極大。私立托教機構的鬆綁與付諸自由市場運作，以及公共托教體系之建立，有助於淘汰品質不良、沒有競爭能力之私立機構，尤其是未立案者，因此有助於確保私立托教機構收托兒童之教保品質。

　　D. 確保立案幼兒園、托兒所暨合格教保人員之基本合法權益

　　幼托整合政策最大的成就之一，即是破除長年各級政府所執行之「加速培訓不合格教保人員」政策之謎思。我國眾多幼教與幼保科系歷來所培訓之為數龐大之合格教保人員，使教保就業市場一直處於供過於求之狀態，職場上不合格人員比例偏高之現象所反映的，不僅不是「缺乏人才」，反而是「惡性競爭導致人才流失」。這惡性競爭存在於兩個層次，一是人才培訓的層次，不斷加速漂白不合格人員只會導致越演越烈的「淘汰良幣」作用，使較資深的合格人員不斷被短期漂白的不合格人員取代；二是托教業界的惡性競爭，導致業者被迫優先投資於噱頭式的招徠措施（如黃金地段的場所、昂貴的裝潢、外籍「教師」的高薪等），以至於業者往往沒有足夠的資金可用於給予本國專業人員合理的待遇，或讓他們充分發揮他們的專業知能，自然留不住合格優秀人才。

　　針對上述困境，此次幼托整合嘗試提出的解決辦法，仍是「公共托教體系」與「私立托教機構」並立的設計。「公共托教體系」將能容納相當數量的合格專業人員（包括兼具托教專業人員資格之機構經營者可轉型進入），讓他們發揮專業自主性，並讓他們的合法權益，包括薪資、工時、職訓等，得到合理的保障。

　　總而言之，整合幼兒園與托兒所，並使公共托教體系與私立托教機構並存的制度，能夠發揮滿足多元需求，對中低收入家庭及其兒童友善，有效提升專業人員權益保障，協助私立托教機構因應時代趨勢轉型經營等功效，應是家庭功能薄弱化、全球化經濟導致貧富懸殊之時代，

滿足社會需求、預防社會弊病並普遍維持良好托教品質之良方。

三、臺灣幼兒教育之演進與發展趨勢

民國 38 年國民政府遷臺，一切施政以反共抗俄復國建國為最高政策，教育措施亦然。教育部於民國 39 年 6 月訂頒「戡亂建國教育實施綱要」計九條二十六款，強調「教育為立國大本，應視時代及環境需要，縝密計畫，逐步推進，然後教育之功能，始能發揮而有效。茲訂定戡亂建國教育實施綱要，一面適應當前之需求，一面預作未來之準備，務使全國教育設施，皆以勘建為中心，而發生偉大之新生力量」（教育部，1971）。因而教育事業的發展，除延續國府遷臺前之教育制度與措施，另就臺灣現狀與未來發展目標做調整，尋求穩定延續與重整發展並進。

㈠ 臺灣幼兒教育的演進

有關臺灣幼兒教育之演進，重要內容包括分期陳述幼教機構設立概況；並從幼教經費單位成本、幼教經費占國民生產毛額百分比及幼兒的經常支出單位成本等三方面探討幼教經費投入情況。

1. 機構設立

關於國府遷臺後之臺灣地區幼教發展情形，黃怡貌（1995）曾就民國 34 至 70 年臺灣地區經濟發展與幼教的關係進行研究，將該段期間之幼教發展分成延續及重組、自立、發展等三個時期加以討論；此外，民國 70 年「幼稚教育法」頒行，不僅提升幼教法令位階，幼兒園的設立與發展亦日益蓬勃。洪福財（1998）則將民國 71 年迄今稱為繁盛期。茲就上述分期依序將臺灣地區幼兒園設立情形說明如後。

(1) 延續及重組期

民國 38 至 41 年爲延續及重組期。本時期幼教機構名稱延續日據時期所稱「幼兒園」，其間或有稱「幼兒園」者（劉寧顏總纂，1993）。幼兒園設置主要遵照民國 32 年公布之「幼兒園設置辦法」，招收 4 至 6 歲的幼兒，且幼兒園以「附設於國民學校中心學校或小學」爲原則，「並得單獨設置」，故幼兒園採國民學校附設爲主，單獨設置爲輔。

「幼兒園設置辦法」係將民國 28 年「幼兒園規程」酌加修正。國府遷臺後的幼兒園設置，一方面延續國府遷臺前的制度、法規與實施經驗，另方面則極力欲擺脫日本五十餘年統治之影響，使得幼兒園發展存在「除舊」及「布新」雙重任務。

本時期平均每年幼兒園數僅 165 所，平均每年招生數量爲 22,391 名；其中私幼數僅占總幼兒園數的 18%，私幼招收幼兒數約爲幼兒園招收幼兒總數的 26%（詳見表 12-2），可見本時期幼兒園仍多仰賴公設，惟私幼數及其招收幼兒數呈逐年快速增加趨勢。

表 12-2　39 至 41 學年度幼兒園數及招收幼兒數

學年度	幼兒園（所）			招收幼兒數（人）		
	總計	私立	私立比 %	總計	私立	私立比 %
39	28	—	—	17,111	—	—
40	203	26	13	21,531	3,796	18
41	261	57	22	28,531	9,711	31
平均	165	42	18	22,391	6,770	26

資料來源：教育部編（1998）。《中華民國教育統計》。臺北：編者。

(2) 自立期

民國 42 至 53 年爲自立期，此時期幼兒園設置仍依「幼兒園設置

辦法」辦理，但有感於該辦法部分內容未盡妥適，民國 42 年教育部著手研擬「幼兒園設備標準」，委託省立臺北女師附小幼兒園、省立臺北師範學校附小幼兒園、國語實小幼兒園、私立復興幼兒園、私立再興幼兒園等五所幼兒園起草初稿（中華民國年鑑社，1954），並於民國 50 年由教育部頒定爲「幼兒園暫行設備標準」；此外，民國 42 年教育部修訂並公布「幼兒園課程標準」，同爲本時期幼兒園發展的法源奠基。

　　國府遷臺後，幼兒園數量漸增，但名稱或有稱「幼兒園」者，至民國 45 年 12 月 8 日，教育部始將各地公私立幼教機構名稱一律改爲「幼兒園」（劉寧顏總纂，1993）。隨著經濟結構的轉型，社會逐漸從農業過渡到工業，傳統婦女角色改變並紛紛投入就業市場，幼教在經濟與家庭結構的轉變下需求日漲，獨立幼兒園及小學附設幼兒園數量日增。

　　在幼兒園及其招生數量部分，42 至 53 學年度（1953-1964）平均每年幼兒園所數爲 528 所，平均每年招收幼兒數爲 63,431 名，每園平均招生數爲 120 名幼兒，園所實際規模並不大（詳見表 12-3）。值得注意者，以往公立型態爲主的發展趨勢有所更迭，私幼數量在 50 學年度首度超越公幼，爾後並保持數量多於公幼，私立型態成爲幼兒園發展的主流。民國 53 年幼兒園數已有 556 所，其中公幼數僅 211 所，只占總幼兒園數之 38%。

表 12-3　42 至 53 學年度幼兒園數及招收幼兒數

學年度	幼兒園（所）			招收幼兒數（人）		
	總計	私立	私立比 %	總計	私立	私立比 %
42	363	92	25	37,729	13,947	37
43	364	98	27	41,137	14,094	34
44	413	116	28	46,390	17,887	39
45	451	130	29	54,239	21,937	40

（續上表）

學年度	幼兒園（所）			招收幼兒數（人）		
	總計	私立	私立比%	總計	私立	私立比%
46	483	157	33	56,988	24,046	42
47	532	219	41	65,167	31,266	48
48	620	297	48	73,235	40,661	56
49	675	322	48	79,702	43,893	55
50	678	340	50	78,261	44,932	57
51	614	337	55	77,898	48,362	62

資料來源：教育部編（1998）。《中華民國教育統計》。臺北：編者。

⑶ 發展期

　　民國 54 至 70 年為發展期，本時期幼兒園的設置仍依「幼兒園設置辦法」，教育部經過民國 59 年、62 年、66 年等三次修訂，招收幼兒年齡層仍維持以 4 至 6 足歲為主（第二條），幼兒園的設置規定修改為「單獨設置或附設於國民小學」，對私幼設置名稱、體制等亦有所規定（第四、八條），顯見已漸正視私幼數量日增的情形。

　　在「幼稚教育法」未制定之前，幼教的推展完全依賴「幼兒園設置辦法」，該辦法適用年代達四十年之久，足見該法對臺灣幼教發展實有重要意義（林來發，1996）。此外，民國 64 年再度修訂「幼兒園課程標準」，同為本期幼兒園發展的重要依據法規。

　　50 年代末期及 60 年代初期，臺灣地區兒童人口成長處頂峰階段，在經費艱難之餘，配合民國 62 年「幼兒園設置辦法」修訂，再予訂頒「國民小學附設自立幼兒園（班）試行要點」，以應艱困時局及幼教迫切之需（林來發，1996）。國民小學附設自立幼兒園雖名為公立，但人事、設備等費用及經費收支均採自給自足方式辦理（第八條），成為本時期獨特的幼兒園設置型態。

　　在幼兒園及其招收幼兒數量部分，本期幼兒園及招收幼兒數量呈逐年增加趨勢，平均每年幼兒園所數為 766 所，平均每年招收幼兒數達 121,013 名，數量著實呈現顯著成長趨勢（詳見表 12-4）。此外，在幼兒園設置型態部分，平均每年私幼所數為 495 所，招收幼兒數為 89,253 名，平均私幼所數占幼兒園總數的 64%，平均私幼招收幼兒數占招收總數比達 74%，不僅延續前一時期私幼數量超過公幼的現象，私幼為主的教育型態至此可謂完全定型。以 70 學年度為例，幼兒園數量計有 1,285 所，其中私幼 903 所，占全部幼兒園數量之 70%，且私幼招收幼兒數占招收總數之 75%，私幼儼然成為幼教的辦學主體。

　　⑷ 繁盛期

　　民國 71 年迄今為繁盛期。「幼兒園設置辦法」係屬行政命令，法律位階過低，對於未立案或辦理不善的幼兒園未能發揮積極輔導及管理之效，難以有效規範違規幼兒園經營者，是以民國 69 年 7 月由教育部研擬「幼稚教育法」草案，並於民國 70 年 11 月 6 日完成法定程序後由總統明令公布，確立幼兒園設置的法律地位，象徵臺灣幼教發展邁向另一個新里程碑（劉寧顏總纂，1993）。

表 12-4　54 至 70 學年度幼兒園數及招收幼兒數

學年度	幼兒園（所）			招收幼兒數（人）		
	總計	私立	私立比 %	總計	私立	私立比 %
54	555	354	64	78,878	54,735	69
55	575	371	65	81,500	57,079	70
56	602	329	55	88,897	55,067	62
57	579	357	62	90,508	62,479	69
58	581	361	62	91,468	64,968	71
59	570	352	62	91,984	66,424	72

（續上表）

學年度	幼兒園（所）			招收幼兒數（人）		
	總計	私立	私立比 %	總計	私立	私立比 %
60	557	373	67	100,696	76,907	76
61	587	385	66	107,813	83,923	78
62	618	414	67	110,977	88,485	80
63	660	422	64	110,403	82,724	75
64	762	489	64	117,990	88,648	75
65	778	512	66	121,373	89,947	74
66	867	560	65	135,232	100,775	75
67	967	615	64	151,290	111,085	73
68	1,076	701	65	165,165	123,344	75
69	1,186	782	66	179,216	133,282	74
70	1,285	903	70	191,693	142,909	75
平均	766	495	64	121,013	89,253	74

資料來源：教育部編（1998）。《中華民國教育統計》。臺北：編者。

　　在政策措施配合部分，擴大 5 歲以上幼兒接受學前教育並提升幼稚教育品質為核心，利用國小空餘校舍附設幼兒園，是為本階段重要政策。以 79 學年度為例，臺灣地區計有 648 所國小附設幼兒園，其中臺灣省 503 所、臺北市 109 所、高雄市 51 所，教師員額並已正式納入編制（中華民國年鑑社，1991）。此外，省市教育廳局訂有幼兒園評鑑實施要點，以輔導幼兒園正常發展及促使各園自求進步；同時教育部亦於民國 76 年完成「幼兒園課程標準」修訂並公布實施，冀期改進幼教缺失，引導幼教的正常發展。

　　近年來，發展與改進幼教成為政府的重要政策，教育部（1993）並研擬「發展與改進幼稚教育中程計畫」，其中就擴大幼兒入園率，鼓

勵幼兒園增班設園，補助新設公立幼兒園（班）的設備、開辦費，並鼓勵各縣市利用國小空餘教室，增設國小附設幼兒園（班），以山地、離島、偏遠地區為優先補助對象。以 84 學年度（1995）為例，已設園的新增班數為 10 班，新設園數為 19 園（行政院新聞局，1996）。民國88 年教育部國教司再擬五年期「發展與改進幼兒教育中程計畫」，其中計畫項目二「提高幼教行政效能」乙項，訂出四項關於增加幼教機會的執行要領，包含提高山地、離島、偏遠、特殊地區及身心障礙幼兒入園率、建立幼兒園獎助機制、輔導增設公私立幼兒園或公辦民營幼兒園以及研議設立幼兒學校等，提出更多關於增加幼兒入園機會的作法。

　　受到法律位階提升的激勵，社會環境益加創造幼教需求。隨著整體經濟與教育型態提升，非僅多數家長因投入就業而創造幼教需求，教育水準的提升也使各界有能力關心幼教的重要性並要求品質，對幼兒園發展形成另項驅力。在幼兒園數及招收幼兒數量部分，本時期幼兒園及其招生數量呈逐年增加趨勢，民國 70 年「幼稚教育法」頒行後的增加速度更為顯著。本時期平均每年幼兒園數為 2,362 所，每年平均招收幼兒數為 233,748 名，幼兒園及其招生數均較前一時期大幅增加；在幼兒園型態部分，本時期平均私幼數占總幼兒園數之 74%，私幼平均招收幼兒數占招生總數之 81%（詳見表 12-5），私立為主的幼教型態已然固定，整體幼教經費多由私人負擔。

表 12-5　71 至 86 學年度幼兒園數及招收幼兒數

學年度	幼兒園（所）			招收幼兒數（人）		
	總計	私立	私立比 %	總計	私立	私立比 %
71	1,470	1,096	75	193,744	154,931	80
72	1,719	1,394	81	214,076	180,267	84
73	2,011	1,869	93	234,172	216,921	93

（續上表）

學年度	幼兒園（所）			招收幼兒數（人）		
	總計	私立	私立比%	總計	私立	私立比%
74	2,210	2,052	93	234,674	216,815	92
75	2,396	1,816	77	238,128	197,210	83
76	2,518	1,879	75	250,179	202,610	81
77	2,548	1,870	73	248,498	200,733	81
78	2,556	1,868	73	242,785	197,118	81
79	2,505	1,809	72	237,285	189,897	80
80	2,495	1,779	71	235,099	186,828	79
81	2,420	1,701	70	231,124	182,561	79
82	2,435	1,661	68	237,779	186,666	79
83	2,484	1,669	67	235,150	181,961	77
84	2,581	1,698	66	240,368	184,839	77
85	2,660	1,737	65	235,830	178,151	76
86	2,777	1,768	64	230,781	159,863	74
平均	2,362	1,731	71	233,718	189,213	81

資料來源：教育部編（1998）。《中華民國教育統計》。臺北：編者。

　　除在幼兒園數與招收幼兒數等層面持續穩定成長外，幼兒園的設置型態也為本時期改革重點，各界持續思索適切的發展出路。民國50年以後呈現以私幼為主的穩定發展型態，隨著「幼稚教育法」頒行，幼教重要性日獲重視，私幼為主的發展型態逐漸受到挑戰與質疑；而此等發展，實與政府扮演財貨與服務供應者角色之轉變有關，長期以來「私有」與「付費」的幼教型態，使各界逐漸轉向要求政府直接補助與提供服務，以達成社會正義及公平的目標（詹中原，1994）。直至今日，由表12-6可知，現今幼教發展型態呈現以私幼為主的趨勢，為此政府行政體系必須直接扮演「集體」或「共有」財貨及服務的供應及管

制角色，同時也促成一個財政支出及規模不斷擴大的「大政府」（big government）出現。今日社會各界要求政府積極介入提供幼教服務，正反應前述發展的現象。

表 12-6　87 至 94 學年度幼兒園數及招收幼兒數

學年度	幼兒園（所）			招收幼兒數（人）				
	計	公立	私立	計	公立		私立	
					男	女	男	女
87	2,874	1,065	1,809	238,787	32,869	32,067	93,256	80,595
88	3,005	1,160	1,845	232,610	34,750	33,813	87,421	76,626
89	3,150	1,230	1,920	243,090	37,306	36,128	89,886	79,770
90	3,234	1,288	1,946	246,303	38,739	37,217	88,764	81,583
91	3,275	1,331	1,944	241,180	38,862	37,520	87,214	77,584
92	3,306	1,358	1,948	240,926	38,009	36,453	88,423	78,041
93	3,252	1,348	1,904	237,155	37,205	87,147	35,972	76,831
94	3,351	1,474	1,877	224,219	35,176	34,010	82,393	72,640

資料來源：教育部統計處（2006）。各級學校校數、班級數、學生及畢業生人數、教師人數及生師比。2006 年 7 月 20 日下載於 http://www.edu.tw/EDU_WEB/EDU_MGT/STATISTICS/EDU7220001/data/serial/b.xls?open。

　　在幼教政策的發展上，我國採「政府服務」與「特許權」等安排方式行之有年，但自民國 50 年後，形成以「特許權」為主、「政府服務」為輔的多樣安排並行型態。然基於擴大幼兒入園機會、創造公平的入園環境的前提下，除一方面繼續以增設國小附幼擴充入園機會的「政府服務」型態為政策重點外，社會各界也就增加幼兒入園機會的政策內涵紛提建言，期能開創多元管道，提供充足的幼教機會，其中又以臺北市幼教改革的步伐最速。臺北市政府教育局於民國 85 年將 5 歲進入立案幼

教機構的比率由 85% 提高到 90%，並提出四點主要作法以提高幼兒的入園狀況（盧美貴等，1997）：①利用國小空餘教室增設國小附設幼兒園；②獎勵私立幼兒園興學；③輔導未立案幼兒園辦理立案；④規劃發幼教券，供家長選擇入園機會。

由前述政策內容觀之，臺北市的幼教入園政策除採原有「政府服務」、「特許權」為主的安排外，開始採行「抵用券」並納入部分「補助制」的精神，更朝向以擴充「抵用券」的內涵（如降低補助幼教年齡）、採行「公辦民營」的「簽約外包」經營模式，甚至提出「義務化」的訴求（行政院教育改革審議委員會，1996；臺北市政府教育局，1997），期以「政府服務」為主的型態，擴充幼教發展。

前述變革的討論近年來日漸熱烈，隨著幼教日益普及與重要性日獲重視，各類型幼教入園型態勢將成為各方關切的重要議題，如何適當安排政府與民間部門力量以建立良好的幼教服務體制，值得進一步觀察及重視。再者，幼教資源分配不均的問題，幼兒園約有一半以上普遍集中於大都會地區（含大臺北地區和大高雄地區），師資、班級數、職員數、學童數等，均以前述地區為多數（余民寧，1995）。部分原因或可歸咎於前述地區人口數較多、工商業較為發達致使幼教需求較高，但可推論目前幼教的資源分配並不平均，對於相對弱勢地區的教育資源分布則顯得貧乏，此又與近年來教育部推動發展與改進幼教計畫的內容頗為一致。因此，如何提供跨區域的幼教機會均等，勢為今日幼教發展的重要課題之一。

總之，民國 38 年國府遷臺後，幼稚園數量漸增，名稱上或有稱「幼兒園」者，教育部直至民國 45 年始將各地公私立幼教機構名稱一律改為「幼稚園」。在「幼稚教育法」頒行前，幼教推展完全依賴「幼兒園設置辦法」，該辦法對臺灣幼教發展實有重要意義；教育部雖經過民國 59 年、62 年、66 年等次修訂，招收的幼兒年齡層仍維持以 4 至 6 足歲

12

為主，但也未排除 3 足歲以上幼兒得在特殊情況下報請就讀幼兒園的機會。民國 70 年「幼稚教育法」頒行，提高幼教的法律位階，將幼教明確界定為指 4 歲至入國民小學前兒童在幼兒園所受的教育，再次確認幼兒園招收的年齡層，幼教的範圍及法律定位至此已然明確。但是，今日幼教發展遭遇瓶頸，關於平衡各地區幼教機會與政府勢力介入幼教發展等議題上，有待進一步解決；如何均衡各地區幼教資源、提供充分的幼教機會以及藉政府適當輔助以提升幼教機會與品質，將為現階段幼教發展的重要課題。

2. 經費投入

教育經費與教育發展密切關聯，關係著教育品質的表現，而教育品質是鑑衡教育良莠的必要因素，亦是各國評鑑教育表現依據之一。所謂高教育品質係指充足的教育資源、良好的師資、健全的教學理念、適切的教學方式、適性的課程內容以及讓受教者有充分發揮潛能的機會。是以，提高教育品質實為教育工作者實踐教育理想的具體作為，同時需要充足教育經費配合方得切實實踐。

以下分從此時期幼教經費單位成本、幼兒園教育經費占國民生產毛額百分比、幼兒經常支出單位成本等三項指標，說明國府遷臺後幼兒園教育經費投入的情形，並與其他教育階段相較，以瞭解臺灣地區幼兒園教育經費投入概況，反省臺灣地區幼兒園教育品質表現。

⑴ 幼教經費單位成本

從歷年公私立各級教育經費支出占教育支出總額百分比觀之，若以三級教育做區劃，初等（含幼兒園、國小、國中）、中等（高中、職校）、高等（專科、大學及學院），初等教育與高等教育經費呈現成長趨勢，中等教育經費則呈負向成長；且由各級教育經費比率觀之，初等教育階段經費一直是教育經費的大宗（詳見表 12-7）。

表 12-7 公私立各級教育經費占教育支出總額百分比

教育別 會計 年度	總計	幼兒園	國小	國中	高中	高職	專科 學校	大學及獨 立學院	其他
47	100	0.92	37.91	—	31.83			13.62	15
49	100	1.05	39.14	—	31.49			12.80	15.52
50	100	0.97	38.46	—	30.92			13.72	15.93
51	100	0.83	38.09	—	31.94			14.1	15
52	100	0.79	41.09	—	30.47			14.5	13
53	100	0.78	39.43	—	32.26			14.7	12
54	100	0.80	35.98	—	32.43			18.28	12.51
55	100	0.80	32.72	—	35.09			19.63	11
56	100	0.69	32.54	—	35.87			19.69	11.21
57	100	0.64	31.72	—	35.45			22.45	9.74
58	100	0.29	26.66	—	40.15			22.53	10.37
59	100	0.53	27.28	—	37.69			24.53	9
60	100	0.42	25.13	—	37.29			27.32	9.84
61	100	1.1	27.21	20.02	10.73	9.51		21.72	9.71
62	100	1.04	28.23	19.68	11.87	9.08		21.81	8.29
63	100	1.21	27.79	20.19	10.06	9.01		21.89	9.85
64	100	1.09	28.87	20.65	8.02	7.73		19.97	13
65	100	0.91	28.2	19.79	9.17	8.8	8.88	11.87	12.38
66	100	1.14	27.78	18.93	8.41	8.06	5.78	14.57	15.33
67	100	0.94	27.5	17.13	8.25	8.24	7.33	12.65	17.96
68	100	1.03	29.48	19.31	8.88	9.24	7.47	11.76	12.83
69	100	1.42	28.4	17.88	8.63	9.02	6.3	13.27	15.08
70	100	1.64	25.64	17.94	8.2	8.84	8.3	13.16	16.28
71	100	1.73	23.55	16.95	8.02	9.13	8.36	13.98	18.28
72	100	1.64	24.51	16.4	6.82	8.24	8.86	14.82	18.71
73	100	2.32	24.31	17.36	7.07	8.8	8.71	13.41	18.02
74	100	3.23	22.91	16.64	6.95	8.76	8.41	13.38	19.72
75	100	3.21	22.48	15.73	6.87	8.76	7.93	13.58	21.44

（續上表）

會計年度	教育別 總計	幼兒園	國小	國中	高中	高職	專科學校	大學及獨立學院	其他
76	100	3.1	21.98	15.19	6.95	9.49	8.73	15.97	18.59
77	100	3.12	23.42	14.35	6.68	9.29	6.95	18.69	17.5
78	100	3.33	24.59	14.51	6.71	8.93	7.28	16.39	18.26
79	100	3.2	23.74	14.41	7.25	9.69	7.52	16.33	17.86
80	100	2.74	23.45	15.47	6.57	8.23	6.71	16.95	19.88
81	100	3.08	22.57	15.65	6.85	7.91	6.97	16.84	20.13
82	100	2.77	24.38	16.04	6.84	7.62	6.86	15.97	19.52
83	100	2.67	23.9	16.09	6.88	7.95	7.25	15.53	19.73
84	100	2.97	24.43	16.5	6.9	8.15	6.71	15.49	18.85
85	100	2.88	24.53	16.11	7.57	7.99	6.79	14.26	19.87
86	100	3.03	23.2	15.42	7.9	8.61	7.11	16.46	18.27
87	100	3.05	23.28	15.01	7.77	8.2	6.38	16.16	20.15
88	100	3.1	24.64	15.12	8.3	8.43	6.45	16.41	17.55
89	100	2.9	32.86	18.45	10.58	10.32	4.48	19.84	0.57
90	100	2.73	32.06	16	9.78	7.05	1.74	30.1	0.55
91	100	3.04	31.9	15.5	9.67	5.34	1.19	32.79	0.56
92	100	2.98	31.22	15.25	9.72	5.26	1.25	33.72	0.6
93	100	3.95	25.04	13.92	11.06	5.7	0.95	38.64	0.73

資料來源：教育部統計處（2006）。各級學校校數、班級數、學生及畢業生人數、教師人數及生師比。2006 年 7 月 20 日下載於 http://www.edu.tw/EDU_WEB/EDU_MGT/STATISTICS/EDU7220001/data/serial/b.xls?open。

說明：1. 幼兒園教育經費占支出總額百分比始於 47 學年度列出，故本表自 47 學年度爲始呈現各級教育狀況。

2. 81 至 84 會計年度修正，將國小附幼經費從國小移至幼兒園。

3. 60 學年度之前高中及職業學校經費合併、64 學年度之前專科與大學校院及獨立學院經費合併，本研究旨在分析各教育階段經費趨勢，故計算平均數值時，將高中及職業學校併計，專科與大學校院及獨立學院併計。

4.「＋」表呈成長趨勢：「－」表呈減少趨勢。

　　其次，就不同教育階段別經費言，大專校院及幼兒園經費皆持續成長，但相異的是，大專校院經費成長穩定且占教育支出總額比率維持一定水準，幼兒園教育經費發展雖有成長，但成長速度緩慢且經費數額仍低。從 47 至 86 會計年度（1958-1997），幼兒園教育經費占教育經費支出總額雖由 0.92% 提升至 3.03%，但所占平均為 1.65%，遠遜於其他教育階段。再者，幼教經費占總教育經費的百分比雖呈現成長**趨勢**，但衡諸歷年發展過程卻又見起伏，顯見該等成長**趨勢**並不穩定。民國 58 至 60 年幼教經費呈現大幅滑落現象，此時正值延長九年國教，幼教經費受到其他教育階段別的排擠情況明顯，此等情況要到「幼稚教育法」頒行後才逐漸穩定，惟目前其經費的提升似乎又落入另一個瓶頸。因此，檢視現有幼教經費的合理性，探究幼教經費成長趨緩的原因，實為刻不容緩的議題。

　　除分析教育經費總額外，藉由分析幼兒的教育經費單位成本，亦可瞭解幼兒園教育階段經費投入情形。幼兒的教育經費單位成本係指在機關預算編列的幼稚教育經費支出下，每位接受教育之幼兒平均可得的教育經費；以 83 至 86 會計年度（1993-1997）為例，幼兒園教育經費總額、幼稚生數、幼兒的教育經費單位成本表述如後（詳見表 12-8）。

表 12-8　83 至 86 會計年度幼兒園教育經費支出總額及幼兒教育經費單位成本

單位：新臺幣千元

會計年度 \ 類別	公私立		公立		私立	
	教育經費支出總額	幼教經費單位成本	教育經費支出總額	幼教經費單位成本	教育經費支出總額	幼教經費單位成本
83	11,484,540	48.84	966,551	18.17	10,517,989	57.80
84	13,459,439	60.32	1,158,116	22.81	12,301,323	71.59
85	14,499,598	61.48	1,266,883	21.96	13,232,715	74.28

（續上表）

類別 會計 年度	公私立		公立		私立	
	教育經費支 出總額	幼教經費 單位成本	教育經費支 出總額	幼教經費 單位成本	教育經費支 出總額	幼教經費 單位成本
86	16,252,898	70.43	1,887,976	30.99	14,364,922	84.57
平均	13,924,119	60.27	1,319,882	23,.48	12,604,237	72.06

資料來源：教育部編（1998）。《中華民國教育統計》。臺北：編者。

　　近年來不論整體或公、私幼幼兒的教育經費單位成本有逐漸增加的趨勢（詳見表 12-8）；以 83、86 兩學年度相比，公私立、公立、私立幼兒園幼兒的教育經費單位成本成長比率各為 1.44、1.71、1.46 倍，其中公幼幼兒的教育經費單位成本成長比例雖為最高，但實際成本數額遠低於公私立平均成本以及私幼幼兒的教育經費單位成本。平均而言，每位幼兒的教育經費單位成本約為 60,270 元，公幼幼兒的教育經費單位成本為 23,480 元，遠低於整體平均，私幼幼兒的教育經費單位成本則達 72,060 元，高出公幼幼兒的教育經費單位成本逾兩倍。可見私幼幼兒家長必須較公幼者負擔更多的教育成本，是否合理，值得進一步探討。

　　如再分析教育經費支出中的經常門經費，則會發現其間不平等的現象。就整體幼兒園教育支出言，主要包含人事、房舍租金、餐點、其他等支出，支出費用與幼兒園招生規模大小有關。以 88 會計年度（1998-1999）臺北市私幼幼兒的教育經費單位成本為例，每位幼兒平均教育經費單位成本為 82,724 元，其中人事支出及房舍租金等項目在私幼教育成本中占較大比率（見表 12-9）；公幼部分，幼兒平均教育經費單位成本為 81,651 元，但其中 49,151 元由政府補助，幼兒家長實際需擔負的費用約為 32,500 元（見表 12-10）；與私幼幼兒家長需擔負之教育經費 82,724 元相較，公幼幼兒家長需負擔幼兒的教育經費僅

約為私幼的四成。

表 12-9　88 會計年度臺北市私立幼兒園每生每年單位成本分析

單位：新臺幣元

規模大小 （招生人數）	人事 支出 %	房舍 租金 %	餐點 支出 %	其他 支出 %	平均每年 每生教育 成本	若師生比以 1：15 計算， 平均每年每生 教育成本
三十五人	56.16	29.91	5.98	7.95	85,982	74,216
四十五人	62.88	21.42	4.28	11.41	124,507	104,824
五十九人	49.51	—	15.96	18.81	84,090	98,929
六十五人	48.83	16.08	5.29	29.70	95,900	68,405
七十五人	61.56	22.73	3.79	11.93	126,707	68,093
	55.79	22.54	7.06	15.96	103,437	82,724

資料來源：臺北市政府教育局第四科，未出版。

　　再由公、私幼收費項目及標準分析，當可進一步瞭解公、私立幼兒家長負擔的差異。公、私幼收費項目主要分為學費、學生活動費、學生材料費、點心代辦費、午餐代辦費、設備、雜費、交通代辦費、保險費等（詳見表 12-11）。以接受全日制教育的幼兒言，暫略去交通代辦費、保險費等無確切標準之收費項目，公幼幼兒每年應繳費用合計約36,800元，私幼幼兒每年應繳費用合計約103,220元；主要差異在學費、設備、雜費等項目，前述費用公幼幼兒由政府給予補助，私幼幼兒家庭則需全額繳交。

　　其次，以 83 至 86 會計年度（1993-1997）為例，相較於幼兒園幼兒（詳見表 12-8）與國小學生教育經費單位成本（詳見表 12-12），可以發現下述現象：

①整體而言，幼兒園幼兒的教育經費與國小學生的教育經費單位成本均呈逐年增高的趨勢。

②相較 83、86 兩會計年度，公私立、公立、與私立國小學生的教育經費單位成本成長比率各為 1.32%、1.32%、1.34%，公私幼、公幼、私幼幼兒的教育經費單位成本成長比率分別為 1.44%、1.71%、1.46%，公、私立小學在教育經費單位成本比率的成長狀況相近，然公、私幼部分，顯見公幼成長比率較私幼為高。

表 12-10　88 會計年度公立國小附幼每生每年單位成本分析

學　　校	每生每年單位成本（包括：預算、收費、設備費）	每生每年政府補助單位成本（不包括收費部分）	每生每年加上房租之單位成本（預算＋收費＋設備費）×1.1764
明倫附幼	92,406	59,906	108,713
忠義附幼	79,220	46,720	93,200
福林附幼	82,008	49,508	96,480
南湖附幼	85,702	53,202	100,826
麗山附幼	76,010	43,510	89,424
龍安附幼	80,612	48,112	94,838
信義附幼	70,877	38,377	83,385
國語實小附幼	80,784	48,284	95,040
市師實小附幼	87,237	54,737	102,632
平均成本	81,651	49,151	96,060

資料來源：臺北市政府教育局第四科，未出版。

說明：1. 根據私立幼兒園成本分析，房租占實際總支出的百分比，最低約為 15%，故公立幼兒園之房租成本，亦以此基準推算。

　　　2. 開辦費 100 萬，攤 10 年，每年以九萬計算，最後一年十萬計。

　　　3. 設備費各園一般以三萬元計算。

　　　4. 收費部分以全日學生計算（無全日＼半日人數資料）。

表 12-11　85-87 學年度公私立幼兒園收費項目及標準

單位：新臺幣元

收費項目	入園時間	公立幼兒園	私立幼兒園	收費期限	用　途
學費	半日制	4,000	最高不得超過 10,000	一學期	人事費
	全日制	5,500	最高不得超過 16,000		
學生活動費	半日制	210	210	一個月（月費）	
	全日制	210	210		
學生材料費	半日制	265	265	一個月（月費）	
	全日制	320	320		
點心代辦費	半日制	一次 530	一次 770	一個月（月費）	
	全日制	二次 900	二次 1,285		
午餐代辦費	半日制	—	—	一個月（月費）	
	全日制	720	940		
設備	半日制	—	2,310	一個月（月費）	含房租費
	全日制	—	2,700		
雜費	半日制	—	480	一個月（月費）	經常費、維護費、水電費、招生工作費、燃料費、教師在職進修費
	全日制	—	480		
交通代辦費	半日制	按實際情形與家長商訂		一個月	
	全日制				
保險費	半日制	幼童平安意外險由園方與家長商訂			
	全日制				

資料來源：北市教三字第 8724233600 號函。

表 12-12　83 至 86 會計年度公私立國小學生教育經費單位成本

會計年度	教育經費（元）			學生人數（人）			單位成本（千元）		
	公私立	私立	公立	公私立	私立	公立	公私立	私立	公立
83	102,843,837	1,076,334	101,767,503	2,111,037	25,370	2,085,667	48.72	42.43	48.79
84	110,542,628	1,196,232	109,346,396	2,032,361	25,366	2,006,995	54.39	47.16	54.48
85	123,607,646	1,276,079	122,331,567	1,971,439	24,994	1,946,445	62.70	51.06	62.85
86	124,621,125	1,394,445	123,226,680	1,934,756	24,535	1,910,221	64.41	56.83	64.51
平均	115,403,809	1,235,773	114,168,037	2,012,398	25,066	1,987,332	57.56	49.37	57.66

資料來源：教育部編（1988）。《中華民國教育統計》。臺北：編者。

③就不同性質機構言，公私立幼兒教育經費單位成本高於公私立國小學生教育經費單位成本；其次，私幼幼兒平均教育經費單位成本高於私立小學學生教育經費單位成本；再者，公立小學學生平均教育經費單位成本高於公幼教育經費單位成本，超過幅度逾 1 倍。

④就不同性質機構間差異言，公、私立國小學生的教育經費單位成本差異遠較公、私立幼兒園幼兒的教育經費單位成本差距為低，公、私幼幼兒的教育經費單位成本差距甚至逾 2 倍。

總結上述，就公私立平均數言，幼兒園幼兒教育經費單位成本高於國小學生單位成本；私幼幼兒的教育經費單位成本高於公幼幼兒的教育經費單位成本，公、私立國小的學生教育經費單位成本則無多大差異。可見幼兒的教育經費單位成本不僅略高於國小學生的教育經費單位成本，且多數幼兒的教育經費單位成本由私人負擔，在缺少政府經費奧援且需維持私立幼兒園正常運作下，是項費用必須轉嫁至幼兒家長身上。

再次，自 83 至 86 會計年度（1993-1997），私幼幼兒的教育經費單位成本平均約為公幼幼兒的教育經費單位成本的 3.07 倍；再以其中 85 會計年度（1995-1996）為例（詳見表 12-13），整體而言，幼兒的教育經費單位成本顯居於末，足見此階段教育投資較其他教育階段為低，僅有高中與幼兒園階段的私立學生的教育經費單位成本高於公立學

生，而私幼幼兒教育經費單位成本較公幼幼兒教育經費單位成本高出甚多（見圖 12-5）。若幼兒園教育需國家善盡輔助之責，卻多由私人負擔該階段的教育經費是否適當，值得省思。

表 12-13　85 學年度公私立各級學校學生單位成本

單位：新臺幣千元

各類學生單位成本 學校級別	各級學校學生 平均單位成本	公立學校學生 平均單位成本	私立學校學生 平均單位成本
大學學院	218.58	317.94	147.40
專科	86.39	141.57	75.62
高職	76.92	136.49	42.72
高中	149.01	129.14	195.45
國中	70.19	75.05	63.53
國小	62.69	62.84	51.06
幼兒園	60.32	22.81	71.59
平均	103.44	126.55	84.35

資料來源：教育部編（1997）。《中華民國教育統計》。臺北：編者。

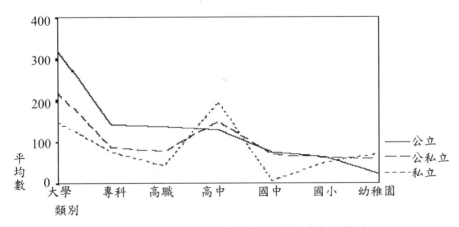

圖 12-5　85 學年度各級學校學生單位成本一覽表

(2) 幼兒園教育經費占國民生產毛額百分比

隨著社會進步、經濟發展,世界各國教育經費不斷提高;不僅個人受教育投資不斷升高,各國的教育經費亦將隨之攀升,支援教育發展的實際需要。社會的變遷,促成教育現代化;在教育現代化的過程,一個社會必然逐漸增加教育投資,從稀少的教育投資轉變成較高的教育投資(林清江,1996)。就國家而言,教育投資將成為現代化國家的重要支出,該現象可由教育經費占國民生產毛額的百分比反映出。

我國教育經費占國民生產毛額(GNP)的百分比成長情形,符應教育現代化的趨勢與特徵。就公私立教育機構平均成長情形言,40至86會計年度(1951-1997)由原先1.73%增至6.85%,增幅近四倍;從可得的統計資料,自47至86會計年度(1958-1997),公立教育機構成長比率由2.28%升至5.37%,私立教育機構成長比率由0.21%升至1.48%,增加幅度各約2.4及7倍。相較於公、私立機構間差異可看出,公立教育機構的教育經費仍高於私立教育機構頗多(教育部,1998)。

在幼兒園教育經費占國民生產毛額比率部分,幼兒園教育經費歷來為教育經費支出較弱的一環,從47到86會計年度(1958-1997),幼兒園教育經費占教育經費支出總額百分比由0.92%略微提高至3.03%,相較其他教育階段實顯弱勢(詳見表12-7)。由教育經費支出總額言,若以三級教育劃分,教育經費支出總額高低依序為初等教育、中等教育、高等教育,顯見初等教育(義務教育)階段占國家教育經費支出大宗;但就初等教育經費支出總額言,國民小學、國民中學階段平均教育經費支出總額相當,幼兒園教育經費支出總額卻僅約為該二階段別教育經費支出總額的九分之一;其中47會計年度(1957)的幼兒園教育經費支出總額僅為國小教育經費支出總額之2.4%,此情形至86會計年度(1997)已改善為13%(詳見表12-14)。

表 12-14　47 至 86 會計年度公私立各級教育經費支出總額

單位：新臺幣千元

會計年度	幼兒園	國民小學	國民中學	高級中學	職業學校	專科學校	大學及獨立學院
47	11,077	455,250	—	382,230		163,581	
49	14,655	545,756	—	439,097		178,509	
50	16,156	643,101	—	517,019		229,374	
51	17,701	814,634	—	683,049		301,445	
52	20,215	1,048,501	—	777,452		370,046	
53	22,016	1,106,329	—	905,317		412,464	
54	25,283	1,134,097	—	1,022,270		576,166	
55	31,483	1,295,445	—	1,389,504		777,298	
56	31,387	1,489,668	—	1,642,062		901,398	
57	35,424	1,759,733	—	1,966,789		1,245,506	
58	21,552	1,958,666	—	2,949,682		1,655,570	
59	46,449	2,372,962	—	3,278,097		2,133,606	
60	47,056	2,824,143	—	4,190,216		3,069,393	
61	130,554	3,225,000	2,372,317	1,271,932	1,127,694	2,574,330	
62	130,554	3,530,293	2,461,096	1,484,183	1,136,120	2,726,943	
63	178,696	4,096,905	2,976,990	1,482,776	1,327,763	3,227,933	
64	230,004	6,082,408	4,350,067	1,327,763	1,627,929	4,205,623	
65	230,427	7,157,372	5,021,187	2,326,567	2,234,227	2,252,804	3,012,200
66	351,879	8,570,331	5,782,036	2,655,614	2,485,067	2,252,030	4,026,867
67	345,815	10,090,612	6,343,379	2,969,342	3,021,896	2,687,733	4,641,948
68	446,850	12,755,016	8,409,859	3,788,901	3,995,660	3,274,437	5,046,661
69	807,438	16,165,057	10,177,846	4,912,756	5,130,277	3,947,401	7,189,916
70	1,215,592	18,999,168	13,298,050	6,077,370	6,552,107	6,147,820	9,753,150
71	1,638,797	22,298,611	16,047,638	6,552,107	8,642,887	7,912,238	13,233,316
72	1,823,534	27,193,942	18,190,008	7,563,674	9,145,155	9,826,258	16,446,165
73	2,581,264	27,010,831	19,293,141	7,856,017	9,778,469	9,675,233	14,901,770

（續上表）

會計年度	幼兒園	國民小學	國民中學	高級中學	職業學校	專科學校	大學及獨立學院
74	4,002,565	27,387,324	20,621,341	8,614,325	10,853,967	10,418,570	16,585,393
75	4,430,196	31,004,799	21,695,522	9,468,731	12,073,361	10,932,201	18,727,605
76	4,587,548	32,547,269	22,492,115	10,286,918	14,056,154	12,918,439	23,638,140
77	5,259,330	39,428,781	24,160,086	11,241,398	15,645,885	11,702,993	31,471,197
78	6,669,603	49,320,053	29,101,058	13,449,864	17,916,766	14,609,077	32,877,731
79	7,840,899	58,227,576	35,351,462	17,794,700	23,767,580	18,433,507	40,064,663
80	8,254,640	70,574,725	46,557,281	19,776,326	24,765,742	20,207,628	51,018,405
81	10,889,630	79,685,381	55,245,557	24,176,059	27,932,875	24,610,075	59,457,368
82	11,151,156	98,283,490	64,680,836	27,588,476	30,728,342	27,676,287	64,393,016
83	11,484,540	102,843,837	69,242,567	29,614,377	34,200,844	31,188,884	66,831,084
84	13,459,439	110,542,628	74,658,955	31,203,553	36,866,447	30,362,476	70,081,817
85	14,499,598	123,607,646	81,191,623	38,122,291	40,260,550	34,199,451	71,856,340
86	16,252,898	124,646,667	82,831,627	42,458,718	46,239,974	38,167,638	88,398,565
平均	3,313,683	29,044,205	28,559,756	51,397,725		48,473,819	

資料來源：教育部（1998）。《中華民國教育統計》。臺北：作者。
說明：1. 81 至 84 會計年度修正，將國小附設幼兒園經費從國小移至幼兒園。
　　　2. 60 學年度之前高中及職業學校經費合併、64 學年度之前專科與大學校院及獨立學院經費合併，本研究旨在分析各教育階段經費趨勢，故計算平均數值時，將高中及職業學校併計，專科與大學校院及獨立學院併計。
　　　3. 幼兒園教育經費占支出總額百分比始於 47 學年度列出，故本表自 47 學年度為始呈現各級教育狀況。

　　再就各級教育經費占國民生產毛額比率言，國教階段教育經費占國民生產毛額比率逐年遞增，其中幼兒園部分從 47 到 86 會計年度（1958-1997），已由 0.0002% 提高至 0.0021%，相較國小由 0.0094% 提高至 0.0159%，提升的幅度雖高，但實質經費仍低（詳見表 12-15）；與其他教育階段別相較，大專校院、中學、國中、國小、幼兒園階段教育經費占國民生產毛額比率依序為 0.0097%、0.0093%、

0.0086%、0.0122%、0.0009%，其中幼兒園階段所占比率仍最低（詳見圖 12-6）。上述現象說明幼兒園教育經費已逐年獲得提升，提升幅度雖大，但實質經費總額依舊遠低於其他教育階段。此種經費分配方式是否允當，值得探究。

表 12-15　公私立各級教育經費占國民生產毛額比率

單位：%

教育階段 會計年度	公私立各級教育經費占國民生產毛額比率							國民生產毛額GNP（百萬元）	公私立教育經費占 GNP 百分比		
	幼兒園	國民小學	國民中學	高級中學	職業學校	專科學校	大學及獨立學院		平均	公立	私立
47	.0002	.0094	—	.0079			.0034	48,231	2.49	2.28	0.21
49	.0003	.0096	—	.0077			.0031	57,079	2.44	2.22	0.23
50	.0002	.0097	—	.0078			.0035	66,220	2.52	2.22	0.30
51	.0002	.0112	—	.0094			.0041	72,907	2.93	2.60	0.33
52	.0002	.0127	—	.0094			.0045	82,532	3.09	2.69	0.40
53	.0002	.0116	—	.0095			.0043	95,407	2.94	2.53	0.41
54	.0002	.0106	—	.0096			.0034	106,666	2.98	2.42	0.54
55	.0003	.0110	—	.0118			.0056	117,420	3.38	2.76	0.62
56	.0002	.0110	—	.0122			.0067	134,843	3.40	2.77	0.61
57	.0002	.0113	—	.0126			.0080	155,882	3.56	2.87	0.69
58	.0001	.0106	—	.0160			.0090	184,161	3.99	3.32	0.67
59	.0002	.0113	—	.0156			.0101	210,260	4.14	3.46	0.67
60	.0002	.0115	—	.0171			.0125	245,425	4.58	3.69	0.88
61	.0003	.0112	.0082	.0044	.0039		.0089	289,041	4.10	3.15	0.95
62	.0004	.0101	.0070	.0042	.0032		.0078	349,966	3.57	2.78	0.80
63	.0004	.0082	.0060	.0030	.0027		.0055	499,173	2.95	2.30	0.65
64	.0004	.0110	.0079	.0030	.0029		.0076	554,142	3.80	3.02	0.78
65	.0004	.0111	.0078	.0036	.0035	.0035	.0047	642,537	3.95	3.26	0.69
66	.0005	.0113	.0076	.0035	.0033	.0030	.0053	759,540	4.06	3.34	0.73
67	.0004	.0113	.0071	.0033	.0034	.0030	.0052	896,098	4.09	3.33	0.76

（續上表）

教育階段 / 會計年度	公私立各級教育經費占國民生產毛額比率							國民生產毛額GNP（百萬元）	公私立教育經費占GNP百分比		
	幼兒園	國民小學	國民中學	高級中學	職業學校	專科學校	大學及獨立學院		平均	公立	私立
68	.0004	.0117	.0077	.0035	.0037	.0030	.0046	1,093,349	3.96	3.25	0.71
69	.0006	.0121	.0076	.0037	.0038	.0030	.0054	1,334,257	4.27	3.55	0.71
70	.0007	.0116	.0081	.0037	.0040	.0038	.0060	1,634,120	4.54	3.69	0.85
71	.0009	.0121	.0087	.0041	.0047	.0043	.0072	1,838,429	5.15	4.23	0.92
72	.0009	.0137	.0092	.0038	.0046	.0049	.0083	1,986,885	5.58	4.62	0.96
73	.0011	.0120	.0086	.0035	.0044	.0043	.0066	2,244,953	4.95	3.97	0.98
74	.0016	.0112	.0084	.0035	.0044	.0043	.0068	2,449,539	5.06	4.10	0.96
75	.0017	.0116	.0081	.0035	.0045	.0041	.0070	2,680,483	5.14	4.21	0.93
76	.0015	.0104	.0072	.0033	.0045	.0041	.0075	3,134,828	4.72	3.80	0.93
77	.0015	.0115	.0070	.0033	.0045	.0034	.0091	3,442,690	4.89	3.95	0.94
78	.0018	.0130	.0077	.0035	.0047	.0038	.0086	3,801,819	5.28	4.29	0.99
79	.0018	.0134	.0082	.0041	.0055	.0042	.0092	4,337,304	5.80	4.79	1.02
80	.0018	.0152	.0100	.0043	.0053	.0044	.0110	4,635,911	6.49	5.34	1.15
81	.0021	.0153	.0106	.0047	.0054	.0047	.0114	5,193,347	6.80	5.58	1.21
82	.0020	.0172	.0113	.0048	.0054	.0048	.0113	5.707,694	7.06	5.82	1.24
83	.0019	.0166	.0112	.0048	.0055	.0050	.0108	6,204,548	6.94	5.64	1.29
84	.0020	.0160	.0111	.0047	.0055	.0045	.0105	6,701,884	6.75	5.47	1.28
85	.0020	.0171	.0112	.0053	.0056	.0047	.0099	7,246,330	6.95	5.62	1.33
96	.0021	.0159	.0106	.0054	.0059	.0049	.0113	7,838,108	6.85	5.37	1.48
平均	.0009	.0122	.0086	.0093		.0097		2,027,539	4.52	3.70	0.82

資料來源：教育部（1998）。《中華民國教育統計》。臺北：作者。

說明：1. 81 至 84 會計年度修正，將國小附設幼兒園經費從國小移至幼兒園。

　　　2. 60 學年度之前高中及職業學校經費合併、64 學年度之前專科與大學校院及獨立學院經費合併，本研究旨在分析各教育階段經費趨勢，故計算平均數值時，將高中及職業學校併計，專科與大學校院及獨立學院併計。

　　　3. 幼兒園教育經費占支出總額百分比始於 47 學年度列出，故本表自 47 學年度開始呈現各級教育狀況。

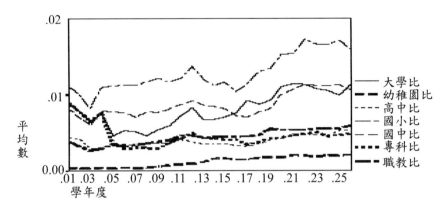

圖 12-6　61 至 85 學年度各級教育經費支出額占國民生產毛額比率

⑶ **幼兒的經常支出單位成本**

　　公幼幼兒的經常支出單位成本，係指在機關預算編列的幼稚教育經費經常門支出一類下，每位接受教育的幼兒平均可得的教育經費；私幼幼兒的經常支出單位成本則指幼兒園用於行政薪資、教學薪資、教學材料等支出總額，換算每位私幼幼兒平均可得的經費支出。公立幼稚教育預算的編列長期附屬於國民教育經費中，主要經費來源有賦稅收入、上級政府補助款項、教育捐等（蓋浙生，1993）；私立幼稚教育經費則由民間或個人提供，主要經費來源則為幼兒家長繳交的學雜費用。由於幼兒經常支出單位成本除實質款項的變化，另會受到幣值影響波動；擬呈現近三年幼兒經常支出單位成本變動情形，除可瞭解變動趨勢，所得數值因受幣值變化影響較小，方便參照（詳見表 12-16）。

　　以 84 至 86 會計年度（1994-1997）為例，其中公私立幼兒園經常支出均呈逐漸成長之趨勢，經常支出總額平均約為 115 億元（詳見表 12-15）。綜觀表 12-16，就公立學校教育經費經常支出言，各級教育以幼教為最低，國小為最高；但就經常經費支出占經費支出總額比率

言，公立幼教階段所占比率最高，平均高達94%；就私立學校教育經費經常支出言，私立幼教則分別高於國小、國中階段，但在經常經費支出占經費支出總額比率部分，平均比率約為76%，僅略高於各級教育總平均的71%。

表 12-16　84 至 86 會計年度公私立各級教育經費經常支出一覽表

單位：新臺幣千元

階段	項目 會計年度	公 立			私 立		
		經費支出總額	經常支出	經常支出占支出總額%	經費支出總額	經常支出	經常支出占支出總額%
幼稚教育	84	1,158,116	1,071,480	0.93	12,301,323	9,221,599	0.75
	85	1,266,883	1,247,834	0.98	13,232,715	10,072,925	0.76
	86	1,887,976	1,723,437	0.91	14,364,922	10,972,094	0.76
	平均	1,561,564	1,488,159	0.94	13,199,663	10,088,873	0.76
國民小學	84	110,174,072	87,140,509	0.79	1,196,232	1,058,003	0.88
	85	122,306,325	100,203,216	0.82	1,276,640	1,012,913	0.79
	86	123,226,680	106,367,705	0.86	1394,445	1,076,950	0.77
	平均	118,569,026	97,903,809	0.82	1,289,106	1,049,287	0.81

資料來源：1. 教育部（1996）。《中華民國教育統計》。臺北：編者。
　　　　　2. 教育部（1997）。《中華民國教育統計》。臺北：編者。
　　　　　3. 教育部（1998）。《中華民國教育統計》。臺北：編者。

說明：1. 由於81至84會計年度修正，將國小附設幼兒園經費從國小移至幼兒園，是以幼兒園經費後作更正，1997年、1996年《中華民國教育統計》兩版本記載之金額不符。然缺84會計年度公幼教經費經常門支出，經87.11.25電詢教育部統計處科長得知實際支出，故已予修正。

　　　2. 1997年《中華民國教育統計》第40頁記載，85會計年度為1996-1997應為誤植，實為1995-1996，詳見《預算法》。

再者，公、私幼的經常支出占支出總額比率也頗有差異；84 至 86 會計年度（1994-1997）平均公幼之經常支出占支出總額的 95%，私幼之經常支出占支出總額平均為 76%，顯示私幼經費支出中，約四分之一用於增置、擴充、或改良資產等資本門。換言之，私幼幼兒所支出的學費中，除需支付幼兒園教師薪水外，也需負擔幼兒園建設費用；相對的，公幼則不必。私幼如欲大幅調漲學雜費以充實建設，則需考慮家長接受度；如此一來，勢必對經費支出產生排擠效果。

此外，若相較於其他各級公立教育經費支出，公幼經常支出顯然偏高。以 84 至 86 會計年度（1994-1997）國小學生的教育經費單位成本為例（見表 12-17），同樣呈現逐年成長的趨勢；但相異於幼教階段，公立國小學生的教育經費單位成本及成長趨勢明顯高於私小。自 84 至 86 會計年度（1994-1997），平均每年公立國小經常支出占經費支出總額 82%（見表 12-16），可見公幼經費幾乎全數用於人事費用與教學材料費用，鮮少餘額得用於擴充或改良資產，之所以如此，是大多公幼乃附設於國小，故幼兒園設備與之共用，因而節省資本門開銷。但此種現象未以幼兒為主體規劃之環境設備，是否能提供幼兒成長與學習的必要支持，實值得深思。

表 12-17　83 至 85 學年度國小學生經常支出單位成本

單位：新臺幣千元

校別　校年度	公私立國小	公立國小	私立國小
83 學年度	42.98	42.99	41.71
84 學年度	51.34	51.48	40.50
85 學年度	55.53	55.68	43.89
平　　均	49.95	55.05	42.03

資料來源：1.教育部編印（1997）。《中華民國教育統計指標》。臺北：編者。
　　　　　2.教育部編（1998）。《中華民國教育統計》。臺北：編者。

　　相對於幼教經費經常支出逐年成長，83至85學年度（1994-1996）的幼生數成長出現明顯停滯現象。在幼兒的經常支出單位成本部分，呈現逐年增加的**趨勢**，其中公幼成長**趨勢**較緩，私幼成長則甚爲明顯，因而逐年拉大公、私幼幼兒的經常支出單位成本的差距，從84學年度（1995）起，私幼幼兒的經常支出單位成本甚至已超過公幼1倍。綜觀三學年度幼兒的經常支出單位成本，平均每位幼兒爲48,830元，公幼幼兒平均爲27,160元（詳見表12-18），私幼幼兒則平均爲55,580

表12-18　83至85學年度幼兒園幼兒人數、經常支出、幼兒經常支出單位成本一覽表

單位：新臺幣千元

學年度	公私立 項目	總計	公立	私立
83	幼兒人數（人）	235,150	53,189	181,961
	經常支出（千元）	10,714,806	1,493,207	9,221,599
	幼兒經常支出單位成本	45.57	28.07	50.68
84	幼兒人數（人）	240,368	55,529	184,839
	經常支出（千元）	11,320,759	1,247,834	10,072,925
	幼兒經常支出單位成本	47.08	22.47	54.47
85	幼兒人數（人）	235,830	57,679	178,151
	經常支出（千元）	12,695,531	1,723,437	10,972,094
	幼兒經常支出單位成本	53.83	30.95	61.59
平均	幼兒人數（人）	237,116	55,466	181,650
	經常支出（千元）	11,577,032	1,488,159	10,088,873
	幼兒經常支出單位成本	48.83	27.16	55.58

資料來源：1. 教育部（1995）。《中華民國教育統計》。臺北：編者。
　　　　　2. 教育部（1996）。《中華民國教育統計》。臺北：編者。
　　　　　3. 教育部（1997）。《中華民國教育統計》。臺北：編者。
　　　　　4. 教育部（1998）。《中華民國教育統計》。臺北：編者。

元，足見私幼幼兒的經常支出單位成本高過公私立幼兒的經常支出單位成本平均數，並且超越公幼甚多。

衡諸 83 至 85 學年度（1994-1996）幼兒的經常支出單位成本所呈現之趨勢，衍生出兩個問題值得進一步探討：

①公幼幼兒的經常支出單位成本，幾乎只及平均幼兒經常支出單位成本一半，顯示公幼用較低的經常支出即可提供公幼正常運作，另方面隱含代表公立單位用某種方式吸收（或分擔）公幼運作應有的資本門經費。換言之，以全體納稅人的錢補貼在非義務教育的公幼幼兒，且並未及於私幼幼兒，其公平性與合理性值得商榷。

②公幼幼兒的經常支出單位成本幾乎不及私幼幼兒的經常支出單位成本一半，過大的公、私幼成本差距，反映私幼高經營成本與家長高負擔，除需省思其合理性外，教育經費分配的適宜性、私人負擔大部分幼教經費的政策妥適性更有待釋疑。

(二) 臺灣幼兒教育的發展趨勢

現代社會急劇變遷，並造成家庭結構的改變，幼兒教育為因應此急劇之變遷勢必在制度、內容、方法以及相關措施有所因應，方能與時俱進。歐美幼教先進國家，如美國的幼兒教育研究發展，在理論研究方面，已設構培育「全人兒童」的幼教新學說；在實際研究上，已從幼教發展的歷史脈絡、社會改革、知識爆發及家庭結構的變遷等方面，推測未來幼兒教育發展的新趨勢。茲將其統整為五大方向（王連生，2005），包括：1. 現代化社會幼兒心靈感受，將對新奇多變的世界，產生更多的好奇與疑惑；2. 在邁向未來的進程中，幼兒教育的中心目標在於如何統整其生活經驗，引入提升生活素質的方向；3. 現在兒童每天接受電視、電玩、廣播及網路的刺激最長也最強；4. 面對資訊時代的來臨，朝向運用科技玩物於幼兒創造思考力的教學，將是幼兒教

育發展的新型態；5.現代幼兒施教的新形式，基於沒有圍牆的新風格，正走向社會活生生的實際環境中。

　　檢討臺灣幼兒教育的發展現況，在學制、師資、教材教法、教學設備以及學術研究等實際措施上，仍存在相當的問題，展望臺灣幼兒教育發展的新趨勢，只要及時針對當前問題的癥結，研擬改進的策略與方案，當能在量的增加及質的提升等方面獲致豐碩成效（王連生，2005）。茲分述如下：

1.學制改革納入國教系統

　　在學制改革上，雖限於政府的財源，暫緩將幼兒教育納入國民教育體系。然政府於90年代，已宣布國教向下延伸一年，故目前的必要措施，至少應普遍在國民小學附設幼兒園，為未來幼教納入國民教育體系預作準備。

2.提升幼教師資培育的專業水準

　　在師資培育方面，提供幼教師資至大學程度，是政府積極革新幼教的另一項重要政策。然臺灣地區擔任幼教師資培育的學者專家及幼教學術研究的高級專業人才，在70年代以前，仍然相當貧乏。自90年代以降，政府的政策特別重視培育幼教研究人才，國內各大學亦紛紛成立幼教研究所，假以時日，當能提高國內幼教學術的研究水準，亦能提升幼教師資培育的專業水準。

3.進行幼教學術研究之科際整合

　　國內有關幼教的理論與實務研究方面，至90年代日漸增多，然在幼教理論研究方法方面，鮮少能著重科際整合的研究。故政府宜重視和加強幼教學術的科際整合研究，鼓勵及獎勵幼教學術研究的著作；並配合民間企業界，共同發展幼教實用性的教具、益智性的玩具、以及富啟

發性的讀物。

4.輔導幼教教學正常化

檢視國內幼兒園的教學情況，在 70 年代以前，私立幼兒園產生不少不正常的教學現象，例如：幼兒園不依課程標準施教，其教學偏重小學式的讀、寫、算之實施方式；又如將幼兒園變成幫忙帶小孩的地方。其後經由教學視導與幼教評鑑，最近幾年來已能日趨正常化。今後應繼續加強幼教視導，全面辦理幼教評鑑，並透過幼托整合之實施，促使幼教教學邁向正常化。

5.幼兒教學設備的充實與改善

臺灣地區之幼兒教學設備，早期相當簡陋，根據臺灣地區幼兒園教育現況調查研究顯示：在角落學習區及教保設備方面，無論公私立幼兒園，均有嚴重不足的現象，而對幼兒教學環境品質與教學設備，已能不斷提高與充實。今後應繼續促使各幼教機構，加強充實現代化之教學設備，以提升幼教教學品質。

第十三章

新移民幼兒教育問題

許文宗

依照內政部的統計，至民國 92 年 12 月止，外籍配偶的出生率已高達 13.37%，也就是平均約每 7.5 個新生兒中，就有一名是來自於外籍媽媽。總體而言，臺灣的出生率已逐年下降，然而外籍配偶所生之嬰兒數以及所占新生兒之比例卻有逐年增加及上升的趨勢（趙彥寧，2000）。此趨勢是否會影響我國的人民素質？是否在教育政策或社會政策上需要有所更迭？是否影響義務教育的教學活動和學校文化組織等？上述問題皆需要從切實掌握外籍配偶子女在學校學習的成就著手，才能進一步分析政策的訂定或提出適切的因應措施。

一、新移民社會問題新面向

依據教育部統計處的資料顯示，目前在臺灣之來自大陸及東南亞外籍配偶的子女已進入國小或國中就讀。92 學年度外籍配偶子女就讀小學及國中已有 46,411 人，比 91 學年度增加了 58%（16,371 人），若依此比率計算，到了 100 學年度的國小一年級學生，可能就會有高達三分之一的學齡兒童為外籍配偶所生的子女。隨著地球村、國際化的世界潮流，我國不可能不去面對此一跨國婚姻效應引發的教育議題。目前臺灣從事外籍配偶研究者大有人在，但是研究外籍配偶子女學習和其對臺灣教育衝擊的研究卻極為稀少。由此更凸顯研究外籍配偶子女教育及其相關議題的不可或缺性和急迫性，因為教育乃國家培育人才的重要基地，而且教育工作也非一蹴可成的事業，乃維繫國家千秋萬世發展成敗的重要政策，因此對於可以預期會對臺灣教育政策和學校文化產生衝擊之外籍配偶子女教和學的掌握是刻不容緩之教育和國家政策的大事之一。

(一)異族間婚姻發生影響因素

在報章媒體大量的報導下，這群「新臺灣之子」的教育議題快速地成為社會大眾討論的對象，不論從教育政策或社會關照的角度言之，他們已然被社會大眾視為需要特別照顧或社會弱勢的一群（邱汝娜、林維言，2004）；然而，這樣特別關愛的眼光卻也意味著夾帶有個人或社會的價值判斷，外籍配偶子女如果未經科學的研究，未提出事實為依據，就貿然的將外籍配偶子女的教育議題問題化，或直接貼上「語言發展遲緩」、「學習表現差」的標籤（中國時報，2004.1.28），則此一刻板印象將隨著媒體的報導逐漸擴散，不但可能淹沒真相，也將可能誤導教育政策的制訂，甚至影響國家的整體形象，包括義務教育的內容、師資培育課程的訂定、國家多元文化教育政策的走向等。

跨國婚姻係屬異族間通婚（intermarriage）現象的一部分。依據 Gordon（1964）的定義，異族間通婚（intermarriage）指的是婚配的雙方具有不同的宗教、種族（racial）或民族（ethnic）背景。其中，關於異族間婚姻發生影響因素，依據 P. R. Spickard 整理，目前並沒有一個單一的理論可用來預測異族間婚姻，大略而言包括以下各項（轉引自 Bowser & Hejazinia-Bowser, 1990）：

1. 性別人口比例的不均衡。

2. 世代（同化）的影響：移民通常會和外族結婚，隨著世代而移出其「舊的國家」。

3. 民族社群的出現或缺席：不僅繫乎族群的大小（伙伴的有無），而且與族群相對的優勢與權力（影響選擇的能力）有關。

4. 社會接受度的增加：自 1960 年代以降，民族間緊張關係降低。

5. 社會距離模式：認為種族的疆界是最難跨越者，其次是宗教，最容易跨越的是國家的根源。

6. 社會與經濟階級因素：異族間婚姻在某些階級會是雷同的。

7. 性別因素：此與多數及少數群體有關。譬如主流群體的男性傾向於與受壓抑群體的女性結婚。

臺灣社會近年來跨國婚姻移民形成的原因，社會學家對之多所探討。夏曉鵑（2002）視之為資本國際化的商品婚姻。蔡雅玉（2000）研究則指出，臺越跨國婚姻係鑲嵌在我國對大陸的「戒急用忍」政策與對東南亞的「南向政策」的經貿關係當中，加上臺灣男性與女性間存在的「婚姻坡度」與仲介商的推波助瀾所致。王宏仁（2001）則視之為社會階層下國際勞動力的一環。

㈡ 新臺灣之子與不利發展之社會環境

外籍新娘所生的新生兒、國家未來的棟樑，由於母親移入臺灣社會環境適應問題與語言文化差異因素，可能使得小孩子在教育上成為弱勢，一開始就輸在起跑點，亟需政府相關單位提出具體幼兒教育對策。

對於尚在語言學習和文化差異適應期的外籍新娘而言，即使有心想兼顧子女教育也常是力不從心。以語言學習為例，自己國語都講不好了，然孩子在學校卻是還要包括英語、鄉土語言學習一起來，而所謂教孩子「母語」應是外籍新娘最拿手的，但這「母語」很可能是派不上用場。另外，若課程安排需要家長與學生協同完成，外籍新娘學歷程度不錯的話，問題還不大，假使學歷較低又有文化上思想觀念、教育方式的差異，子女的教育問題當然會從經濟能力上的弱勢、文化上的弱勢，變成了學習上的弱勢者。

就影響外籍配偶子女學習成就的因素，文化、遺傳和教育是為關鍵。外籍配偶子女教育問題，有些是屬於個人因素，有些是與環境交互作用下的因素。綜合歸納國內相關研究，其原因有：適應環境困擾，影響子女心智發展；缺乏育兒知識，不易勝任母親責任；語言溝通障礙，

子女易有發展緩慢的現象，子女學習發展受限；婚姻形同買賣，子女缺乏有利環境；居於經濟弱勢，缺乏自我謀生能力；處於文化隔閡，社交範圍相當受限制（張家楨，1999；劉美芳，2001；鄭雅雯，2000；陳美惠，2002）。若單就外籍配偶子女學習方面而言，影響其學習的主要因素可以歸結為語言層面、家庭社經情況、文化資本層面（含生活適應）等方面。

1.語言層面

根據陳烘玉等人研究指出（2004），語言交流、識字能力等隔閡是造成外籍配偶子女教育問題的重要因素之一。而王瑞勳的研究（2004）亦表示母親中文能力不夠，將使其子女學習成果出現明顯落後的現象。吳靜芬〈為少數族群兒童架起語言、文化的橋樑〉一文更指出，外籍配偶子女由於語言的不同，從而造成學校生活適應及課業上的種種問題（吳靜芬，2003）。

陳烘玉等人的研究（2004）亦指出，新移民女性具備語言方面珍貴的文化資源，如果能促使其子女發展雙語能力，臺灣在不久的將來則可能因著外籍配偶的融入而化危機為利基，成為東南亞國家經貿發展的門戶。

2.家庭社經地位層面

除上述語言層面的因素以外，吳芝儀、劉秀燕（2004）於〈跨文化衝擊下外籍新娘家庭環境及其子女行為表現之研究〉一文中，則顯示家庭社經地位低落，其中包含父母教育程度低、居住偏僻文化不利地區與家庭收入少等因素，皆對其子女的教育情況有所影響，更會造成其子女語文能力發展遲緩與學業成就低落等問題，因此，家庭社經地位較低，對外籍配偶子女學業成就產生負面影響。

陳怡華（2001）的研究指出，地位乃由 Blau 和 Duncan 於 1967

年提出，並說明家庭社會經濟地位對教育成就的影響因素，尤其強調學業成就、教育成就和測得的能力等是除了他人影響之外的重要因素。因此在剖析外籍配偶子女之學習成就上，必須同時瞭解其家庭社經背景對其學習的影響層面。

陳碧雲、魏妙如與郭昱秀（2004）於〈外籍配偶子女學校生活適應之探討——以學前教師的觀點為例〉的研究也表示，外籍配偶子女因為雙親文化有所差異，主要照顧者多為母親，故其母親文化的特質以及其家人看待母親文化的態度，亦會影響其子女的學校生活適應情形與學習態度和成就，因此，家庭因素再度成為影響學習成就的重要面向之一。

3. 文化資本層面

隨著全球化的潮流，各種文化間的接觸交流日益頻繁，為加深對國家族群間的文化認同，教育遂成為培養學生對文化與國家認同所採取的手段之一。P. Bourdieu 的文化再製理論（cultural reproduction）提出，文化再製現象的產生是透過階級間的文化資本（cultural capital），尤其是語言、文字及生活習性的不同，進行社會控制。同理，教育體系也傾向再製文化資本的繼承與分配，而非根本改變，故透過文化資本的中介，學校教育乃成為社會文化再製的溫床，壓縮文化創新的空間。吳芝儀、劉秀燕也提出（2004），不同社會背景兒童獲得文化資本的機會便不同。但是學校教育是否敏銳的察覺到，習慣於提供支配階級的課程及教學方法為「範本」，卻忽略教育因材施教的本質，以致於漠視較小團體對個別差異的需求。

文化衝擊的差異勢必對弱勢文化者產生影響，其中影響最顯著的即在「語言溝通」、「思考模式」與「價值觀念」方面（陳德正，2003）。此三者面面相通，是一體的多面，且會影響學生學習上的壓

力。許育典（2000）的研究也同樣指出，原、漢民族在家庭背景及生活方式有所不同，將對原住民學生的學校生活也會造成壓力；而學校課程與教材是漢人主流社會所宰制，其內容所呈現的價值和思維模式較不易爲原住民學生所瞭解。

外籍配偶子女在班級中所處的地位與原住民學生在班級中所處的地位在實質上或有差異，但在本質上卻存在相似處，尤其是其文化的非主流地位。因此，目前之教學方式和教材內容可能因爲文化或價值觀之差異，以致於影響其學習成就或造成學習困難。莊勝義（2002）指出，文化差異在教室中所呈現的面向不只是其夾帶的背景文化因素，舉凡師生互動、同儕相處等均是影響其是否適應學習的原因。此外，認知風格、學習態度等亦構成影響外籍配偶子女的文化資本，故也是影響其學習成就的重要因素。何況「提升學習成就，落實社會正義」也是國家增進弱勢族群教育機會的施政方針（教育部，2005）。

綜上所述，唯有掌握外籍配偶子女學習成就之現況，才可端正社會視聽，也可防微杜漸，裨及早思考適切因應之策，無論對政府推動國際化和多元化，皆可以提供正確判斷的依據；也有助於學校組織文化變革、教育政策融入多元文化、社區整體發展的規劃和落實。

二、新移民女性之相關問題

若以 Bronfenbrenner 生態系統理論而言，每一個人都不是置外於社會文化的單獨個體，不僅受個人與環境直接互動的影響，也受周邊各種系統相互作用後對個體產生的影響（Bronfenbrenner, 1992）。Bronfenbrenner 的生態系統論強調，發展是微系統、中間系統、外系統以及大系統等四個系統與個體直接及間接作用的結果（圖 13-1）（引自鄭青青、宋明君，2004）。生態系統論與文化震憾的概念提供了我

們一個思考的方向：外籍配偶及其配偶、家人彼此之間的文化衝突將是全面性的，是一種肇因於二者之間的各個系統之不同所衍生的一種衝突，因此，如果能夠嘗試讓嫁到臺灣的外籍配偶瞭解臺灣文化與傳統價值觀念，或許能藉由認識彼此大系統上的差異，幫助她們減少內心的焦慮，儘快適應臺灣的文化與生活。

　　家庭的微系統——也就是外籍配偶的家庭——能夠因此而減少因為文化衝突所產生之不利於幼兒成長的因素；假若一個家庭裡有兩套不盡相同的文化價值，必然會造成兒童內心的文化衝突，在教養上也就無法達到 Bronfenbrenner 生態系統論中所謂的最佳化過程（proximal process）——各個系統間的統整一致性。有鑑於此，如果我們能利用學校與社區的力量，試圖讓外籍配偶及早融入臺灣的社會文化中，增進家庭微系統的平衡，對兒童而言將會有較好的學習與成長的環境。

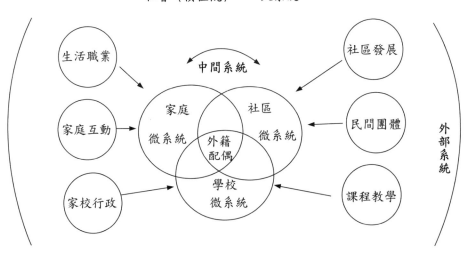

圖 13-1　外籍配偶家庭生態系統圖

資料來源：引自鄭青青、宋明君（2004）。外籍新娘及其子女教育之研究分析——
　　　　　生態系統論觀點。載於外籍與大陸配偶子女教育輔導學術研討會，95-
　　　　　105。

13

(一) 新移民女性的社會適應

外籍配偶來臺之後，因語言、文化、思想觀念的差異，而衍生出許多的生活適應問題。以下分別就生活適應與文化挑戰兩方面，分述如下：

1. 就生活適應方面而言

文獻整理發現，大概可分為下列幾個面向（引自王宏仁，2001；顏錦珠，2002；朱玉玲，2002；李瑞金、張美智，2004）：

(1) 語言隔閡所引起的溝通障礙

外籍配偶初到臺灣時，無法將在地語言流利上口，很多的溝通會產生誤解。很多研究結果均指出，語言和識字是外籍配偶進入本國所面臨的最大阻礙（朱玉玲，2002；夏曉鵑，2002；李瑞金、張美智，2004）。

(2) 文化差異、民情風俗不一的問題

不同的國情民風、社經環境，外籍配偶在待人接物、價值觀念及生活習慣上，常出現文化失調現象。食衣住行育樂等基本需求之喜好、一般日常家務之處理、臺灣文化對媳婦角色的要求、生活中的節慶習俗、婚喪喜慶、祭祀拜拜、風俗禁忌等，都可能帶來文化與宗教上的衝突。許多外籍配偶大多透過仲介牽線，短時間內做出嫁給誰、嫁到那裡等重大決定，急迫與陌生的焦慮，讓遠渡重洋嫁至臺灣的這個選擇，伴隨著疏離孤立與想家思鄉等症狀。

(3) 年齡差距、思想觀念問題

東南亞外籍女性嫁入臺灣時，因為年輕，思想未臻成熟，對婚姻存有浪漫的理想，結果卻大失所望，令她們產生不滿的情緒。當她們期待能透過婚姻，資助、改善原生家庭的經濟狀況，認為夫家應給予原生家庭更多回饋時，自己的日子卻過得捉襟見肘；在先生這一方常因年齡較

大，娶妻以傳宗、持家的目的居多時，而年輕的女性是否能認同，雙方的婚姻期待與目標出現落差。

⑷ 經濟壓力與就業問題

大部分的外籍配偶必須在取得身分證後，才能如願享有與其他公民一樣的工作權、健康保險、與各項社會福利措施。對一心急於取得工作者而言，地下化的打工方式、忍受雇主的刁難與剝削、閃躲勞工單位的檢查、接受較差的工作條件等，都變成常態的忍受範圍。地處偏遠的鄉下，有多少工作機會讓這群年輕、有工作動機與能力的外籍女性安身立命？

⑸ 婆媳與親屬關係

婆媳關係一向是中國家庭問題之核心。導致婆媳不睦的理由相當多，最常見的幾個原因是觀念的差距、角色期待不一致、成見與防衛心理、日常生活的摩擦等（朱玉玲，2002）。曾昭旭（1995）指出，導致婆媳關係不睦的最重要因素，在於其中夾帶嚴重的溝通障礙——疑懼。在語言與文化隔閡下，公婆對這個家世背景、社經地位相當落後本家的外來媳婦，是否會因之更加疼惜，還是會要求的更苛刻？外籍配偶如何與夫家中的其他親屬，公婆、姑嫂、妯娌等相處，是否有不同於本籍新娘的優勢與難處？傳統婆媳關係的緊張與對立，在外籍配偶個案中，是種族文化還是性別問題？

⑹ 孩子教育問題

家庭是兒童居住與成長的場所，亦是兒童接受家庭教育與行為社會化的機構，父母的教養行為對於成長中兒童身心的發展影響甚鉅。對外籍配偶家庭而言，不同國情、文化、習俗、語言隔閡，以及人生地不熟的疏離感，甚至沒有人際支持系統，加上本地人對外籍新娘的負面標籤，使得外籍新娘在懷孕與養兒育女的過程中，比一般本地婦女更容易產生心理上的困擾或疾病。外籍母親即便來臺多年，其對臺灣的語言、

文字與教育瞭解仍屬不足，無法教導子女。因此這些外籍新娘嫁來臺灣產生的心理問題，透過親子互動，對於子女身心發展是否有不利的影響，值得關注。

⑺ 社會關係疏離

有些外籍配偶也會想教孩子自己的母語，或是有同族群的朋友能自成支持圈，他們互助合作或許能增加彼此的安全感或減少孤獨感，但是外籍配偶較難與主流社會打成一片。整體而言，他們的生活層面受到侷限，雖然學習意識非常高，但夫家人怕他們學太多自我意識會越大，所以部分家人不讓她們參加地方政府或民間團體舉辦的輔導班，若再加上居住區域的限制，她們就像生活在臺灣的另一類少數民族。

⑻ 公民身分與入籍問題

外籍配偶從結婚、移入到定居臺灣，必須符合外籍配偶取得我國國籍應具備之條件，且符合各個階段之申請程序，以致往往會有一段身分與權利無法受到保障的等待期。外籍配偶從結婚到取得本國國籍，必須經過九個關卡，八個不同單位（包括戶政事務所、外交部駐外館處、外交部領事事務局、警察局外事課、直轄市縣市政府、原屬國政府或駐華機構、內政部、入出境管理局），此一等待的時間至少超過三年以上。在這段期間內，在層層關卡上，都對外籍配偶存有隱藏性的危機。

2. 就文化挑戰方面而言

⑴ 歧視與標籤化

臺灣社會以「外籍新娘」、「大陸新娘」一詞指稱跨海婚姻婦女，「外籍」表示非我籍或我族，並帶著對於經濟發展較臺灣落後的東南亞國家的歧視意味；「新娘」則表示一種狀態，似乎也意味著這一群人士不被認同為永久居民的「自己人」，其中隱含著歧視與刻意區分他者與我者的不同。

　　少數民族常被貼上擁有不良特質的標籤，而負面的自我認同會導致罪惡感及無力感。當兒童的種族自我認同被歸爲少數民族時，兒童常會產生兒童發展危機。此外，由於社會媒體對外籍配偶負面標籤化的結果，使得外籍配偶的子女會出現貶抑母親的偏差行爲，甚至產生自卑的心理（許靜芳，2004）。連達（2003）的研究甚至指出，臺灣社會給予的外籍新娘標籤使這些移民母子心起疙瘩。無奈的是，現況「標籤」易貼難除，歧視如恆河沙數。

　　臺灣社會的種族成見，使得外籍配偶受到許多不平等的待遇與污名化處境。女性移民她們同時面對「性別」與「族群」雙重問題，其被剝奪的權力包括：自尊心被否定、工作權未受保障、買賣婚姻的犧牲品、生活資訊匱乏、不識字所帶來的恐慌等。同時面臨出門遭歧視、就業薪資低、孩子上學怕別人知道有個外籍媽媽的窘境。

　　⑵ 文化的迷思

　　每一個文化有它自己對婚姻的定義及婚姻關係模式，如婚姻的本質、性關係、兒女教養態度、以及勞務與責任分工，所以跨國文化婚姻關係，必然產生價值觀衝突。如菲律賓是採雙親系繼承（bilolinieal descent），與臺灣家庭以父系繼承（patrilineal descent）爲主有很大的不同。在雙親系繼承的文化中，丈夫與妻子的權利是相同的，丈夫與妻子兩方雙親站在同等地位。然而，在臺灣的家庭中，菲籍妻子因婚姻關係，進入家庭體系中，需全心全意奉獻於夫家家族的利益，以便贏得被納入自家人的地位。而菲籍妻子的家人則是外人，並且在種族區分上還是外國人。從另一角度，菲籍女性對於丈夫孝親的表現，解釋爲丈夫不負責任或無法獨立成爲一個眞正男子漢的觀點，並對於自己在家庭中是否被視爲妻子感到懷疑。跨國婚姻移民所面臨的不只是識字的問題，文化內涵的價值而產生的困擾或認知與情緒的衝突，都會影響她們的適應。

13

　　媒體對於「外籍新娘」諸多的報導，如買賣婚姻、逃婚與離婚，到相關政策的訂定，如：內政部主導的「外籍新娘生活適應班」，和教育部主導的跨國婚姻子女教育優先區政策，存在著「種族中心主義」的文化態度。「外籍新娘生活輔導實施計畫」，目的在於「落實外籍新娘生活適應輔導工作，增進其語言及生活適應能力，始能順利融入我國生活環境，與國人組織美滿家庭，避免因適應不良所衍生之各種家庭與社會問題」。未考量外籍配偶原生國文化，明顯充斥著「文化同化論」的心態，要求這群新移民瞭解、適應與融入臺灣社會，無視於她們帶入臺灣社會的文化條件、特質與生活（命）經驗。另外，外籍配偶就讀的「成人基本教育研習班」，乃依據「教育補助辦理成人基本教育實施原則」，其目的在「培養失學國民具有聽、說、讀、寫、算能力，以充實基本生活知能，提高教育程度」，卻無視於跨國婚姻移民者的學習特性，且她們對教材背後的文化脈絡不瞭解，因此更無助於提升跨國婚姻婦女語言與文化學習。

⑶ 新弱勢族群形成

　　臺灣的外籍新娘多半肩負著傳宗接代的包袱，因此年齡很輕便懷孕生子（楊艾俐，2003），在語言不通、生活未適應的情況下就需擔任母職，形成「女孩帶小孩」的情況。而在孩子入學後又因經濟壓力變大，必須外出工作，無暇照顧子女。反觀本土因「少子化」資源集中形成精英教育的趨勢，外籍配偶子女相形之下形成了新弱勢，在學歷及社經背景與教養困難的情況下，令人擔心此弱勢族群是否將代代複製。

⑷ 「新臺灣之子」不認同臺灣

　　認同的歷程是從嬰兒期就開始，孩子在 2 歲的時候就會有某種程度的自我覺察，經過接受養育的過程和家庭經驗，透過父母和手足的眼光開始對族群的認同。因此，孩子小時候是透過母親來認同社會，當母親被物化、原本文化被壓抑，便不可能認同母親，將來這些「新臺灣之子」

對臺灣也可能產生認同問題。然而，即使每年「新臺灣之子」的人數不斷增加，相較於本地學生，仍屬少數族群，當他們不認同臺灣時，只會受到更大的內在與外在衝擊，在在對自己、家庭甚至臺灣社會都是沈重的負擔與傷害。

⑤「什麼都要管」、「什麼都不管」的行政單位

目前負責外籍配偶事務的行政部會眾多，從外交部的證件審核、教育部的外籍配偶及其子女教育、交通部的汽機車駕照、警政署的出入境管理、衛生署的健康管理及兒童發展篩選評估、戶政司的生活照顧、勞委會的工作提供及勞健保、兒童局的發展遲緩療育……等，看起來似乎外籍新娘已得到妥善的照顧，但實際上卻不是如此。行政部門部會眾多固然權責細分可更加清楚，但外籍配偶的家庭一般而言社經地位較低，對於自己的權益及相關法規都不清楚，繁雜的各項申請手續足以令人望之卻步，因此即使政府畫了大餅，也只能看不能吃。

多元文化是我們的基本國策，我們應該摒棄濃厚的「同化主義」思維，從一個社會規範適應過程而言，涵化（acculturation）可以減少衝突，涵化指的是來自不同文化的團體或個人，在接觸過程中互相採用他人文化的一種過程，彼此欣賞、包容與接納，落實尊重不同族群的文化差異。政府相關部會多次提出呼籲，要國人重視這些所謂「臺灣之母」或「臺灣媳婦」，因為她們負有養育臺灣下一代的責任，讓她們獲得平等的對待與照顧，也是對「臺灣之子」的保障。因此，在教育這群臺灣新移民的同時，教育國人對她們的尊重態度也同等重要。應擴大家庭教育方案，針對外籍配偶家人設計多元活潑課程，鼓勵外籍配偶及大陸配偶先生、公婆、子女共同參與，加強其人際、家庭溝通之觀念與能力，以增進家庭成員間的互信、互諒、互動與關懷。

(二) 新移民女性的母職

臺灣在近幾年來，許多都市邊陲的農村子弟及勞工青年由於受到整個「婚姻斜坡」制度的影響，在娶不到臺灣的女性後又受制於傳統家庭傳宗接代的壓力時，經由仲介廣告、鄰里的外籍新娘牽線或在越南工作之臺商的介紹而到低度發展的國家娶妻。而臺灣社會將外籍配偶定義係以中華民國國民與非屬本國籍之對象具有婚姻關係稱之。且以「外籍新娘」一詞指稱來自東南亞跨國婚姻婦女，稍廣義的稱呼則含括來自大陸的婦女，然並未含括來自亞洲的其他國家，如：「日本媳婦」與「洋媳婦」。其中，「外籍」表示非我籍或非我族，並帶著對於經濟發展較臺灣落後的東南亞國家的歧視意味；「新娘」則表示一種狀態，一個結婚日當下的角色與狀態，似乎也意味著這群人是不被認同為永久居民的「自己人」，其中隱含著歧視與刻意區分他者與我者的不同（劉美芳，2001）。為跳脫來自文化落後地區，缺乏文化素養，甚至讓人擔心臺灣人口品質因而下降的「外籍新娘」（何青蓉，2003）。筆者認為以「新移民女性」作為詮釋其所衍生的邏輯，應更恰當。

新移民女性婚後所衍生出的婚姻適應問題層出不窮；以生活適應方面來說，來臺不久後便很快懷孕生子的新移民女性，由於語言能力不足，又無母職經驗，若無法得到家庭其他人力的協助，則更會增添新移民女性身為母職的壓力（鐘重發，2003）。新移民女性所生的子女在種種文化不利情況之下，常造成社會適應困難、學習障礙或有偏差行為的產生，此類學童的最大問題多在語言溝通上出現障礙，他們的母語多受祖輩影響以閩南語為主，由於在家中少用國語，其發音多需矯正，若在國小階段未加以訓練，恐影響其日後語文能力的發展，進而影響其就學時各學科的學習興趣及成效。

依英國社會學家 B. Bemstein 的符碼理論，此類家庭的語言型態可

歸類為「抑制型語言」，性質是集體性的，且多為命令式的詞句，小孩個人的想法難以表達，更會影響其社會化歷程，常會淪為低成就學生，由於自卑感使其排斥學校及同學，漸而導致偏差行為的產生，這些都是值得教育當局必須重視的問題。許多研究也顯示出，新移民女性之子女在身心發展上有遲緩的現象產生（周美珍，2001）。

再者，經由報章媒體相關報導得知，新移民女性遭受婚姻暴力問題、逃婚問題、婚姻買賣……等等問題，身為一位教育工作者關心的不只有新移民女性的生活適應問題、婚姻滿意度問題、文化背景不同……等問題，其中首重的應是「新臺灣之子」的教育問題，這一群新臺灣人的母親，在扮演母職角色時，常會有許多問題困擾著她們，不僅是學齡前的幼兒教育問題，學齡期在學校的適應情形也會隨之產生，然而，其中影響新移民女性教育孩子的因素有哪些？我們又該如何來協助她們讓其子女能夠很快的適應臺灣的社會，並且可以成為國家的棟梁，成為名副其實的「新臺灣之子」。

臺灣的歷史可以說是一部移民的歷史，在資本國際化下，形成的一種女性的特殊移民，即較低度發展地區的女子嫁往較高度開發地區，且透過近似市場商品買賣的仲介關係而形成的婚姻行為——商品化的跨國婚姻，這群來自中國大陸或東南亞的外籍配偶是屬於長期定居女性移民（immigrant women）的特質，由於文化差異和生活習慣上的不同，她們定居後所衍生的不僅只是婚姻生活適應、婚後生育與母職角色的適應、文化認同等問題，同時還必須面對種族歧視、階級剝奪還有性別壓迫、刻板印象等，使得她們在臺灣的社會地位往往被邊緣化（夏曉鵑，2000；邱琡雯，2001），上述種種也直接或間接的對外籍新娘的生活造成不利的影響。世界的移民女性，往往也必須用 3 倍以上的努力，來證明自己的能力與資格，以獲得一個公平的對待（Manrigue & Manrigue, 1999）。以下就母職角色的影響與母職相關研究，如述在

13

後。

1. 母職角色的影響

母親往往是孩子社會化過程中最主要的媒介。法國拿破崙說：「孩子的未來是好是壞，完全在於母親」。不可否認的，母親在孩子成長過程中有相當吃重的地位。母親能擔任孩子「顧問」的角色，她們隨時可以讓孩子問問題、告訴孩子東西的名稱、在孩子的活動中助一臂之力，或有如協助兒童參與一項刺激的探險。

母親若是嚴格管教子女，子女較易產生情緒不穩定、易哭、怕羞、畏縮、易生煩惱、不守規則、好搗亂之行為。若是採取寬任民主的教養方式，則子女易養成自治、主動的精神、友善、自信的處事態度。

當兒童在認為自己與母親的關係最滿意，就會模仿母親的語言和行為，並接受母親的興趣和種種的價值觀念，而形成他自己的。除此之外，母親對於兒童在學習語言上，有極重要的地位。J. Bruner 曾對幼兒與母親進行觀察研究：嬰兒學習說話的最主要影響因素來自與母親的互動溝通。J. Bruner 更推崇表示，母親對於幼兒能力與發展程度，具有敏銳的「微調（fine tuning）」能力。他指出，學習持續與母親間的對話，也許是幼兒學會輪流（turn taking）的最早方式。同時，幼兒學會說話主要不是因為他的行為受到「增強」，而是因為幼兒要「運用語言使事情發生」。「媽媽話」（motherese）指對幼兒說話時，將聲音提高，使用簡短的字句，慢慢地講、問問題、重複所使用的字眼。這種話能幫助孩子學習他們的母語。「媽媽話」具有多重意義，在情緒上、社會面、語言上、學習上皆有重要地位（李丹，1995）。

生理學家和心理學家認為婦女生育的最佳年齡是 21 至 28 歲。臺灣新女性移民結婚年齡平均為 23 歲，大多於婚後一年內就懷孕，因此符合生育之最佳年齡。然而，母親的心理情況會影響胎兒的健康，有實

驗認為在懷孕的第七至十週，孕婦情緒過度不安，可能導致胎兒裂唇
（楊國樞，1986）。臺灣新女性移民懷孕期間適逢其初到臺灣，生活
尚在適應階段，是否對腹中胎兒造成影響，有待相關研究證實。

2. 母職相關研究

　　人的存在與價值並不是由其扮演的角色所確定，而是因其在社會
關係中占有他人無法取代的位置，這個位置含有濃厚的情感性（余安
邦、薛麗仙，1998）。在家庭中母親藉由養育子女的成就來界定自己
的地位與價值，大部分的人對於父母的學習是來自經驗與不斷的修正，
更受到文化環境的影響，文化環境的差異會造成價值觀的不同，透過
價值觀的展現影響教養行為，對於子女的教養也就不一樣（黃迺毓，
1988），女性外籍配偶跨海而來，經常在一年內就懷孕或生子（劉美
芳，2001），開始扮演母親的角色。以下先就母職來探討。

⑴ 母職內涵的建構

　　在臺灣對於父母親職仍停留在傳統社會中的性別角色分工，所謂
男主外、女主內，男性擔任工具性任務，為賺錢養家提供者的角色，
而女性擔任情感性任務，為育兒服務照顧者角色（王叢桂，2000）。
不論中外，對於兩性的親職實踐要求有著明顯不同的標準，Lightfoot
與 Valsiner 指出父母職責的建立受到文化的指引（guide），文化透過
種種途徑，如教育、媒體、機構等影響個體的父母信念（引自王叢桂，
2000），也就是社會會依其文化需求，對男性與女性在家庭中的責任，
規範出一套相關的標準。

　　「母職」，從字面上來看就是母親的職責，「職」表示管理某些事
務，你有職務要執行，相對的也是一種「負擔」，當你有虧職守時就必
須負擔責任（周蔚，1995）。從過去到現在，人們對於女性所擔任的
母職角色會有較刻板與較多的要求（Kristeva, 1980），譬如說在性別

角色社會化的過程中，女性被引導期待與認同犧牲奉獻、照顧的行為，女性擔任主要家庭照顧者占 70.8%（趙善如，2001）。謝臥龍（2000）指出就臺灣社會賦予兩性的社會責任而言，男性為工作、女人、體力與運動，女性則為子女、丈夫、美貌、工作。高淑貴（1991）更提出親職雖無分男女，但受性別角色的影響，通常由性別角色衍生而來，而母職則是親職中最常被提到的。

　　一般認為當女人成為母親後，必須把小孩、家人擺在最重要的位置。照顧孩子是母親唯一的責任，母親也成為唯一負擔所有照顧孩子責任的人，負擔所有養育責任與永遠的付出及自我犧牲（蕭蘋、李佳燕，2002）。唐文慧與游美惠（2002）指出在臺灣社會仍覺得扮演好母親是女人該追求的生涯實踐與自我實現。根據余漢儀（1999）的調查有22.5% 的兒保社工認為照顧孩子是母親的天職。然而養育責任被視為母親理所當然的義務，造成一種挫折的根源，尤其是無助感（Weaver & Ussher, 1997）。媒體更是推波助瀾常塑造出理想中完美的母親形象，令許多女性感覺罪惡，因為這很難達成。張娟芬（1991）更直指將母職視為女性的天職，限制了女性的發展。母職對許多婦女而言，雖產生滿足感，但也帶來了壓力。

　　Sharpe 談到一個傳統觀念：母職是成為女人的本質，女性也會從家庭、同儕中得到必須成為母親的社會壓力（引自 Berryman, Thorpe & Windridge, 1995）。由此可知「母職」被社會建構為女性認同的主要部分。「母職」大部分乃社會文化所建構出來，不是「天生」，更不能以「本能」二字完全概括（劉惠琴，2000），不同的文化背景，也建構出不同的「母職」內涵，母親可以被視為孩子的知識指導者、食物提供者、危險保護者等。

　　邱育芳（1995）認為母職是一種角色功能，也是一種職務，是社會建構的一種活動和關係，包括撫育和照顧，是一種程序，是主要的媒

介，使人們形成她們的認同及學習社會位置，廣義說來，也就是可能意涵了女性作爲母親的一切過程，包括懷孕、哺乳等與母職事務及作爲的一種社會身分。張瀞文（1997）則認爲母職是在執行照顧、養育、服務與安撫孩童等任務，而產生的一連串普遍被社會所認同的行爲、規範與意識形態，進而發展出一套獨立的邏輯與社會各界互動，它更將母職區分爲生物性的母職和社會性的母職，其中生物性的母職指利用子宮孕育子女並滿足其生物上的需求；社會性的母職指包含一切社會化的行爲，使其行爲意識形態等能符合社會的規範與期待。劉惠琴（2000）對母職的觀點是個人在社會情境中與實際他人或假想他人共同建構出來的文化範本，當社會情境改變，此範本也會透過協商對話活動，做彈性修改。李佳音（2002）則將母職定義爲泛指一切與母親有關的工作，除了生育，還包括教、養、看護等生產與再製的工作。

由上可知，女性在成爲母親後，在家庭即占有一定地位。在臺灣社會約定俗成的形塑下，母親被期待能付出自己全部的心力，去照顧好孩子、先生，甚至整個家庭，以及扮演好家庭情感支持者的角色。而母職的意涵及任務則深受文化社會的影響，不同文化對母職所應扮演的角色及任務的看法不同。所以跨國婚姻中，外籍母親必須調整自己以符合臺灣社會的期許，這一切的努力都可稱爲母職經驗。

⑵ **女性主義的母職**

在女性主義的著作中，「母職」是一個很重要的議題，70年代前期女性主義與母職是水火不容，母職成爲女性受壓迫的核心，阻礙女性成長，到70年代後期，母職才成爲女性主義分析的重點（張娟芬，1991），但對於母職的論述，則成兩極化的發展，一派採負面態度，認爲母職讓女性陷入被奴役的地位，應該將母職捨棄；另一派則採肯定母職的態度，認爲母職具體實踐，可形成女性共同經驗（楊蘭儀，1993）。同樣的張娟芬（1991）也清楚說明，母職在父權社會中，成

為父權指令的執行工具，及父權價值的傳遞管道；母職界定成女人的「天職」，限制了女人在公共領域中的發展；以母職代替親職，則是文化中壓迫女性、默認男權之根源，但另一方面則因母職具體實踐，卻激發出溫慈、包容等自我拯救的特質，形成女性的共同經驗，因而可以成為建構女性認同的基石。就如 Rich 所敘述是一種矛盾不堪的痛苦，一方面怨懟、憎恨、脾氣暴躁，另一方面感到幸福、滿足、溫柔，兩者要命地來回交替（嚴韻譯，1999）。

　　在女性主義者眼中的母職，就陷在兩難困境中，既不甘心背負母職是女性天職的十字架，又認為母職可以增加生命的豐富性。Rich 提出了母職經驗（experience of mothering）與母職制度（institution of motherhood），前者是女人和她自己的身體，以及和孩子之間具有力量的情感經驗，而後者則帶有意識形態，將母職歸為女性唯一的工作，讓母親無法發展女性心中的慾求與目標，否定她們在家庭以外的興趣（陳惠娟、郭丁熒，1998；蕭蘋、李佳燕，2002）。摧毀母職制度，並不等同廢除母職，而是將母職作為一種經驗，是創造力與喜悅的來源（藍佩嘉，1991）。

　　然而，女性主義者所強調主體的選擇，在外籍母親身上似乎沒有太多空間，養兒育女是她們到臺灣的目的之一，甚至在陳美惠（2002）、劉美芳（2001）的研究中，就指出子女是她們留在臺灣的動力。母職即使不是外籍母親作為女性的唯一工作，至少是她們之所以進入臺灣社會的主要工作。如果外籍母親缺乏主體選擇的空間，則或許更容易受困於母職制度之下。

　　女性主義理論的目的是在於解構父權體制下宰制與附庸的權力關係，終止女性在社會中受到的不平等待遇，建立能夠完全容納女性慾望與意圖的社會（洪秀珍，2002）。以下整理女性主義對母職的觀點，如表 13-1。

　　陳惠娟、郭丁熒（1998）根據女性主義各派對於母職的論述整理出六個向度，對於母職的內涵具有非常大的助益，如表13-2。說明如下：

　　①理性／教育

　　強調人的平等性，不管男女皆是人，具有相同的理性與潛能，只要接受公平教育，皆能有一番作為。

　　②婚姻

　　不該淪為控制女性的工具，應基於平等互惠的原則，讓男女在婚姻中有一個好的開始。

　　③家務

　　「家務有給職」近來一直被討論，家務不應再被視為無生產價值的活動，並強調男女皆要參與家務。

　　④事業

　　女性不應再侷限於妻子、母親的角色，應該走出家庭，尋求妻職與母職之外的自我認同，然而多重角色下的壓力，則需要協助與關懷。

　　⑤生殖

　　這是母職的起點，有人樂於承受，有人甘願捨棄，但在人的尊重下，不管男女，皆應自己做主，做自己的抉擇。

表 13-1　女性主義各派理論中母職的內涵

派　別	母職的內涵
自由主義女性主義 Liberal Feminism	女性生存的目的必須能自我實現與發展自我潛能，可以在家庭與事業間找到平衡點，強調男女接受平等的教育，女性可以進入公領域，利用其所學，得到一個自我發展的機會，而非僅將之帶入家庭。
激進女性主義 Radical Feminism	女性如果放棄生殖角色，而就生殖科技，反而是讓男性剝奪了女性生殖的權力，其實母職是可以選擇的，可以選擇成為母親或不要成為母親，甚至透過社會分工，消除生理決定的性別分工。

（續上表）

派　別	母職的內涵
存在主義女性主義 Existential Feminism	作母親不是女人的終生事業，作母親的生物本能（生育子女），並不等同作母親的社會責任（養育子女），母職是自願的，節育與墮胎都必須合法，婚內與婚外的母親與孩子都享有相同權力。
精神分析女性主義 Psychcanalytic Feminism	女性獨占養育一職，造成男性畏懼女性權力，長大後反過來壓抑女性權力，利用女性來滿足生子慾望。
社會主義女性主義 Socialist Feminism	母職為一異化過程，女性無法自己做主，從生育到教養都必須依男性的標準與規定進行，女性僅被視為「物」，從事的家務工作都不具生產價值，進而造成疏離與被貶抑。

⑥撫育

撫育與母職不該劃等號，男性應協助撫育工作，社區國家應共同來協助，成就所謂社會母職的願景。

⑶ **母職的迷思**

女性主義者長久以來都在批判母職的建構，認為是一種社會性支持的迷思，主要在侷限女性的發展，讓女性停滯不前（Kristeva, 1980）。就以余漢儀（1999）調查兒保社工發現，有一半的人同意母親是照顧孩子的主要負責人，並有兩成的人認為照顧孩子是母親的天職。Barthes 指出，迷思的建構過程不但具持續性，且能脫離出社會實際現況，自成一種強有力的「認知上的實體」（引自胡幼慧，1995）。

表 13-2　各派女性主義母職概念涉及層面分析

各派女性主義母職內涵	自由主義女性主義	激進女性主義	存在主義女性主義	精神分析女性主義	社會主義女性主義
理性／教育	※				
婚姻		※	※		
家務	※		※		※
事業	※		※		※
生殖		※	※		※
撫育	※	※	※	※	※

「※」代表該派女性主義有提出該層面論述的觀點。

註：引自陳惠娟、郭丁熒（1998）。「母職」概念的內涵之探討——女性主義觀點。教育研究集刊，41。

Sharpe 研究指出，母親常在社會迷思（母職是高尚的）與真實情況（養小孩地位低）之中徘徊，因而感覺矛盾（引自 Weaver & Ussher, 1997）。女性與母職仍存在著太多糾纏難解的關係（蘇芊玲，1998），這種關係應可稱為迷思。

Oakley 認為現代母職的迷思包含三種信念：①所有的女性都必須成為母親；②所有的母親都需要自己的孩子；③所有的孩子都需要自己的母親。而且這三種信念都受過所謂「科學」的支持（引自蕭蘋、李佳燕，2002）。

分析以上三種迷思信念，首先，母親是女性學得的經驗而非本能，先因生物性受孕引起，後受社會化與學習塑成，因此「不要有小孩」，成為解脫生理上生殖功能所造成限制的方法（蔡麗芳，1997），一旦生理上生物性的母親身分獲得可以解脫，社會化與學習上的母親身分也可以解脫，意即並非所有的女性都必須成為母親。對女性而言，覺察「母親」並不是女性無可避免的義務或責任是非常重要的，女性有權為

自己是否成爲「母親」與擔任「母親」的角色做決定。其次，身爲孩子唯一或主要照顧者的職責，使得母親透過責任取得控制，並進而肯定自我，然而一旦母親能控制自己的身體，探索並發展女性生理蘊涵的力量，而非只有母性功能一種，則母親本人也能成爲一個完整的個體，亦即並非所有母親都需要有自己的孩子。另外，孩子並非單純需要一個母親或父親，他所需要的是一個能提供愛與關懷的照顧者，不見得是自己的母親，可能是重要他人。母親不但不應受「所有孩子都需要自己的母親」的迷思所縛，更應放下自己的分離焦慮與主要照顧者的角色，避免產生依附，爲自己個人健全發展而努力（蔡麗芳，1997）。

　　女性外籍配偶來到臺灣，成爲母親是一條必經之路，她們不能選擇不要小孩，臺灣家庭之所以能接納她們，就是因爲她們腹中的孩子。外籍母親常成爲孩子的主要照顧者，想扮演好母親的角色，卻受限於自身的能力，不僅無法從孩子身上得到肯定，甚至必須面對孩子的質疑，外籍母親需要更多的協助，也唯有外籍母親過的好，孩子才可能好。

㈢ 對新移民女性母職的質疑

　　外籍新娘嫁至臺灣後，支持網絡薄弱，特別是以買賣的婚姻，容易造成家人對她們的歧視與偏見，影響所致，她們教養子女時，情緒控制容易失調，相當需要相關家庭教育單位、心理諮商與輔導機構的支援，幫助外籍配偶能儘快調適其生活，並適應爲人母的角色，使其在穩定平衡的情緒下教養子女，減輕因家庭問題，造成對子女人格的影響（陳烘玉、劉能榮、周遠祁、黃秉勝、黃雅芳，2004）。

　　外籍配偶受原母國文化影響，認爲孩子只要吃飽穿暖，乖乖的就好，對孩子沒有太大的期望；女孩子不必讀太多書，反正將來要嫁人，能找份工作就好，孩子不乖就要打，就該罵，教養觀念與臺灣傳統觀念相類似，注重的是孩子的外顯行爲，但是孩子的心理發展層面卻沒有照

顧到（許如美，2005；李湘凌、洪瑞楓，2005）。

另一方面，高雄縣衛生局針對縣內外籍配偶的保健教育認知，進行調查發現，超過五成外偶缺乏孕期以及嬰幼兒健康照顧知識（林璣萍，2003），所以需要依賴家中長輩的協助（薛承泰、林慧芬，2003）；內政部「外籍與大陸配偶生活狀況調查」結果也提出，在衛生醫療需求上，外偶需要育嬰、育兒知識及幼兒健康檢查資訊等，由此可知養育嬰幼兒的基本知能，她們是缺乏的。因此，對新移民女性擔任母職的角色產生了極大的質疑。

人類為了生存與生活幸福，在求生過程中所獲寶貴經驗的累積，便是文化（薛光祖，2000）。Trenholm 與 Jensen 則指出：文化（culture）是由價值觀和信仰、規範和風俗、規則及標準等組成的系統，它從社交意義上界定人群，使人們相互聯繫起來，並產生一種認同感（引自李燕、李浦群譯，1995）。

跨文化通婚（cross-cultural marriage）則是指來自不同種族、宗教、國家的男女，經由一定的婚姻形式而建立夫妻的婚姻關係，包含了族群通婚、異教通婚、跨國通婚等（劉美芳，2001），外籍母親從東南亞來到臺灣，自然是一種跨文化通婚的模式。臺灣是先生與孩子的故鄉，更是自己的未來，但隻身來到異鄉在生活和文化上都必須適應，適應的良好與否，則衝擊著婚姻與家庭生活，而文化衝擊是跨文化婚姻的一個重大議題。跨國通婚的家庭或個體要面對多種來自種族、國家政策、文化、社會階級眼光的衝擊（劉美芳，2001）。Oberg 把文化衝擊過程分為四個階段（李燕、李浦群譯，1995）：

1. 蜜月階段（honeymoon stage）

這個階段如同出國旅遊，一切都是既新鮮又令人興奮，此階段還未經歷文化衝擊，但約一周至幾個月後，進入到第二階段。

2.敵視階段（hostillity stage）

新鮮不再、興奮不見，歡樂被焦慮取代，思鄉情緒浮現，退縮迴避文化的接觸。這一階段可能出現心理緊張，思鄉與文化的不適應，造成憂鬱與選擇離去。

3.恢復階段（recovery stage）

對當地文化的語言與風俗習慣更加熟悉，並與當地人建立起友誼，架設自己的社交網絡，再次檢視一切，較能以一般的心態看待事物。

4.調適階段（adjustment stage）

調適是指個體無法運用其既有基模處理新知識時，為了符合環境的要求，主動修改既有基模，進而達成目的的一種心理歷程（張春興，1996）。在這個階段焦慮將會消失，並能與當地風俗和文化融為一體。

外籍母親在臺灣生活，總會因文化的差異而必須面對所謂文化或族群的認同的問題，身為這個社會中的少數，必須有策略來適應主流社會，雖然夏曉鵑（1995；2002）在成立「美濃外籍新娘識字班」時，一再強調並非以適應為出發點，而是以提升知能為依歸，但外籍配偶在識字提升知能的同時，也是以文化瞭解的策略在進行對本地文化的適應和認同。避免一再被邊緣化，有更好的生活，是永遠努力的目標。

Trenholm 與 Jensen 認為文化適應良好的人較能滿足自己的基本需求，經由適應力不斷的加強，個體學會在陌生環境中生活，不只心理健康得到改善，並會形成一種文化感，即既屬於原文化又屬於客文化並能超越兩者（李燕、李浦群譯，1995）。對於外籍母親而言，要文化適應良好，可能要處理族群認同的問題。Light 與 Keller 認為：族群認同會提供一種內團體的意識，它讓人感覺到我是這些人當中的一分子，而不是那些人之中的一個，給予個人一種歸屬感（引自林義男譯，

1995）。

　　譚光鼎（2001）根據 Ogbu 所提出對自我所屬族群的認同與對強勢族群的認同等兩個向度，交互作用形成四種認同類型，即調適的（acculturative）、同化的（assimilative）、邊緣的（marginal）和分離的（dissociative），調適的類型指對於本族傳統文化和主流文化都採取接受的態度，並且有能力加以整合；同化的類型指拋棄自己的母文化而完全接受多數族群的規範；邊緣的類型指既不接受多數族群文化的涵化，也喪失了本族傳統文化的認知與接納；分離的類型指排斥並抗拒多數族群的文化，唯獨對於本族傳統文化產生強烈的向心力與依附感。

　　跨國婚姻所涵蓋的不只是情愛，亦是兩異文化在彼此遭遇及適應的歷程中，經歷到的生活經驗（劉美芳，2001），外籍母親在面對文化衝擊之餘，又需背負莫須有的污名與歧視，例如：女性外籍配偶是社會問題的導因、大都是來臺賣淫、離婚率偏高、降低人口素質等，在此種印象之下，外籍母親會以那一種心情來面對自己與孩子。Goodman 指出跨種族通婚者比同族通婚者較少獲得社會認同，要面對更多的情感衝擊，同時必須忍受整個社會對她們較負面的看待，甚至這類婚生子女在社會認同上也感到困擾（陽琪、陽琬譯，1995）。

　　族群外婚的混血子女經常感到挫折而無法產生歸屬感，胡臺麗（1990）就發現臺灣榮民與山地太太所生下的子女，喜歡宣稱自己是外省人，不喜歡人家叫他山地人。然而跨文化卻對外籍母親的母職執行形成挑戰，劉美芳（2001）以菲律賓女性為例，男性是象徵性的一家之主，而女性在家中則享有非常高的地位，決策家中的大小事物，也就是丈夫是家中主要的經濟製造者，而妻子則是管理控制者，在臺灣則不然，先生大權在握，妻子只能服從。

　　朱玉玲（2002）指出生兒育女對於女性外籍配偶是一個令她們困擾的問題，生與不生都是無奈，自己也不能做主。黃儀娟（2000）訪

談移民美國的臺裔女性也發現，女性對於母職的選擇仍難逃「傳宗接代」的陰影，即使理智上不以爲然，且身在美國社會生活，卻找不到理由或力量擺脫中國女性關於「生育是天職」的包袱。

由上述可以發現女性外籍配偶到臺灣就是爲了傳宗接代，對於母職只能全盤接受。從跨國婚姻母親在子女入學後的經驗相關研究中，不難發現，外籍母親在孩子入學後，「養育」的角色上，從「養」較多轉爲「育」較多，面對生活環境、文化認知與教育體系的不同的情形下，外籍母親常在母職執行上產生困難，使自己與孩子陷入困境，而影響外籍新娘教育子女的因素囊括有以下：

1. 語言、識字能力

國籍的不同再加上當地所使用的語言、文字與本國相差甚遠時，對於教導子女他國語言及示範時難免會遇到困難，Imamura（1990）的研究曾指出，外籍新娘因爲缺乏當地的語言能力，也就無法向外尋求支援，雖然隨著時間、環境的影響，外籍新娘的聽、說能力也漸入佳境，但是若沒有機會接受教育，其在識字能力、寫字能力、讀字能力則無法提升，當然也就很難指導子女的作業（黃森泉、張雯燕，2003）。國內的實證研究裡也顯示母親的語言會直接影響子女學習，若母親會使用國語則子女的學業表現也較好（林璣萍，2003）；外籍新娘的子女由於主要照顧者的語言能力不足，相對之下也影響子女的學業成就、語言程度（劉秀燕，2002），有些外籍新娘的學歷雖然不低，但是因爲有中文識字的障礙，也使得她們不能將自身的能力，轉爲力量與行動來參與子女的學習（蔡奇璋，2004）。

2. 缺少親族的支援

由於初爲人母，加上欠缺語文能力，如果無家人共同來照顧孩子，那麼面臨子女的教育問題時則常常會孤立無援，尤其是現在九年一貫的

課程的作業強調親子共同設計，也造成了外籍新娘在教導子女的課業更具困難性（王光宗，2003）。此時若家人願意伸出援手共同協助外籍新娘教養子女與指導子女學業，那麼子女在學業的表現、語言的發展也會進步許多（林璣萍，2003）；反之，如果家人不協助而常在孩子面前責罵孩子，則更會加重外籍新娘的負擔與孩子的畏縮。

3. 家庭經濟因素

有些迎娶外籍新娘的臺灣新郎收入不高；甚至也有無固定工作者，由於經濟上的弱勢，此類家庭則無法提供子女基本的需求，鐘重發（2003）指出家庭的收入是影響發展的主要因素，家庭需有足夠的經濟資源來提供給子女營養、購買促進發展所需的相關書籍及輔具以刺激孩子的發展，然而外籍新娘的夫家若無法提供足夠的經濟來源時，子女的教育資源往往會受影響，另外有許多外籍新娘嫁到臺灣主要希望能改善娘家的經濟環境，當夫家無能力提供經濟來源時，外籍新娘則需急於參與有勞資的工作，為了寄錢回家，拼命辛苦工作的同時也可能因此而影響到照顧家庭的子女（邱方晞，2003）。最近教育部、內政部注意到外籍新娘子女教育的問題，因此要求學校觀察是否在學習課業上有困難或生活適應不良的學生，輔以特別的課程，用加強輔導的方式來幫助外籍新娘子女。

4. 文化差異的因素

Kitano（1984）曾對亞洲與美洲婚姻的研究，分析出因為文化差異造成這些嫁或娶而進入當地的移民者明顯的與社會很難互動，外籍新娘嫁到臺灣後，由於文化的差異導致飲食、與親族間的人際關係、生活習慣的不同等困擾因素，長期以來則會引起外籍新娘的緊張、焦慮、哭泣、生氣、後悔等情況產生，在家庭教育方面產生後遺症時也難免會對子女的教養產生了負面的抨擊（劉秀燕，2002），蔡奇璋（2004）的

研究發現除了不認識文字的障礙外，其心理也產生了障礙，她們認為這裡不是她們的國家，她們不知道如何用臺灣的教育方式來教導孩子，她們只知道在她們的原生國裡如何用原生國的教育方式來教導孩子，由於對臺灣文化背景不瞭解的情形下，教育子女也出現了心理的障礙。

5. 身心遺傳因素

迎取外籍新娘的臺灣男性除了農漁村等地之社經地位不高的男子外，也不乏身心障礙者或具有其他先天性遺傳疾病者，當男方又有抽煙、酗酒、吸毒或嚼檳榔等影響健康因素的惡習，卻還為了傳宗接代而冒險讓外籍新娘懷孕時（王秀紅、楊詠梅，2002），如果所生出的孩子也為身心障礙者，那麼她們將更不知如何養育與教育子女。由於家人及自己對特殊教育資訊的缺乏，在求助無門的情況下，其子女往往錯過早期療育的最佳時機，而他們的教育、養育環境、經濟環境在居於弱勢的情況之下，也將有可能會成為「弱勢中的弱勢」（吳清山，2004），等到上了小學後，其學習問題、適應問題、認知、行為等許多問題往往浮現後，更讓學校老師及家長憂心。

(四) 新移民女性所衍生之教育問題

跨國婚姻婦女面對的是婚姻與移民的雙重適應與文化挑戰。跨國婚姻中，夫妻成長背景相異，所背負的期望不同，使得這些來自不同成長背景的夫妻必須花更多時間去思考彼此之間的差異。根據相關研究指出，外偶子女在幼兒階段的語言發展較慢，研究中實地接觸發現，他們並不是發展遲緩，而是學習上的資源及輔助不足導致學習緩慢（莫藜藜、賴珮玲，2003）。根據研究發現，東南亞外籍配偶子女使用的字詞，比較同年齡有明顯減少、語言中缺乏複雜性、比較少開口主動講話，或社會化行為較少，平時也較少玩文字性遊戲，間接使子女的語言表達與

學習較慢（王秀紅、楊詠梅，2002）。在王瑞壎（2004）研究中，外籍配偶子女似乎較有障礙，但至小學後則問題不再這麼明顯，學前教育是一大因素，父母的身教、言教及親子互動，亦是成長的原因。

但在一個家庭中，尤其是外籍配偶家庭，父親在教養孩子方面扮演一個重要的角色，因限於外籍配偶來自於不同國籍、語言與文化的狀況下，父親教養方式對子女行為表現具有相當大的影響力（李湘凌、洪瑞楓，2005），可協助外籍母親的不足。

在劉秀燕（2003）的外籍新娘家庭環境及其子女行為表現之研究中，我們發現外籍配偶家庭與一般家庭一樣，擁有不同的教養方式，有對於子女忽視、不關心的，但相對的也有採關心及民主教育方式的家庭，而後者對於子女之表現也有較好的影響。因此，外籍配偶的語言問題不只是造成子女語言學習遲緩的因素，其教養觀對其子女的學習也造成相當大的影響。

在子女入學後，彼此將會有更大的差異，他們將面臨到認同問題，由於孩子與母親臍帶相連，透過母親認同社會，母親原本文化被壓抑，對臺灣也可能產生認同問題，兒童也可能受其影響，且遭受其他學童拒絕、排斥（楊艾俐，2003）。就研究者的觀察，新臺灣之子普遍會隱藏母親的國籍，沒有特別詢問，通常不會主動告知；如果新臺灣之子在校適應良好，課業表現沒有特別差，同儕之間的接納度不會和其他本籍學童有太大的差異，但如果學業成就不如人，會比本籍其他學童容易受到排擠，並被貼上「她的媽媽是外籍新娘的標籤」，而受到捉弄或欺負，小小的心靈，隱藏一顆易碎的心。

鄧秀珍、林昆輝、蔡馥如（2004）研究指出，本籍及外籍學童擔心事項比較分析中發現：外籍學童有較高的比率會擔心被瞧不起，自信心不足由此可見。

新臺灣之子陸續就學後，其表達能力不佳、人際關係待加強，甚至

出現貶抑其母親之偏差行為，外籍母親對子女的偏差行為卻無能為力，茫然無所措（林淑玲，2003），教養能力及文化認同問題值得探究。

　　人際關係不佳會進一步影響兒童的心理健康。打從出生開始兒童即被灌輸、教導社會文化價值。個體在成長過程中，逐漸受到父母、友伴、同學、社會的影響，而學習各種不同的行為和態度，其人格遂在諸種人際關係中逐漸形成（張宏文、邱文芳，1999）。而人際關係不佳的學童由於缺乏社交技巧，容易招致同儕的拒絕，會出現社會性退縮、被孤立、感到寂寞等心理上的問題尚待觀察（曾瑞真，2000）。

　　由於語言溝通不佳，中文識字能力不足，無法指導孩子的課業而感到不安；加上社會對外籍配偶帶著歧視的眼光，更讓她們缺乏自信、產生自卑，以至於害怕和老師溝通，所以把和老師面談擺在親師溝通方式的最後一個順位（陳烘玉等，2004），導致孩子產生偏差行為無法與教師溝通，對於學校與家長間的互動也將產生影響，由於他們家庭大多居住在農村，或是邊陲地區，學校資源原本較都市差，父母親的社經地位也較低。臺灣社會流動的情形已不若6、70年代，這些孩童若是缺乏特別的輔導，可能終生陷於貧窮惡夢中，代代相傳（楊艾俐，2003），往後的社會勢必付出更多的成本來解決衍生的問題。

　　就蔡榮貴等（2004）的調查報告指出，外籍配偶子女本身在學校中所遭遇的問題是：帶有口音腔調易被取笑；易被種族歧視、標籤化；無法自我認同，看清自己，缺乏自信、感到自卑、產生疏離；一、二年級甚至學前易發生學業適應不良；認知性科目方面需要加強、語言學習與語言結構較差，其餘國小中高年級外籍配偶子女與非外籍配偶子女無論在生活適應、學習適應或整體適應的自我評估表現上皆相近，無太大差異。

　　研究也發現（林璣萍，2003；陳烘玉等，2004），就讀國小外籍配偶子女之國語與數學科的學習成就會因不同地區、國籍、家庭社經地

位背景的不同，而在學習成就上有顯著差異存在，研究結果與一般刻板的認知部分不符，應調整「新臺灣之子有整體學習弱勢的現象」。但其中，居住北部地區學生的學習成就優於南部地區；較明顯的，高家庭社經地位學生優於中低社經地位學生，此一結果是否隱含著國小外籍配偶子女在學習成就相對較低的現象，係受家庭社經地位的影響（社經地位的指標可分為父親教育程度、父親職業與收入）（王鍾和，1993）。北部縣市外偶子女約三分之一需要接受課業輔導，比例與本籍婦女之子女差異不大，南部比例較高。

綜合上述，外籍配偶子女教養上出現的問題，一是因缺乏懷孕及嬰幼兒健康照顧知識產生的兒童發展緩慢；二是語言溝通障礙，導致學齡前子女學習發展受限；三是文化認同問題，因母親的身分問題，導致進入國小的外偶子女無法自我認同，看清自己，目前的研究報告涉及心理層面的尚不足，有待觀察；四是外籍媽媽維持傳統的教養觀念，不注重孩子在成長過程中的心理發展，更不知親職教育的重要性，教養態度維持傳統的打罵教育，加上溝通能力不足，不知如何尋求資源，錯失孩子教育的黃金時段；五是三分之一的外偶子女學習成就低落，父母在經濟及能力上皆無力協助，需要教育體系伸出援手。

三、新臺灣之子的教育優先權

儘管生育率下降已是普世現象，卻成為各國擔憂的潛在危機。新加坡、歐美等世界先進國家先後提出各項提高生育率對策，除投入大量政府經費，提供生育誘因與創造育兒的支持性環境外，也從政策面進行檢討。

除了補助合法婚姻媒合機構，撮合國內適婚男女外，我國政府也持

續強化現階段兒童福利措施中，關於經濟安全、托育服務、福利服務，增加生育誘因，包括「幼兒教育券」——滿 5 足歲就托私立托兒所者，每人每年補助一萬元，以及 3 歲以下兒童補助門診及住院部分負擔之費用，而低收入之兒童少年享有健保費、就醫部分負擔等經費之全額補助，減輕父母的醫療負擔。

行政院主計處 2002 年的統計資料顯示，臺灣地區每四個新婚家庭就有一對是跟外國人結婚（不含大陸新娘），對象主要以印尼、泰國和越南為主，平均每四個家庭就有一個是外籍配偶家庭；而根據衛生署統計，2001 年每百個新生兒就有 8 個是外籍婦女所生的混血兒，推估六年後至少有 7 萬 4 千 5 百多名外籍配偶子女進入小學就讀。據統計，92 學年度就讀國民中小學之外籍配偶子女人數，總計有 30,021 人，其中就讀國中者有 3,395 人（國一 1,326 人、國二 1,182 人、國三 887 人），就讀國民小學者有 26,626 人（小一 6,945 人、小二 6,218 人、小三 4,883 人、小四 3,713 人、小五 2,714 人、小六 2,154 人）；該外籍配偶（含大陸）子女就學區域分布情形，以桃園縣最多，高達 4,919 人，其次依序為新北市 4,777 人、臺北市 2,422 人、屏東縣 2,277 人、雲林縣 1,830 人、苗栗縣 1,787 人、臺中縣 1,558 人、高雄市 2,937 人、彰化縣 1,199 人及新竹縣 1,149 人。若以來自國家別區分，以大陸者最多，高達 10,125 人，其次依序為印尼 7,853 人、越南 3,578 人、菲律賓 2,154 人（詳見表 13-3）。到了 98 學年度將突破 3 萬人，屆時每 8 名小一新生中，就有 1 人是「新臺灣之子」，如何協助這些學生學習，與其語言發展及文化的差異不容忽視。

表 13-3 92 學年度就讀國民中小學之「大陸及外籍配偶子女」人數統計表

縣市別	就 讀 年 級 人 數											合計
	國 中				國 小							
	一	二	三	小計	一	二	三	四	五	六	小計	
新北市	267	204	160	631	913	913	777	648	514	381	4,146	4,777
桃園縣	274	216	144	634	970	882	794	674	508	457	4,285	4,919
雲林縣	90	79	71	240	538	366	303	171	105	107	1,590	1,830
臺北市	83	79	61	223	450	488	405	368	280	208	2,199	2,422
屏東縣	54	38	29	121	583	565	449	289	161	109	2,156	2,277
高雄市	133	119	84	336	741	664	473	305	260	158	2,601	2,937
臺中縣	58	60	63	181	418	327	233	179	120	100	1,377	1,558
新竹縣	31	35	20	86	258	261	189	142	90	123	1,063	1,149
苗栗縣	107	122	89	318	333	323	252	242	176	143	1,469	1,787
彰化縣	40	61	43	144	314	256	184	127	94	80	1,055	1,199
嘉義縣	35	30	25	90	240	205	121	94	50	47	757	847
臺中市	30	18	26	74	176	140	136	90	71	50	663	737
南投縣	9	18	9	36	182	142	81	38	39	21	503	539
新竹市	27	15	10	52	72	83	60	40	31	14	300	352
臺南縣	4	5	3	12	207	147	105	56	38	37	590	602
基隆市	15	26	12	53	106	101	75	74	40	34	430	483
臺南市	4	0	0	4	87	73	51	35	24	21	291	295
臺東縣	11	7	4	22	73	61	39	31	29	19	251	273
宜蘭縣	16	17	12	45	89	43	27	19	19	11	208	253
花蓮縣	9	5	3	17	47	57	45	35	19	14	217	234
金門縣	12	10	8	30	36	39	30	21	13	2	141	171
嘉義市	9	9	8	26	62	48	35	17	22	13	197	223
澎湖縣	3	3	0	6	48	31	16	12	9	1	117	123
連江縣	5	6	3	14	2	3	3	6	2	4	20	34
總 計	1,326	1,182	887	3,395	6,945	6,218	4,883	3,713	2,714	2,154	26,626	30,021

　　目前政府的相關政策，教育部將規劃外籍配偶子女，比照原住民、低收入戶或單親家庭子女等較弱勢族群學生，行文建議各縣市開放其可優先入讀公立幼兒園，讓他們在 4 至 6 歲及早接受教育，以奠定良好語文學習基礎，最快 93 學年起實施。並且透過「弭平落差計畫」，從小學一、二年級開始為他們打基礎，每年也將規劃一到兩次的「國際日」活動，邀請外籍配偶、子女和教師齊聚一堂，提升社會的關注。

　　車達（2004）鑑於臺灣新女性移民子女入學人數的逐年增加，對於學校環境中的教師及學生，宜提供適切的輔導措施，使其能以健康的心態，接納並協助學童能夠在多元包容的環境中順利成長。例如：政府在鼓勵外籍配偶學習中文和臺灣本地風土民情時，如果能設身處地考量外籍配偶家庭的特殊性，多以「母語」與她們溝通，而不只是單方面要求外籍配偶進入中文系統，宣導效果應該會更好。

㈠ 落實教育優先權的具體作法

　　其實這些外籍配偶家庭的下一代，都是中華民國的國民，享有同等的社會福利與法律保障。關懷弱勢、照顧各個族群是政府及社會責無旁貸的工作，政府和社會大眾都需要一套新的價值觀，而政府應透過適切的多元文化教育宣導活動，讓社會大眾能更瞭解外籍配偶故鄉的文化，而能尊重接納外籍配偶及其子女，去除標籤及刻板印象，對於他們不需給予特別關愛的眼光，只要以平等、尊重的心態與其相處並給予協助支持，讓其能如同其他孩子般快樂成長。其施行的方式可為以下：

1. 調查各行政區新住民人數，在高比率地區增設公立幼兒園

　　雖然以 93 年度而言，新住民的比率占全國幼兒 13% 左右，但是在地區分布上非常不均，多數集中在臺北縣與雲林縣。由於目前外籍配偶子女可以優先進入公立幼兒園就讀，因此這兩個縣市的公立幼兒園每個

班級中，新住民人數可能占全班的五分之一到四分之一，不僅造成教師的教學負擔，也排擠了一般幼兒進入公幼的權利，因此建議教育部應以行政區爲單位，調查各學年度地區新住民人口數，在高比率的地區增設公立幼兒園之班級數，以因應當地需求。

2. 提升教師專業能力，規劃多元文化課程

政府不僅要保障新住民可以優先入學，更要保障其受教品質，教師素質是其關鍵。有一位擔任公幼教師的同學曾經分享，以前她以爲應該鼓勵外籍媽媽回家多用國語和孩子對話，幫助孩子學習國語。可是經過研習後才瞭解，其實外籍媽媽在家應該與孩子講自己的母語，因爲這是她最熟悉的語言，用國語反而讓她們在溝通上產生障礙，無法達到教導國語的效果，也錯失孩子學習母語（媽媽的話）之機會。可見在這方面，教師還有許多學習的空間，政府應該要加強教師的在職訓練。

在另一方面，班級中有新住民的幼兒教師，可以設計多元文化課程，例如：介紹越南、緬甸⋯⋯等地的風土民情，邀請外籍媽媽來班級分享，幫助一般幼兒瞭解不同的文化，並促使新住民更容易融入同儕團體中。

3. 落實親職教育

親職教育可分爲兩方面，一是對於新住民家庭的親職教育，由於外籍媽媽可能受限於語言及文化上隔閡而導致無法好好教養子女，因此幼兒園及社區內可舉辦一些親職講座，一方面提升外籍媽媽的教養知能，另一方面也增加和其他父母交流的機會。

此外，對於一般家長親職教育的重點，則是希望大家能避免用異樣眼光看待新住民家庭，並鼓勵孩子接納外籍配偶子女，願意與他們作朋友、玩遊戲甚至幫助他們。我覺得我同學的方法很好，她在班級刊物上發表了一篇「新住民的啓示」給全班家長看，分享了許多新住民幼兒的

特質與優點，讓家長瞭解這些孩子並不一定對班級造成負擔，甚至可能帶給孩子不同的學習。

4. 在公立幼托機構提供綜合性服務

新住民的幼兒教育，光靠幼教老師的努力，以及其他家長的接納是不夠的，政府還是必須要有資源投入，協助幼托機構在這方面的運作，例如：增加治療師（尤其是語言治療師）、社工人員、巡迴輔導老師的編制，除了可以減輕幼兒教師的教學負擔外，不同性質專業人員的服務與建議，更能有效幫助新住民幼兒的學習與發展。

另外幼托機構還可以結合社區資源，與當地醫療機構合作，定期進行健康檢查，並提醒或協助外籍媽媽按時去施打預防針與兒童健診，以期能早期發現、早期療育，並減少傳染病蔓延。

㈡ 新移民女性教育體系之規劃

在多元文化社會的今天，面對異質性大的跨國婚姻婦女的教學，教學者的功能的確需要多元且轉化的。以外籍配偶識字教育為例，當識字教育向來為許多學者強調可以作為拓展個人生命視野的途徑時（Greene, 1982; Levin, 1982；張國珍，1991；何青蓉，1995、1999），那麼教學者在此途徑中，究竟該扮演何種角色？即使在目前有關外籍配偶教育的課程設計、教材編輯、教學方式等層面，仍充斥著同化及宰制的同時，教學者能否具備轉化（transformative）的能力，協助外籍配偶拓展生命視野，而非再次複製主流階層的觀點？識字並非單純地學會聽、說、讀、寫、算等技能，而是必須藉由識字能力的習得使個人得以與世界接軌。以女性主義「增權」（empowerment）的觀點來看，識字作為一種增權的工具或途徑，主要在於強調識字讓個體去發展一種能力，能夠在既定的系統及權力結構中運作、批判的分析、

抗拒挑戰權力的結構（Inglis,1997；引自吳美雲，2001）。換言之，識字教育的提供，必須跳脫複製個體無意識地服從於社會環境的框架。而對外籍新娘的識字教育而言，亦不能天眞且霸道地將識字教育視爲是一種福利性、補救性的慈善事業（黃富順，1994；何青蓉，1994、1997、1999）。如此的思維形式，只是更加鞏固「主流文化」對外籍新娘的宰制，進而凸顯民族自大及文化階級落差的醜態而已。

外偶家庭功能因母親不諳臺灣的語言文字，無法發揮母親親職教育功能，新臺灣之子父母大都對其子女期望不高，父母對子女的關心程度，不會要求成績要很好，只要不要學壞就好。因此如何對「新移民女性」賦能，及早讓她們在臺灣能獨立自主，自我終生學習，找到自己的優勢，建立自己的自信與方向，才能撫育出多元優勢的新臺灣之子。因此，對外偶家庭的參與、貢獻，給予支持、協助與肯定；舉辦多元性的活動，促進社區網絡之間的交流；致力於營造正向的社區形象與生活品質（Walker, S. N.,1997）。以下就新移民女性之學習者本位課程設計、多元觀點教材編輯、及解構上下位階的教學方式，敘述於後。

1. 學習者本位的課程設計

夏曉鵑（2002）指出，「外籍新娘識字班」的創設目的，主要是以中文爲媒介，而促使其能逐漸自主發聲，並進而形成組織，爲自身爭取權益。因而，識字教育並非企圖「增加」外籍新娘的適應力，而「同化」於臺灣社會。這樣的課程設計取向，正是 Bhola（1999）所指出的識字發展模式中的計畫（project）模式，亦即強調識字教育小規模的措施、明確的目標，並植基於學習者的動機與需求。換言之，外籍新娘識字課程應以「學習者本位」（learner-based）的思維進行設計。

同時，課程設計上應可打破單科教授的設計方式。識字教育不能於「國語科」課程中孤立辦理。藉由破除分科教學的課程設計，改採大單

元教學形式或融合課程方式，從學習者的生活世界出發，因而課程設計不必然地稱爲「識字課」或「國語課」（何青蓉，1999）。

此外，外籍新娘的識字教育亦需促使其意識的覺醒。而因婚姻移民所導致的文化調適困境，在課程設計的同時，亦必須將文化的面向納入考量。換言之，外籍新娘識字課程的設計應有別於本國民眾的識字課程。而識字課程的設計除以這群女性爲主體外，也應同時關注到其配偶的參與問題，藉由夫妻共學，以消弭夫家對外籍新娘參與識字的一些疑慮。同時，在「學習者本位」的觀點下，課程設計的規劃者／教學者亦可以有計畫地讓這群婦女參與識字課程的設計。正如 Kaper（1996）、Stromquist（1999）所言，就女性主義及成人學習的觀點而言，一項成功的識字方案，亦可以提供女性自行設計課程的機會，以符合學習者需求並凸顯其主體性。換言之，外籍新娘參與識字課程的角色，除了被動地扮演識字課程學習者之外，亦可積極地擔任課程規劃者／設計者的角色，而這也正是識字教育實施的積極目標之一。

2. 多元觀點的教材編輯

許多學者指出，國內目前的成人識字教材通常不符合成人學習需求，缺乏系統性、連貫性，並且多以正規教育的課程標準加以規劃、設計（何青蓉，1995；黃富順，1994）。對外籍新娘而言，識字教材的學習更必須考慮文化差異的因素。如前所述，以其需求作爲教材編輯的依據實屬必然，而擺脫正規教育課程標準的編輯方式，對其學習興趣的保留，更具有決定性的影響。誠如魏惠娟（1997）所言，我國未來識字教材的編輯宜循下列方向進行：⑴教材需隨時反映學習者的需求；⑵教材不必要如傳統教科書的架構；⑶以單元主題活頁式的方式編輯；⑷各單元所包含的內容未必要等量。

此外，針對外籍新娘的識字教材編輯，亦有必要跳脫「識字就是學

說、聽、讀、寫中文」的刻板印象。主要是因為這群婦女所遷居的社區有其慣用的語言，且顧及其溝通的對象，實不能將識字單純的界定為學習中文。因此，說讀中文並非識字教材編輯的唯一內涵，其他的語言如閩南語、客家語等，亦是需要被列為教材編輯的內容。換言之，識字教材編輯亦需將其所居住的環境與溝通對象納入考量，透過識字的過程，以達到與外在世界溝通、互動的境界。因此，夏曉鵑（2002）在「外籍新娘識字班」的教材編輯架構中便指出，將識字班區分成初級、中級、高級三個階段，而內容則是以學員為中心，分成個人、家庭、社區及社會四個面向。就其教材編輯架構來看，含括了個人、家庭、社區、文化等議題，並安排設計了有關臺灣與東南亞國家文化的關係探討，亦即教材編輯的精神在於回應「多元文化」（multiculturalism）的理念，而非以「同化」的思維而獨尊移入國的文字、語言及文化。

3. 解構上下位階的教學方式

　　面對這群具有跨國文化調適需要的女性學習者而言，教學者的教學方式會面臨更多的挑戰。但誰適合從事外籍新娘的識字教學工作呢？「教」的概念中，隱含了雙方（教學者與學習者）位階的不平等，亦暗示了這群外籍新娘在臺灣社會中的次等處境。此外，教學方式的呈現，亦關係到教學者的教學專業素養，例如：是否具有成人教學的專業能力、有無具備外籍新娘母國語言之使用能力、是否充分瞭解這群女性其母國文化，甚至是否具有促進觀點轉換的教學能力等等。依此角度來看，具有性別意識覺醒與轉換的外籍新娘識字教育方案中，必須加以培訓教學者同時具有成人識字教學與性別議題教學的能力（Stromquist, 1999）。

　　夏曉鵑（2002）指出美濃「外籍新娘識字班」曾嘗試與臺灣民眾劇場的工作者合作，以「受壓迫者劇場」的方式開課，並期望藉此一工

作坊活潑的形式，扭轉識字班原本呆板、制式的氣氛，進而打破「沈默文化」而達到「意識覺醒」的目的。以此而論，對外籍新娘的識字教學而言，突破以往強調課堂教學的方式，對成人的學習是有必要的。換言之，正如「受壓迫者劇場」所強調的內涵：「劇場是自我檢視的藝術……人類都是演員（actors）（他們表演！）與觀眾（specters）（他們觀察！）。他們是觀——演者（Spect-Actors）。」（Boal, 1992；引自夏曉鵑，2002）。教學的過程中，並不能將她們單純地視為是學習者，而是需引發甚至相信她們可以是知識的生產者。以此思維，勢必挑戰或解構原本「教」與「學」雙方的角色扮演，在破除教學者高高在上的迷思後，我們必然會反思到在這個族群中識字教學者的角色，進而在教學方式上能回歸到「以人為本」、「以學習者為中心」的呈現，亦即在外籍新娘的識字教學中，所謂的教學方式應是「教學者」與「學習者」共同參與並建構的過程。

㈢ 新移民幼兒教育問題的因應策略

　　根據本文之前所探討有關新移民女性所衍生教育問題之研究，新移民女性在子女教養上出現的問題包括：因缺乏懷孕及嬰幼兒健康照顧知識產生的兒童發展緩慢；語言溝通障礙，導致學齡前子女學習發展受阻；因母親的文化認同問題，導致其子女無法自我認同；維持傳統的教養觀念，不注重子女在成長過程中的心理發展，錯失教育的黃金時段；新移民子女學習成就低落，父母在經濟及能力上皆無力協助，需要教育體系伸出援手。

　　教育部深覺新移民子女教育問題的重要性，已經將其列入教育優先區範圍，同時在 2003 年全國教育發展會議中亦將「加強外籍配偶及其子女教育，調整文化及學習落差」列入中心議題之一，會中提出包括「開創多元學習管道，結合縣市家庭教育中心及民間團體等相關單位辦

理外籍配偶成人教育」等十一項結論及建議（教育部，2003）。

　　國內學者吳清山（2004）認爲當前新移民子女教育最重要的策略，必須從基本教育著手，並加強語言訓練，讓新移民女性可以有效跟家人及子女溝通，才是最根本的途徑。以下特提出幾點因應策略：

1. 辦理基本教育班，提供學習中文機會

　　新移民女性除非來自大陸，否則很難有效運用國語或臺語與人溝通，爲使她們能夠早日具備語言溝通能力，最務實的作法，乃是在各鄉鎮的國小或國中開辦基本教育班，探全額補助，利用夜間或週末上課，其課程以識字、實用和輔導爲主，培養其認識中文及使用語言能力，並強化其生活適應能力。

2. 實施新移民女性產前教育，增強照顧幼兒能力

　　新移民女性來到臺灣，部分責任在於傳宗接代，但因缺乏適當的產檢和產前教育，致使生出缺陷有偏高的現象，此不僅不利於優生學，且會造成家庭的負擔。因此，政府宜成立衛生單位，並配合醫療院所，幫助新移民女性做好產前教育，使其能夠順利產下正常的孩子。

3. 建置輔導網絡，提供輔導諮商管道

　　協助和鼓勵新移民女性成立互助團體，一則聯絡感情，亦可協助解決困難問題。此外，政府單位應建置完善的輔導網絡，並成立協談中心和輔導諮商專線，有專門人員從事輔導和諮商工作，使遭遇困難者能夠經由輔導網絡，獲得協助。

4. 針對新移民子女教育，提供必要的學習協助

　　多數新移民女性因受到本身教育的限制，自己的專業智能極爲有限，相對地，能夠協助子女學習的能力也較爲不足。因此，教育行政機關和學校對於新移民子女的學習或輔導，均應積極介入，但是在介入過

程中，切忌避免標籤作用，以免造成孩子心理的不平衡。

5. 透過適切教育宣導活動，接納新移民子女

　　新移民女性來到臺灣，也想很快融入臺灣的社會，但是並非所有社會大眾都能真心接納。即使是新臺灣之子，也不敢告訴老師或同學自己的媽媽是外籍新娘，深怕受到歧視。為避免問題繼續惡化，應該透過社會教育、學校教育，以及經由平面媒體、電子媒體和網路媒體的宣導，使社會大眾都能接納新移民女性及其子女。

6. 加強新臺灣之子研究，深入瞭解實際現象

　　由於新臺灣之子的教育，涉及社會、心理、文化與教育各層面，必須邀集社會學者、心理學者、文化學者和教育學者等，從事科技整合調查性研究，全面調查新移民子女相關資料，並有效掌握學生人數及發展情形，以獲得完整資料，作為研擬政策之參考。

參考文獻

一、中文部分

王光宗（2003）。我是外籍新娘，我也是一個母親——臺南縣東南亞外籍新娘
　　在孩子入學後初探。南縣國教，9，29-31。

王宏仁（2001）。社會階層化下的婚姻移民與國內勞動市場：以越南新娘為例。
　　臺灣社會研究季刊，41，99-127。

王秀紅、楊詠梅（2002）。東南亞跨國婚姻婦女的健康。護理雜誌。

王連生（2001）。親職教育——理論與應用。臺北：五南。

王連生（2005）。現代幼兒教育學。臺北：麗文文化。

王瑞壎（2004）。大陸和外籍新娘婚生子女適應與學習能力之探究，臺灣教育，
　　626，25-31。

王鍾和（1993）。家庭結構、父母管教方式與子女行為表現。國立政治大學教育
　　研究所博士論文，未出版。

王叢桂（2000）。華人父母職責信念——以臺灣大學生為對象的探索性研究。
　　香港社會學學報，18，57-83。

臺北市政府教育局（1997）。北市教三字第8724233600號函。臺北市政府教育
　　局第四科，未出版。

內政部（1999）。外籍新娘配偶人數統計分析。2006年3月17日搜尋於www.
　　moi.gov.tw/w3/stat/。

內政部（2004）。臺閩地區人口統計。2004年9月11日，取自http://www.moi.
　　gov.tw/W3/stat/home.asp。

行政院教育改革審議委員會（1996）。教育改革總諮議報告書。臺北：教育審議

委員會。

朱玉玲（2002）。澎湖縣外籍新娘生活經驗之探討。國立嘉義大學家庭教育研究所碩士論文，未出版。

余民寧（1995）。義務教育往下紮根——從教育經濟學的觀點來談。新幼教，5，12-17。

余安邦、薛麗仙（1998）。關係、家與成就：親人死亡的情蘊現象之詮釋。中央研究院民族學研究所集刊，85，1-51。

余漢儀（1999）兒童保護——蹣跚學步的臺灣經驗。載於林萬億等著，臺灣社會福利發展——回顧與展望，127-178。臺北：五南

李丹（1995）。兒童發展。臺北：五南。

李佳音（2002）。職業婦女母職實踐與其參與婦女教育課程關系之研究。國立高雄師範大學成人教育研究所碩士論文，未出版。

李瑞金、張美智（2004）。從文化觀點探討東南亞外籍配偶在臺灣之生活適應。社區發展季刊，101，101-108。

李燕、李浦群譯（1995）。Trenholm, S. & Jensen, A. 著（1992）。人際溝通。臺北：揚智。

吳芝儀、劉秀燕（2004）。跨文化衝擊外籍新娘家庭環境及其子女行為表現之研究。載於國立嘉義大學師範學院舉辦之「外籍與大陸配偶子女教育輔導學術研討會」，國立嘉義大學出版。

吳美雲（2001）。識字教育作為一個「賦權」運動：以「外籍新娘生活適應輔導班」為例探討。世新大學社會發展研究所碩士論文，未出版。

吳清山（2004）。外籍新娘子女教育問題及其因應策略，師友，441，6-12。

吳靜芬（2003）。為少數族群兒童架起語言、文化的橋樑。載於外籍與大陸配偶子女教育輔導學術研討會會議手冊，36-51。

邱方晞（2003）。東南亞外籍新娘家庭問題與協助需求之探討。社區發展季刊，101，176-181。

邱汝娜、林維言（2004）。邁向多元與包容的社會——談現階段外籍與大陸配偶的照顧輔導措施。社區發展季刊，105，6-19。

邱育芳（1995）。婦女社區參與和現代母職的實踐：以主婦聯盟的社區運動為例分析。國立清華大學社會人類學研究所碩士論文，未出版。

邱淑雯（2001）。性別與移動——日本與臺灣的亞洲新娘。時英。

何青蓉（1995）。「需求評估」概念的澄清與分析。成人教育，23，41-46。

何青蓉（1999）。婦女、婚姻與識字教育。成人教育，52，14-21。

何青蓉（2003）。跨國婚姻移民教育的核心課題：一個行動研究的省思。教育研究集刊，49(4)，33-60。

何青蓉（2004）。跨國婚姻移民教育初探：從一些思考陷阱談起。新竹：新竹市政府。

周美珍（2001）。新竹縣「外籍新娘」生育狀況探討。公共衛生，28，3，255-264。

周蔚（1995）。當男人做爸爸。臺北：美商麥格羅希爾國際。

林淑玲（2003）。臺灣地區親子互動的真面貌：期許研究觀點的突破。應用心理學，7，7-9。

林清江（1996）。教育社會學。臺北：臺灣書店。

林義男譯（1995）。社會學。原著 Light Jr. D. and Keller S.。臺北：巨流。

林璣萍（2003）。臺灣新興的弱勢學生——外籍新娘子女學校適應現況之研究。國立臺東大學教育研究所特殊教育教學碩士論文，未出版。

車達（2004）。臺灣新女性移民子女之心靈世界探索。國立雲林科技大學技職教育研究所碩士論文，未出版。

胡台麗（1990）。媳婦入門。臺北：巨流。

胡幼慧（1995）。質性研究——理論、方法、及本土女性實例。臺北：巨流。

莫藜藜、賴珮玲（2003）。臺灣社會「少子化」與外籍配偶子女的問題初探。社區發展季刊，105，55-65

教育部（1971）。教育法令。臺北：正中。

教育部（2000）。「隔代教養學習型家庭專案推動策略規劃」計畫成果報告。2006年3月12日下載於 www.cfe.ntnu.edu.tw/shome06.htm.。

教育部（2002）。幼托整合方案規劃專案報告。2006年3月12日下載於 http://www.edu.tw/EDU_WEB/EDU_MGT/E0001/EDUION001/menu01/sub05/01050001a.htm.。

教育部（2003）。推動外籍與大陸配偶子女教育輔導實施計畫。2006年3月12日下載於 http://www.dlkd.hc.edu.tw/eduhot/h200404211526062988.doc。

教育部（2005）。教育部推動教育優先區計劃93年度實施計劃。臺北市：教育部國民教育司，1-46。

教育部統計處（2006）。各級學校校數、班級數、學生及畢業生人數、教師人數及生師比。2006年7月20日下載於 http://www.edu.tw/EDU-WEB/EDU_MGT/STATISTICS/EDU7220001/data/serial/b.xls?open。

教育部編（1995）。中華民國教育統計。臺北：編者。

教育部編（1996）。中華民國教育統計。臺北：編者。

教育部編（1997）。中華民國教育統計。臺北：編者。

教育部編（1998）。中華民國教育統計。臺北：編者。

教育部編印（1997）。中華民國教育統計指標。臺北：編者。

高淑貴（1991）。外籍配偶在臺現象對社區家庭教育與政策之啟示。社區發展季刊，105，150-158。

曾瑞真（2000）。兒童行為的評估與輔導。臺北：天馬。

洪福財（1998）。從「詮釋學」觀點談教育研究結果的解釋與應用。載於國立臺北師範學院出版，臺北師院學報，11，87-106。

莊勝義（2002）。多元文化教育的理念與發展（主題演講稿）。載於國立屏東科技大學91學年度南區教地方教育輔導「多元文化教育理論與實務」研討會論文集，1-17。

許如美（2005）。外籍母親親職教育課程實施之研究。國立成功大學教育研究所

碩士論文，未出版。

許育典（2000）。人的自我實現與多元文化教育的法建構。教育研究月刊，78，
　　13-37。

許靜芳（2004）。不同社經地位之國小學童家長之父母效能感對家長參與的影
　　響──以彰化縣為例。國立嘉義大學家庭教育研究所碩士論文，未出版。

連達（2003）。臺灣新女性移民子女之心靈世界探索。雲林科技大學技術及職業
　　教育研究所碩士論文，未出版。

陳怡華（2001）。國小學生家庭環境、閱讀動機與國語科學業成就之關係研究。
　　國立高雄師範大學教育學研究所碩士論文，未出版。

陳美惠（2002）。彰化縣東南亞外籍新娘教養子女經驗之研究。國立嘉義大學家
　　庭教育研究所論文，未出版。

陳烘玉、劉能榮、周遠祁、黃秉勝、黃雅芳（2004）。臺北縣新移民女性子女
　　教育發展關注之研究。載於外籍與大陸配偶子女教育輔導學術研討會，66-
　　91。

陳惠娟、郭丁熒（1998）。母職概念的內涵之探討──女性主義觀點。教育研
　　究集刊，41，73-101。

陳德正（2003）。從文化脈絡中的教育主體談原住民學生之學習適應─以蓮邊
　　國中的德魯固學生為例。國立東華大學教育研究所碩士論文，未出版。

陳碧雲、魏妙如與郭昱秀（2004）。外籍配偶子女學校生活適應之探討以學前
　　教師的觀點為例。載於外籍與大陸配偶子女教育輔導學術研討會會議手冊。

黃怡貌（1995）。光復以來臺灣幼兒教育發展之研究。國立臺灣師範大學歷史研
　　究所碩士論文，未出版。

黃迺毓（1988）。臺灣地區父母之子女教養態度與子女社會化之研究（Ⅱ）。行政
　　院國家科學委員會專題研究計畫成果報告。臺北：行政院國家科學委員會。

黃富順（1994）。我國失學國民識字標準及識字字彙之研究。成人教育，21，
　　35-43。

黃森泉、張雯燕（2003）。外籍新娘婚姻適應與子女教養問題之探討。社會科教育研究，8，135-169。

黃儀娟（2000）。「臺裔移民在美之文化適應——邊緣化的適應心態」。南華大學教育社會學所，22，22。

薛光祖（2000）。中、美雙重文化的認同與移民心態的調適。臺灣教育，598，2-5。

薛承泰、林慧芬（2003）。臺灣家庭變遷——外籍新娘現象。載於財團法人國家政策基金會國政研究報告。

陽琪、陽琬譯（1995）。原著 Goodman, N.，婚姻與家庭，357。臺北：桂冠。

張宏文、邱文芳（1999）。實用人際關係學。臺北：商鼎。

張娟芬（1991）。女性與母職——一個嚴肅的女性思考。當代，62，94-98。

張家楨（1999）。南臺灣外籍新娘家庭功能、幸福感與相關因子之探討。國科會專題研究計畫成果報告。臺北：中華民國行政院國家科學委員會。

張國珍（1991）。我國成人識字教育之研究。國立臺灣師範大學社會教育研究所碩士論文，未出版。

張　文（1997）。女性的母職：社會學觀點的批判分析。社教雙月刊，77，20-25。

唐文慧、游美惠（2002）。社會母職——女性主義媽媽的願景。婦女與性別研究通訊，63，13-15。

劉秀燕（2002）。跨文化衝擊下外籍新娘家庭環境及其子女行為表現之研究。國立中正大學犯罪防制研究所碩士論文，未出版。

劉美芳（2001）。跨國婚姻中菲傭女性的生命述說。私立高雄醫學大學護理學研究所碩士論文，未出版。

楊艾俐（2003）。臺灣變貌：下一代衝擊——新臺灣之子。天下雜誌，271，101-102。

楊國樞（1986）。家庭因素與子女行為：臺灣研究的評估。中華心理學刊，1，28，7-28。

楊蘭儀（1993）。女性主義與心理分析—— Chodorow 論母職再製。國立政治大學歷史研究所碩士論文，未出版。

趙彥寧（2005）。戴著草帽到處旅行——試論四、五零年代流亡、女性主體、與記憶的建構關係。載於臺灣社會學會、東吳大學社會學系主辦，臺灣社會學會年會「全球化的社會學想像：國家、經濟與社會」學術研討會論文集。

趙善如（2001）。從平衡觀點探討老年妻子照顧者的生活適應現象。私立東海大學社會工作學系博士論文，未出版。

夏曉鵑（2000）。資本國際化下的國際婚姻：以臺灣的外籍新娘現象爲例。臺灣社會研究季刊，39，45-90。

夏曉鵑（2002）。誰殺了外籍新娘。載於中國時報，15，2002.10.3。

鄧秀珍、林昆輝、蔡馥如（2004）。國小學童中外籍新娘子女與本籍婦女之子女之學習問題及相關因素之比較分析，載於「外籍配偶（含大陸）子女教育輔導學術研討會」，國立嘉義大學出版。

蔡奇璋（2004）。外籍配偶參與國小子女學習的障礙及其解決途徑之研究。國立中正大學成人及繼續教育研究所未出版碩士論文，未出版。

蔡雅玉（2000）。臺越跨國婚姻現象之初探。國立成功大學政治經濟研究所論文，未出版。

蔡榮貴等（2004）臺灣外籍配偶子女教育問題與因應策略。臺灣教育，626，32-37

蔡麗芳（1997）。女性母親角色的省思及諮商上的涵義。輔導季刊，33，1，14-20。

鄭青青、宋明君（2004）。外籍新娘及其子女教育之研究分析——生態系統論觀點。載於外籍與大陸配偶子女教育輔導學術研討會，92-105。

鄭雅雯（2000）。南洋過臺灣：東南亞外籍新娘在臺婚姻與生活探究以臺南市爲例。國立東華大學族群關係與文化研究所論文，未出版。

劉惠琴（2000）。女性主義觀點看夫妻衝突與影響歷程。婦女與兩性學刊，10，41-70。

13

劉寧顏總纂（1993）。重修臺灣省通志，10，藝文志文學篇。臺灣省文獻委員會編。
　　南投市：臺灣省文獻委員會。

謝臥龍（2000）。查某人／查甫人性別角色衝突的抗拒與跨越？載於謝臥龍主
　　編，性別：解讀與跨越，37-47。臺北：五南。

魏惠娟（1997）。我國家庭共學方案之發展。臺北：師大書苑。

蘇芊玲（1998）。我的母職實踐。臺北：女書。

顏錦珠（2002）。東南亞外籍新娘在臺生活經驗與適應歷程之研究。國立嘉義大
　　學家庭教育研究所碩士論文，未出版。

鐘重發（2003）。樂當老師更樂當貴人：談外籍配偶子女在班級中的輔導方法。
　　國教天地，155，53-58。

藍佩嘉（1991）。顛覆母職，母職──消滅女人的制度。臺北：當代。

嚴韻譯（1999）。憤怒與溫柔。顧燕翎、鄭至慧主編，女性主義經典。臺北：女書。

譚光鼎（2001）。族群關係與多元文化教育。譚光鼎等編，多元文化教育，113-
　　135。臺北：國立空中大學。

蕭蘋、李佳燕（2002）。母職的社會建構與解構。婦女與性別研究通訊，63，
　　10-12。

二、英文部分

Bowser, A. G. and Hejazinia-Bowser, S. (1990). *A general study of ntermarriage in the United States*. (ERIC Document Reproduction.Service No. ED340957)

Bronfenbrenner, U. (1992). Ecology of the family as a context of human development: Research perspectives. *Development Psychology*, 22, 723-742.

Berryman, J., Thorpe, K. & Windridge, K. (1995). *Older Mothers: Conception, Pregnancy and Birth After 35*. London: Pandora, 276 .

Bhola, H. S. (1999). Literacy campaigns: A policy perspective. In Wanger, D. A. et al., (Eds). *Literacy: An international handbook*, 288-293. Boulder, Colorado:

Westview.

Press.Gordon, A. I. (1964). *Intermarriage: Interfaith, Interracial, Interethic*. Boston Press.

Greene, M. (1982). Literacy for what? *In PhiDelta kappan*, 63 (5), 326-329.

Greene, M. (1990). The passion of the possible: Choice, multiplicity, and commitment. *Journal of Moral Education*, 19 (2), 67-76.

Kaper, G. (1996). Curriculum in Aduldt Literacy. In Tuijnman, A. C. *International Encyclopedia of Adult Education and Training*. London: Pergamon.

Kitano, Harry H. L. et al. (1984). Asian-American interracial marriage. *Journal of Marriage and the Family*, 46, 179-190.

Kristeva, J. (1980). *Desire in language : a semiotic approach to literature and art, (ed. by L.S.Roudiez ; transl. by T.Gora, A.Jardine, and L.S.Roudiez)*, New York : Columbia University Press.

Levin, K. (1982). Functional literacy: Fond illusion and false economics. *In Harvard Education Review, 52* (3), 249-266.

Manrigue, C. G. and Manrigue, G. G. (1999)Third world immigrant women in American higher education. In G. A. Kelson and D. L. Delaet (eds), *Gander and immigration*. New York ：NYUG .

Stromquist, N. P. (1999). Gender and Literacy Development. In Wanger, D. A. et al., (Eds). *Literacy: An international handbook*, 271-276. Boulder, Colorado: Westview Press.

Weaver , J. J. & Ussher, J. M. (1997). How motherhood changes life: A discourse analytic study with mothers of young children. *Journal of Reproductive & Infant Psychology*, 15,51-68.

Walker, S. N. (1997).Promoting healthy aging. In K. F. Ferraro (Ed.). *Gerontology: Perspectives and issues* (2nd ed.), 305-323. New York: Springer.

第十四章

兒童社會學的未來探索與發展

許雅惠

　　從兒童社會學相關研究的兒童概念發展來看，歷史與現今對照下，社會對「童年」或「兒童」概念的思想變化非常大，對兒童概念及觀點，隨著歷史事實以及人類文明的推進而發展。從歷史傳統上，人類社會長期以來，視「兒童」這個人生階段為一個沒有吸引力的階段，是一段「預備長大」的階段，是「不完美的成人」的階段。這個階段的兒童研究，主要的重點是「成人如何看待兒童」。學術研究中有關「兒童」的研究成果，主要表現在教育研究領域及心理學領域，兒童的概念，多是經由教育學者或心理學者的實務及推論需要加以定義的。但近二十年經由關心兒童議題的學者努力的結果，使兒童社會學成為一個明確的學術研究領域，漸漸融入社會學研究社群的關懷。

　　以下我們從兒童社會學的議題發展與現況談起，瞭解現況發展情形，將有助於指出未來投入關切的方向。除了指出未來可能的兒童社會學議題焦點之外，本文也省察近二十年兒童社會學實務工作領域及教育訓練應用的方向——建立新的「兒童社會學」教育訓練新典範，將有助於這個學術領域的切實應用。

一、兒童社會學的議題發展現況

　　1989 年聯合國公布「兒童權利憲章」（Convention on the Rights of the Child, 1989）之後，許多國家的社會學研究組織開始展開關於兒童的研究「幼兒社會學」／「童年社會學」／「兒童社會學」成為一個新的學術領域（Freeman, 1998; Mayall, 2002）。已經有系統化討論與相當程度研究累積的領域，主要可以分為幾方面：

　　㈠最傳統的兒童教育社會學研究，即從社會學的「社會化」理論出發的「兒童社會化」研究，從社會化的意義與內涵來建構社會化歷程

14

中與幼兒自我概念的發展情形、社會化與幼兒角色學習的歷程、社會化與幼兒次文化的關係等。

㈡ 從社會學概念「階層化」來界定兒童與社會的主要關係，也就是著重於瞭解教育過程作為社會化機制時對社會階層化的結構，有怎樣的影響。這種研究範疇同時探究社會流動與社會變遷，將兒童或幼兒置於社會階層化的概念之下進行探究，主要的社會問題是如何建構與理解階層化社會的兒童發展與教育機會均等議題。

㈢ 從兒童的性別社會建構來研究兒童，是另一個重要的研究範疇。由於性別無疑是一種社會建構，而性別認同的時期又始於幼兒期，幼兒性別角色發展成為社會性別建構的基礎。這個研究領域向來有心理學及教育學研究的投入，但變遷中的性別角色以及性別角色的社會建構課題，如兩性平等的權利觀點，都是新的兒童社會學探索課題。

㈣ 從幼兒的主體經驗，來研究幼兒與社會的關係是一個研究成果較豐的範疇，幼兒主體經驗除了從心理認知研究角度出發，也與社會關係的互動及社會結構有關。以社會心理學觀點出發的研究，也就是個體層面的研究，仍是這個領域的大宗，包括了幼兒適應行為的發展，如親社會行為、人際互動能力、規則、利他行為能力；以及幼兒社會技巧的發展，如分享行為、合作與衝突、順從與抗拒等；以及兒童友誼關係發展等。影響幼兒社會關係發展的因素，如社會經濟因素、種族因素、社區型態、父母的職業與角色等，也是這個範疇所投入的研究議題。

㈤ 從家庭出發的研究，也是已發展的主題領域。由於家庭是社會的基本單位，家庭中的父母也是兒童社會化的首位代理人，親子關係也是兒童的第一份社會關係，影響兒童成人後的社會關係建構。關心這個領域的研究，主要以親子關係與幼兒行為、依附關係、父母角色、家庭溝通型態、家庭社經背景等對兒童的影響為主題。

㈥ 從認知進而探究兒童的社會建構，是一個越來越受重視的研究

範疇，因為一旦接受兒童的主體性，兒童是主動積極的社會建構者這樣的論述，在研究方法上將有強烈的必要性來論證兒童的自發自主。而兒童遊戲，正是最可能析出兒童自主創造及兒童自我建構歷程的觀察研究最佳切入點。這個研究範疇包括了遊戲的意義與內涵的建構，企圖從心理學的認知、兒童社會學的社會建構觀點來理解遊戲與幼兒社會認知的歷程間的關係。遊戲與幼兒社會能力的發展，以及在教育中的應用也是關心的焦點。

二、全球化時代的兒童社會學新課題

除了上述從理論或兒童本身出發的兒童社會學研究，將兒童視為社會問題，是另一個鉅視取向的研究路徑。鉅視取向的兒童社會學研究，主要是著重於社會變遷下的新課題（Alanen, 2004; Aronsson, 1999）。包括以下主題：

㈠ 第一種研究類型是研究社會變遷，討論社會變遷中的親職內涵、社會變遷中的兒童社會化以及社會變遷中的兒童社會問題，如家庭結構與兒童發展的關係、單親家庭外籍配偶家庭、隔代教養的兒童社會問題、少子化以及新移民教育問題也都是新的研究。

㈡ 全球化社會變遷下的兒童問題除了上述以外，文化全球化以及科技全球化使得媒體及全球文化，在發展速度相近國家出現了趨同的發展趨勢。家庭暴力與大眾媒體對兒童的影響更是新且重要的急迫研究課題，尤以電視暴力及網路遊戲的研究更受重視。

㈢ 兒童人權是另一個全球尚未有共識的重要社會問題，兒童人權運動仍在世界各地，經由兒童福利團體及人權團體所推動。兒童人權運動的目的主要在：挑戰差異與歧視、對年齡有關的分類及地位方面提出

質疑、對兒童的道德爭議提出見解，強調尊重兒童的自主、尊嚴等議題；彙整過去對兒童錯誤的資訊；探討目前改善兒童生活的法律政策之價值與限制；提倡兒童人權的認同作為文化改革的一部分，強調兒童人權對社會重建的重要性。兒童人權運動，不論實質或形式上都是兒童社會學研究的促進因素。面對社會學的兒童參與權之議題，如果我們不再將兒童當作個人，而是一個社群的一分子，我們就能思考這個群體參與建構社會安排、社會政策的合理性與權利。但目前社會學研究，往往將兒童視為附屬於成人的一個社群，且兒童往往自己也在社會化過程中被成人馴化認同這樣的處境，這使兒童難以參與社會事務，也讓成人很難允許他們這麼做，更難讓成人與兒童在平等的基礎上共同合作。兒童人權有待提升的事實，教我們必須面對這個社會學及政策研究中，尚待投入的兒童人權議題。

三、兒童社會學的貢獻

　　童年社會學已經開始改變成人對兒童的理解，這個學門主要貢獻在於使我們全新地理解兒童在不同時代與社會的變異性，此外這個工作也提升了對兒童的尊重，及過去對兒童的誤解也有更全面的理解。

　　認真看待兒童，對思想上的改變包括：1. 兒童從成人的客體，轉變為一個有能力、貢獻力的社會主體；2. 在一個較廣泛的層級，兒童能夠改變社會結構，及有效的改變他自己的童年；3. 過去認為成人的觀點足以定義兒童需求的觀點，已經被兒童能夠對建構及實行社會政策有自己的期望和需求所取代。以上這些改變，都使得兒童的地位得以提升（Haddad, 2002）。

　　然而，在兒童及童年的新知識崛起的過程中，亦顯露出對兒童的誤

解及童年的低地位，童年的社會地位在世代安排中低於成人，兒童所生活的童年是被塑造爲成人所希望的童年，在此狀況下，兒童不但同時是有能力的行動者，亦受到強烈的控制，因此兒童人權不但對童年品質相當重要，亦會產生問題（Hood, Kelly, Mayall, 1996）。爲維護兒童的參與權，成人需要提供他們安全的場域使他們能夠參與，然而，成人保護便會帶來問題，當兒童受社會控制時，參與便會因此受限。

　　兒童自己是很尊重人際關係的相互依賴，要在成人尊重「保護」、「供給」、「參與」（protection, provision, participation; 3Ps）時，並兼顧兒童自主性的兩難中，兒童社會學的願景是：在理解兒童的社會中，人們尊重互惠原則（Pole Mizen, Bolton, 1999）。如果我們接受兒童的重要性，這個互惠社會能幫助化解約束和自主個人間的衝突。

四、尋找研究與教育訓練的新典範

　　童年概念的發展軌跡，有助我們瞭解兒童社會學的複雜程度與探索的範圍。兒童概念的發展路徑——從長遠歷史以來，存在於事實卻不見於歷史的隱匿群體，到中世紀貴族家庭的「小一號的大人」，到十八世紀的兒童被視爲「家庭經濟的資源」，再到教育發展史中「兒童是等待長大不完美的成人」，發展至1930年代的「童年神聖化」，及至當代1980年起的童年社會學研究開始形成，兒童社會學研究學者提出了許許多多關乎當代兒童的新社會現象、新社會課題、新社會問題：如「隔離的童年」、「童年的消失」、「童年的不當延長」、「受監視與無監督狀態併存的童年」、「自主與壓迫併存的童年」、「定義多元複雜的童年」、「文化差異的童年」等。這些對童年概念的修正與疑惑，促使我們必須思考如何尋找兒童社會學研究的新典範。

㈠社會呈現和童年回憶：一個教育訓練的新典範

在科學領域，我們若願意接受兒童作爲社會行動者的假設，這會讓社會學重新看待兒童，認同社會學在成人身上的公民權；在社會和政治領域，承認兒童的公民權。兒童人權的實質，即保護、供給和參與的權利，就是所謂的 3 Ps。傳統上強調保護和供給的權利，在政治及社會實務上，兒童參與權受到的關注少了很多。不管從認識論、方法論、教育及政治目的來看，我們可以思考以社會呈現和童年回憶，來作爲童年社會學教育訓練工具的一個新的研究訓練典範，因爲這將有助於提供批判性思考（Freeman, 1999）。

以社會呈現和童年回憶作爲教育訓練工具的意義，是指兒童社會學的訓練內容應包含現象學的社會學典範，即強調個人行爲的主體性，常可理解並洞察主體知覺的世界，以及符號互動論主張意義歸因及解釋過程建構個人經驗。如果我們考量到「成人只保留與其個人認同連結的參考知識」，我們就應該提醒研究者及學習兒童社會學的學生：留意他們自己的論述並且適當地批判自我的童年概念如何？這種童年概念從何而來？由於研習兒童社會學的學生往往是日後可能直接或間接與兒童福利服務或兒童教育相關的從業工作者，他們對自身童年的描述和回憶，與他們對自身的「童年與社會」的批判分析，將有助於建構深刻反省的批判意識，而能夠透過訓練進行研究的訓練工具（Morss, 2002）。

社會記憶和呈現確實能促使主體想起一些對他有價值的經驗、能力和貢獻。雖然注意到多重的刪除過程，但對過去的論述並非是對過去的論述，而是現在對過去重新詮釋來理解現在和規劃未來。

(二) 教育訓練的可能過程與童年知識的結構

我們可以從問學生以下問題來切入兒童社會學，建構新的兒童社會學研究典範與教學典範：什麼是兒童？什麼是童年？接下來詢問他們的童年經驗：你對自己童年的回憶？你的童年回憶如何？

這些問題所得的資訊，大概可分為兩大面向：1. 結構特質，歸納出學生對兒童及童年的描述；2. 實驗特質，支持對童年的回憶。描述個人經驗有助於形成兒童及童年的知識：在結構面向，兒童的概念，兒童具有生理、心理、社會的多樣性和過分強調共同特質；童年是一個狹窄的共生概念，即兒童的生活時間、社會印象與意識形態，使兒童及童年成為「黃金時期」的現代的迷思。兒童及童年因此以符號和物質方式呈現，年齡作為分隔生命階段的標準。從記憶中也可汲取兒童及童年的知識，例如：透過學生回憶自己的童年，這些回憶呈現出社會和文化、異質和不平等的兒童世界，由年齡、性別、社會背景的社會關係聯繫。這些經驗中，休閒時間的內容及與同儕團體的遊戲是最重要的社會活動。其重要性在於兒童社會化的過程是兒童與其同儕互動中產生及共享的活動、創作、價值、關注，在集體層面代表他們能夠密集參與社會生活。因此兒童文化能自主的使他們成為研究他們自己和重新概念化社會化過程的主體，而不僅是模仿和適應成人生活。再者是作為兒女和兄姊的童年事實，會揭開兒童與成人的關係是最多的問題，因為這牽涉到家庭及社會規範在兒童身上的作用（Morss, 2002; Freeman, 1999）。

兒童不同經驗的對照，能還原一些不易解釋的社會現象，易於理出兒童及童年本質是歷史的產物。但這個可能的新典範，所面臨的主要障礙是「成人中心論」（adultcentrism）。在訓練研究過程中，兒童及童年的描述和回憶的較大障礙是成人中心主義。要進一步將兒童及童年去建構——中立化（naturalisation）或理想化（idealisation）——表示

要鬆動個人與成人的關係。而否定一個個體發展會與一個更廣泛的政治規則有關，則是「成人」不容易做到的。

㈢ 需要更多兒童主體性的實證研究

　　英國倫敦大學的梅歐教授強調更多的兒童主體性實證研究，有助於澄清兒童與成人在社會建構上的貢獻方式與差異，更能理解兒童主體性建構與兒童權利之間的關係（Mayall, 2003; 2005）。梅歐教授以實證方法與兒童討論他們如何理解童年、母親及父親的社會地位，問他們對日常生活的反應。研究結果顯示，兒童的社會地位與社會關係、兒童的責任與休閒定義、兒童的道德行為與成人的期望有明顯的不同，這樣的實證研究需要投入更多跨文化及不同社會的實證，以探求兒童自主理解社會的真相。實證研究的發現是豐富而超越原來的社會學觀點的。兒童的思想邏輯是社會性的。他們將社會安排分成兩群人：成人及成人所定義的非成人——兒童。他們認為童年是關係性的，他們的童年主要是建立於他們與家長及老師的代間關係。兒童同意成人所認為童年是生命的一段期間，因他們附屬於那些更有知識和經驗的人。許多兒童認為他們在道德地位上有許多衝突，他們認為自己具有道德，但他們的道德及參與權經常被質疑。兒童強調自主與相互依賴。西方自由思想家認為自主與獨立是生命最高的形式，兒童則卻認為「關係」是他們生命中最重要的基石。兒童將自己定位於社會關係中，一個群體的成員，而不只是一個個人。他們理解他們與不同世代關係的重要性。很重要的是，他們學習到別人的快樂，來自於他們的付出，因此他們強調相互依賴及互惠，而非孤獨的自主性。兒童的主體性觀點，使兒童社會學更加豐富，也開展成人對兒童更深一層的理解。

㈣ 從女性主義發展的經驗，尋找兒童社會學發展的路徑

我們可以從其他弱勢族群的成果中，思考如何促進兒童社會學發展。社會學研究領域中，女性主義論述的研究方法及學術發展，應該是最能對兒童社會學有所啓示的。我們可以從女性主義發展的經驗，尋找兒童社會學發展的路徑。從研究發展的經驗，我們可以析出女性取得社會地位的過程，包含了四階段：批判、去建構、定義、發展立場。而這樣的四個歷程，也可以視爲學術研究如何協助兒童群體發展自主社會建構或兒童取得社會地位，而加以應用的路徑（Morss, 2002; Freeman, 1999; Aronsson, 1999）：

1. 批判（critique）

描述及分析兒童社群與主要社群的差距。例如：在英國，一般認爲兒童依賴其父母的關係是兒童發展的關鍵；另外，大部分成人認爲兒童在學校學習的時間越多，其結果會越好。這種父母的想法與兒童的想法差距甚大，甚至完全相反對立。

2. 解構（deconstruction）

女性主義者認爲解構的重要性主要是在於社會建構被隱藏在主流價值（dominant account）中。有關兒童及童年的解構研究主要包括了：家庭化（familialisation）、個人化（individualisation）、學生化（scholarisation）、兒童附屬等等。兒童被認爲是家庭中的個人（不是社群），而且他們的成功決定於家庭能提供什麼；兒童發展被視爲個人關係下的產物（而不是結構因素）；學生化的童年的基本假設爲：相較於其他活動（如工作），學生做爲「學生」是兒童最適合的活動；家庭化及個人化凸顯出童年被誤解的部分，即認爲兒童的問題及解決方法是位於個人層級，不是社會經濟層級。

14

3. 定義重要概念（defining）

「性別」可幫助我們理解男性與女性的關係，因此「世代（generation）」可幫助我們理解兒童及成年人的關係。世代的形成有三個階段：狀態或地點（status or location）、現實（actuality）、單位（unit）。個人出生在同一歷史時空下，在同樣的社會、歷史、政治事件及意識形態中，由於他們參與了社會中特定的社會時事，使他們成為一個實質的世代。一個實質世代中的部分成員，可能會建立具體的連結，例如：共同的目標和計畫，這種團體便會形成一個世代單位。做為一個世代，兒童與童年其他階段的人有共同的社會地位及經驗，但在童年的所有生活，都被理解為在一個特定社會下的特定歷史時空。

4. 發展立場（develop a standpoint）

發展兒童立場，主要的任務即在理解兒童如何經驗他們的童年以及分析童年的社會處境。這個工作有助於對實行兒童人權的認識，即認識事情現況及如何改善童年處境。

五、透過童年社會學實現兒童權利

社會學假定兒童是客體，社會複製發展教育社會學，著重學校過程及家庭社會化，從老師及家庭的態度來推理兒童，而不是從他們的行動（Freeman, 1999; Aronsson, 1999; Mayall, 2000）。

要改變這個學術研究典範，我們有必要從「遊戲的藝術」及「作為學生的藝術」轉移到「作為兒童的藝術」：也就是，成人必須認同「兒童是日常生活的積極行動者」，兒童研究的分析不限於同儕團體間，新的重要他人──文化行為、價值、語言、遊戲更加重要，他們的創造能力可能創造出適合管理兒童社會的新方式。

　　童年社會學可能是社會化的社會學，而不只是學校或家庭的社會學。從方法論的觀點而言，兒童社會學應該認真思考兒童作為社會行動者、兒童發表言論的權利，及認同他／她的感覺，此需要社會人類學方法傾聽兒童的意見，而不只是觀察，才能瞭解兒童欲告訴我們的想法。

　　對未來研究及實務，以社會化觀點思考這是一個複雜、動態的過程，與兒童及成人主動參與、解釋真實及分享創造社會文化是一個必要的發展方向。然而，研究的目的也要有助於兒童群體對抗社會結構中的權力、階層、不平等。我們認為兒童應該是兒童世界的主動參與者。在他們世界裡，經由社會及文化建構，有他們的理智、視角、價值和標準。這樣的兒童社會學發展方向，對於我們討論兒童社會地位及他們新公民狀況（參與權）將會有所貢獻。當兒童公民權概念付諸實行的時候，會有助於兒童對自己的行為負責，決定自己的命運，不僅是選擇執行的權利而已。只有在兒童的意見被傾聽時，並且確認他們有能力對自己行為及生活內容表達感受時，兒童的社會行動者的地位才能得到尊重。

　　兒童社會學者與兒童人權運動者目前共識是這樣的（Freeman, 1998）：

　　㈠兒童社會學研究者與兒童人權運動者都認同過去兒童被認為是由家庭及學校建構的被動者，現在研究應強調兒童建構他們自主社會的方式。

　　㈡兒童是個人，不是財產；是主體，不是社會控制的客體；是社會的參與者，不是社會問題。

　　㈢強調兒童的個別需求，兒童不該被分類在同一群沒有差異的階層。

　　㈣兒童社會學研究者與兒童人權運動者同樣質疑成人是否比童年重要；同樣認為童年被建構為不具責任、具有被保護和訓練的權利，但不具自主性的一段時期。

　　兒童人權運動幫助童年社會學理解兒童生活，提升了長期被壓抑的事務之能見度，使我們能夠發現目前視野的侷限。兒童人權的思考，是想提供兒童更好的世界有一個願景，且此願景可促使全人類一個更好的世界，而這需要我們對兒童的生活、對他們重要的事務，及他們如何認知及建構他們的世界有更清楚的瞭解，我們需要知道他們如何認知他們的遊戲、教育、勞力、友誼等，以及他們對國家意識、公民概念、醫療、藥物、風險等概念；亦不能忽略階級、性別、殘障等面向所造成的差異。這個發展方向的思考是應用取向的，也有實務上的迫切性。

　　總之，社會學將兒童當成「未來的成人」的概念的危機，此會低估兒童作為社會分類的重要性，且使我們低估兒童作為他們權力的社會行動者價值。此外，保守的社會化論點，假定社會是既定而不變動的，兒童是被教導適應社會。本文強調社會化應解釋為一個雙向過程：我們（作為兒童及成人）與世界互動，就如同社會與我們互動。社會化不應是一種刻板形式，因為我們全都不同，我們有獨特的年紀、性別、種族、文化、階級、家庭與歷史地位。未來的兒童社會學發展，研究典範及教育訓練方法的改善，將有助於將兒童社會學研究成果應用於實務工作中，使得兒童社會學研究更有政策價值與意義。如果兒童社會工作組織或兒童教育機構，更清楚他們對維持不平等或產生新態度、行為的可能性的作用，更有可能避免在實務工作中囿於自身成人式的兒童觀點。

參考文獻

Alanen L. (1988). Rethinking Childhood, *Acta Sociologica*, Vol. 31. No. 1, p.53-67.

Alanen L. (2004). "Theorizing children's welfare "paper presented at WELLCI Workshop, New Perspectives on Childhood, The Centre for Research on Family, Kinship & Childhood.

Aronsson, K. (1999). Relocating Children in Sociology and Society. *Human Development*, 42, 55-58.

Corsaro W. A. (1997). *The Sociology of Childhood*. California: Pine Forge Press.

Freeman, M. (1998). The sociology of childhood and children's right. *The International Journal of Children's Rights*. Vol. 6, pp.433-444.

Haddad Lenira (2002). An integrated approach to early childhood education and care: A preliminary study. Childcare Resource and Reseach Unit, Center for Urban and Community Studies, University of Toronto.

Hood S.; Kelly P. & Mayall B. (1996). Children as Research Subjects: A Risky Enterprise. *Children & Society,* Vol.10. pp.117-128.

J. Demos (1970). *A Little Commonwealth: Family Life in Plymouth Colony,*+ New York, pp.57-58.

Mayall B. (2000). *Towards a sociology of child health, Sociology of Health & Illness*, Vol. 20, No. 3, pp. 269-288.

Mayall, B. (2000). The sociology of childhood in relation to children's rights. *The International Journal of Children's Right*. 8, 243-259.

Mayall B. (2002). *Towards a Sociology for Childhood: Thinking form Children's Lives*. Buckingham: Open University.

Morss J. R. (2002). The several social constructions of James, Jenks, and Prout: A contribution to the sociological theorization of childhood. *The International Journal of Children's Rights*, Vol. 10. No.10. pp.39-54.

Neale B. & Flowerdew J. (2003). Time, Texture and Childhood: the contours of longitudinal qualitative research. *International Journal of Social Research Methodology*, Vol. 6, No. 3, pp.189-199.

Plaisance E. (2004). Para Uma Sociologia Da Pequena Infancia, Educ. Soc., *Campinas*, Vol. 25, No. 86, pp.221-241.

Pole, C; Mizen P. & Bolton A. (1999). Realising children's agency in research : Partners and participants? *International Journal of Social Research Methodology*. Vol. 2, No. 1, pp.39-54.

Richards J. W. (2001). Emile Durkheim- A Reappraisal, *The Mankind Quarterly*, pp.83-106.

Turmel Andre (2004). Towards a Historical Sociology of Developmental Thinking: The Case of Genderation. *Paedagogia Historica*, Vol. 40, No. 4, pp.419-433.

Witt S. D. (2000). The Influence of Television on Children's Gender Role Socialization: A Review of the Literature. In Susan Witt's Homepage, http://sociomediea.ibelgigue.com/influence/television/ 2006/02/27.

Woodhead M. (1999). Reconstructing Developmental Psychology-Some First Steps. *Children & Society*, Vol. 13. pp.3-19.

我們的粉絲專頁終於成立囉！

2015年5月，我們新成立了【五南圖書　教育／傳播網】粉絲專頁，期待您按讚加入，成為我們的一分子。

在粉絲專頁這裡，我們提供新書出書資訊，以及出版消息。您可閱讀、可訂購、可留言。有什麼意見，均可留言讓我們知道。提升效率、提升服務，與讀者多些互動，相信是我們出版業努力的方向。當然我們也會提供不定時的小驚喜或書籍折扣給您。

期待更好，有您的加入，我們會更加努力。

五南圖書出版股份有限公司
WU-NAN BOOK COMPANY LTD.

【五南圖書　教育／傳播網】臉書粉絲專頁

五南文化事業機構其他相關粉絲專頁，依您所需要的需求也可以加入呦！

五南圖書 法律／政治／公共行政

五南財經異想世界

五南圖書中等教育處編輯室

五南圖書 史哲／藝術／社會類

台灣書房

富野由悠季《影像的原則》台灣版　10月上市！！

魔法青春旅程－4到9年級學生性教育的第一本書

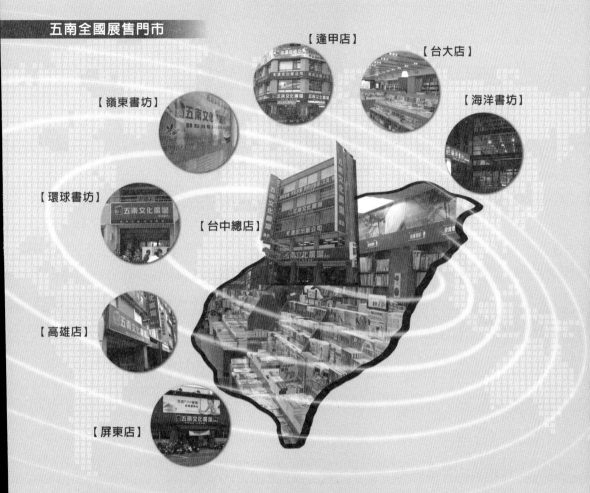

國家圖書館出版品預行編目資料

幼兒社會學／許雅惠等著. — 二版. — 臺
北市：五南, 2015.10印刷
　　面；　公分.
ISBN 978-957-11-8339-8（平裝）

1.兒童社會化　2.社會學

544.6015　　　　　　　　104018707

1IRG

幼兒社會學

主　　編 — 謝義勇(398.7)

作　　者 — 許雅惠　李鴻章　曾火城

　　　　　　許文宗　鄭瓊月　謝義勇

發 行 人 — 楊榮川

總 編 輯 — 王翠華

主　　編 — 陳念祖

責任編輯 — 陳俐君　李敏華

封面設計 — 童安安

出 版 者 — 五南圖書出版股份有限公司

地　　址：106台北市大安區和平東路二段339號4樓

電　　話：(02)2705-5066　　傳　　真：(02)2706-6100

網　　址：http://www.wunan.com.tw

電子郵件：wunan@wunan.com.tw

劃撥帳號：01068953

戶　　名：五南圖書出版股份有限公司

法律顧問　林勝安律師事務所　林勝安律師

出版日期　2006年 9 月初版一刷（共六刷）

　　　　　2015年10月二版一刷

定　　價　新臺幣550元